JN320141

新版

公認会計士法

日本の公認会計士監査制度

羽藤秀雄
Hato Hideo
著

同文舘出版

新版の刊行に際して

　2007年（平成19年）6月20日に「公認会計士法等の一部を改正する法律」が国会で成立し（平成19年法律第99号）、2008年（平成20年）4月1日から施行された。2003年（平成15年）5月の改正法以来の大改正である。

　我が国の公認会計士監査制度の充実と強化を願ってやまない著者にとっては、本書が何がしかの意義を持ち続けることができるよう、改訂に取り組むことができたことは何よりもの幸せであった。

　時間と能力の制約上、金融庁の金融審議会公認会計士制度部会の議論、国会の会議録、関係文献などを精読し、フォローすることには、1年以上を要することとなったが、本書の改訂にあたっては、青山学院大学大学院会計プロフェッション研究科教授多賀谷充氏から貴重な示唆をいただき、出版にあたっては、再び同文舘出版株式会社の代表取締役社長中島治久氏、同社編集局青柳裕之氏のお力添えをいただき、作業を遂げることができた。
　心から御礼を申し上げたい。

　なお、本書の記述は、すべて筆者の個人的な見解に基づくものであり、筆者が属している組織とは関係のないことを重ねてお断り申し上げたい。

　　　　　　　　　　　　　　　　　　　2009年（平成21年）4月吉日
　　　　　　　　　　　　　　　　　　　　　　　　羽藤　秀雄

まえがき

　2003年（平成15年）5月30日に「公認会計士法の一部を改正する法律」が国会で成立し（平成15年法律第67号），2004年（平成16年）4月1日から施行されることとなった。1948年（昭和23年）7月6日に公布された公認会計士法にとっては，半世紀以上を経て初めての抜本改正となった。
　監査の公正性と信頼性に対する注目や関心が深まりつつある今日，何よりもまず，法改正の企画立案に関わった立場の一人として，筆者は，我が国の公認会計士監査制度が一層の充実と発展を遂げていくことを強く期待するものである。

　本書は，法改正による公認会計士法と公認会計士監査制度について，体系的に整理することを試みたものである。
　時間の制約上，整理は改正法の成立後の夏以降の週末に限られ，また，能力の限界上，思考と表現は読み返してみて浅く至らぬ点が少なくないものの，まずはとりまとめることが先であると割り切って手許の作業を進めた。本書の記述は，すべて筆者の個人的な見解に基づくものであり，筆者が属している組織とは関係のないことをお断りしておきたい。

　筆者としては，本書が，法改正の狙いや公認会計士監査制度の全体像について，より幅広い認識と深い理解の一助になればと願うものである。
　そして，制度は，その実効性が問われ続けられるべきものであり，絶え間ない評価がくだされ，それらの評価を踏まえたさらなる見直しが行われていくことが不可避であると考える。筆者としては，本書が，公認会計士法をはじめとする関連諸制度に対する今後の評価や将来における見直しにとっても，より意義あるものとしての礎の一つとなることを願うものでもある。

なお，本書をとりまとめるにあたっては，井上俊剛氏，多賀谷充氏，野村昭文氏，中家華江さんから貴重な示唆をいただいた。心から御礼を申し上げたい。
　また，家族の理解と協力なくしては週末の作業を進めることはできなかった。改めて感謝の念を捧げたい。

　最後に，出版に際しては，同文舘出版株式会社の代表取締役社長中島治久氏，同社取締役秋谷克美氏にお力添えをいただいたことをここに深く感謝申し上げる次第である。

2004年（平成16年）1月吉日

羽藤　秀雄

目次

まえがき

第1章 総説 ……3

- 第1節 公認会計士法の前史 ……3
- 第2節 公認会計士法の制定 ……5
- 第3節 公認会計士法の施行 ……7
- 第4節 公認会計士監査制度の実効性の確保 ……10
- 第5節 公認会計士監査制度の充実・強化 ……12
- 第6節 公認会計士法の抜本改正 ……15

第2章 公認会計士の使命と職責 ……25

- 第1節 概説 ……25
  - (1) 監査の専門家としての職能 ……26
  - (2) 会計の専門家としての職能 ……27
- 第2節 公認会計士の使命 ……27
- 第3節 公認会計士の職責 ……31

第3章 公認会計士と監査 ……35

- 第1節 監査の概念 ……35
- 第2節 監査の類型 ……38
- 第3節 監査の規準 ……43
  - (1) 監査の目的と「二重責任の原則」……43
  - (2) 企業会計の基準 ……44
  - (3) 監査の基準 ……46
- 第4節 監査の主体と実施 ……49
- 第5節 監査の報告 ……56
  - (1) 記載事項 ……57
  - (2) 監査意見 ……58

(3) 追記情報 ————————————————————— 60

第4章 公認会計士の業務 ———————————————— 67

第1節 概　説 ———————————————————— 67
第2節 公認会計士法の監査 ————————————————— 69
　(1) 財務書類 ————————————————————— 69
　(2) 監査又は証明をすること ——————————————— 71
第3節 監査証明業務 ——————————————————— 73
　(1) 法定監査 ————————————————————— 74
　(2) 法定監査に準ずる監査 ———————————————— 78
　(3) 任意監査 ————————————————————— 78
第4節 監査証明業務の保護 ————————————————— 79
　(1) 公認会計士以外の者による業務の禁止 —————————— 79
　(2) 監査又は証明を受けたことの表示の制限 ————————— 79
第5節 非監査証明業務（会計業務） —————————————— 82
第6節 保証業務 ————————————————————— 85

第5章 監査証明業務の制限 ——————————————— 93

第1節 概　説 ———————————————————— 93
第2節 特定の利害関係に基づく業務の禁止 ——————————— 95
第3節 「大会社等」に係る業務の制限 ————————————— 100
　(1) 概　説 —————————————————————— 100
　(2) 対象となる「大会社等」 ——————————————— 102
　(3) 一定の非監査証明業務と監査証明業務の同時提供の禁止 —— 106
　(4) 継続的監査の制限（「ローテーション」「インターバル」）—— 110
　(5) 共同監査の義務づけ ————————————————— 117
第4節 就任先への監査の制限と被監査会社への就任の制限
（「クーリング・オフ」）————————————————— 119
　(1) 関与社員の就任先への監査の制限 ——————————— 120
　(2) 被監査会社等の幹部への就任の制限 —————————— 121

第6章 公認会計士の資格 —————————————— 133

- 第1節 概　説 ———————————————————— 133
- 第2節 欠格事由 ——————————————————— 134
- 第3節 実務修習と統一考査 ————————————— 137
  - (1) 業務補助等と実務補習 ———————————— 138
  - (2) 日本公認会計士協会による統一考査 —————— 139

第7章 公認会計士試験 —————————————— 141

- 第1節 概　説 ———————————————————— 141
- 第2節 公認会計士試験の目的 ————————————— 146
- 第3節 公認会計士試験の実施 ————————————— 147
  - (1) 実施の枠組み ————————————————— 148
  - (2) 短答式による試験 ——————————————— 151
  - (3) 論文式による試験 ——————————————— 154
- 第4節 会計分野に関する専門職大学院 ————————— 157

第8章 公認会計士の登録 —————————————— 165

- 第1節 概　説 ———————————————————— 165
- 第2節 登録名簿 ——————————————————— 168
- 第3節 登録の手続 —————————————————— 169
  - (1) 開業の登録 —————————————————— 169
  - (2) 変更の登録 —————————————————— 171
  - (3) 登録の抹消 —————————————————— 171
  - (4) 懲戒処分等の登録 ——————————————— 173
- 第4節 登録拒否事由 ————————————————— 173

第9章　外国公認会計士と外国監査法人等　177

第1節　外国公認会計士―――――――――――――――――177
第2節　外国監査法人等―――――――――――――――――180

第10章　会計士補　185

第11章　公認会計士の義務　187

第1節　職業倫理上の義務――――――――――――――――187
第2節　日本公認会計士協会の組織規律上の義務――――――188
第3節　公認会計士法上の義務――――――――――――――190
　　（1）特定の場合の監査証明業務の制限――――――――190
　　（2）監査証明の範囲の明示―――――――――――――191
　　（3）利害関係の明示――――――――――――――――191
　　（4）信用失墜行為の禁止――――――――――――――192
　　（5）守秘義務―――――――――――――――――――192
　　（6）法令違反等事実への対応――――――――――――194
　　（7）情報開示―――――――――――――――――――196
　　（8）被監査会社の幹部への就任の制限―――――――――197
　　（9）使用人等に対する監督―――――――――――――198
第4節　研修の受講―――――――――――――――――――199

第12章　公認会計士の責任　205

第1節　日本公認会計士協会の組織規律上の責任――――――205
第2節　民事上の責任―――――――――――――――――206
　　（1）債務不履行に基づく損害賠償責任―――――――――206
　　（2）不法行為に基づく損害賠償責任――――――――――207
第3節　刑事上の責任―――――――――――――――――208

第4節	適正な運営の確保の責任	208
第5節	公認会計士法上の懲戒責任	210
	(1) 懲戒の種類	210
	(2) 一般の懲戒	212
	(3) 虚偽又は不当の証明についての懲戒	212
第6節	懲戒処分の手続	216
	(1) 事実の調査	216
	(2) 調査のための権限	217
	(3) 懲戒処分の決定	218
	(4) 調書の作成と公開	219
第7節	課徴金の国庫納付	220

第13章　監査法人　225

第1節	概　説	225
第2節	設　立	230
	(1) 認可制から届出制への見直し	230
	(2) 設立の手続	231
第3節	使命と職責	233
	(1) 使　命	233
	(2) 職　責	234
第4節	社　員	234
	(1) 概　説	235
	(2) 守秘義務	236
	(3) 競業の禁止	237
	(4) 業務の執行と代表社員	239
	(5) 特定社員	242
	(6) 指定社員	245
	(7) 脱　退	248
第5節	業　務	250
	(1) 業務の範囲	251
	(2) 業務に係る規制緩和	252

第6節 義　　務―――――――――――――253
　（1）概　　説―――――――――――253
　（2）特定の場合の監査証明業務の制限――――254
　（3）監査証明業務の執行方法の制限―――256
　（4）業務管理体制の整備――――――――257
　（5）法令違反等事実への対応――――――259
　（6）情報開示――――――――――――260
　（7）関与社員の被監査会社の幹部への就任の制限――262
　（8）使用人等の守秘義務―――――――263
　（9）使用人等に対する監督――――――264
第7節 責　　任―――――――――――――265
　（1）概　　説―――――――――――265
　（2）適正な運営の確保の責任――――――268
　（3）行政処分に服すべき責任―――――269
　（4）課徴金の国庫納付―――――――――272
　（5）有限責任監査法人―――――――――274
第8節 内部関係及び外部関係―――――――――278
　（1）内部関係―――――――――――279
　（2）外部関係―――――――――――280
第9節 解散，合併及び清算――――――――――281
　（1）解　　散―――――――――――281
　（2）合　　併―――――――――――282
　（3）清　　算―――――――――――283

第14章　監視・監督の体制と機能―――291

第1節 概　　説――――――――――――――291
第2節 「品質管理レビュー」と「モニタリング」―――292
　（1）日本公認会計士協会による「品質管理レビュー」――292
　（2）公認会計士・監査審査会による「モニタリング」――296
　（3）「モニタリング」の実効性の確保と勧告――299
第3節 懲戒事由を前提としない立入検査権―――300

第4節　内閣総理大臣による指示及び命令————302
第5節　罰　　則————304

第15章　公認会計士・監査審査会————307

第1節　概　　説————307
第2節　組織と職務————308
第3節　事　務　局————311
第4節　活　　動————312

第16章　日本公認会計士協会————319

第1節　沿　　革————319
第2節　会　　員————320
第3節　組織と事業————321
　(1) 組　　織————322
　(2) 事　　業————325
第4節　監　　督————327

参考文献————331

参考資料

公認会計士法————333
公認会計士法施行令————405
公認会計士法施行規則————418
財務諸表等の監査証明に関する内閣府令(「監査証明府令」)—457

索　引————471

[筆者注]　本書において，特段の断りがない限り，「法」とあるのは公認会計士法を，「令」とあるのは公認会計士法施行令を，「規則」とあるのは公認会計士法施行規則を，それぞれ表している。

●公認会計士法と公認会計士監査制度の歩み●

昭　和
- ◎23年 4 月　証券取引法の制定
- ◎23年 7 月　公認会計士法の制定
- ◎25年 3 月　法定監査制度の創設(証券取引法の改正)
  - …26年7月1日開始事業年度から公認会計士による財務諸表監査を実施
- ○25年 7 月　「監査基準」及び「監査実施準則」の制定
- ○32年 3 月　「財務諸表等の監査証明に関する省令」の公布
  - …32年1月1日開始事業年度から「正規の監査」を実施
- ○40年11月　公認会計士審査会答申
  - 「日本公認会計士協会の特殊法人化及び公認会計士の共同組織体の推進についての具体的措置に関する答申」
- ◎41年 6 月　公認会計士法の改正
  - …監査法人制度の創設, 日本公認会計士協会の特殊法人化
- ○49年 4 月　商法監査特例法(「株式会社の監査等に関する商法の特例に関する法律」)の公布
  - …株式会社のうち資本金10億円以上のものについて, 会計監査人による監査を義務づけ
- ○51年 7 月　「監査実施準則」及び「監査報告準則」の改訂
  - …連結財務諸表監査の実施に対応(52年4月1日開始事業年度から適用)
- ○52年 3 月　「中間財務諸表監査基準」の制定
  - …52年9月期中間決算から中間財務諸表についての監査を制度化
- ○56年 6 月　商法監査特例法の改正
  - …会計監査人による監査の対象会社の範囲を拡大(資本金5億円以上又は負債総額200億円以上)

平　成
- ○元年 5 月　企業会計審議会第三部会
  - 「監査実施準則の改訂について」報告
- ○3年 5 月　公認会計士審査会小委員会
  - 「公認会計士試験制度の見直しについて」審議状況の中間報告
- ○3年12月　公認会計士審査会小委員会
  - 「公認会計士試験制度の見直しについて」最終報告
- ○3年12月　企業会計審議会第三部会
  - 「監査基準, 監査実施準則及び監査報告準則の改訂について」報告
  - …監査実務指針については日本公認会計士協会で順次整備を進めることに
- ◎4年 5 月　公認会計士法の改正
  - …第二次試験への短答式試験の導入等の試験制度の改正及び罰則の改正
- ○7年 5 月　公認会計士試験第二次試験における短答式試験の実施
- ○8年 3 月　日本公認会計士協会「銀行等監査特別委員会」設置
  - …銀行等について監査に関する実務面の検討を開始

○ 8年 6月	「金融機関等の経営の健全性確保のための関係法律の整備に関する法律」成立
	…一定規模以上の信用金庫等の協同組織金融機関に対する外部監査の導入等
○ 9年 4月	公認会計士審査会・会計士監査懇談会
	「会計士監査の充実に向けての提言」公表
○10年 4月	日本公認会計士協会による継続的専門研修制度(CPE)の創設
○10年 6月	証券取引法の改正
	…連結ベースでのディスクロージャーへの移行
○11年 4月	日本公認会計士協会による「品質管理レビュー制度」の開始
○11年 7月	公認会計士審査会・会計士監査に関するWG
	「公認会計士監査のあり方についての主要な論点」公表
○12年 6月	公認会計士審査会・監査制度小委員会
	「監査制度を巡る問題点と改革の方向」公表
	公認会計士審査会・試験制度に関する検討小委員会
	「公認会計士試験制度のあり方に関する論点整理」公表
○13年 6月	企業会計審議会第二部会
	「監査基準の改訂に関する意見書」(公開草案)公表
○14年 1月	企業会計審議会第二部会
	「監査基準の改訂に関する意見書」公表
	…継続企業(ゴーイング・コンサーン)の前提への対処等,監査基準の全面改訂
○14年 4月	日本公認会計士協会による継続的専門研修制度(CPE)の義務化
○14年12月	金融審議会公認会計士制度部会
	「公認会計士監査制度の充実・強化」公表
◎15年 5月	公認会計士法の改正
	…使命・職責の明確化,公認会計士等の独立性の強化,監視・監督体制の充実・強化,試験制度の見直し,監査法人の設立の届出制化等の規制緩和等
◎16年 4月	改正公認会計士法の施行
	公認会計士・監査審査会の発足
◎17年 7月	会社法の制定
◎17年10月	企業会計審議会監査部会
	「監査基準の改訂に関する意見書」公表
	「監査に関する品質管理基準の設定に関する意見書」公表
◎18年 1月	改正公認会計士法に基づく新しい試験制度の実施
◎18年 6月	金融商品取引法の制定
○18年12月	金融審議会公認会計士制度部会
	「公認会計士・監査法人制度の充実・強化について」公表
○19年 4月	日本公認会計士協会による上場会社監査事務所登録制度の創設
◎19年 6月	公認会計士法の改正
	監査法人の品質監理・ガバナンス・ディスクロージャーの強化,監査人の独立性と地位の強化,監査法人等に対する監督・責任のあり方の見直し等
◎20年 4月	改正公認会計士法の施行

〈新版〉
公認会計士法
日本の公認会計士監査制度

第1章 総説

　我が国での監査と会計の職業専門家としての公認会計士の制度は，第二次大戦直後，職業専門資格士を位置づけた弁護士法，税理士法等の制定に先立ち，1948年（昭和23年）7月6日に公布された公認会計士法によって基礎づけられ，公認会計士による財務諸表の監査が1950年（昭和25年）3月の証券取引法（当時）の改正によって制度化されて以来，充実・強化の道を辿りながら今日に至っている[1]。

第1節　公認会計士法の前史

　公認会計士の制度の創設に先立つこと約40年前に，我が国では監査と会計の職業専門家の活動の萌芽が見られたとされている。

◆職業専門家の活動と立法化の動き

　我が国での監査と会計の職業専門家の活動の萌芽は，1907年（明治40年）頃に大阪市で森田熊太郎氏が開設した「会計商議事務所」に遡ることができるといわれている。

　既に1899年（明治32年）に制定された旧商法は，株主総会，取締役及び監査役という3機関から構成される株式会社の制度を導入していた。取締役を監査役会の監視・監督のもとに置くことによって，監査役の職務をいわゆる会計監査に限ることなく業務監査を含めた幅広いものとして位置づけていたが，さらに職業専門家としての独立した第三者による監査を制度化するには至らなかった。

　会社の事業活動について，監査と会計の職業専門家による独立した公正な

第三者の立場からの監視・監督の制度化の必要性を我が国において初めて公式に採り上げたのは，1909年（明治42年）の農商務省（当時）の商務局による「公許会計士制度調査書」であったとされる。同調査書は「会計監査ノ技術ニ通暁シ而カモ会社営業ト直接ノ関係ヲ有セザル機関ヲシテ監査事務ニ参興セシムルニアリ」と提言した[2]。

その後，会社や銀行の経営破綻が生じる度に，監査と会計の職業専門家の制度化の確立の必要性が指摘される中，1914年（大正3年）に我が国で初めての会計士に関する法案「会計監査士法案」が帝国議会に議員立法案として提出されるに至ったが，議会が解散されたため同法案は審議に付されず，結局，会計士に関する法案は，その後の修正等を経ながら大正時代を通じて，合計6回にわたり帝国議会に提出されたものの成立するには至らなかった。

◆計理士法の成立と限界

第一次大戦後の不景気に伴う経営破綻事件の続出を背景として，1927年（昭和2年）1月に至って第52回帝国議会に提出された「計理士法案」は，その審議を経て成立し，計理士法は同年3月31日に公布され，9月10日に施行された。

これが我が国における初めての会計士法である。

計理士法は，計理士が「計理士ノ称号ヲ用ヒテ会計ニ関スル検査，調査，鑑定，証明，計算，整理又ハ立案ヲナスコトヲ業トスルモノトスル」と定めた（同法第1条）。

もっとも，計理士が実際に従事した業務は，巡回記帳等の記帳の代行や指導，あるいは金融の仲介や債権の取立等が中心であり，独立した公正な第三者の立場から会社の会計記録の適正性を証明するという業務にはほとんど及ばなかったといわれている。また，昭和10年代には経済統制のための企業整備法による中小会社の合併に関する事務，資金調整法や会社経理統制令による政府への提出書類の作成，税務上の理由等による会社設立の事務代行等の業務が増加し，その後，戦費調達による課税強化に対応するための税務に関

する業務が計理士の業務の主たるものとなっていったとされている。

　さらに，計理士については，その資格に関しても，計理士試験に合格した者，会計学を修めた経済学博士，商学博士のほか，大学又は専門学校で会計学の単位を修得して卒業した者まで幅広く認められるとともに，計理士法の制定の際の経過措置として，同法の制定の際に会計士その他の名称で1年間以上会計事務を職業としていた者に対しても，計理士となる道が開かれることとされた。

　その結果として，計理士の登録を受けた者は多数に及んだ反面，計理士試験を受験して合格した者は極めて少数にとどまっていた[3]。

　このような計理士制度の実情に対し，第二次大戦後の我が国の経済社会の復興と発展を民主的に進めていくためには，計理士制度の限界を補い，より高度の資質と社会的な信頼を基礎とする「監査と会計に関する職業専門家」の制度化が必要とされ，その要請に応じるために，計理士制度は全面的な再検討を迫られることとなった。

第2節　公認会計士法の制定

　計理士制度の主務官庁である大蔵省（当時）としては，1946年（昭和21年）暮頃から，英国の「勅許会計士」（charterd accountant）の制度を踏まえて，制度の改革に向けた検討に着手することとなった。

◆公認会計士法の成立

　1948年（昭和23年）1月に大蔵省（当時）は「計理士制度調査委員会」を設けて計理士法改正の論点を整理しつつ，法改正の具体化としては，計理士制度に代わる新たな資格を定める「公認会計士法案」が条文化されることとなった。

　公認会計士法案は，1948年（昭和23年）5月に閣議決定され，同年6月に第2回国会に提出された。国会での審議を経て成立した公認会計士法は，同

年7月6日に法律第103号として公布され，同法に基づいて設置されることとされた公認会計士管理委員会の発足と同時に，同年8月1日に施行された[4]。

公認会計士法によって，計理士に代わる監査と会計の職業専門家としての公認会計士の資格が制度的に位置づけられることとなった[5]。

すなわち，公認会計士は，その専門的能力を基礎として，広く他人の依頼に応じて報酬を得て監査と会計に関する専門的なサービスを提供することを専門の業務とし，その業務のうち，独立した公正な第三者の立場から行う財務書類の監査証明業務は最も主要な業務とされた。また，当時の国会への法案の提案理由においては「民間外資の導入」を主目的として，財務書類の真実性の確保と投資者の保護が強調されていた[6]。

◆証券取引法監査の制度化

公認会計士法の制定に先立ち，1948年（昭和23年）4月には証券取引法が制定されていた。

これは，そもそも，我が国の経済社会の復興と発展を民主的に進めていくためには，財閥解体等による証券投資の一般大衆化とともに，復興のテンポを早めるための外資導入等が必要であったことによるものとされていた。

すなわち，証券取引法は「国民経済の適切な運営及び投資者の保護に資するため，有価証券の発行及び売買その他の取引を公正ならしめ，且つ，有価証券の流通を円滑ならしめることを目的」とし（同法第1条），有価証券の募集，売出をしようとする会社は，有価証券届出書を大蔵大臣（当時）に届け出ることを要することを定め，その後の各事業年度ごとに有価証券報告書を大蔵大臣（当時）に提出しなければならないことを定めた（同法第4条，第24条）。

そして，有価証券届出書又は有価証券報告書のうち，投資者等にとって重要な判断材料となる貸借対照表，損益計算書その他の財務書類については，高度な資質と社会的な信頼を基礎とする「監査と会計に関する職業専門家」による監査証明を受けなければならないこととされた。

この点に関して，制定当時の証券取引法は「証券取引委員会は，この法律により提出される貸借対照表，損益計算書その他の財務計算に関する書類が計理士の監査証明を受けたものでなければならない旨を証券取引委員会規則で定めることができる」と定めていた（同法第193条）。ここでは「計理士」と規定されてはいたものの，前述のとおり大蔵省（当時）の計理士制度調査委員会において検討が行われていたように，必ずしも当時の計理士が予定されていたものではなく，より高度な資質と社会的信頼を基礎とする，新たな職業専門家による監査証明を義務づけるという考え方があったとされている。

　このような背景のもとで，計理士制度に代わり，証券取引法に基づく監査を行うに必要とされる「監査と会計の職業専門家」としての公認会計士の制度が，公認会計士法として制定されるに至ったのであった。公認会計士法の成立に伴って，当時の証券取引法第193条中の「計理士」は同法改正によって「公認会計士」に改められた。

　次いで，1950年（昭和25年）3月の証券取引法の改正によって，ほかの法令による規定を待つまでもなく直接に同法の規定において，同法に基づいて提出される財務諸表は「公認会計士の監査証明を受けなければならない」ことが定められた（同法第193条の2第1項）。

第3節　公認会計士法の施行

　公認会計士の制度が基礎づけられ，公認会計士による監査が制度化されたものの，今日見られる財務諸表監査としての正規の監査の実施に至るまでには，段階的な歩みを辿らざるを得なかった。

◆公認会計士試験の実施

　公認会計士法は，公認会計士の資格について，第一次，第二次及び第三次から成る公認会計士試験に合格して初めて資格を与えることとした。

すなわち，第二次試験の合格者には会計士補となる資格を与え，以後3年間の実務修習（業務補助等及び実務補習）の履修後に第三次試験の受験資格を与え，さらに，第三次試験の合格者に公認会計士となる資格を与えた。
　公認会計士試験は，1949年（昭和24年）から実施され，その後今日に至るまで，監査と会計の職業専門家としての数多くの優秀な人材を我が国の経済社会に送り出してきた。
　しかしながら，公認会計士法の施行当初においては，正規の試験だけでは，早急に実現が期待されていた証券取引法に基づく監査の担い手を欠き，制度の円滑な実施が困難であると考えられた。このため，一定の学識経験を有する者に対して公認会計士となる資格を与えるための特別試験が，1949年（昭和24年）から1951年（昭和26年）7月までの間に限って実施されることとなった。
　特別試験は，計理士をはじめとして，大学又は専門学校等の商学に関する教授，資本金500万円以上の銀行等の会計に関する課長以上の職歴が3年間以上ある者等に対して行われ，その合格者に対して公認会計士の資格が与えられた[7]。

◆制度監査の実施と正規の監査

　公認会計士法の制定と表裏の関係にある証券取引法が「公認会計士の監査証明を受けなければならない」と定めた一方で，公認会計士が行う監査の基準や手続等については，1950年（昭和25年）7月に「監査基準」と「監査実施準則」が企業会計審議会の前身である企業会計基準審議会によって制定され，公表された。
　監査の基準や手続が整備されたことによって，1951年（昭和26年）7月1日以後に開始する事業年度から，証券取引法に基づく財務諸表の監査（「証券取引法監査」「財務諸表監査」）が実施されることとなった。
　しかし，証券取引法による財務諸表監査については，当時の実情のもとで正規の監査としての実施を当初から強行すれば，無用の混乱を生じかねず，

かえって公認会計士監査制度の円滑な定着が混乱にさらされかねないと考えられた。

このため，証券取引法による財務諸表監査は，その内容や項目について段階的に実施されることとされ，正規の監査は，1957年（昭和32年）1月1日以降に開始される事業年度から実施されることとされた。

すなわち，正規の監査の実施までの5年間は「準備期間」とされ，初年度監査，次年度監査，第三次監査という，いわゆる「制度監査」として行われ，その後の第四次監査においては，基礎監査と正規の監査に区別されて行われ，第五次監査に至って，監査の内容や項目の範囲が拡大された正規の監査として行われることとなった。

このように，証券取引法による財務諸表監査が，我が国の経済社会に基礎づけられ，実施されることによって[8]，公認会計士の活動についても次第に定着していくこととなった[9]。

◆計理士制度の廃止

計理士法は，1948年（昭和23年）8月1日の公認会計士法の施行に伴って廃止された（法附則第61条）。

しかし，計理士に関しては，法廃止に伴う暫定的な措置として，財務書類に関する監査証明業務については1949年（昭和24年）3月まで，その他の業務については1951年（昭和26年）7月まで，計理士としてそれぞれの業務を行うことができることとされ，また，計理士の「既得権」に対する救済措置として，計理士には試験によって公認会計士に登用する途を開く特例措置が講じられ，公認会計士特例試験が，1964年（昭和39年）から1967年（昭和42年）まで実施された。

特例措置の終了とともに1967年（昭和42年）3月31日限りで，計理士制度は廃止された。

しかし，監査証明業務以外の業務については，従来から計理士という名称を用いなければ誰でも業務を行うことができたので，従来，計理士ではなか

った者までが計理士の名称を乱用することにより，第三者の保護に欠けることになるおそれがあると考えられた。このため，1967年（昭和42年）の第55回国会において議員提案による「計理士の名称存置に関する法律」が制定され，計理士の名称のみが残ることとなり，今日に至っている[10]。

第4節　公認会計士監査制度の実効性の確保

　公認会計士による正規の監査が実施されて以降，特に1964年（昭和39年）から1965年（昭和40年）にかけて会社の倒産や破綻が相次ぎ，会社の巨額な粉飾決算が社会問題化するに至り，公認会計士監査制度の実効性の確保が改めて重要な課題となった。
　このため，監査体制の充実，自治機能の強化，監査基準の充実，商法における監査制度の強化等の一連の措置が講じられることとなった。

◆監査法人制度の創設

　1958年（昭和33年）から1961年（昭和36年）にかけての「岩戸景気」の後の景気の後退と調整の過程において，1963年（昭和38年）には公認会計士の最初の懲戒処分の事案（3か月の業務停止）となった「高野精密工業事件」の虚偽証明事件をはじめとして，会社更生法の申請によって粉飾が発覚した「山陽特殊製鋼事件」「サンウェーブ工業事件」「富士車輛事件」等の会社の倒産や破綻が相次ぎ，それらの巨額な粉飾決算が社会問題化するに至った。
　ここに，公認会計士による監査の実効性が問われることとなった。
　これに対して，1965年（昭和40年）10月から1972年（昭和47年）5月にかけて，証券取引法に基づく有価証券届出書及び有価証券報告書に対して，大蔵省（当時）による重点審査が行われ，会社による自主的な訂正が促されるとともに，監査体制の充実，自治機能の強化，監査基準の充実，商法における監査制度の強化等の一連の措置が講じられることとなった。
　このうちまず，監査体制の充実については，1966年（昭和41年）6月に公

認会計士法が改正され,監査法人が制度化された。無限連帯責任の社員である5人以上の公認会計士によって組織される監査法人が,共同組織体として監査証明業務を行うことを認める制度である(第13章「監査法人」参照)。

　従前は個人の公認会計士によって行われていた監査について,監査の実効性を挙げるために,共同組織体を設けて公認会計士の緊密な結合のもとに,統一的かつ継続的な共同作業を進めることが行われていたが[11],さらに進めて,公認会計士の共同組織体による監査が制度として位置づけられることとなった。

◆日本公認会計士協会の特殊法人化と加入登録の義務づけ

　自治機能の強化については,1966年(昭和41年)6月の公認会計士法の改正により,日本公認会計士協会が法律による特殊法人として位置づけられるとともに,同協会への公認会計士の加入登録が義務づけられた。

　日本公認会計士協会は,1949年(昭和24年)10月に発足した任意団体を母胎として,1953年(昭和28年)4月1日に,民法第34条の規定に基づく社団法人として設立された。その後,公認会計士の加入率は約8割に及び,設立以来,積極的な活動に取り組んできたものの,なお未加入の公認会計士に対する規律が及ばない等の職業専門家の団体としての課題を抱えていた。

　そこで,公認会計士の自治機能の強化を通じて,公認会計士による虚偽の監査等の一掃を図る等との観点から,監査法人制度の創設とともに,1966年(昭和41年)6月の公認会計士法の改正によって,日本公認会計士協会の特殊法人化と,公認会計士の同協会への加入登録の義務づけが規定された。

　日本公認会計士協会は,支部も組織化し,職業専門家の団体としての組織規律と自主措置のための制度的基礎を整えたのであった(第16章「日本公認会計士協会」参照)。

◆商法監査特例法による会計監査人監査の制度化

　商法における監査制度の強化については,法務省の法制審議会商法部会が,

1966年（昭和41年）から株式会社の監査に関する審議を行い，翌1967年（昭和42年）5月に商法改正の基本的な方向を整理した。すなわち，監査役が会計監査のみならず業務監査も行うこととして，監査役の機能を強化するとともに，会社の規模別に外部監査の制度的枠組みを異なるものとし，「大会社」においては独立した第三者としての公認会計士による監査を採用することを内容とする，「株式会社監査制度に関する試案」を公表した。

　その後，証券取引法による財務諸表監査との調整の観点も踏まえて，法制審議会商法部会は，商法と企業会計原則との会計基準の一致に関する審議も含めた検討を進め，1970年（昭和45年）3月には，商法改正法案の「要綱」をとりまとめた。

　「要綱」を巡っては，税理士関係者等も含めたさまざまな議論を重ね経た上で，結局，1973年（昭和48年）3月に至って「商法改正関連3法案」（「商法の一部を改正する法律案」，「株式会社の監査等に関する商法の特例に関する法律案」（「商法監査特例法」），「商法の一部を改正する法律等の施行に伴う関係法律の整理等に関する法律案」）として第71回国会に上程され，ひと度，継続審議の取扱いとはなったものの，翌1974年（昭和49年）の第72回国会で成立した。

　これら3法の成立によって，それまでの証券取引法による財務諸表監査のみを対象としていた被監査会社の範囲は，大きく広がった。すなわち，商法監査特例法の適用を受ける「大会社」は，監査役監査のほかに，計算書類と附属明細書について定時株主総会の前に株主総会で選任された「会計監査人」である公認会計士又は監査法人の監査を受けることが必要となった。これが「会計監査人監査」である。会計監査人監査の制度化は，公認会計士監査制度の発展にとっての大きな節目となった[12]。

第5節　公認会計士監査制度の充実・強化

　証券取引法による財務諸表監査と，商法監査特例法に基づく会計監査人監

査を中心とする公認会計士監査制度は，公認会計士法によって，公認会計士の監査証明業務に独占業務としての位置づけが与えられた制度的環境のもとで，会社の粉飾決算事件等の発生との狭間で，充実・強化の道を歩むこととなった。

◆監査基準の整備と会計監査人監査の対象拡大

経営が破綻した会社の中には，直前の決算において，公認会計士や監査法人による監査報告書での適正意見が付されていたにもかかわらず，破綻後には大幅な債務超過となっている事案が明らかになる等，公認会計士や監査法人による監査が，果たして有効に機能しているのかという厳しい指摘や批判がしばしば見られた。

公認会計士監査制度は，このような指摘や批判に対応しつつ，制度面での充実・強化が図られていった。

まず，証券取引法による財務諸表監査については，1971年（昭和46年）7月の証券取引法の改正によって，半期報告書と臨時報告書の制度が導入されるとともに，有価証券届出書等の虚偽記載に関する罰則の強化等が行われた。

次いで，1976年（昭和51年）7月には，連結財務諸表の監査の実施に対応して，「監査実施準則」及び「監査報告準則」が改訂され，翌1977年（昭和52年）3月には「中間財務諸表監査基準」（「中間監査基準」）が定められ，同年9月期の中間決算から中間財務諸表に対する監査制度が導入された。

また，商法監査特例法に基づく会計監査人監査についても，監査対象の会社の範囲は銀行，保険会社へと順次拡大され，1981年（昭和56年）の商法監査特例法の改正では，従来は「資本金10億円以上」とされていた会計監査人監査の対象とされる会社の範囲が，「資本金5億円以上又は負債総額200億円以上」に拡大された。

◆「会計ビッグバン」と「警句」問題

公認会計士や監査法人による監査を通じた適正な開示（ディスクロージャ

一）と，公認会計士監査制度に対する社会的な信認については，我が国の会社等の事業活動の複雑化や，資本市場の国際化を背景として，国際的な観点からも一層の向上を図るべき課題としての重要性を深めていった。

　まず，バブル経済崩壊の後の構造改革の一環として，1996年（平成8年）11月には，橋本内閣（当時）による「フリー，フェア，グローバル」の観点からの金融システム改革の必要性が打ち出され，「会計ビッグバン」とも呼ばれた取組みが具体化することとなった。

　すなわち，監査と会計を巡る制度については，

① 　退職給付会計，税効果会計，金融商品会計，固定資産の減損会計等についての会計基準の設定
② 　連結財務諸表原則，外貨建取引等会計処理基準の整備
③ 　監査基準，中間監査基準の改訂等の整備

が順次行われ，整備された基準とともに，公認会計士や監査法人による監査の充実・強化の必要性が強く認識されるようになった。

　また，1999年（平成11年）3月期からは，「警句」（legend）問題への対応の必要性が指摘されることとなった[13]。「警句」の付記が要請され，実施されているのは，韓国やインドネシア等の「アジア経済危機」に見舞われた一部の国にとどまっていたこともあり，深刻な影響をもたらすとともに，我が国の制度に対する国際的な信認の向上を図るべき象徴的な課題として，受け止められた。

◆米国「企業改革法」と制度改革

　監査の充実・強化については，その後，政府の関係審議会における検討が進められた。

　公認会計士監査制度に関する調査・審議については，政府の中央省庁再編に伴い，公認会計士審査会から金融審議会に移管され[14]，2001年（平成13年）1月に，公認会計士監査制度の見直しについて内閣総理大臣から諮問された金融審議会は，その年の10月から公認会計士制度部会において審議に取

り組むこととなった。翌2002年（平成14年）9月から，精力的かつ集中的に議論を行った金融審議会公認会計士制度部会は，同年12月には「公認会計士監査制度の充実・強化」と題する報告をとりまとめ，公表した[15]。

また，日本公認会計士協会は，「継続的専門研修制度」（Continuing Professional Education：CPE）や「品質管理レビュー」等の自主措置を導入し，組織規律の徹底に努めていた。

しかし，同時に，欧米諸国においても国際的な枠組みにおいても，監査に対する信頼の維持・向上のために，監査人の独立性を一層厳格化する方向での改革が進み，その中では自主措置等の限界も指摘されていた。

その代表例が，米国で2002年（平成14年）7月30日に成立した「企業改革法」（Sarbanes-Oxley Act of 2002）であった。米国では，エンロン社，ワールドコム社等のいわゆる「不正会計事件」を背景として，監視・監督の強化に向けた連邦議会両院での検討等が行われた結果，「企業改革法」が制定され，監査人の独立性の強化，会計事務所に対する監視体制の強化，会社の経営者の責任の厳格化等が打ち出された。

そして，「企業改革法」に盛り込まれた監査人の独立性の強化，公的機関による監視・監督の体制の強化等は，証券監督者国際機構（IOSCO）による原則の基礎となったほか，主要各国の監査を巡る制度改革の動向に，大きな影響をもたらすこととなった[16]。

第6節　公認会計士法の抜本改正

1948年（昭和23年）の制定以来，公認会計士法は，一部改正を重ね経たが，2003年（平成15年）5月の改正は，監査法人制度の創設と日本公認会計士協会の特殊法人化の1966年（昭和41年）改正以来の全面的な大改正となった。

◆改正法案の企画・立案

公認会計士法に関する事務を行うこととされている金融庁としては，2002

年(平成14年)12月の金融審議会公認会計士制度部会の報告,米国の「企業改革法」をはじめとする国際的な動向等を踏まえ,
① 粉飾決算,あるいはバブル経済の崩壊後の証券会社や銀行等の経営破綻をきっかけとして,我が国における監査の公正性と信頼性を確保していくことが必要であること
② 我が国の資本市場の公正性と透明性を向上させ,多様な投資者を呼び込んでいくことが重要かつ必要であること
③ 事業活動の多様化,複雑化,国際化に伴い,資本市場自体についても国際的な環境のもとでの信頼性の向上を確保することが必要であること
等にかんがみ,公認会計士監査制度の充実・強化のためには,公認会計士法の抜本改正が適切かつ必要であるとの結論に至り,公認会計士の独立性の充実・強化等を具体的な内容とする改正法案の企画・立案に着手した。

その後,立法府・政党関係者,日本公認会計士協会,産業界・金融界等の経済界,取引所等の市場関係者,学界等の議論を踏まえて,2003年(平成15年)3月14日に「公認会計士法の一部を改正する法律案」が閣議で決定され,第156回国会に提出された(内閣提出第106号)。

◆2003年(平成15年)改正法

国会両院においては,改正法案に盛り込まれた公認会計士の使命と職責,独立性の充実・強化のための具体的な措置,公認会計士試験制度の見直し,監視・監督の体制や機能の充実・強化等を中心とする審議が行われた[17]。

衆議院においては,2003年(平成15年)5月16日に,財務金融委員会で与党3党に加え,民主党を除く野党各会派の賛成多数によって原案どおり可決され,続いて5月22日には本会議で可決され,参議院に送付された。なお,その際,6項目から成る附帯決議が行われた[18]。

次いで,参議院においては,財政金融委員会で5月27日に参考人質疑が行われ,5月29日に与党3党に加え,民主党を除く野党各会派の賛成多数によって原案どおり可決され,続いて5月30日には本会議で可決された。

ここに「公認会計士法の一部を改正する法律」が成立し（平成15年法律第67号）（以下，本書においては「2003年（平成15年）改正法」という），6月6日付けで公布された。

この改正法は，主として公認会計士監査制度の充実・強化を図るとの観点から，従前の規定をほぼ全面的に見直し，

① 公認会計士の使命と職責を明文をもって規定すること
② 公認会計士等の独立性の充実・強化のために，一定の非監査証明業務と監査証明業務の同時提供の禁止，継続的監査の制限，共同監査の義務づけ等の新たな措置を規定すること
③ 監査法人等に対する監視・監督の機能と体制の充実・強化
④ 現行の試験体系の簡素化，一定の要件を満たす実務経験者，専門的教育課程修了者等に対する試験科目の一部免除等の公認会計士試験制度の見直し
⑤ 監査法人の社員の責任の一部限定，監査法人の設立手続等の認可制から届出制への変更

等の内容を盛り込んだ。

2003年（平成15年）改正法の施行期日については，原則として2004年（平成16年）4月1日とされた。なお，公認会計士試験制度の改正に関する事項については，2006年（平成18年）1月1日からの施行とされた。

◆2007年（平成19年）改正法

合併等による監査法人の大規模化，寡占化が進む中，監査の公正性と信頼性の確保の観点から，監査法人による組織的監査に対する要請と期待は高まる一方，特に，産業再生機構による支援決定を契機として発覚した2005年（平成17年）の「カネボウ株式会社」の粉飾決算に関する中央青山監査法人とその関与社員による虚偽の監査証明の事件をはじめ，監査法人を巡る非違行為は，監査法人における監査に関する品質管理のあり方のみならず，監査法人の制度のあり方についてのさまざまな課題を改めて提起し，制度の早急

な見直しの具体化を促すこととなった。

　金融庁としては、2006年（平成18年）12月の金融審議会公認会計士制度部会の報告等に基づき、監査法人の品質管理・ガバナンス・ディスクロージャーの強化、監査人の独立性と地位の強化、監査法人等に対する監督・責任のあり方の見直し等を盛り込んだ改正法案の企画立案に取り組み、立法府・政党関係者、日本公認会計士協会をはじめとする関係者等との議論も踏まえ、2007年（平成19年）3月13日に「公認会計士法等の一部を改正する法律案」が閣議で決定され、第166回国会に提出された（内閣提出第76号）。

　国会両院においては、改正の目的や法案の具体的な内容はもとより、「インセンティブのねじれ」といわれる課題など幅広い審議が行われた。

　衆議院においては、2007年（平成19年）6月8日に財務金融委員会で全会一致によって原案どおり可決され、続いて同日の本会議で可決され、参議院に送付された。なお、その際、6項目から成る附帯決議が行われた[19]。

　次いで、参議院においては、財政金融委員会で6月15日に全会一致で原案どおり可決され、続いて6月20日の本会議で可決された。なお、その際、6項目から成る附帯決議が行われた[20]。

　ここに「公認会計士法等の一部を改正する法律」が成立し（平成19年法律第99号）（以下、本書においては「2007年（平成19年）改正法」という）、6月27日付けで公布された。

　この改正法は、
① 監査法人の品質管理・ガバナンス・ディスクロージャーの強化
　　・　業務管理体制の整備
　　・　監査法人の社員資格の非公認会計士への拡大
　　・　監査法人による情報開示の義務づけ
② 監査人の独立性と地位の強化
　　・　監査人の独立性に関する規定の整備
　　・　就職制限の範囲の被監査会社の親会社や連結子会社等への拡大
　　・　いわゆる「ローテーション・ルール」の整備

- 不正・違法行為発見時の対応
③ 監査法人等に対する監督・責任のあり方の見直し
- 行政処分の多様化
- 課徴金の納付命令の創設
- 有限責任組織形態の監査法人制度の創設
- 報告徴収・立入検査の権限の公認会計士・監査審査会への委任の範囲の見直し
- 外国監査法人等の届出制度等の整備

等の内容を盛り込み，2008年（平成20年）4月1日からの施行とされた。

━━━━━━━━━━━━━━━━━ 注 ━━━━━━━━━━━━━━━━━

(1) 2008年（平成20年）12月末現在，我が国には18,852人の公認会計士，3,315人の会計士補，4人の外国公認会計士が登録され，187の監査法人が設立されている。
(2) 本調査書は，当時「日糖事件」と呼ばれた大日本製糖株式会社の不正経営事件を契機として，「現時我国ニ於ケル会社ノ監査役ハ殆ンド有レドモ無キガ如キモノニシテ株主亦自己ノ権利ヲ行フコトヲ知ラズ事業ノ全部ハ挙ゲテ取締役ノ自由ニ委スルノ事実アリ資本制企業ノ危険豈大ナリト謂ハザルベケンヤ」と商法の監査役制度の実態が限界にあることを指摘した。
(3) 1948年（昭和23年）の時点では，計理士の登録者の総数約25,000人のうち計理士試験の合格者の登録者は，113人にしか過ぎなかった。
(4) 公認会計士法の規定のうち，附則第62条については公布と同時に施行され，計理士の登録の申請を公布の日以後は受理しないこととした。
(5) 公認会計士の名称については，当時，計理士とは異なる新たな制度の担い手の名称として，公称監査士，監査士，会計士，公認経理士，計査士，会計検査士，計理検査士等の意見が提案されていた。これらのうち，監査証明を主要な業務とする観点から監査士の名称が適切であるとされ，実際に有力であったといわれる。
　しかし，新たな制度における職業専門家は監査証明以外にも，会計に関する活動の分野が広いこと等から，結局，公認会計士という名称とされた。計理士あるいは経理士という名称については，旧制度との違いを明らかにするために避けられたとされ，また，公認の2文字が付されたのは計理士法制定の前後を通じて，計理士以外の者が使用していた会計士という名称との混同を，防ぐためであった

とされている。
(6) 　1948年（昭和23年）6月18日の第2回国会衆議院財政及び金融委員会における公認会計士法案の提案理由についての説明は，次のとおりであった。
　「企業の経理が複雑となり，財務書類が企業と投資者との間を結ぶ殆ど唯一の繋がりとなっております今日，企業の経理を公正にし，財務書類の真実性を確保することは，民主的且つ合理的な経済の基礎を確立するために欠くことのできない要請であり，殊に今後我が国が民間外資の導入をはかります場合に，このことが必須の前提条件となって参るのであります。而して，この要請を満たすためには，米国及び英国に見られる如き，自由職業者としての高い社会的信用を有する多数の会計士を必要とするのでありますが，我が国の現状におきましては，従来から計理士の制度はありましたが，この要請に応ずるためには，公平に見て，なお甚だ不満足な状態にあることは，遺憾ながら一般の認めるところであります。ここにおいて政府は，公認会計士の制度を設け，できるだけ速やかに世界的水準に達する公認会計士を養成し，諸外国の信頼に値する企業の財務書類の監査証明が行われ，これによって外資が，安んじて我が民間企業に投資され得る態勢を，一日も速やかに確立することが必要であると認め，ここに公認会計士法案を提出した次第であります。」
(7) 　その後，特別試験の実施期限は2度にわたって延長され，1954年（昭和29年）7月まで実施された結果，合わせて6年間の11回の特別試験によって合計1,042人が合格した。
(8) 　証券取引法による財務諸表監査については，1951年（昭和26年）の初年度監査では412社にしか過ぎなかった被監査会社は，第三次監査では547社，第五次監査の開始時には843社へと拡大し，1957年（昭和32年）の正規の監査では，950社を超えるに至った。
(9) 　公認会計士の数も初年度監査が行われた当時は365人に過ぎなかったが，その後，第五次監査が開始されるまでに増加して，1,000人を超える規模に至った。
(10) 　同法は，1967年（昭和42年）3月末現在において，大蔵省（当時）に備える計理士名簿に登録を受けていた者以外の者は，「計理士」の名称を使用してはならないとするものであった。
　1967年（昭和42年）3月末現在で計理士の登録をしていた者は2,586人，うち公認会計士の資格を特例試験によって得た者が1,030人，税理士の登録を受けていた者が1,335人であり，公認会計士，税理士のいずれの資格も有していない者が105人であった。
　なお，同法は計理士制度の存続を図るものではないと説明されていた。

(11)　監査法人の制度が創設される以前においても，比較的に大規模な会社については「共同監査」が広く行われていた。「共同監査」は一つの会社の監査を2人以上の公認会計士が共同して連名で行うものであり，複数の公認会計士による共同作業という点では，共同組織体による監査と同様に，個人の公認会計士の単独による監査に比べて監査の充実・強化が図られると考えられたが，共同監査は，特定の会社の監査に際して，一時的にその目的の範囲内で何人かの公認会計士が集まるものに過ぎず，監査の手続や実施において統一性がないことも多く，その責任も各個人の公認会計士に帰属するものでしかなかった。

　これに対し，監査法人の制度の創設は，公認会計士の緊密な結合のもとに，統一的かつ継続的な共同作業を進めることによって，監査の実効性を挙げることができると考えられた（第13章「監査法人」参照）。

(12)　商法監査特例法に基づく会計監査人監査の制度が導入されたことによって，一定規模以上の上場企業は，証券取引法による財務諸表監査と商法監査特例法に基づく会計監査人監査という2つの監査を同時に受け，それぞれの監査による監査報告書がとりまとめられることとなった。もっとも，制度上異なる2つの監査といっても，実際には同一の監査人が2つの監査報告書を作成しているのが通常である。

(13)　「警句」問題とは，当時の「ビッグ・ファイブ」と呼ばれた大規模国際会計事務所から，提携先である我が国の監査法人に対し，我が国の会社が英文で作成する「アニュアル・レポート」（年次報告書）に添付される英文財務諸表とその監査報告書について，「この財務諸表と監査報告書は，日本の会計原則や監査基準に通じた利用者向けのものである」等の記述を付記するように要請があり，我が国の財務諸表とその監査と会計に対する国際的な信頼性が問われる課題として，採り上げられるようになった。

　「警句」が要請されるに至った背景としては，必ずしも監査や会計の制度自体に関して国際的に理論的な検証が行われたとはいい難く，監査や会計の制度の固有の問題というよりも，包括的な問題として象徴視され過ぎた面があるように考えられる。ただし，象徴視された問題であっただけに，我が国の制度に対するその後の国際的な信認の向上を図っていく上では，あまりにも「警句」がもたらした打撃は大きかったといえよう。

(14)　金融審議会での調査・審議に先立ち，大蔵省（当時）の公認会計士審査会は，公認会計士監査制度のあり方についての審議を行い，1997年（平成9年）4月に公認会計士審査会は，日本公認会計士協会による提案を基礎とする10項目から構成される「会計士監査の充実に向けての提言」をとりまとめた。

その後，1999年（平成11年）4月に公認会計士審査会は，「会計士監査に関するワーキンググループ」を設置し，同年7月には「会計士監査のあり方についての主要な論点」をとりまとめ，さらに，その論点に基づき，具体的な制度改正に向けた議論のために設けられた2つのワーキング・グループは，2000年（平成12年）6月に監査制度に対する信頼性の向上，公認会計士の質的・量的な充実等の観点から，「監査制度を巡る問題点と改革の方向」と「公認会計士試験制度のあり方に関する論点整理」と題する2つの報告書を公表していた。

(15) 2002年（平成14年）10月30日には経済財政諮問会議が「改革加速のための総合対応策」をとりまとめ，その中で「市場の公平性・透明性を確保するため，公認会計士制度のあり方の見直し（人数の拡大と質の向上等）などにより，会計・監査の充実・強化を図る」こととした。

(16) 証券監督者国際機構（International Organization of Securities Commissions：IOSCO）は，欧米諸国の証券市場の監督当局をはじめとして，国際機関も含めた約200の団体が加盟している国際組織であり，公正・効率的・健全な市場規制を維持するために，高い水準の規制を促進するための協力，情報交換等を目的としている。

(17) 民主党は，継続的監査の制限については，監査法人自体も含めて5年間で交替するものとする厳格化，公認会計士の使命の規定（法第1条）からの「会社等の公正な事業活動」の文言削除等を内容とする修正案を提出した。

(18) 衆議院財務金融委員会は，「政府は，次の事項について，十分配慮すべきである」として，次の6項目から成る附帯決議を行った。

「一　公認会計士監査の充実及び強化の目的にかんがみ，証券市場の公正性及び透明性を確保し，投資者の信頼が得られる市場を確立するよう，今後とも一層の努力を払うこと」

「一　公認会計士試験制度の見直しの趣旨にかんがみ，行政として，公認会計士の規模について一定の目標と見通しをもった上で，同試験制度の管理・運営に当るよう努めていくこと」

「一　公認会計士試験における「租税法」科目に関し，その出題については，公認会計士となる資質を検証するための試験の一部であることを踏まえ，適切に対応されるよう留意すること」

「一　公認会計士と税理士に関して，その試験制度における取扱いについては，規制緩和の観点をも踏まえ，引き続き検討すること」

「一　公認会計士試験合格者の公認会計士登録に当っては，公認会計士の質の維持の観点から，実務経験についての一定の考査等を踏まえることとする等，十分

な措置を講ずること」

「一　監査法人の大規模化の実態等に照らし，今後，民事法制等において，いわゆるリミテッド・パートナーシップ制度の一般的な導入が図られることとなった場合には，監査法人の組織についても，これに対応した所要の措置を講ずることを検討すること」

(19)　衆議院財務金融委員会は，次の6項目から成る附帯決議を行った。

「一　公認会計士監査をめぐる非違事例等，監査の信頼性を揺るがしかねない事態が発生したことにかんがみ，非違事例等の再発を防止し，監査の品質と信頼を確保するため，監査に関する制度について不断の見直しに努めること」

「一　財務情報の適正性の確保のためには，企業のガバナンスが前提であり，監査役又は監査委員会の機能の適切な発揮を図るとともに，監査人の選任決議案の決定権や監査報酬の決定権限を監査役に付与する措置についても，引き続き真剣な検討を行い，早急に結論を得るよう努めること」

「一　公認会計士監査制度の充実・強化のためには，専門職業士団体が継続的に自主規制の充実促進を図ることが重要であり，行政はこうした専門職業士団体の果たす役割を尊重するよう努めること」

「一　業務管理体制の改善命令，課徴金納付命令等の行政処分の多様化に伴い，これらの発動に当たっては，その効果を十分に検討した上，適切な運用に努めること」

「一　会計監査を担う有為な人材を確保，育成するため，社会人等を含めた多様な人材確保を目的とする現行試験制度の趣旨を踏まえ，公認会計士試験実施の更なる改善に努めること」

「一　公認会計士監査制度をより一層強固なものとするため，行政としても，今回の法改正の趣旨に則り，監査法人に対し，過度な負担を課すことのないよう適切な対応に努めること」

(20)　参議院財政金融委員会は，次の6項目から成る附帯決議を行った。

「一　公認会計士監査をめぐる非違事例等，監査の信頼性を揺るがしかねない事態が発生したことにかんがみ，非違事例等の再発を防止し，監査の品質と信頼を確保するため，監査に関する制度について不断の見直しに努めること」

「一　財務情報の適正性の確保のためには，企業内におけるガバナンスの充実・強化が不可欠であることにかんがみ，監査役等の専門性及び独立性を踏まえ，その機能の適切な発揮を図るとともに，監査人の選任議案の決定権や監査報酬の決定権を監査役等に付与する措置についても，引き続き検討を行い，早急に結論を得るよう努めること」

「一　公認会計士監査制度の充実・強化のため，専門職業士団体が継続的に自主規制の充実促進を図ることが重要であることを踏まえ，専門職業士団体の自主規律を活用しつつ，有効かつ効率的な監督を行うこと」

「一　今般の改正により，業務管理体制の改善命令，課徴金納付命令等の行政処分の多様化が図られることに伴い，特に課徴金の納付命令に関しては，その効果を十分に検討しつつ，適切な運用に努めること」

「一　会計監査を担う有為な人材の育成，確保の重要性にかんがみ，社会人等を含めた多様な人材の確保が進むよう，公認会計士試験の実施の在り方等，更なる改善に努めるとともに，公認会計士の質の充実と規模の拡大に努めること。また，国際的な会計基準の収斂が着実に進行している中，主要先進国間における公認会計士業務の相互協力を促進すること等も含めて検討すること」

「一　証券市場の重要な基盤の一つである公認会計士制度を取り巻く環境の大きな変化を踏まえ，広がりをみせる監査業務に対する社会的ニーズに応えていくためには，中小監査法人の果たす役割が極めて重要であることにかんがみ，その組織化，人材の育成強化の必要性を踏まえた適切な対応に努めること」

第2章 公認会計士の使命と職責

　法は，冒頭部に公認会計士の使命と職責を規定している（法第1条及び第1条の2）。これらの条文は，2003年（平成15年）改正法によって新たに規定されたものである。

第1節　概　説

　我が国の経済社会における公認会計士の職能については，
① 　独立した公正な第三者として行われることに，特に重要な意味を持つ職能（「監査の専門家としての職能」）
② 　一般的には何人も行い得るが，会計の実務に関して高度の専門的能力を持つ職業専門家のサービスの提供を受けることに，重要な意味を持つ職能（「会計の専門家としての職能」）
の2つに大別することができる。
　このような職能に照らし，かつ，監査人としての適格性として国際的に一般的に整理されている内容を踏まえ，職業専門家の団体としての日本公認会計士協会は「われわれ公認会計士は，会計業務の公共性にかんがみ，独立の立場を堅持し，かつ，公正な経済社会の確立と発展に貢献する」（1976年（昭和51年）6月理事会決議「綱領」）と定め，自らの使命と職責を明確に規律づけていた。
　しかし，従前の法においては，弁護士，税理士等の職業専門資格士がそれぞれの資格，業務等を定めている各法律の冒頭部に，使命，職責，任務等の明確な規定を有していたにもかかわらず[1]，法はそのような規定を全く欠いていた。

2003年（平成15年）改正法は，法が，職業専門家としての公認会計士に関する基本的かつ具体的な規範であることを踏まえ，公認会計士の使命と職責を法律上明確に位置づけることとした[2][3]。

すなわち，我が国の経済社会における公認会計士の職能に照らし，公認会計士の使命と職責について，公認会計士自身はもとより，関係者をはじめとする我が国の経済社会における理解と認識が深まっていくこととともに，その使命と職責が的確に果たされることを期待して，法律上明確に位置づけたのである。

(1) 監査の専門家としての職能

独立した公正な第三者として行われる業務としての監査証明業務は，公認会計士としての「中核的な職能」(core competence)であり，基本的な職能としての監査証明業務は，法によって，公認会計士のみの独占業務とされている。

欧米諸国においても我が国においても，法律をもって，監査と会計の職業専門家による監査が制度化されている最大の理由は，独立した公正な第三者としての基本的な職能を果たすことにある。

特に，株式会社の制度は，出資者とその委任を受けて会社の経営にあたる経営者との職能の分離を生じせしめ，経営者は株主等から委任された職責を，忠実にかつ最大の効果を挙げるべく遂行する責任とともに，その成果を的確に株主等に報告すべき義務を負っている。

会社の経営成果の報告としての最も重要な資料として財務書類があり，財務書類に虚偽や不当な記載があれば，投資者，債権者，取引先，従業員等多数の関係者の判断が狂わされることとなり，会社の経営者の責任はもとより，資本市場自身の機能までもが問題とされることとなる。

そこで，財務書類について，独立した公正な第三者が監査を行い，証明することが必要かつ適切となる。さらに，株式の保有が広く一般化・大衆化するに従って，会社が作成し，開示する財務書類の信頼性を確保するためには，独立した公正な第三者としての公認会計士による監査の必要性は，ます

ます高まることとなる。

　さらに，監査の専門家としての職能は，株式会社の財務書類に対する監査のみならず，内部統制，公会計等さまざまな経済主体の事業活動の領域や財務書類にとどまらない領域にも及んでいる。

(2) 会計の専門家としての職能

　会計の対象となる我が国の経済社会における事業活動は，多様化，複雑化，国際化を遂げており，会計に関する知識と技能についても，高度化，専門化が求められ，的確な情報を迅速かつ適切に把握し，表現するための会計の専門家としての職能は，ますますその重要性を高めている。

　すなわち，監査に限られることなく，広く会計の職業専門家としての公認会計士によるサービスが提供されることは，今日の我が国の経済社会における公認会計士の重要な職能として位置づけられる。

　特に，喫緊の課題である事業の再編，ベンチャーの振興等を支える機能に着目すれば，会計に関するマネジメント，コンサルティング等のサービスが，円滑かつ的確に提供されることは極めて重要である[4]。

　このような業務は，本来的には誰でも能力さえあれば行い得ることではある。しかし，法は，公認会計士が公認会計士という名称を用いて，広く世間に対しても，専門的な知識と技能を有する者としての信頼を得て，このような業務を行うことができることとしているのである。

第2節　公認会計士の使命

　2003年（平成15年）改正法は，第1条において「公認会計士は，監査及び会計の専門家として，独立した立場において，財務書類その他の財務に関する情報の信頼性を確保することにより，会社等の公正な事業活動，投資者及び債権者の保護等を図り，もって国民経済の健全な発展に寄与することを使命とする」として，公認会計士の使命を定めた。

◆規定の趣旨

　我が国の資本市場の公正性や透明性の確保，投資者や債権者の信頼性の向上等のために，公認会計士監査制度の充実・強化が不可欠であるとの基本的な観点に立ち，公認会計士の使命として，監査を通じて，財務諸表をはじめとする財務に関する情報の信頼性を確保することが位置づけられている。

　同時に，公認会計士の使命としては，監査に限られることなく，広く会計に関する専門的な知識と技能をもって，我が国の経済社会の需要に対応していく重要な職能が位置づけられている。

　このように，法は，監査の専門家としての職能と，会計の専門家としての職能を踏まえて，公認会計士の使命を法律上の明文をもって規定した。

　なお，日本公認会計士協会は，その会則において，法第1条の内容を「自覚し，その使命の達成に努めなければならない」ことを公認会計士の使命の自覚として定めている（同会則第40条）。

◆「監査及び会計の専門家として」

　法は，我が国の経済活動の基盤を支える幅広い役割を果たすとの観点から，公認会計士の職能を踏まえて「監査及び会計の専門家」と規定している[5]。

　一般的には「監査」は，広義の「会計」の概念には包含されると解されるが，敢えて公認会計士の使命をとらえる上で，法は，中核的な職能である監査の専門家であることを明記するとともに，監査の対象としての取引，事象の認識，記録等の「会計」の専門家であるということを，法律上明記したと解される。

◆「独立した立場において」

　監査人としての適格性の基本である。

　「独立した立場において」とは，公認会計士の監査証明業務は，被監査会社のみならず何人からも独立して行われることが，その公正性と信頼性を確保するための基本的な要件であることを明記したものである。

◆「財務書類その他財務に関する情報の信頼性を確保すること」

　どのようなことによって使命を果たすのかについて,「財務書類その他財務に関する情報の信頼性を確保すること」であることを明記している。

　なお,「財務書類」の概念について,法は従前から定義規定を置いている(第4章「公認会計士の業務」第2節参照)。

　公認会計士の業務の対象が,貸借対照表,損益計算書等の従来からの典型的な財務書類に限られることなく,広く財務に関する情報に拡大しているという認識に立つものである。

　独立した公正な立場としての職業専門家である公認会計士は,このような広義の財務に関する情報の信頼性を確保することによって,「国民経済の健全な発展に寄与する」と位置づけられている。

◆「会社等の公正な事業活動,投資者及び債権者の保護等を図り」

　「財務書類その他財務に関する情報の信頼性を確保すること」が,直接的には何をもたらすこととなるのかについては,「会社等の公正な事業活動」と「投資者及び債権者の保護」及び「等」を図ることとなるとされている[6]。

　ここでいう「等」とは,資本市場に対する信認の確保等であり,公認会計士の職能によってもたらされる貢献が幅広いことを意味している。

　「会社等の公正な事業活動」については,公認会計士が,報酬を受ける会社の利益を図るために働いているとの趣旨,あるいは,「公正な事業活動」を公認会計士が担っているとの趣旨を体現したものではない。「公正な事業活動」を行うこと自体を公認会計士に期待しているわけではなく,「公正な事業活動」の主体はあくまでも「会社等」であり,公認会計士が独立した立場において監査を行うことで,「会社等」における不正の発見等により「公正な事業活動」を図ることを意味していると解される。また,「会社等」とは,私企業に限られるわけではなく,公会計の対象となる活動主体も「会社等」に含まれると解され,総体的に広く経済活動の主体を指している。

　「投資者及び債権者の保護」とは,金融商品取引法第1条の目的規定の

「投資者の保護」にも通ずるものである。

　ただし，公認会計士の業務によって保護される対象には，金融商品取引法上の投資者に限られることなく，会計監査人設置会社の利害関係者も含まれることとなり，この趣旨を象徴として明確にするために「債権者の保護」を併せて明記したと解される。

　公認会計士が「会社等」の「財務に関する情報の信頼性を確保すること」は，金融商品取引法に基づく有価証券報告書等における財務情報の適正性を担保することによって，会社の資金調達の円滑化を図ることとなり，また，会計監査人設置会社では，株主総会で選任された会計監査人の監査を受けなければならないとされており，このような公認会計士は，間接的に不正防止等を通じ，会社のコーポレート・ガバナンスの機能の一翼を果たすことになる[7]。

◆「もって国民経済の健全な発展に寄与する」

　「もって国民経済の健全な発展に寄与する」とは，公認会計士が監査証明業務という，公共性の高い業務を遂行することを中核的な職能としていることによって，最終的には国民経済全体の健全な発展に貢献することが位置づけられたものであると解される。

　公認会計士の存在は，国民経済的な観点からの必要性に基づくものであるという認識に立つものであり，いわゆる「公共の利益の保護」に貢献するということも含まれると解される。

◆監査法人における準用

　法第1条の使命の規定は，監査法人に準用されている（法第34条の2の2第2項）。

　監査法人の制度は，一身専属的な資格に基づく業務として，自然人である公認会計士に認められた監査証明業務について，法人の業務として監査法人によっても行い得ることとしたものであり，その制度の本旨は，監査証明業

務を通じて財務に関する情報の信頼性を確保することにある。

この観点から，監査法人に，公認会計士の使命の規定を準用したものであると解される（第13章「監査法人」第3節参照）。

第3節　公認会計士の職責

2003年（平成15年）改正法は，第1条の2において「公認会計士は，常に品位を保持し，その知識及び技能の修得に努め」「公正かつ誠実にその業務を行わなければならない」として，公認会計士の職責を定め，2007年（平成19年）改正法は，「独立した立場において」を追加して明記した。

◆規定の趣旨

日本公認会計士協会は，その会則において「公認会計士業務の改善進歩と監査業務の正常な発展を図り，常に関係法令及び職業的専門家としての基準等を遵守し，かつ，職業倫理の昂揚に努めるとともに，独立した立場において公正かつ誠実に職責を果たさなければならない」ことを公認会計士の職責として定め（同会則第41条），また，「常に品位を保持し，その知識及び技能の修得に努め，いやしくも公認会計士若しくは会計士補の信用を傷つけ，又は公認会計士及び会計士補全体の不名誉となるような行為をしてはならない」ことを定めている（同会則第42条）。

さらに，日本公認会計士協会は「公認会計士がその社会的役割を自覚し，自らを律し，かつ，社会の期待に応え得るよう」との観点から，その職責を果たすために遵守すべき職業倫理の規範としての「倫理規則」を定めている。

このような職業専門家の団体としての組織規律等も踏まえ，法は，公認会計士が職業倫理を基礎にして，監査と会計の専門家としての専門的な知識と実践的な技能はもとより，品位を保持し，不断の自己研鑽に励みつつ，独立した立場において業務を行うことを，法律上の明文をもって規定した。

◆「常に品位を保持し」

「常に品位を保持し」とは，弁護士，税理士等の職業専門資格士がそれぞれの資格，業務等を定めている各法律における規定にも共通して規定されている表現である。

監査の公正性と信頼性が求められている公認会計士には，この文言によって体現される職業倫理の保持が強く求められていると解される。

法第26条が公認会計士の信用失墜行為の禁止を定めていることと符合するものである（第11章「公認会計士の義務」第3節参照）。

◆「その知識及び技能の修得に努め」

「その知識及び技能の修得に努め」とは，監査の対象が，多様化，複雑化，国際化し，公認会計士に対しても実質的な判断が求められる領域の拡大等が見られる中で，不断の自己研鑽による専門的な知識と実践的な技能の修得が不可欠であることを述べたものであると解される。

監査基準が専門能力と実務経験を求めていることや，日本公認会計士協会の「継続的専門研修制度」（CPE）を踏まえて，法第28条が公認会計士となった後も研修を受けるものとしていることと符合するものである。

◆「独立した立場において」

「独立した立場において」とは，公認会計士が被監査会社のみならず何人からも独立していなければならないとの一般的・総則的規定を法律上明記したと解される。

監査人としての独立性の確保については，2003年（平成15年）改正法によって，法第1条において使命としては明文をもって規定されるとともに，一定の場合における監査証明業務の制限の措置が規定されてはいたものの，業務の遂行にあたっての一般的・総則的規定を欠いていた。

そこで，2007年（平成19年）改正法が追加して明記したものである[8]。

◆「公正かつ誠実にその業務を行わなければならない」

「公正かつ誠実にその業務を行わなければならない」とは，業務の遂行にあたって，その判断の客観性を維持し，利益相反の関係を有することなく，自己の信念に基づいて忠実に業務を行うべきことを意味していると解される。

監査基準が公正不偏性を求めていること（同基準第2「一般基準」2）と符合するものである。

◆監査法人における準用

法第1条の2の使命の規定は，監査法人に準用されている（法第34条の2の2第2項）。

監査法人においても，自然人である公認会計士と同様に，監査と会計の専門家としての専門的な知識と実践的な技能はもとより，職業倫理を基礎として，業務を行うことが求められる。

また，監査人としての独立性を確保する観点からは，公認会計士と同様に，監査法人についても独立した立場において法人としての業務を行わなければならないことは当然である。

この観点から，監査法人に，公認会計士の職責の規定を準用したものであると解される（第13章「監査法人」第3節参照）。

━━━━━━━━━━━━━━━━ 注 ━━━━━━━━━━━━━━━━

(1)　例えば，弁護士法は，第1条第1項で「弁護士は，基本的人権を擁護し，社会正義を実現することを使命とする」とするとともに，同条第2項で「弁護士は，前項の使命に基き，誠実にその職務を行い，社会秩序の維持及び法律制度の改善に努力しなければならない」とし，さらに，第2条では「弁護士は，常に，深い教養の保持と高い品性の陶やに努め，法令及び法律事務に精通しなければならない」と定めている。

(2)　2002年（平成14年）12月の金融審議会公認会計士制度部会の報告は，「複雑化・多様化・国際化している経済環境のもとにある今日の我が国の経済社会において，公認会計士には，不断の自己研鑽による専門的知識の習得，高い倫理観と独

立性の保持により，監査と会計の専門家としての使命と職責を果たすべきことが求められている」とし，「公認会計士の公益上の使命と職責について，その本旨を法制度上明らかにすることが必要である」と提言した。
(3) 使命と職責の規定を分けて定めたのは，弁護士法等の規定の例にならったものである。
(4) 経営戦略の立案，組織・事業の再編，情報システムの構築などの経営全般にわたる指導・助言のサービスを「マネジメント・コンサルティング・サービス（MCS）業務」と総称し，財務書類の調整等の狭義の「会計業務」と峻別してとらえる場合がある。

　ここでいう「会計の専門家」としての「会計」は，このような「マネジメント・コンサルティング・サービス」も含めた広義のとらえ方をしている。
(5) 2002年（平成14年）12月の金融審議会公認会計士制度部会の報告は，「監査証明業務以外の業務については，監査証明業務に支障のない範囲に限って認めることとすることが適切である」と提言した。すなわち，監査証明業務を行う公認会計士が職務専念義務，利益相反の禁止等の規律に服するとともに，監査証明業務が公認会計士の中核的な職能として，業務の独占が認められていることを踏まえた提言であり，この提言に沿って，2003年（平成15年）5月改正法は，公認会計士を「監査及び会計の専門家」と位置づけたと解される。
(6) 「会社等の公正な事業活動」との文言は当初の金融庁による法案の文言にはなく，与党による事前の法案審査の過程で盛り込まれたとの経緯がある。その経緯との関係で，「会社等の公正な事業活動」の文言が「保護等を図り」にかかるのではないか，公認会計士が「公正な事業活動」を行うことを定めたのではないか等という指摘があるが，本文で述べたとおりであり，また，文理上も「会社等の公正な事業活動」の文言は「を図り」にかかるものと解される。
(7) 会社法第397条第1項は，「会計監査人は，その職務を行うに際して取締役の職務遂行に関し不正の行為又は法令若しくは定款に違反する重大な事実があることを発見したときは，遅滞なく，これを監査役に報告しなければならない」と定めており，不正行為の主体が取締役に限定されてはいるものの，会計監査人としての公認会計士や監査法人は，委員会設置会社や大会社におけるコーポレート・ガバナンスの機能の一翼を果たしていると位置づけられる。
(8) 2006年（平成18年）12月の金融審議会公認会計士制度部会の報告は，「監査人の独立性を確保する観点から，監査人は独立した立場においてその業務を行わなければならないとの一般的・総則的規定を設ける」ことが適当であると提言した。

第3章 公認会計士と監査

　法は，公認会計士が業務として行う「財務書類の監査又は証明をすること」（法第2条第1項）に，独占業務としての位置づけを与えている。

　本章においては，金融商品取引法による財務諸表監査を中心として，公認会計士監査制度を構成する諸概念について整理するとともに，法の規定との関係を述べることとする。

第1節　監査の概念

　法が定めている「監査又は証明をすること」は，一般的に「監査」又は一括して「監査証明」と呼ばれており，さらに，公認会計士の業務として「監査証明業務」と呼ばれている。

　そこで，法にいう「監査又は証明をすること」の概念が明らかにされることが必要となるが，法は「監査又は証明をすること」については，特段の定義を与えているわけではない。

　我が国においては，金融商品取引法による財務諸表監査における規準，手続等が実務を通じて定着することによって，その規準，手続等が，会社法に基づく会計監査人監査をはじめとして，個々の法律に基づいて求められている公認会計士又は監査法人による監査における規範としても，適用されてきた。

　この結果として，監査の概念が，ほかの隣接の概念との関係も含めて整理されてきたということができる。

　したがって，監査の概念をとらえるためには，監査を巡る国際的な一般的な理解を踏まえつつ，我が国における金融商品取引法による財務諸表監査の

基本的な特徴をとらえつつ（本章），法における制度上の意味を整理することが必要となる（第4章「公認会計士の業務」参照）。

さらに進んで，監査の概念については，監査の対象がもっぱら財務書類にあることによるこれまでの制度上の位置づけから，財務書類にとどまらない領域にも及んでおり，かつ，今後ともさまざまな領域へと広がっていくことがあることに留意を要する[1]。

◆我が国における監査の概念

我が国において監査という概念が法制度上初めて用いられたのは，1881年（明治14年）に公布された会計検査院章程第3条の「官金及ヒ物品ノ出納，官有財産管理ノ方法ヲ監査ス」であるとされ，その後，1890年（明治23年）に公布された旧商法において，監査役が法制度上位置づけられてから[2]，監査という言葉が広く一般に普及するようになったといわれている。

しかしながら，監査については，法にもほかの法令にも，特段の定義はない。また，辞書によれば，監査とは「監督し検査すること」とされているものの[3]，これだけでは，監査人としての公認会計士はもとより，株式会社の監査役の業務をとらえる上でも，的確さを欠くといわざるを得ない。

本来，監査は公認会計士が業務として行うものに限られるものではなく，また，職業専門家としての公認会計士が果たす職能も，経済社会の発展とともに制度化されてきたものである。したがって，画一的な概念として監査をとらえることは必ずしも適切ではない。

公認会計士監査制度における監査については，公認会計士による監査証明業務に，法によって独占業務としての位置づけが与えられた制度的環境のもとで，これまでは，金融商品取引法による財務諸表監査と会社法に基づく会計監査人監査をはじめとして，個々の法律に基づいて公認会計士又は監査法人による監査が求められてきた。この結果として，法の解釈として，監査の概念が整理されてきたということができる。

第3章 公認会計士と監査

◆理論としての監査の概念

そもそも，監査という言葉は audit（英語），audition（仏語）といい，ラテン語の audire（「聴く」）に由来するとされている。

監査の歴史は「記録の保持」という意味で，紀元前約4,000年の古代バビロニアにまで遡り[4]，出納の記録，税の徴収における不正や誤謬を抑制する仕組みが監査の萌芽であるとされる。そして，中世の英国の自治体で出納責任者の記録が読み上げられることを市民の代表者が聴取したり，領主から荘園の管理を委ねられた管理人の記録が領主の面前で報告されることが，初期の監査の実態であったといわれている。その後，監査は，経済活動の発展に伴い，口頭の報告を耳で確認する方法から，書類上の証拠によって記録を検査する方法へと変わっていったとされる[5]。

さらに，資本主義経済の生成・発展の中で，鉄道・電力・保険・銀行等の公共性の高い事業の発達に伴い，事業活動の主体が出資者をはじめとする数多くの利害関係者と複雑な経済関係で結ばれるにつれて，監査の機能は，社会的な意義を帯びるに至る。

すなわち，監査は，職業専門家が出納の記録等を検査するという行為自体を指すとともに，さらに，そのような行為に限られることなく，一定の証拠によって，受託者の責任（accountability）を職業専門家が検証する，一連の過程としてとらえられることとなる。

「モントゴメリーの監査論（第2版）」（中央監査法人，1998年，中央経済社）は，監査について，「様々な種類の監査や監査目的を包摂できるように十分に広く定義されるべきである」と説くとともに[6]，米国会計学会の「基礎的監査諸概念委員会」による次の定義を紹介している[7]。

「監査とは，経済活動や経済事象についての主張（assertions）と確立された規準（criteria）との合致の程度（degree of correspondence）を確かめるために，これらの主張に関する証拠（evidence）を客観的に収集・評価するとともに，その結果を利害関係をもつ利用者に伝達する体系的な過程（systematic process）である。」

◆監査の要素

このような米国会計学会による監査の定義を踏まえ，監査の要素については，次のとおり整理することができる。

① 監査は「経済活動や経済事象についての主張」を対象とするものである。

　　すなわち，監査の対象は，財務諸表に限られることなく，行為や活動の法令規則に対する遵守性，妥当性，有効性等を含むものである。

② 監査は，その対象について「確立された規準との合致の程度を確かめるため」のものである。

　　すなわち，監査人が，主観的・独断的な意見や評価を述べるものではなく，経済活動や経済事象についての主張が一定の基礎となる規準と合致しているかどうかについて，意見や評価を述べるものである。

③ 監査は「証拠を客観的に収集・評価する」ことによって実施されるものである。

　　すなわち，監査の形態によって，証拠の収集の可能性，証拠の評価の規準等についても，異なるものがあり得ることとなるが，監査人の意見や評価の形成は一定の基礎として収集され，評価された証拠に基づくものでなければならない。

④ 監査は，その結果を「利害関係をもつ利用者に伝達する」ものである。

　　すなわち，監査人の意見や評価は，監査の結果として利用者の誤解が生じないように，的確に伝達されるものである。

⑤ 監査は「体系的な過程」である。

　　すなわち，監査は，一定の計画や戦略に基づいて実施され，一連の連続的な行為として，総体的にとらえられるべきものである。

第2節　監査の類型

監査については，対象，規準，手続，根拠等に従って，いくつかの類型を

第3章　公認会計士と監査

挙げることができる。
　法との関係も含めて整理すると，次のとおりである。

◆「精密監査」と「貸借対照表監査」と「財務諸表監査」
　19世紀半ばの英国の会社法は，不正や誤謬の抑制や財産の保全を目的として，会社のすべての取引を対象とする会計記録相互の詳細な照合を行い，外部の第三者による監査を求めたとされる。このような精査による監査が「精密監査」(detailed audit) であり，「精査監査」とも呼ばれる。その後，精密監査は，欧州各国へと普及していったといわれる。
　20世紀初めの米国においては，会社等の資金調達の方法が銀行の間接金融に依存するようになり，会社等が与信を受ける際に，外部の第三者としての監査人による監査を受けた貸借対照表を銀行に提出することが，慣行となっていったとされる。このように，銀行の与信のための調査が貸借対照表を重視していたことを背景として，資産の実在性や負債の網羅性等を中心とした貸借対照表の監査が普及した。これが「貸借対照表監査」(balance sheet audit) である。
　1929年（昭和4年）10月のニューヨーク証券取引所での株価の大暴落を契機とする世界大恐慌の後，米国では，1933年（昭和8年）の有価証券法 (Securities Act) と，1934年（昭和9年）の証券取引所法 (Securities Exchange Act) が制定され，これらの連邦証券2法等の執行機関としての証券取引委員会 (Securities and Exchange Commission：SEC) が設置された。SECは，上場会社に対して，監査を受けた財務諸表を証券取引所に提出しなければならないことを定めた。これが「財務諸表監査」(financial statement audit) の制度化の始まりとされている。

◆「会計監査」と「業務監査」
　監査の対象によって「会計監査」と「業務監査」に分類される。
　会計監査は，会社の財産の増減の事実と原因等の会計記録や，その結果の

会計報告書，会計組織，会計行為を監査の対象とするものであり，業務監査は，会計以外の会社の業務や，経営等事業活動の正当性，合理性，準拠性等を監査の対象とするものである。ただし，会計監査として取り扱われる会計情報には，業務や経営に関する情報が包含され，また，業務や経営の手法や方針が前提となるため，これらの範囲は密接不可分となる傾向にある。

会計監査の代表例が，金融商品取引法による財務諸表監査や，会社法に基づく会計監査人監査である。財務諸表監査は，会社が作成した財務諸表が，一般に認められた会計基準に準拠して作成され，重要な虚偽記載がなく，当該会社の財務状態と経営成績を適正に表示しているかどうかを対象とするものである。

法は，第2条第1項において「財務書類の監査又は証明をすること」を公認会計士の独占業務としており，金融商品取引法による財務諸表監査や会社法に基づく会計監査人監査は，会計監査の代表例である。

他方，業務監査が法第2条第1項にいう監査証明業務の対象に含まれないと画一的に解することは，必ずしも適切ではない。それぞれの監査が求められている規定や事案に即して，法第2条第1項にいう「財務書類」「監査又は証明をすること」への該当性を判断することが適切であると解される。

◆「内部監査」と「外部監査」

監査を実施する監査人が，監査の対象である事業活動の主体の内部に属するのか，外部の者であるのかによって「内部監査」と「外部監査」に分類される。

例えば，株式会社については，取締役の職務の一つとして行われる監査は内部監査であり，金融商品取引法による財務諸表監査や会社法に基づく会計監査人監査は外部監査である。

内部監査は，会計情報の認識，業務の執行等の適法性，適正性等を検証することを目的とするものであり，会社の組織内に設けられた審査課等の内部機関によって実施されるものである。

株式会社の監査役又は監査委員会によって実施される監査については，内部監査とは区別されることが通常ではあるが，これらの職務の担い手が，監査の対象である会社に属することから，広義の内部監査に該当するものとして位置づけられることがある[8]。

一般に，内部監査として行われる監査は，その組織内に所属している者によって実施されるものであり，「他人の求めに応じ」「業と」して行われるものではないことから，法第2条第1項にいう監査証明業務の対象に含まれないと解される。

なお，監査役又は監査委員会による監査は，財務情報等の作成過程の健全性の確保，経営者の業務執行や内部統制の有効性等を監視するものであり，外部監査と相互補完的な関係にあるものとして位置づけられる。

◆「全部監査」と「部分監査」

監査の実施される範囲によって「全部監査」と「部分監査」に分類される。

例えば，金融商品取引法による財務諸表監査は，財務諸表の全般を対象とした全部監査であるが，特定の支店の計算書類についての監査，ロイヤリティの支払の基準となる売上高についての監査等のように，特定項目についての監査が部分監査である。

全部監査であれ，部分監査であれ，法第2条第1項にいう監査証明業務の対象に含まれると解される。

なお，監査が実施される範囲を明確にすることは，監査人としての責任との関係の観点からも重要な意味があり，監査契約又は監査報告書において明確にすることが必要となる。

◆「公監査」と「私監査」

監査人の属性によって「公監査」と「私監査」に分類される。

例えば，国，地方公共団体の職員による税務調査，監督官庁の職員による行政監督上の検査等のように，公務員又はこれに準ずる者によって実施され

るものが，公監査である。

これに対して，「他人の求めに応じ」「報酬を得て」監査を実施するものが，私監査である。

◆「法定監査」と「任意監査」

実施される監査の根拠が，法律によって制度的に強制されているか否かによって，「法定監査」と「任意監査」に分類される。

法定監査は，法律によって監査を受けるべきことが規定されているものであり，金融商品取引法による財務諸表監査や会社法に基づく会計監査人監査がこの代表例であり，「強制監査」と呼ばれることもある。

法定監査の場合，監査の実施される範囲や項目，監査報告の要件等についても法令で規定されることが多い。なお，法定監査の場合でも，監査人を誰にするかについては，一定の資格や要件を満たす者の中から選定され，監査の対象者と監査人の間の合意によって決定される，私監査であることが一般的である。

これに対して，任意監査は，法律上の強制はなく，監査の目的も内容も，監査の対象者と監査人の間の合意によって任意に決められて実施されるものである。会社の内部において実施される内部監査，特定の目的や便宜に基づいて自主的に実施される監査等が，これに該当する。

なお，必ずしも法律によって監査を受けるべきことが規定されているわけではないが，監査を受けることが，特定の組織や団体の中での制度として望ましいものとして位置づけられている場合があり，「法定監査に準ずる監査」と呼ばれることがある。

法定監査と法定監査に準ずる監査については，監査が実施される根拠が任意ではないことに拠ることから，併せて「制度監査」と呼ばれることがある。

第3節　監査の規準

監査は「確立された規準との合致の程度を確かめるため」に，「証拠を客観的に収集・評価する」ことによって「体系的な過程」として実施されるものである（第1節参照）。

そこで，さまざまな類型の監査のうち，金融商品取引法による財務諸表監査がいかなる規準のもとで実施されることとされているのかについて，整理する。

(1) 監査の目的と「二重責任の原則」

◆監査の目的

金融商品取引法による財務諸表監査の目的は，会社の経営者が作成した財務書類に対して，監査人としての公認会計士又は監査法人が意見を表明することにある。

すなわち，2002年（平成14年）1月に改訂された監査基準は，従前の監査基準の構成を大きく改め，まず，第1「監査の目的」と題して，「財務諸表の監査の目的は，経営者の作成した財務諸表が，一般に公正妥当と認められる企業会計の基準に準拠して，企業の財政状態，経営成績及びキャッシュ・フローの状況をすべての重要な点において適正に表示しているかどうかについて，監査人が自ら入手した監査証拠に基づいて判断した結果を意見として表明することにある」と定めた（同基準第1「監査の目的」）。

◆「二重責任の原則」

監査基準の「監査の目的」において明らかにされているように，財務書類の作成に対する経営者の責任と，当該財務書類の信頼性に関する意見の表明に対する監査人の責任は，区別されるべきものである。

これが「二重責任の原則」と呼ばれるものである。

監査基準においては「財務諸表の表示が適正である旨の監査人の意見は，財務諸表には，全体として重要な虚偽の表示がないということについて，合理的な保証を得たとの監査人の判断を含んでいる」とされている（同基準第1「監査の目的」）。

　監査人の責任が経営者の責任と区別されるべきことを前提とした上で，監査人が適正意見を表明するということは，監査人が「合理的な保証を得た」との自らの判断，すなわち，「絶対的ではないが相当程度の心証を得たこと」を示すことを意味するとされている。

(2) 企業会計の基準

◆「一般に公正妥当と認められる企業会計の基準」

　会社の経営者が作成する財務書類が準拠する一定の会計の基準が「一般に公正妥当と認められる企業会計の基準」である。

　金融商品取引法は，同法の規定により提出される「貸借対照表，損益計算書その他の財務計算に関する書類は，内閣総理大臣が一般に公正妥当であると認められるところに従って内閣府令で定める用語，様式及び作成方法により，これを作成しなければならない」（同法第193条）と定めている。

　この規定に基づいて「財務諸表等の用語，様式及び作成方法に関する規則」（「財務諸表等規則」）は，財務諸表等の表示等についての規定を定めるとともに，「この規則において定めのない事項については，一般に公正妥当と認められる企業会計の基準に従うものとする」と定めている（同規則第1条第1項）。また，会社法は，会計帳簿，計算書類等の作成等についての諸原則を定めるとともに，会計の原則として，「一般に公正妥当と認められる企業会計の慣行に従うものとする」と定めている（同法第431条）。

　財務諸表等規則第1条第2項は「企業会計審議会により公表された企業会計の基準は，前項に規定する一般に公正妥当と認められる企業会計の基準に該当するものとする」と定めている。

　なお，このことは，次に述べるように，「一般に公正妥当と認められる企

業会計の基準」が企業会計審議会により公表されたものに限られることをいうものではないと解されている。

◆企業会計審議会と企業会計基準委員会

金融商品取引法にいう「一般に公正妥当と認められるところ」, あるいは, 会社法にいう「一般に公正妥当と認められる企業会計の慣行」については, 基本的に, 会計の実務の中で発展し, 定着してきた慣行が存在することを前提としている。

他方, 我が国の経済社会の事業活動が多様化, 複雑化, 国際化を遂げる中で, 金融商品取引法が目的とする「国民経済の健全な発展及び投資者の保護」(同法第1条) を図る観点からは, 慣行としての熟成, 収束を待つことなく, 企業会計の基準について整備が求められることがある。

このような観点から, 基準としての客観性の確保という法制度上の基本原則を踏まえ, 会計を巡る専門家, 有識者, 経済界等の実務家から構成される審議の場において検討が行われることによって, 企業会計の基準が定められ, 公表されてきた。

かつての大蔵省, 現在の金融庁に置かれた「企業会計審議会」による企業会計の基準の開発・整備は, このような位置づけにあるものとしてとらえられてきたものである。現在は, 民間関係者による独立の企業会計の基準の設定主体として, 財団法人「財務会計基準機構」が, 2001年（平成13年）7月に設立され, 同機構の中に「企業会計基準委員会」が組織されて以来, 同委員会が, 会計基準と実務ルールの開発・整備を担っている[9]。

会社の経営者が作成する財務書類が準拠すべきとされる「一般に公正妥当と認められる企業会計の基準」としては,

① 企業会計審議会により策定され, 公表された会計基準及び実務ルール
② 企業会計基準委員会により策定され, 公表された会計基準及び実務ルール[10][11]
③ 一般に公正妥当と認められる会計実務の慣行

の3つから成り立っていると解される。

これらは，金融商品取引法による財務諸表監査等における企業会計の基準，すなわち，会社の経営者が財務書類を作成し，開示する際の基準とされている。

(3) 監査の基準

◆「一般に公正妥当と認められる監査に関する基準」

公認会計士又は監査法人が監査を行い，その意見を表明するために準拠する監査の規準が「一般に公正妥当と認められる監査に関する基準」である。

金融商品取引法は「監査証明は，内閣府令で定める基準及び手続によって，これを行わなければならない」と定めている（同法第193条の2第4項）。

これを受けて「財務諸表等の監査証明に関する内閣府令」（「監査証明府令」）は，

① 財務諸表，財務書類又は連結財務諸表の監査証明は，監査を実施した公認会計士等が作成する監査報告書により行うこと

② 中間財務諸表又は中間連結財務諸表の監査証明は，監査を実施した公認会計士等が作成する中間監査報告書により行うこと

③ 四半期財務諸表又は四半期連結財務諸表の監査証明は，監査を実施した公認会計士等が作成する四半期レビュー報告書により行うこと

④ 監査報告書は「一般に公正妥当と認められる監査に関する基準及び慣行に従って実施された監査又は中間監査」の結果に基づいて作成されなければならないこと

を規定しており（同令第3条第1項及び第2項），同令第3条第3項は「企業会計審議会により公表された監査に関する基準は，前項に規定する一般に公正妥当と認められる監査に関する基準に該当するものとする」と定めている。

なお，このことは，「一般に公正妥当と認められる監査に関する基準」が企業会計審議会により公表されたものに限られることをいうものではないと

解されている。

すなわち、監査が準拠すべきとされる「一般に公正妥当と認められる監査に関する基準」とは、
① 企業会計審議会により策定され、公表された監査基準及び実務ルール
② 日本公認会計士協会により策定され、公表された指針及び実務ルール
③ 一般に公正妥当と認められる監査実務の慣行
の３つから成り立っていると解される。

これらは、金融商品取引法による財務諸表監査等における監査の基準、すなわち、監査人としての公認会計士や監査法人が意見を形成し、判断を行う際の基準とされている。

このように、監査は一定の規準のもとで行われるものであるが、財務書類が一定の規準のもとで適正に作成され、開示されていることが前提となっていることは既に述べたとおりである（「二重責任の原則」）。

◆監査基準の沿革

1950年（昭和25年）の証券取引法（当時）の改正によって公認会計士の監査が明文をもって位置づけられた当時（同法第193条の２第１項）、その前年の1949年（昭和24年）には、企業会計の基準であり、かつ、監査人としての判断の規準でもある「企業会計原則」及び「財務諸表準則」が、企業会計審議会の前々身である経済安定本部の「企業会計制度対策調査会」によって公表された[12]。

これらに基づいて財務諸表が作成されることを前提としつつ、証券取引法（当時）に基づく財務諸表の監査の導入に合わせ、1950年（昭和25年）７月に、企業会計制度対策調査会が改組された企業会計基準審議会によって「監査基準」と「監査実施準則」が策定され、公表された。その後、証券取引法（当時）による財務諸表監査が正規の監査として実施されることに合わせて、1956年（昭和31年）12月には、監査基準と監査実施準則が改訂されるとともに、「監査報告準則」が企業会計審議会によって策定され、公表された[13]。

監査基準，監査実施準則及び監査報告準則は，その後の財務諸表監査における基準として，我が国の公認会計士監査制度の基礎となった。
　また，1976年（昭和51年）7月には，連結財務諸表の監査の実施に対応して，監査実施準則及び監査報告準則が改訂され，さらに，翌1977年（昭和52年）3月には「中間財務諸表監査基準」（「中間監査基準」）が制定され，同年9月期の中間決算から中間財務諸表に対する監査制度が導入された。

◆ **監査基準の改訂**
　監査実務の慣行が定着するとともに，日本公認会計士協会において，指針や実務ルールについての策定の実効力や水準が向上するという背景のもとで，1991年（平成3年）5月には，企業会計審議会によって，監査基準と監査報告準則が改訂され，監査実施準則については，同年12月の改訂によって大幅に純化された[14]。
　そして，2002年（平成14年）1月に，企業会計審議会は，従前の監査実施準則と監査報告準則を廃止し，監査基準として，監査の目的，一般基準，実施基準及び報告基準に整理し直し，リスク・アプローチに基づく監査の徹底や，ゴーイング・コンサーン問題への対応等を図るとともに，監査基準を補足する具体的な指針を示す役割を日本公認会計士協会に委ねることとした[15]。
　また，中間監査基準についても，同様の観点から，2002年（平成14年）12月に企業会計審議会によって改訂が行われた。
　その後，2005年（平成17年）10月に，企業会計審議会は，リスク・アプローチの適用に関して，リスク評価の対象を拡大し，財務諸表に重要な虚偽の表示をもたらす可能性のある事業上のリスク等を考慮することを求めるなどの観点から，監査基準の改訂を行うとともに，監査の品質管理の向上を図る観点から，「監査に関する品質管理基準」を新たに策定し，公表した。
　さらに，2009年（平成21年）4月に，企業会計審議会は，継続企業の前提に関する基準について，国際監査基準との整合性を図るという観点から，「監査基準の改訂に関する意見書」を公表した。

◆内部統制監査及び四半期開示

さらに，投資者に対する情報開示の信頼性の確保，適時かつ迅速な情報開示への対応等の観点から，欧米諸国における制度の整備・充実も踏まえ，金融商品取引法のもとでの内部統制報告及び四半期開示の制度化に伴い，企業会計審議会は，2つの重要な監査の基準を新たに策定し，公表した。

すなわち，「財務報告に係る内部統制の評価及び監査の基準」(2007年（平成19年）2月）及び「四半期レビュー基準」(2007年（平成19年）3月）である。

◆その他の「一般に公正妥当と認められる監査に関する基準」

「一般に公正妥当と認められる監査に関する基準」のうち，「日本公認会計士協会により策定され，公表された指針及び実務ルール」とは，監査基準を踏まえた具体的な指針や実務ルールとして，日本公認会計士協会の監査基準委員会報告，業種別委員会，IT委員会等において報告書等として策定され，公表されたものである。

また，「一般に公正妥当と認められる監査実務の慣行」とは，必ずしも明文化されてはいないものの，実務上に定着した取扱いを指すものである。

第4節 監査の主体と実施

監査を行う主体が監査人である。

監査人といっても，公認会計士，監査法人，会計事務所，監査役，監査委員会，内部監査人等のさまざまな例を挙げることができる[16]。

ここでは，金融商品取引法による財務諸表監査の実施に関し，監査人に対して監査基準がどのような規範を定めているかについて整理するとともに，法の規定との関係を述べることとする。

◆専門能力と実務経験

監査基準は「監査人は，職業専門家として，その専門能力の向上と実務経

験等から得られる知識の蓄積に常に努めなければならない」としている（同基準第2「一般基準」1）。

知識と経験は職業専門家の基盤であり，監査人としては，監査の分野において適切な教育と実務経験を有していなければならず，継続的専門教育や自己研鑽までもが含まれるものである。

法は，第1条の2において公認会計士の職責として，「その知識及び技能の修得に努め」と明記している。

また，日本公認会計士協会は，2002年（平成14年）4月から会員に対して「継続的専門研修制度」（CPE）を義務づけるとともに[17]，2006年（平成18年）4月から，職業倫理と監査の品質管理の重要性の徹底のために，すべての会員に「倫理に関する研修」を，また，法定監査の業務に従事する会員には「監査の品質管理に関する研修」を，それぞれ必修化している。これらのことを踏まえて，法第28条は「日本公認会計士協会が行う資質の向上を図るための研修を受けるものとする」と定めている（第11章「公認会計士の義務」第4節参照）。

◆公正不偏性と独立性

監査基準は「監査人は，監査を行うに当たって，常に公正不偏の態度を保持し，独立の立場を損なう利害や独立の立場に疑いを招く外観を有してはならない」としている（同基準第2「一般基準」2）。

独立性には，実質的独立性と外見的独立性（「外観的独立性」）があり，そのいずれをも保持しなければならないこととされている。

実質的独立性は「事実上の独立性」（independence in fact）とも「精神的独立性」（independence in mental attitude）とも呼ばれる。「精神的に独立不羈の態度」といわれることもある。

外見的独立性（independence in appearance）は，経済的あるいは身分的な独立性をはじめとして，関係や外観において独立であることとされる。

このような観点から，法は，第1条においては公認会計士の使命として，

また，第1条の2においては公認会計士の職責として，「独立した立場において」と明記しており，また，日本公認会計士協会においても，国際会計士連盟（IFAC）等の国際的な議論においても，独立性のあり方は，職業倫理の充実における中心的な課題とされている（第11章「公認会計士の義務」第1節及び第2節参照）[18][19]。

◆注意義務と懐疑心

監査基準は「監査人は，職業的専門家としての正当な注意を払い，懐疑心を保持して監査を行わなければならない」としている（同基準第2「一般基準」3）。

監査人が職業専門家としての業務を行う以上，職業専門家として通常払うべき注意をもって業務を行うことは，当然である。

「正当な注意」とは，「善良なる管理者としての注意義務」（民法第644条）よりは高度のものであると解される。

法は，「相当の注意を怠り」重大な虚偽又は不当のある財務書類を重大な虚偽又は不当のないものとして証明した場合の懲戒責任を定めている（法第30条第2項）。ここでいう「相当の注意」が正当な注意に該当すると解される（第12章「公認会計士の責任」第5節参照）。

また，監査基準は「監査人は，職業的専門家としての懐疑心をもって，不正及び誤謬により財務諸表に重要な虚偽の表示がもたらされる可能性に関して評価を行い，その結果を監査計画に反映し，これに基づき監査を実施しなければならない」としている（同基準第3「実施基準」「基本原則」5）。

経営者が誠実であるとも不誠実であるとも想定してはならないとされ，健全な意味での疑いの精神を持つことが監査人に求められている。

◆不正発見の姿勢と対応

監査基準は「監査人は，財務諸表の利用者に対する不正な報告あるいは資産の流用の隠蔽を目的とした重要な虚偽の表示が，財務諸表に含まれる可能

性を考慮しなければならない」とし（同基準第2「一般基準」4前段），「違法行為が財務諸表に重要な影響を及ぼす場合があることにも留意しなければならない」としている（同基準第2「一般基準」4後段）[20]。

その上で，監査基準は「監査人は，監査の実施において不正又は誤謬を発見した場合には，経営者等に報告して適切な対応を求めるとともに，適宜，監査手続を追加して十分かつ適切な監査証拠を入手し，当該不正等が財務諸表に与える影響を評価しなければならない」としている（同基準第3「実施基準」3）。

この点に関し，法は，虚偽又は不当のある証明をした場合の懲戒責任を定めているものの（法第30条第1項及び第2項），監査報告書に至る以前における不正等を発見した場合の監査人の対応について，法律上の義務を規定しているわけではない。

しかし，監査人が被監査会社の財務書類に重要な影響を及ぼす不正や違法の事実を発見した場合であって，監査役等に報告するなど，被監査会社の自主的な是正措置を促す手続を踏んでもなお改善が図られないときは，監査人が被監査会社との関係において強固な地位に基づいて適正に監査証明業務を行うことができるように制度的な手当をすることが重要であると考えられる。

そこで，2007年（平成19年）改正法は，金融商品取引法において新たに次の規定を設けることとした[21]。

① 公認会計士又は監査法人が，上場会社等の監査証明を行うにあたって，当該上場会社等における法令に違反する事実その他の財務計算に関する書類の適正性の確保に影響を及ぼすおそれがある事実（「法令違反等事実」）を発見したときは，当該法令違反等事実の内容及び当該法令違反等事実に係る法令違反の是正その他の適切な措置をとるべき旨を，遅滞なく，当該上場会社等に書面で通知しなければならない（同法第193条の3第1項）。

　ある事実が「法令違反等事実」に該当するかどうかについては，公認会計士又は監査法人において，被監査会社の規模，特性，その財務書類

の内容等を総合的に勘案し，当該事実が財務書類の適正性の確保に影響を及ぼすおそれがある事実として，監査人としての専門的な知識と経験に照らし，独立した立場において判断する必要があると解される[22]。

② ①の通知を行った公認会計士又は監査法人は，通知を行った日から一定の期間が経過した日後なお法令違反等事実が財務計算に関する書類の適正性の確保に重大な影響を及ぼすおそれがあり，かつ，当該上場会社等が適切な措置をとらないと認める場合であって，重大な影響を防止するために必要があると認めるときは，当該法令違反等事実に関する意見を内閣総理大臣に申し出なければならない（同法第193条の3第2項）。

ここでいう「重大な影響を及ぼすおそれがある」場合とは，監査人として発見した法令違反等事実について，被監査会社に通知するなどの対応をとったにもかかわらず是正が進まない等の事由により，当該法令違反等事実が財務書類の適正性の確保に重大な影響を及ぼす蓋然性が高くなった場合等を指すものと解される[23]。

また，ここでいう「一定の期間」について，金融商品取引法施行令第36条は，通知を行った日から後に最初に到来する次のいずれかに掲げる日までの間と定めている。

・　有価証券報告書の提出期限の6週間前の日又は通知を行った日から起算して2週間を経過した日のいずれか遅い日（当該日が当該提出期限以後の日である場合は，提出期限の前日）までの間
・　四半期報告書又は半期報告書の提出期限の前日までの間

本規定は，内閣総理大臣が情報収集を行うことを目的としたものと解されるべきではなく，監査人が監査証明業務を全うするにあたって，財務書類に重要な影響を及ぼす不正や違法な事実の是正を被監査会社に求めることができるようにすることを目的としたものであると解されるべきである。このことは，監査人が発見した法令違反等事実の全てについて内閣総理大臣への申出を求めることはせず，監査人による一定の対応にもかかわらず，被監査会社による是正が図られないなど，当該法令違

反等事実が財務書類の適正性の確保に影響を及ぼす蓋然性が高くなった場合等において内閣総理大臣への申出を求めることとしたことからも，また，①に対して「重大な」影響を及ぼすおそれとして，要件が加重されていることからも，本規定の趣旨は明らかであると解される。

なお，守秘義務との関係については，法に基づく「正当な理由」がある場合として違反にはならないと解される[24]。

③　②の申出を行った公認会計士又は監査法人は，当該上場会社等に対して，申出を行った旨及びその内容を書面で通知しなければならない（同法第193条の3第3項）。

◆監査調書

「監査調書」とは，監査の実施の過程において，監査人としての公認会計士や監査法人が作成する資料や書類である。

監査基準は「監査人は，監査計画及びこれに基づき実施した監査の内容並びに判断の過程及び結果を記録し，監査調書として保存しなければならない」としている（同基準第2「一般基準」5）。

監査人としての公認会計士や監査法人は，監査の基礎とするため，監査の現場において各種の書類を作成したり，あるいは，被監査会社その他から諸資料を収集・入手することとなる。特に，被監査会社の大規模化や事業活動の多様化，複雑化，国際化に伴い，監査人には膨大な作業と高度な判断が求められ，それらの作業や判断の質を，自らあるいは組織的に管理し，的確なものとするためには，監査調書の作成が不可欠となる。

また，監査人は，自らの責任を問われるような事態に対処し，説明責任を果たすためにも，監査証明業務を行う過程の全般において，判断の過程も含めて，記録を残すことが適切かつ必要であると考えられる。これらの書類や資料は，監査を実施した手続の内容や発見した諸事項とともに，「監査調書」として整理され，保管されることとなる。

法は，監査の実施の過程における資料や書類の所有権が，被監査会社にあ

るのか,監査人にあるのかについての争いが生じないように,監査調書の帰属についての明文を規定している[25]。

すなわち,法第49条は「公認会計士又は監査法人が他人の求めに応じて監査又は証明を行うに際して調製した資料その他の書類は,特約のある場合を除くほか,公認会計士又は監査法人の所有に属するものとする」と定めている。

ここでいう資料や書類については,電磁的記録によって作成され,保存される場合も含まれると解される。

なお,監査調書は監査人の所有に帰属するといっても,その内容についての守秘義務があることは当然である(第11章「公認会計士の義務」第3節参照)。

◆監査の品質管理

監査基準は「監査人は,自らの組織として,すべての監査が一般に公正妥当と認められる監査の基準に準拠して適切に実施されるために必要な質の管理の方針と手続を定め,これらに従って監査が実施されていることを確かめなければならない」とし(同基準第2「一般基準」6),監査人としての組織体において管理の方針と手続を定め,いわば内部統制のシステムを構築することを求めるとともに,継続的に評価すべきことを求めている。

また,「監査人は,監査を行うに当たって,品質管理の方針と手続に従い,指揮命令の系統及び職務の分担を明らかにし,また,当該監査に従事する補助者に対しては適切な指示,指導及び監督を行わなければならない」とし(同基準第2「一般基準」7),公認会計士の共同組織体としての監査法人による監査証明業務において,指揮命令系統と職務分担の明確化を図り,補助者の指導,監督等を行うべきことを求めている。

この点に関して,2003年(平成15年)改正法は,まず,公認会計士の義務として,公認会計士が業務を行うために使用人その他の従業者を使用するときは,「当該業務を適正に遂行するよう当該使用人その他の従業者を監督し

なければならない」と新たに定めた（法第28条の3）。また，公認会計士の使用者等に対する監督の義務を監査法人に準用することとしている（法第34条の14の3）。さらに，監査法人が業務を公正かつ的確に遂行するための業務管理体制を整備しなければならないことを新たに定めるとともに（法第34条の13第1項），整備しなければならない業務管理体制について，2007年（平成19年）改正法は，その事項を具体的に定めた（同条第2項）（第13章「監査法人」第6節参照）。

また，日本公認会計士協会による監査の品質管理についての組織規律や自主措置を尊重し，その限界を補完して，監査の公正性と信頼性を確保するために，2003年（平成15年）改正法は，同協会の「品質管理レビュー」の充実を期待しつつ，「品質管理レビュー」に対する「モニタリング」の制度を導入することとした（第14章「監視・監督の体制と機能」第2節参照）。

◆守秘義務

監査基準は「監査人は，業務上知り得た事項を正当な理由なく他に漏らし，又は窃用してはならない」としている（同基準第2「一般基準」8）。

監査人としての適格性の大前提であり，公認会計士が業務上知り得た秘密を漏らしてはならないことは，監査証明業務を行う場合に限られることなく，職業専門家としての職業倫理上から当然に求められるものである。

法は，この守秘義務を特に明文で規定している（法第27条）。

第5節　監査の報告

監査の結果は，通常，監査報告書としてとりまとめられる。

監査報告書とは，監査人としての公認会計士や監査法人が，監査の結論としての財務書類の適正性に関する意見を表明するための手段であり，かつ，監査人が自己の意見表明についての責任を正式に認める手段である。

法律によって監査が義務づけられている場合には，通常，監査報告書の提

出と開示の義務づけが法律上規定されることによって，監査人が表明した意見が財務諸表とともに財務諸表の利用者に伝達されることとなる。

ここでは，さまざまな類型の監査のうち，金融商品取引法による財務諸表監査における監査報告書について整理する。

(1) 記載事項

監査人の責任の範囲を明確にする手段である監査報告書について，金融商品取引法による財務諸表監査においては，監査基準を踏まえ，監査証明府令が次の事項を記載すべきことを定めている（同令第4条第1項）。

① 監査の対象
② 実施した監査の概要
③ 監査意見
④ 追記情報
⑤ 利害関係

特に，②の「実施した監査の概要」については，どのような観点から監査が行われたかを監査報告書の利用者に明らかにするとともに，監査人の責任の範囲を明確にするために，次の事項を記載すべきこととされている（同令第4条第3項）。

① 監査が一般に公正妥当と認められる監査の基準に準拠して行われた旨
② 監査の基準は監査を実施した公認会計士又は監査法人に財務諸表等に重要な虚偽の表示がないかどうかの合理的な保証を得ることを求めていること
③ 監査は試査を基礎として行われていること
④ 監査は経営者が採用した会計方針及びその適用方法並びに経営者によって行われた見積りの評価も含め，全体としての財務諸表等の表示を検討していること
⑤ 監査の結果として，意見表明のための合理的な基礎を得たこと

ただし，重要な監査手続が実施できなかった場合には，当該実施できなか

った監査手続を記載することとされている。

(2) 監査意見

「監査意見」とは,経営者が作成した財務書類に対して,監査人としての公認会計士や監査法人が表明する意見である。

財務書類の作成及び開示に関する経営者の責任と,当該財務書類の適正表示に関する意見の表明に関する監査人の責任は,峻別されていること(「二重責任の原則」)が前提となっている。

◆適正意見

「二重責任の原則」のもとで,監査人が表明する標準となる意見が「適正意見」である。

金融商品取引法による財務諸表監査における適正意見は「無限定適正意見」と「限定付適正意見」に大別される。

これらについて,法令は特段の定義を設けてはいないが,監査基準は,一定の場合に,監査人が無限定適正意見を表明しなければならない旨を定めている。

すなわち,「監査人は,監査報告書において,監査の対象,実施した監査の概要及び財務諸表に対する意見を明瞭かつ簡潔に記載しなければならない」とし(同基準第4「報告基準」「監査報告書の記載区分」1),「経営者の作成した財務諸表が,一般に公正妥当と認められる企業会計の基準に準拠して,企業の財政状態,経営成績及びキャッシュ・フローの状況を,すべての重要な点において適正に表示していると認められると判断したときは,その旨の意見(「無限定適正意見」)を表明しなければならない」としている(同基準第4「報告基準」「無限定適正意見の記載事項」)。

また,監査基準は「経営者が採用した会計方針の選択及びその適用方法,財務諸表の表示方法に関して不適切なものがあり,無限定適正意見を表明することができない場合」又は「重要な監査手続を実施できなかったことによ

り，無限定適正意見を表明することができない場合」において，それらの重要性に照らして「除外事項を付した限定付適正意見」（「限定意見」）を表明しなければならないとしている。

◆不適正意見

財務書類が一般に公正妥当と認められる監査の基準に準拠して，適正に表示されていないと監査人が判断する場合に，表明される意見が「不適正意見」である。

監査基準は，監査人が不適正意見を表明する場合として，次を挙げている。

① 経営者が採用した会計方針の選択及びその適用方法，財務諸表の表示方法に関して著しく不適切なものがあり，財務諸表が全体として虚偽の表示に当たると判断した場合
② 継続企業の前提に重要な疑義が認められるときに，その重要な疑義に関わる事項が財務諸表に適切に記載されていないと判断した場合であって，当該不適切な記載についての除外事項を付した限定付意見を表明することが適切ではないと判断したとき
③ 継続企業を前提として財務諸表を作成することが適切ではない場合であって，継続企業を前提とした財務諸表が作成されているとき

これらの場合には，監査人は，不適正意見を表明しなければならないとともに，その理由を併せて記載しなければならない。

◆監査範囲の制約

監査基準は，監査人が重要な監査手続を実施できなかったことにより，「自己の意見を形成するに足る合理的な基礎を得られないときは，意見を表明してはならない」としている（同基準第4「報告基準」「基本原則」4）。

(3) 追記情報

「追記情報」とは，経営者が作成した財務書類の表示に関して，監査人としては，適正であると判断しながらも，その判断に関して説明を付す必要がある事項や財務諸表の記載について強調する必要がある事項を，監査報告書において，情報として監査人が追記するものである。

2002年（平成14年）1月に改訂された監査基準においては，従前の監査基準における「特記事項」が廃止され，ゴーイング・コンサーン問題（「継続企業の前提」）への対応も含めて，改めて追記情報として整理された。

本来，意見表明に関する監査人としての責任は，自らの意見を通じて果たされることとなるが，追記情報は，意見表明とは明確に区分して記載されることとされたものである。

追記情報には，
① 継続企業の前提に重要な疑義が認められるときに，その重要な疑義に関わる事項が財務諸表に適切に記載されていると判断して無限定適正意見を表明する場合の当該重要な疑義に関する事項（同基準第4「報告基準」「継続企業の前提」1）
② 正当な理由による会計方針の変更，重要な偶発事象，重要な後発事象，監査した財務諸表を含む開示書類における当該財務諸表の表示とその他の記載内容との重要な相違その他監査人として説明又は強調することが適当と判断した事項（同基準第4「報告基準」「追記情報」）

が挙げられる。

このうち，継続企業の前提の重要な疑義に関する事項については，当該事項が除外事項として監査意見に含まれる場合又は不適正意見の場合は別として，無限定適正意見を表明する場合には必ず追記情報として記載されることとなる。他方，正当な理由による会計方針の変更等の事項の記載については，監査人としての判断が含まれることとなる。

注

(1) 公認会計士法については，資格法としての性格と監査法としての性格を併せもっていることが指摘される。その上で，金融商品取引法による財務諸表監査と，会社法に基づく会計監査人監査やほかの法律に基づく監査とでは，効果，規準，手続等が異なる制度や実態のもとで，公認会計士法として，何を一律に規定することが適切かつ必要かという議論がある。
　この点に関しては，次のとおり考えられる。
　① 公認会計士法は，基本的には資格法として，公認会計士の義務，責任をはじめとする基本的かつ具体的な規範を定めた法であるとともに，
　② 監査法としても，金融商品取引法による財務諸表監査を前提とした監査についての一般共通的な規範を定めた法であり，
　③ さらに，監査法としての規範性については，監査に対する経済的・社会的な需要の展開等に応じて，会社法に基づく会計監査人監査やほかの法律において監査が求められていく際の規範として，それぞれの監査を求めている個々の法律とともに，規範性を有するものであると解される。

(2) 旧商法第192条は，監査役の職務として，「取締役ノ業務執行カ法律，命令，定款及ヒ総会ノ決議ニ適合スルヤ否ヤヲ監視シ且総テ其業務施行ノ過悉及ヒ不整ヲ検出スルコト」と規定し，監査役の職務の対象がいわゆる会計監査に限られることなく，業務監査を含めた幅広いものとして位置づけた。

(3) 「広辞苑（第5版）」（岩波書店）。このほかの国語辞書においても同様の説明がなされている。

(4) 「モントゴメリーの監査論（第2版）」（中央監査法人，1998年，中央経済社）11ページ。

(5) 監査を表現する独語のRevision, Prufungは，ラテン語の revisere（再び見る），probare（調べる）に由来するとされている。

(6) 「モントゴメリーの監査論（第2版）」（中央監査法人，1998年，中央経済社）6ページ。

(7) 米国会計学会（American Accounting Association：AAA）の「基礎的監査諸概念委員会」（Committee on Basic Auditing Concepts）が1973年（昭和48年）に公表した「基礎的監査諸概念ステートメント」（Statements of Basic Auditing Concepts）。

(8) 社外監査役又は社外取締役による監査については，従前の監査役又は取締役と比べて，監査の対象である会社との関係において，独立性を図りつつ職務の執行

と機能を高める制度であり，内部監査には該当しないと解することもできるが，社外監査役又は社外取締役といえども，監査の対象である事業活動の主体の機関を構成するという意味では，内部に属することを否定できないことから，基本的には，ここでいう内部監査に該当するものと解される。

(9)　財団法人「財務会計基準機構」は，会計基準の開発・提言，国際対応・国際会計基準整備への貢献，調査・研究，研修，広報を主たる活動内容としており，会計基準の開発・提言を行う「企業会計基準委員会」（Accounting Standards Board），財団全体の管理・運営等を行う「理事会」，理事の選任等を行う「評議員会」及び審議や運営に関する提言を行う「基準諮問会議」という機関から成る。

　なお，従前は企業会計審議会によって策定された個々の企業会計基準を踏まえ，その具体的な指針を，日本公認会計士協会が適用指針等の形式で策定し，公表していたが，企業会計基準委員会は，このような適用指針等の開発・策定も含めて担うこととされた。

(10)　企業会計基準委員会によって策定され，公表された個々の会計基準については，金融商品取引法にいう「一般に公正妥当であると認められるところ」として，財務諸表等規則第1条第1項に規定する「一般に公正妥当と認められる企業会計の基準」に該当する旨を，金融庁は個々の会計基準ごとに各財務局に対して連絡している。

　このことによって，企業会計基準委員会によって策定され，公表された会計基準に対しては，金融商品取引法及び関連命令の適用における規範力が個々に付与されていると解されている。

(11)　2002年（平成14年）5月には，経済団体連合会，日本公認会計士協会，全国証券取引所協議会，日本証券業協会，全国銀行協会，生命保険協会，日本損害保険協会，日本商工会議所及び日本証券アナリスト協会が，連名で，「(財)財務会計基準機構・企業会計基準委員会から公表される企業会計基準等の取扱い（準拠性）について」と題する公表文書を発表し，「企業会計基準委員会から公表される企業会計基準は，所要の手続を経て，一般に公正妥当と認められる企業会計基準となる」とした上で，「私ども設立団体の構成員，会員等をはじめとする市場関係者にとっても，それに準拠し，あるいは判断の拠り所となる企業会計上の規範であります」としている。

(12)　その後，財務諸表準則の内容は，「財務諸表等の用語，様式及び作成方法に関する規則」（「財務諸表等規則」）へと改訂された。

(13)　証券取引法（当時）による財務諸表監査が正規の監査として実施されることに

合わせて，1957年（昭和32年）3月には「財務諸表等の監査証明に関する省令」（当時：現行の「財務諸表等の監査証明に関する内閣府令」）が定められた。

(14) 1991年（平成3年）12月に企業会計審議会によって改訂された監査実施基準の前文においては，「今回，改訂された監査基準及び準則の適切な運用と普及を図るためには，監査人，被監査会社その他の関係者の理解と協力が必要である」「特に，今回の改訂では監査実施準則についての純化が大幅に行われたことにかんがみ，今後，日本公認会計士協会が自主規制機関として公正な監査慣行を踏まえ，会員に対し遵守すべき具体的な指針を示す役割を担うことが一層期待されるので，その組織の整備，拡充等適切な諸施策を講じていく必要がある」とし，監査実務に関する具体的な指針やルールの策定における日本公認会計士協会の役割が強調された。

(15) 監査基準においては，その基本的性格について，1950年（昭和25年）に我が国に監査基準が設けられた当時に，「監査基準は，監査実務の中に慣習として発達したもののなかから，一般に公正妥当と認められたところを帰納要約した原則であって，職業的監査人は，財務諸表の監査を行うに当り，法令によって強制されなくとも常にこれを遵守しなければならない」としつつ，「今日においても，その性格は変わるものではない」と位置づけている。

(16) 「モントゴメリーの監査論（第2版）」（中央監査法人，1998年，中央経済社）41ページは，監査人について，独立監査人（independent auditor），内部監査人（internal auditor），政府監査人（government auditor）の3つに分類した上で，独立監査人が「投資者及び債権者のニーズと証券取引委員会（SEC）などの規制機関の規定を満たすために，財務諸表監査を実施する」として，監査人としての適格性をはじめとする職業専門家としての行為に係る基準を述べている。

(17) 従前から「継続的専門研修制度」を設けていた日本公認会計士協会は，2002年（平成14年）4月からは「公認会計士としての使命及び職責を全うし，監査業務等の質的向上を図るため，公認会計士の資質の向上及び公認会計士が環境の変化に適応するための支援を目的」として（同協会「継続的専門研修制度に関する規則」第2条），会員たる公認会計士は「1事業年度に40単位」以上の履修単位を取得し，その結果を同協会に報告することを義務づけた。

なお，その後，同協会は，履修期間と履修単位について「1事業年度40単位」を「3事業年度120単位」に変更した。

履修の方法は集合研修，自己学習，著書等執筆及び研修会講師の4種類とされ，その分野は，倫理・制度，会計，監査，税務，コンサルティング，非営利，業種別など幅広く及んでいる。

(18)　日本公認会計士協会は，2000年（平成12年）7月に，従前からの「紀律規則」を全面的に改訂して「倫理規則」を設け，その「主旨及び精神」の中で，「監査及びその他の保証業務を行うに当たっては，常に独立不羈の立場を堅持し，確固たる社会的信頼が得られるように行動しなければならない」としている。

　　なお，第11章「公認会計士の義務」第2節注（3）参照。

(19)　国際会計士連盟（International Federation of Accountants：IFAC）は，「調和された基準により，整合性をもった世界的な会計職業を発展，向上させること」等を目的として，1977年（昭和52年）10月に49か国の63の会計士団体によって設立された国際組織である。

　　2008年（平成20年）12月末時点で122か国・地域の157団体が加盟しており，そのもとでの会計士は約250万人に及ぶとされている。

　　2008年（平成20年）7月にも「職業会計士の倫理規程」（Code of Ethics for Professional Accountants）の改訂案を公開するなど，倫理規定の充実にも積極的な活動を展開している。

(20)　すなわち，監査基準は，まず，「重要な虚偽の表示の多くは，財務諸表の利用者を欺くために不正な報告（いわゆる粉飾）をすること，あるいは，資産の流用等の行為を隠蔽するために意図的に虚偽の記録や改ざんを行うことに起因すると考えられる」とし，「監査人は，このような不正等について特段の注意を払うとともに，監査の過程において不正等を発見した場合には，経営者等に適切な対応を求めるとともに，その財務諸表への影響について評価することを求めることとした」のである（同基準前文）。

　　また，違法行為については，「それ自体を発見することが監査人の責任ではなく，その判断には法律の専門的な知識が必要となることも多い」とし，「違法行為は必ずしも財務諸表の重要な虚偽の表示の原因となるものではない」としつつも，「監査人が重要な虚偽の表示につながる虞のある違法行為を発見した場合には，不正等を発見した場合に準じて適切な対応をとることとなる」とした（同基準前文）。

　　従前の監査基準のもとでは，監査実施準則において，監査人は，財務諸表の重要な虚偽記載を看過することはできないものとされてきた。2002年（平成14年）1月に改訂された監査基準は，監査を実施するにあたって，不正及び違法行為の発見を監査人の責務として強調したのである。

(21)　なお，会社法に基づく会計監査人については，「その職務を行うに際して取締役の職務の執行に関し不正の行為又は法令若しくは定款に違反する重大な事実があることを発見したときは，遅滞なく，これを監査役に報告しなければならな

い」と定めている（同法第397条第1項）。

(22) 2007年（平成19年）改正法の施行に先立って，金融庁は，金融商品取引法施行令の一部改正案を「パブリック・コメント」に付して意見の募集を行い，寄せられたコメントに対する金融庁としての考え方を同年12月7日付けで公表した。この解釈は，公表された金融庁の考え方において示されたものである。

(23) 上記注（22）と同様に，この解釈は，公表された金融庁の考え方において示されたものである。

(24) ただし，実際に法令違反等事実が存在しなかったにもかかわらず，申出を行った場合について，法に基づく守秘義務が解除されるのかどうかという問題や被監査会社から損害賠償請求を受け，無過失を監査人が立証しない限りは責任を負うこととなるのではないかという問題がある。

この点に関して，「公認会計士法においては，明示的な守秘義務の解除事由として規定し，また，民事責任との関係ではセーフ・ハーバー条項を設けることが立法論として必要なのではないか」という指摘がある（筑波大学弥永真生教授「公認会計士法等の改正―研究者の立場から」（「ジュリスト」No.13444））。

この点は今後の検討課題と考えられる。

(25) 監査調書については，米国において，含まれる資料や書類の所有権が被監査会社にあるのか，監査人にあるのかが裁判上争われた古い先例がある。

すなわち，1927年（昭和2年）の Ipswich Mills vs Dillon 事件についての判例は「特例のない限り，会計士が作成した監査調書であってその報告を支えるためのものは，当該会計士の所有に属する」とされ，以来，監査調書に含まれる資料や書類の所有権については監査人に帰属するとの解釈が確立している。

第4章 公認会計士の業務

法は，職能を基礎とした公認会計士の業務として，「監査証明業務」と「非監査証明業務」(「会計業務」)を規定している。

また，最近では，保証業務という概念で，公認会計士が独立した第三者としての職業専門家による判断を提供する役割をとらえ，実務，理論等を踏まえた整理と法制度上の位置づけが進展しつつある。

第1節 概　説

公認会計士の業務については，法第2条が定めており，この規定との関係から，監査証明業務を「1項業務」といい，非監査証明業務を「2項業務」ということもある。

公認会計士の業務は，監査証明業務についても非監査証明業務についても「他人の求めに応じ」「報酬を得て」「業とする」こととされている。

◆「1項業務」と「2項業務」

法第2条第1項は「公認会計士は，他人の求めに応じ報酬を得て，財務書類の監査又は証明をすることを業とする」と定めている。「監査証明業務」といわれるものであり，公認会計士のみに与えられた専属業務とされている（法第47条の2）。

また，法第2条第2項は「公認会計士の名称を用いて，他人の求めに応じ報酬を得て，財務書類の調製をし，財務に関する調査若しくは立案をし，又は財務に関する相談に応ずることを業とすることができる」と定めている。監査証明業務と対比して「非監査証明業務」とも，あるいは「会計業務」と

もいわれるものである。非監査証明業務ないし会計業務は，監査証明業務と異なり，本来，公認会計士以外の者であっても一般に行うことができるものではあるが，法は，公認会計士が公認会計士という名称を用いてこれを行うことができるとしているのである。

◆「他人の求めに応じ」

　公認会計士の業務は，独立の主体として他人の求めに応じて行われるものである。

　「没個性的」とも説明され，相手方との関係が労働関係や雇用関係にないことであるとされる(1)。

　例えば，会社に雇用されている者が，その組織の一員として，当該会社の内部監査に従事する場合は，公認会計士として行う業務には該当しないと解される。

　ただし，このことは，一般的に，公認会計士が会社に雇用されることまでも否定するものではない。労働関係や雇用関係にある場合には当該契約関係に基づいて従事することが求められることから，独立性を欠くこととなるとの趣旨を明示的に規定したものであると解される。

◆「報酬を得て」

　公認会計士の業務は，営利を目的として対価を得て行われるものである。

　したがって，無報酬の場合は公認会計士として行う業務には該当しない。

　例えば，実務を研究するために，教授や学生が無報酬で監査を行うような場合は，公認会計士として行う業務には該当しないと解される。

　また，対価は金銭であると物品であるとを問わず，また，その呼称如何によらずに実質的に判断されるべきであると解される(2)。

　なお，公認会計士の業務に対する報酬に関しては，特に監査証明業務に係る対価を被監査会社から監査人としての公認会計士が監査報酬として得ることについて，「インセンティブのねじれ」が存在しており，これをどのよう

に克服するかが課題となる。

欧米諸国においては、監査人の報酬について、経営者を監視する立場に立つ監査委員会に責任を持たせることにより、「インセンティブのねじれ」を克服しようとしていることが趨勢となっており、我が国においてもこのような趨勢を踏まえて、会社法等による制度的な手当が望まれる[3][4]。

◆「業とする」

公認会計士の業務は、反復的、大量的に行われるものである。

ただし、実際に反復的、大量的に行われなくとも、あるいは、契約が一度限りであっても、その期間が長期にわたる場合、あるいは、申込みを受ければ何時でも監査に従事するという意思が客観的に認められるような場合には、具体的な事例に即して、公認会計士として行う業務に該当することがあると解される[5][6]。

第2節　公認会計士法の監査

法第2条第1項が定める「財務書類」の「監査又は証明をすること」は、公認会計士の独占業務とされている。

(1) 財務書類

「財務書類」とは「財産目録、貸借対照表、損益計算書その他財務に関する書類をいう」とされる（法第1条の3第1項）。

◆「財務書類」の概念

法は、財務書類の代表的なものとして、財産目録、貸借対照表及び損益計算書を挙げているが、「その他の財務に関する書類」とはどの範囲までを含むのかについては解釈に委ねられている[7]。

財務書類の範囲を解釈する上での「財務」とは、通常、経営の価値計算及

び資金の調達管理に関する事務であるといわれていることから，財産目録，貸借対照表，損益計算書のほか，伝票，仕訳帳，補助簿，元帳，原価計算に関する書類等が含まれることになる [8]。

さらに合目的的に解釈すれば，財務書類の監査については，監査を信頼して取引等を行う者を保護するために，監査自体の信頼性を確保することを公認会計士の独占業務としているのであるから，監査によって，その対象である財務書類の記載内容についての信頼性が高められることになるものでなければならないと解される [9][10]。

◆財務諸表と計算書類

他の法令の規定によって，財務書類に該当することとされているものがある。

まず，金融商品取引法の規定に基づいて提出されるべき財務計算に関する書類については，同法のもとで「財務書類」とされている。この財務書類のうち，財務諸表等規則は，貸借対照表，損益計算書，株主資本等変動計算書及びキャッシュ・フロー計算書並びに附属明細表を「財務諸表」と呼んでいる（同規則第1条第1項）。

また，会社法は，株式会社について，貸借対照表，損益計算書その他株式会社の財産及び損益の状況を示すために必要かつ適当なものとして法務省令で定めるものを「計算書類」と呼んでいる（同法第435条第2項）。監査役設置会社においては，計算書類及び事業報告並びにこれらの附属明細書は「監査役の監査を受けなければならない」と定めるとともに（同法第436条第1項），会計監査人設置会社においては，計算書類及びその附属明細書は「会計監査人の監査を受けなければならない」と定めている（同条第2項）。これらの計算書類も財務書類に該当する。

◆作成の主体

財務書類の作成の主体は，株式会社の経営者に限られることなく，公会計

の主体等，さまざまな経済主体に及ぶものと解される。

また，財務書類の提出先については，一般私人に対するものであれ，官公庁等に対するものであれ，特に区別する理由はなく，財務に関する書類であれば財務書類に含まれることとなる[11]。

◆電磁的記録

財務書類については，2003年（平成15年）改正法によって，電磁的記録による場合が含まれることが確認的に規定されることとなった（法第1条の3第1項）。

この規定により，電磁的記録によって作成された財務書類の監査証明業務についても，公認会計士の独占業務として位置づけられている。

(2) 監査又は証明をすること

法には「監査又は証明をすること」についての特段の定義はない。

法の制定当時には，監査とは「他人の作成した財務書類の記載内容を検討し，検査すること」とされ，証明とは「その検討し，検査したという事実を証すること」又は「検討し，検査した結果についての意見を表明すること」と説明されていた[12]。

しかしながら，「検討」「検査」「表明」という特徴だけでの説明では，的確さを欠くといわざるを得ない。

そこで，国際的な理解と我が国における金融商品取引法による財務諸表監査の基本的な特徴を踏まえ（第3章「公認会計士と監査」参照），法における制度上の意味としては，次のとおり整理することができると考えられる。

◆公認会計士法における監査

「監査の要素」として既に整理したように（第3章「公認会計士と監査」第1節参照），公認会計士の独占業務とされている監査としては，

① 「経済活動や経済事象についての主張」を対象とするものであること

②　その対象について「確立された規準との合致の程度を確かめるため」のものであること
③　「証拠を客観的に収集・評価する」ことによって実施されるものであること
④　その結果を「利害関係をもつ利用者に伝達する」ものであること
⑤　「体系的な過程」であること

の要素を満たすものとしてとらえることが基本であると考えられる。

　これらのうち，まず，①の「経済活動や経済事象についての主張」については，法が「財務書類」として定義を与えていることは既に述べたとおりである。

　また，②の「確立された規準との合致の程度を確かめるため」については，金融商品取引法による財務諸表監査においては同法のもとでの規準が確立されており，一般に公正妥当と認められる企業会計の基準を判断の規準とし，一般に公正妥当と認められる監査に関する基準に従うこととされているが，法がさらに定義を与えている訳ではない。

　さらに，③の「証拠を客観的に収集・評価する」や⑤の「体系的な過程」については，改訂を重ね経た監査基準等によって一定の規範が示され，また，④の「利害関係をもつ利用者に伝達する」については，監査証明府令も含めて監査報告書に関する規定等があることは，既に述べたとおりであるが（第3章「公認会計士と監査」第5節参照），やはり法がさらに具体的な定義を与えている訳ではない。

　このように，法における監査の概念については，以上に述べたような基本的な要素を充足するかどうかという観点からの解釈に委ねられている現状にある。ただし，法が監査を公認会計士による独占業務として位置づけている以上，基本的には，独占業務としての監査に該当するかどうかの解釈については厳格に判断することが適切であると解される。

◆公認会計士法における証明

監査における「利害関係をもつ利用者に伝達する」ものであるという要素の一類型として，証明という行為が含まれるともいえる。一般的に「監査証明業務」と一括して呼ばれることには，このような背景があるといえる。

しかし，法が証明を監査とは明示的に分けて規定していることからすれば，証明には監査とは異なる制度上の意味が与えられるべきこととなる。

法にいう証明については，国際的な一般的な理解を踏まえれば，一般的に「保証業務」といわれるもののうち（第6節参照），他の関係者が行った主張について，保証を提供することをいうものとして解釈することができる。ただし，さらに進んで，証明についての画一的な定義づけを行うためには，法が独占業務としての位置づけを与えるに必要かつ適切であるかどうかという観点からの理論上の整理が必要となると考えられる。

第3節　監査証明業務

公認会計士の独占業務として規定されている監査証明業務が，具体的にはいかなる場合に求められているものであるのかについては，法において格別の規定が定められている訳ではない。

法の監査証明業務については，これまで金融商品取引法による財務諸表監査と会社法に基づく会計監査人監査をはじめとする個々の法律において，あるいは，当事者間の契約において，それらの結果として，監査の概念の外延が形成されてきたといえる。

このように，監査証明業務は，
① 　法律の規定によってその監査が義務づけられている「法定監査」
② 　法律上の強制はなく，監査の目的も内容も当事者の間の契約によって任意に決められて実施される「任意監査」

の2つに大別することができる。

(1) 法定監査

　法定監査は，個々の法律の目的に基づいて，法律の規定によって義務づけられている監査であり，その主な例は，次のとおりである。

◆金融商品取引法に基づく監査

　金融商品取引法は，広く投資者の保護を図るため，有価証券の募集又は売出を行う場合には，既に開示が行われているとき，適格機関投資家のみを相手方とするとき，発行総額若しくは売出価額の総額が1億円未満のときなどの一定のときを除き，内閣総理大臣に有価証券届出書を提出しなければ，その募集又は売出を行うことができないことを定めている（同法第4条第1項及び第5条第1項）。また，ひと度，有価証券届出書を提出した会社，上場会社，店頭売買銘柄発行会社等は，毎事業年度ごとに有価証券報告書を内閣総理大臣に提出しなければならず（同法第24条第1項），さらに，これらのうち，事業年度が3か月を超える上場会社等は3か月ごとの報告書（「四半期報告書」）を（同法第24条の4の7第1項），それ以外の会社は6か月ごとの報告書（「半期報告書」）を（同法第24条の5第1項），それぞれ内閣総理大臣に提出しなければならないとされている。

　さらに，有価証券届出書及び有価証券報告書に記載される財務計算に関する書類には，「公認会計士又は監査法人の監査証明」を受けなければならないとされている（同法第193条の2第1項）。

　これが，財務諸表監査あるいは金融商品取引法監査（旧「証取監査」）といわれているものであり，会社法に基づく会計監査人監査とともに，法定監査の中心をなすものである[13]。

◆会社法に基づく監査

　旧商法監査特例法（「株式会社の監査等に関する商法の特例に関する法律」）に基づき，資本金5億円以上又は負債総額200億円以上の株式会社について

は,「会計監査人の監査」を受けなければならないとされていた(同法第2条第1項)。

　会社法は,原則として株式会社に会計監査人を設置するかどうかは任意であるとしつつ(同法第326条第2項),委員会設置会社及び大会社は会計監査人を置かなければならないこととした(同法第327条第5項及び第328条)。ここでいう大会社とは,旧商法監査特例法が定めていたものと同様に,資本金5億円以上又は負債総額200億円以上の株式会社をいう(同法第2条第6号)(14)。

　会計監査人については,公認会計士又は監査法人でなければならないとされている(同法第337条第1項)。

　なお,銀行に関しては,最低資本金が20億円とされている株式会社であり(銀行法第5条第1項及び同法施行令第3条),長期信用銀行に関しても最低資本金が200億円とされている株式会社であることから(長期信用銀行法第3条第1項及び同法施行令第1条),ともに会社法に基づく会計監査人監査を受けることとなる。

　また,保険会社に関しては,株式会社の場合には,最低資本金が10億円とされており(保険業法第6条第1項及び同法施行令第2条の2),会社法に基づく会計監査人監査を受けることとなる。なお,相互会社の場合には,会計監査人を置かなければならないとするとともに(同法第51条第3項),会社法の関連規定を準用している。

◆信用金庫,労働金庫,信用協同組合,農林中央金庫の監査

　信用金庫法第8条の2第3項,労働金庫法第41条の2第3項,協同組合による金融事業に関する法律第5条の8第3項,農林中央金庫法第33条第1項は,一定規模以上の信用金庫及び信用金庫連合会,一定規模以上又は員外預金比率の一定割合以上の労働金庫及び労働金庫連合会,一定規模以上又は員外預金比率の一定割合以上の信用協同組合及び信用協同組合連合会,農林中央金庫について,それぞれ監事の監査のほか「会計監査人の監査」を受けな

ければならないこととしている。

◆私立学校法人の監査

私立学校振興助成法は，経常的経費について国，地方公共団体から補助金の交付を受ける学校法人は，その経理の合理化，適正化の確保を図る観点から，文部科学大臣の定める基準に従った会計処理を行い，貸借対照表，収支計算書その他の財務計算に関する書類を作成し，収支予算書とともに所轄庁に届け出なければならないことを定め（同法第14条第1項及び第2項），その財務計算に関する書類には「公認会計士又は監査法人の監査報告書」を添付しなければならないこととしている（同法第14条第3項）。

学校法人の寄附行為等認可申請の場合も，同様とされている。

◆労働組合の監査

労働組合法第5条は，同法に規定する手続に参与する資格を有し，かつ，同法に規定する救済を与えられる「適格労働組合」の条件の一つとして，労働組合の規約の中に「すべての財源及び使途，主要な寄附者の氏名並びに現在の経理状況を示す会計報告は，組合員によって委嘱された職業的に資格がある会計監査人による正確であることの証明書とともに，少なくとも毎年一回組合員に公表されること」との規定を含まなければならないとしている（同法第5条第2項第7号）。

◆特定目的会社，投資法人，投資事業有限責任組合，受益証券発行限定責任信託の監査

資産の流動化に関する法律第91条第1項，投資信託及び投資法人に関する法律第130条，信託法第252条第1項は，それぞれ，特定目的会社，投資法人，受益証券発行限定責任信託の計算書類等について「会計監査人の監査」を受けなければならないこととしている。また，投資事業有限責任組合契約に関する法律第8条第2項は，投資事業有限責任組合が「公認会計士又は監

査法人の監査」を受けることを前提として，その意見書を備え置かなければならないこととしている。

◆独立行政法人，地方独立行政法人の監査

　資本金100億円以上の独立行政法人に関して，独立行政法人通則法第39条は，財務諸表，事業報告書及び決算報告書について，監事の監査のほか「会計監査人の監査」を受けなければならないこととしている。

　また，同様に，一定規模以上の地方独立行政法人に関しても，地方独立行政法人法第35条は，監事の監査のほか「会計監査人の監査」を受けなければならないこととしている。

◆一般社団法人，一般財団法人の監査

　一般社団法人及び一般財団法人に関する法律第107条第1項及び第197条は，一般社団法人及び一般財団法人の計算書類及びその附属明細書について，「会計監査人の監査」を受けなければならないこととしている。

◆政党交付金の交付を受けた政党の監査

　政党助成法第19条は，政党交付金の交付を受けた政党が提出する報告書について，政党交付金の総額，政党交付金による支出の総額等の一定事項について「公認会計士又は監査法人が行った監査」に基づき作成した監査報告書を併せて提出しなければならないこととしている（同法第19条第2項）。

◆地方公共団体の監査

　地方自治法は，第13章に「外部監査契約に基づく監査」と題する一連の規定を定め，都道府県，政令指定都市等の普通地方公共団体（包括外部監査対象団体）が，一定の要件のもとで「外部監査人」との間での「外部監査契約」を締結して，監査を受けることを定めるとともに（同法第252条の27，第252条の28，第252条の36等），一定の要件のもとで監査委員の監査に代え

て「個別外部監査契約」に基づく監査によることとすることができるとしている。

なお，ここでいう外部監査人については，公認会計士には限定されず，弁護士，税理士等が含まれている（同法第252条の28第1項及び第2項）[15]。

◆その他

これらのほか，国立大学法人及び大学共同利用機関法人（国立大学法人法第35条），農業信用基金協会（農業信用保証保険法第42条第3項），放送大学学園（放送大学学園法第10条第2項）等の個々の法律に基づいて，「会計監査人の監査」あるいは「公認会計士又は監査法人の監査」が求められている例がある。

(2) 法定監査に準ずる監査

法定監査に準ずる監査とは，組織上の規約等に基づき，一定の場合において公認会計士又は監査法人の監査を受けなければならないこととされているものである。

かつては，例えば，中小企業投資育成株式会社法に基づく東京，大阪及び名古屋の各中小企業投資育成株式会社の投資を受けている会社について，各中小企業投資育成会社の「事業に関する規定」によって，投資先中小企業の決算期ごとに会計士の監査が行われていた（現在は義務づけとはされていない）。

(3) 任意監査

法律上の強制はないが，監査の目的，内容等が当事者間の契約によって任意に決められて実施される監査が，任意監査である。

すなわち，監査によって，その財務書類等の適正性の保証を受けることによる利益があると考えられる場合に，被監査会社又は第三者の依頼に基づいて行われるものである。

そもそも、職業専門家による監査が欧米諸国において制度として発展した背景には、任意監査が広く行われていたことがあるとされる。

任意監査の場合には、監査の目的、対象の範囲等も段階的にさまざまであり、当事者間の契約によって任意に定めることができる。

この場合、監査人としての公認会計士の責任についても、契約の内容に応じた責任を負うこととなる。

任意監査については、依頼者の動機等によって、次のように大別することができる。

① 自発的な依頼によるもの

被監査会社がその経理の適正化を図るため等の理由から、公認会計士の監査を自発的に受ける場合がある。

② 第三者の求めによるもの

例えば、銀行、信用金庫等が新規の貸付を行う場合に、貸付先の財務状態等について公認会計士の監査を求める場合がある。このように、被監査会社から見れば、信用供与を受ける際に銀行等から融資等の条件として監査を要求され、そのために監査を依頼するという場合がある。

第4節　監査証明業務の保護

法は、公認会計士が行う監査証明業務を一定の保護のもとにおいている。

(1) 公認会計士以外の者による業務の禁止

◆規定の趣旨

財務書類の監査に対する公正性と信頼性を確保し、保護するために、法は、監査証明業務を公認会計士の専属業務としている。

すなわち、法第47条の2は「公認会計士又は監査法人でない者は、法律に定のある場合を除くほか、他人の求めに応じ報酬を得て第2条第1項に規定する業務を営んではならない」と規定している。

この規定は，監査証明業務を公認会計士の独占業務とするとともに，その業務を保護する規定であって，例えば，旧計理士法第1条「計理士ハ計理士ノ称号ヲ用イテ検査ヲ為スコトヲ業トスルモノトスル」のような，称号の保護の規定にとどまるものではないと解される。

なお，法は，非監査証明業務については，公認会計士の独占業務とは規定しておらず，公認会計士の名称を用いて業とすることができるとするにとどめている。すなわち，法第2条第2項に規定されている業務は，特別の資格がなくとも誰にでも業として行うことができるものであり，専属業務としての保護を与えてはいない。

◆担保措置

しかし，公認会計士の場合には，公認会計士という名称を用いて業務を行うことができるのであり，公認会計士でない者は，公認会計士の名称又は公認会計士と誤認させるような名称を使用してはならないこととされている（法第48条第1項）。

なお，公認会計士又は監査法人以外の者が監査証明業務を禁止する規定に違反した場合には，2年以下の懲役又は200万円以下の罰金に処せられる（法第50条）。

（2）監査又は証明を受けたことの表示の制限

◆規定の趣旨

監査証明業務に対する公正性と信頼性を確保し，保護するために，法は，監査証明業務を行う者についての制限を設けるとともに，財務書類の作成者をはじめとする何人に対しても，一定の場合を除くほか「監査又は証明を受けたものである」旨の公表することを禁止している。

すなわち，法第47条は「公認会計士，外国公認会計士又は監査法人の監査又は証明を受けた場合を除くほか，何人も，その公表する財務書類の全部又は一部が公認会計士，外国公認会計士又は監査法人の監査又は証明を受けた

ものである旨を公表してはならない」と規定している。

◆「公表する」

一般的に,「公表する」とは,不特定多数の者が知り得る状態に置くことをいうとされる。

ただし,仮にこのような通常の概念で用いられるとすれば,例えば,株主総会や社債権者集会のように,特定の者に対して知り得る状態に置くことでは必ずしも公表することにはならないと解されることとなり,この規定の目的が達せられないことになる。

そこで,法は,特に定義規定を設け,不特定の要素を要件とすることなく,「多数の者の知り得る状態に置くこと」をもって「公表する」に該当することとした。

すなわち,法第1条の3第2項は「公告をすることその他株主,債権者その他多数の者の知り得る状態に置くことをいう」との定義を明確にしている。

ここでいう「公表する」という点については,次の点に留意を要する。

① 知り得る状態にあれば足りるのであって,現実に知られたか否かは問わないと解される。

② 会社法第442条第1項の規定に基づき計算書類を本店に備え置き,株主や債権者の閲覧に供すること,同法第438条第1項の規定に基づき株主総会に提出し,その承認を求めることは,いずれも公表することに該当すると解される。社債権者集会,種類株主総会に対する発表も同様である。

ただし,個別の事案によっては,このような社債権者集会,種類株主総会等に属する一部の特定の債権者,株主に対して知らせることが,公表することには該当しない場合があり得ると解される。

③ 金融商品取引法の規定に基づき内閣総理大臣に提出する有価証券届出書,有価証券報告書については,提出先は内閣総理大臣という特定者で

あるが，内閣総理大臣はこれらを公衆の縦覧に供しなければならないとされていることから（同法第25条第1項），内閣総理大臣に提出したことをもって，公表することに該当すると解される。
④　会社の従業員一同に会社の経理状況等を発表することも，公表することに該当すると解される。

◆担保措置

この規定に違反した場合には，2年以下の懲役又は200万円以下の罰金に処せられる（法第50条）。

第5節　非監査証明業務（会計業務）

非監査証明業務ないし会計業務は，監査証明業務と並ぶ公認会計士の業務である。

◆趣旨と意義

我が国の経済社会における事業活動が，多様化，複雑化，国際化を遂げるにしたがって，会計を巡る制度も精緻化，高度化し，これらに対応した専門的な知識や実践的な技能が必要となっている。

会社その他の経済活動の主体が，積極的な事業活動を展開し，効率的に目的を遂行し，競争力を発揮していくためには，的確な財務情報の迅速かつ適切な認識，適正な財務書類の作成，作成された財務書類の分析，経営計画への反映等に関する専門的な知識や技能が不可欠となる。

特に，喫緊の課題である事業の再編，ベンチャーの振興等を支える機能に着目すれば，会計に関するマネジメント，コンサルティング等のサービスが円滑かつ的確に提供されることは，極めて重要である。

このようなサービスを提供する業務については，必ずしも特定の資格や要件がなければ行い得ないものではないが，法は，公認会計士の名称をもって

業務を行うことができるとした。

　すなわち，法第2条第2項は「公認会計士の名称を用いて，他人の求めに応じ報酬を得て，財務書類の調製をし，財務に関する調査若しくは立案をし，又は財務に関する相談に応ずることを業とすることができる」と規定している（「非監査証明業務」「会計業務」「2項業務」）。

　非監査証明業務の具体的な例としては，以下に述べるように，決算書類の調製，営業の譲渡や合併にあたっての収益力やのれんの価値の評価，現物出資の評価，融資にあたっての信用力の分析，経理の組織や原価計算の組織の立案，中小企業等の記帳代行等が挙げられる[16]。

　さらに，この分野の業務については，電磁的記録による手法を用いながら，経済社会における需要に即して，今後とも質的にも量的にも拡大を遂げていくことが見込まれる。会計に係る情報とシステムに対応して重要な職能を担う公認会計士への期待は，さらに高まっていくものと考えられる。

　なお，2003年（平成15年）改正法は，監査の独立性の充実・強化の観点から，非監査証明業務のうち一定のものを提供している場合には，当該提供先に対して監査証明業務を行うことを禁止することとした（第5章「監査証明業務の制限」第3節参照）。

◆「財務書類の調製」

　「調製」（compilation）とは，監査又は証明とは異なり，財務諸表に関して意見や保証を表明するものではなく，会計基準等に準拠して修正等を行いつつ，財務諸表という形式で情報を提供するものであるとされる[17]。

　事実上の財務書類の作成をいうとされる[18]。

◆「財務に関する調査若しくは立案」

　ここでいう「財務」とは，法第1条の3にいう「財務書類」の概念における「財務」と同一の概念であると解される（第2節参照）。

　「財務に関する調査」とは，財務に関する特定事項について吟味すること

をいうとされ，幅広く解される。

営業の譲渡，合併，融資等に当たって会社の収益力，のれんの価値，現物出資の財産価値等を評価し，決定するための調査，融資にあたっての信用力の分析等，さまざまな場合が含まれることとなる。

「財務に関する立案」とは，帳簿や経理の組織の立案，原価計算や内部監査組織の立案，会計組織の立案等をいうとされる[19]。

◆「財務に関する相談」

例えば，会社等の顧問弁護士が法律問題についての相談に応じることと同様に，公認会計士は，財務に関する課題や疑問についての助言と指導を与え，会計の実務を助ける職能を有している。

この場合の助言や指導は，単に財務計算の分野にとどまらないとされ，例えば，資金の調達や管理等の広範な範囲にわたるものとして幅広く解される。

◆「他の法律においてその業務を行うことが制限されている事項」

公認会計士は，以上のように，会計業務を幅広く担うものとされているが，これらの業務について，ほかの法律が一定の資格や官公庁の許認可等を必要としている場合には，公認会計士は，それらの法律の定めに服することとなる。法第2条第2項ただし書はこのことを定めている。

◆税理士業務との関係

法の規定によるものではないが，税理士法の規定によって，公認会計士には税理士となる資格が与えられている。

すなわち，申告納税制度の円滑な運営に資するため，税務代理，税務書類の作成，税務相談等の税理士業務を業として位置づけている税理士制度があり，公認会計士は，弁護士等と同様に，税理士となる資格を有するものとされている（税理士法第3条第1項第4号）。同時に，税理士法は，税理士又

は税理士法人でない者は，税理士業務を行ってはならないこととしており，税理士となる資格を有する者が税理士業務を行うためには，公認会計士も含め，同法第18条に基づく登録を受けるほか，税理士会に入会することが必要とされている。

2003年（平成15年）改正法及び2007年（平成19年）改正法の主たる狙いは，公認会計士監査制度の充実・強化にあるとされ，この観点から所要の改正が行われたものである。また，公認会計士試験制度の見直しについても，多様化，複雑化，国際化する監査証明業務を中心とする公認会計士の業務が，質的，かつ，量的な需要の増大に対応していくためのものと説かれている。したがって，2003年（平成15年）改正法及び2007年（平成19年）改正法においては，従来の業務の範囲，税理士業務を行うことができる公認会計士となる資格を有する者の性格，制度上の税理士業務との関係について，変更をもたらした事項はない。

第6節　保証業務

保証業務とは，「主題に責任を負う者が一定の規準によって当該主題を評価又は測定した結果を表明する情報について，又は，当該主題それ自体について，それらに対する想定利用者の信頼の程度を高めるために，業務実施者が自ら入手した証拠に基づき規準に照らして判断した結果を結論として報告する業務」をいうとされる[20][21]。

◆意　義

保証業務には，監査だけではなく，「レビュー」（review）といわれる「消極的保証」が含まれると解されている（第3章「公認会計士と監査」第1節参照）。

保証業務に関して，法のみならず，金融商品取引法等の法制度上の定義づけや法的効果が明示的に与えられているわけではない。

しかし，社会からの多様な期待を背景として，公認会計士の行う業務も範囲を拡大し，その対象を多様化させつつある。このような状況のもと，保証業務は，情報の作成者と利用者との間に潜在的に利害の対立がある以上，独立の第三者としての職業専門家による判断の提供によって潜在的な対立を調整する役割を果たすこととなる。我が国においても，今後，さまざまな類型が形づくられていくことになると考えられる[22][23][24]。

◆レビュー

レビューとは，会計基準等に準拠しているかどうかの点から，財務諸表には特に修正を要する重要な事項は見当たらなかった旨を，限定した手続によって限定的に保証を与える業務，あるいは，消極的に証明する業務と説かれている[25]。

公認会計士の監査は，一般に，外部証拠の獲得を含む実証手続が行われ，財務諸表の全体が適正であるかどうかについて意見の表明を行うものであるとされるのに対して，レビューは，質問等の簡易な手続による内部証拠の獲得によって行われるものである。

また，会計基準等に照らして適正であることを保証する監査に対して，レビューは同程度の保証を与えるものではないとされ，保証水準を明確に異にするものであるとされる。

企業会計審議会は「監査基準の改訂に関する意見書」（2002年（平成14年）1月）において，「レビューが監査の一環又は一部であると誤解され，監査と混同されると，却って監査に対する信頼を損ねる虞が生じることから，レビューについては監査基準の対象としていない」と位置づけ，「このような消極的な証明を行う業務については，種々異なる需要があるので，日本公認会計士協会が適切な指針を作成する方が，実務に柔軟に対応することができると考えられる」としつつ（同意見書2「改訂基準の性格，公正及び位置付け」），その後，企業会計審議会は「四半期レビュー基準の設定に関する意見書」（2007年（平成19年）3月）をとりまとめ，金融商品取引法に基づく四

半期報告制度の導入を踏まえて，レビューに関する制度上の整備を進めるなどの進展もみられる。

　今後の種々異なる需要に対応して，実務，理論等を踏まえた上での整理と法制度上の位置づけについてのさらなる検討も必要となると考えられる。

━━━━━━━━━━━━━━━ 注 ━━━━━━━━━━━━━━━

(1)　法の制定当時の「逐条解説」においては，次のような説明がなされていた。
　「没個性的ということは，相手方との関係が労働関係，雇用関係でないということである。この点を明らかにするために，「他人の求めに応じ」と明示したのである。したがって，会社員として，内部監査の仕事に従事している者は公認会計士と称することを得ない。」

(2)　報酬とは，「労務の提供，仕事の完成，事務の処理等の対価として支払われる金銭，物品をいう」とされる（「法律用語辞典」内閣法制局法令用語研究会編，1994年，有斐閣）。

(3)　公認会計士の業務の対価に関して，特に監査証明業務に係るコストを被監査会社から監査人としての公認会計士が監査報酬として得ることについては，次のように考えられる。

①　そもそも監査人としての独立性に矛盾するものではないかという指摘がある。

　被監査会社から監査報酬を得ることについては，監査によって証券の発行者である被監査会社等の円滑な資金調達と投資者の保護がもたらされることとなるので，直接の受益者は，この意味で証券の発行者である被監査会社等となり，したがって，監査契約を基礎として，資本市場による監視の機能が有効に働くことを期待して，直接的な受益者である被監査会社等が監査のコストを負担することには合理性があると考えられる。

　独立性の確保に関しては，独立性とは，このような監査証明業務に係るコストの負担の仕組みの上で，監査人に対する規律として求められるべきものとして位置づけられていると解される。

　なお，欧米諸国においても，同様に，被監査会社が監査報酬を負担している。

②　資本市場の運営者である金融商品取引所が監査証明業務のコストを負担すべきであるとの考え方がある。

一つの考え方としてはあり得るものであろうが，仮にそのような負担を取引所に求めた場合には，
- 被監査会社自身が財務情報の適正な認識と開示のインセンティブを失いかねないこと
- 監査人が被監査会社の実情を的確に把握するインセンティブを失いかねないこと
- どのような配分で被監査会社が監査コストを負担するのかという問題があること
- 被監査会社ごとの監査人をどのように選ぶのかという問題があること

等にかんがみ，慎重な検討が必要ではないかと考えられる。

③ 国や日本公認会計士協会が被監査会社から監査報酬を徴収して，監査人に分配するという方法によることとしてはどうかという指摘がある。

これも一つの考え方であろうが，仮にそのような方法をとった場合には，監査を行う監査人を国等が選択することになる。

しかし，個々の被監査会社にとって必要とされる監査の内容，監査に要する時間等は大きく異なるので，一般的に，あるいは，一律の制度として，国等が監査人の選定や監査のコストの決定を行うことには困難があると考えられる。やはり，直接的な受益者である被監査会社等が監査人を選定し，監査のコストを負担することが合理的であると考えられる。

(4) 2006年（平成18年）12月の金融審議会公認会計士制度部会の報告は，「我が国においては，本年5月に施行された会社法において会計監査人の選任に関する議案の提出について監査役等の同意権が付与されているとともに，会計監査人選任議案の提出について監査役等の請求権が規定されている。また，会計監査人の報酬の決定についても，会社法上，監査役等の同意権が規定されているところである」「この点，さらに監査人の選任議案の決定権や監査報酬の決定権を監査役等に付与すべきではないかとの議論がある。これについては，取締役や監査役など会社の内部機関の間における業務執行権等の分配のあり方に関わる問題であり，会社法制上の十分な検討が必要となる，等の指摘がある。しかしながら，監査人の独立性を強化し，会計監査に対する信頼を確保していく上では，このような方策を講じることにより「インセンティブのねじれ」を目に見える形で克服していくことが重要であると考えられる」とし，「会計監査人の選任議案及び報酬の決定に係る監査役等の同意権の付与を定めた会社法につき，関係当局において早急かつ真剣な検討がさらに進められることを期待したい」と提言した。

(5) 業務とは，「社会生活上，反復継続して行われる事務又は事業」とされ，「利益

を伴うかどうかを問わない」とされる（「法律用語辞典」内閣法制局法令用語研究会編，1994年，有斐閣）。

　法においては「報酬を得て」行われるものであることが，明示的に規定されている。

(6)　法の制定当時の「逐条解説」においては，「たまたま知合いの者に頼まれて一回限り行うことは業とするとは云い得ない」と説明がなされていたが，頻度が一度であることをもって「業とする」には該当しないと解することは必ずしも適切とはいい難い。実質的に具体的な事例に即して判断されるべきものであると解される。

(7)　財務書類の範囲を明らかにすることについては，次のとおり，刑事裁判及び懲戒処分の対象となるか否かを判定するための要件としても，重要な意義を有する。

　①　法第2条第1項及び法第34条の5により，財務書類の監査は，公認会計士又は監査法人の専属業務とされており，仮に公認会計士又は監査法人以外の者が法律に特段の定めがないにもかかわらず財務書類の監査を業として営む場合には，2年以下の懲役又は200万円以下の罰金に処せられる（法第50条）。

　②　公認会計士，外国公認会計士又は監査法人の監査を受けた場合を除いて，何人もその公表する財務書類の全部又は一部がこれらの者の監査を受けたものである旨を公表してはならない（法第47条）。これに違反した場合には，2年以下の懲役又は200万円以下の罰金に処せられる（法第50条）。

　③　公認会計士は，自己が著しい利害関係を有する会社等特定の場合の財務書類について監査を行うことが禁止されており（法第24条第1項），監査法人においても同様の趣旨が規定されている（法第34条の11）。

　④　公認会計士は，故意又は過失によって財務書類について虚偽又は不当のある証明を行った場合に懲戒処分を受けることとなる（法第30条及び第34条の21）。

(8)　例えば，原価計算に関する書類のうち，価値計算として損益計算に関連する部分の書類は財務書類に含まれるが，物量計算の部分は含まれないと解される。

(9)　したがって，例えば，原価計算に関する種々の工事見積書，会社の予算に関する書類等は財務書類には含まれないと解され，通常の監査手続の実施上，監査の対象となる書類のうち，いわゆる原始証憑類は財務書類には含まれないと解される。しかし，「脚注」（フットノート）は財務書類の一部を構成するものであり，また，附属明細書も財務書類に含まれると解される。

(10)　所得税，法人税等の申告書も財務書類に含まれ得ると解されるが，この申告書

については，税理士法の規定によって「税務書類」として，その作成は税理士業務とされている（同法第2条第1項第2号）。
(11) 例えば，私立学校振興助成法は，文部科学大臣に提出すべき「貸借対照表，収支計算書その他の財務計算に関する書類」について，公認会計士又は監査法人の監査を義務づけている（同法第14条第3項）。
(12) 法の制定当時の「逐条解説」においては，次のような説明がなされていた。

「監査とは，会計検査院法，旧計理士法にいう検査に通じる。監査は会計の或る部面に不正の存在する嫌疑があって，これを発見するため，或は営業の譲渡につきその収益力を決定するため，株主，債権者の投資の安否を確かめるため等，特殊の事項の調査のために行われる場合もあるが，一般には，他人の作成した決算書類の記帳計算に不正誤謬がないかを検し，その決算書類が当該企業の真の財政状態及び経営成績を現すように適当に調製されているがどうかを検査することをいう。すなわち，監査とは他人のなした記帳計算の正否を検する方法であって，自己のなした記帳計算を自ら検することを含まない。而して，監査をする者が当該企業の従業員である場合にはこれを内部監査と称するが，第1項の監査とは，固より内部監査に非ざる企業外の第三者による監査である。監査には，継続監査と期末監査，貸借対照表監査と精査，全部監査と一部監査等の区別があるが，これらの何れをも含む。」

「証明とは，監査の結果に基づき他人の作成した（稀には監査した他人の書類に基づき自己の調整した）財務書類が適法正確であることを確認する行為であり，米国の例によれば多くは要式行為とされている。監査の結果は監査報告書として監査の委嘱者に報告されるのであるが，委嘱者の申出があれば公認会計士は自己の真実と認める範囲において証明をすべきである。この証明する範囲を明示することも，米国の例では一種の要式行為の型となっているのである。」
(13) 金融商品取引法による財務諸表監査の対象会社数については，2007年（平成19年）3月末時点で4,807社とされる。1986年（昭和61年）3月末時点では2,889社であったことと比べると，20年を経て約7割増加したことになる。
(14) 会社法に基づく会計監査人監査の対象会社数については，2007年（平成19年）3月末時点で10,259社とされる。このうち，金融商品取引法による財務諸表監査の対象となる重複する会社を除いた数は6,154社であり，1986年（昭和61年）3月末時点では2,399社であったことと比べると，20年を経て約2.5倍の水準に増加したことになる。
(15) したがって，正確には，地方公共団体の監査については，その監査の対象に照らしてかんがみ，公認会計士の独占業務として認められている財務書類の監査証

料金受取人払郵便

神田支店
承　認
8946

差出有効期間
平成23年1月
31日まで

郵便はがき

1 0 1 - 8 7 9 6

5 1 1

（受取人）
東京都千代田区
　神田神保町1—41

同文舘出版株式会社
愛読者係行

毎度ご愛読をいただき厚く御礼申し上げます。お客様より収集させていただいた個人情報は、出版企画の参考にさせていただきます。厳重に管理し、お客様の承諾を得た範囲を超えて使用いたしません。

図書目録希望　　有　　　　無

フリガナ			性別	年齢
お名前			男・女	才
ご住所	〒　　TEL　　　（　　　）　　　　　　　Eメール			
ご職業	1.会社員　2.団体職員　3.公務員　4.自営　5.自由業　6.教師　7.学生　8.主婦　9.その他（　　　　　　　）			
勤務先分類	1.建設　2.製造　3.小売　4.銀行・各種金融　5.証券　6.保険　7.不動産　8.運輸・倉庫　9.情報・通信　10.サービス　11.官公庁　12.農林水産　13.その他（　　　）			
職種	1.労務　2.人事　3.庶務　4.秘書　5.経理　6.調査　7.企画　8.技術　9.生産管理　10.製造　11.宣伝　12.営業販売　13.その他（　　　）			

愛読者カード

書名

◆ お買上げいただいた日　　　　年　　月　　日頃
◆ お買上げいただいた書店名　（　　　　　　　　　　　）
◆ よく読まれる新聞・雑誌　　（　　　　　　　　　　　）
◆ 本書をなにでお知りになりましたか。
　1．新聞・雑誌の広告・書評で　（紙・誌名　　　　　　　）
　2．書店で見て　3．会社・学校のテキスト　4．人のすすめで
　5．図書目録を見て　6．その他（　　　　　　　　　　　）
◆ 本書に対するご意見

◆ ご感想
　●内容　　　　良い　　普通　　不満　　その他（　　　）
　●価格　　　　安い　　普通　　高い　　その他（　　　）
　●装丁　　　　良い　　普通　　悪い　　その他（　　　）
◆ どんなテーマの出版をご希望ですか

＜書籍のご注文について＞
直接小社にご注文の方はお電話にてお申し込みください。 宅急便の代金着払いにて発送いたします。書籍代金が、税込1,500円以上の場合は書籍代と送料210円、税込1,500円未満の場合はさらに手数料300円をあわせて商品到着時に宅配業者へお支払いください。

同文舘出版　営業部　TEL：03-3294-1801

明業務には該当しないと解されるが，法律によって監査が位置づけられているという意味で，ここでは便宜上，法定監査として位置づけている。

(16) もっとも，このことは，ほかの法律において特定の会計業務が公認会計士によって行われなければならない旨を定めることを妨げるものではない。

(17) 「モントゴメリーの監査論（初版）」（中央監査法人，1993年，中央経済社）（38ページ）は次のとおり説いていた。

「調製は，財務諸表という形で情報を表示することからなる。その場合，財務諸表に対する意見は表明しない。レビューは，財務諸表に重要な修正事項がないという限定的保証を表明するために，ある限定された手続を財務諸表に適用することからなる。非公開企業に対する調製及びレビュー業務は，1978年に米国公認会計士協会（AICPA）によって，会計及びレビュー業務のための基準書（Statements on Standards for Accounting and Review Services：SSARS）のシリーズ第1号において定義された。当該基準書は，監査とはいえないが非公開企業の財務諸表の信頼性について若干の保証を提供する職業専門家としての業務の必要性をAICPAが認識した結果である。」

(18) 法の制定当時の「逐条解説」においては，「財務書類の調製」について，「他人の記帳したところに基づいて決算書類その他の財務書類を調製することである」「事実上の書類作成をいうのであって，商法（当時）第33条の法律上の作成を指すのではない」との説明にとどまり，「調製」については必ずしもこれ以上の説明がなされていたわけではなかった。

(19) 法の制定当時の「逐条解説」においては，「財務に関する立案」について「会計組織の立案を例にとれば，伝票の流れに沿って最も効率的に人員を配置し，しかも内部牽制作用，自動統制作用が最も円滑に果たされるように仕組まれねばならぬ」「帳簿組織についてみても，個々の取引の記録から決算書類に至るまでの数字と書類の流れを経営管理の効率化という観点とにらみ合わせて作り上げることは容易の業ではない」とし，「かかる商法の会計業務は，高い資質を有する公認会計士に相応しいものといわねばならぬ」と説明されていた。

(20) 2004年（平成16年）11月の企業会計審議会「財務情報等に係る保証業務の概念的枠組みに関する意見書」。

(21) 国際会計士連盟（IFAC）では，「国際監査・保証基準審議会」（IAASB）を中心として国際監査基準（International Standards on Auditing：ISA）の改訂が行われているところである。従前の国際監査基準においては保証業務について「対象事項が全ての重要な局面について識別された適切な水準に準拠している，という高い水準の保証」又は「所与の状況において，対象事項に虚偽がないとい

う中程度の保証」を提供するために行われる業務と位置づけられている。
(22) 我が国においては，東京証券取引所が1999年（平成11年）11月に創設した新興企業市場「マザーズ」の上場会社に対して，第1四半期及び第3四半期の四半期財務情報の公開を義務づけ，これと併せて，当該財務諸表に係る公認会計士等による意見表明のための報告書の提出を求めた。この意見表明に係る手続の実施とその結果としての意見表明に係る業務は，法令に基づくものではないものの，制度として初めて，監査以外の保証業務が我が国において導入された事例であるとされている。
(23) 米国では，証券取引委員会（SEC）に提出が義務づけられている四半期報告書については，レビューが実施されているとされている。すなわち，レビューは，会計士が会社が作成した財務諸表について，会計士が担当者からヒアリングを行い，一般に認められる会計基準（US-GAAP）に準拠しているかどうかについて消極的に証明するものとして解されている。
(24) 2002年（平成14年）12月の金融審議会公認会計士制度部会の報告は，レビューに関して「監査証明業務とは保証の程度も異なり，別個の手続と考えられるレビュー業務については，今後の実務における定着を踏まえ，法制度上の位置づけなどを検討していくことが適切である」と提言した。
(25) 2002年（平成14年）1月の企業会計審議会「監査基準の改訂に関する意見書」は，「レビューは，諸外国では，財務諸表には会計基準に照らして特に修正を要する重要な事項は見当たらなかったことを，限定した手続により消極的に証明する業務であるとされている」としている。

第5章 監査証明業務の制限

公認会計士監査は，被監査会社と利害関係のない独立した公正な第三者の立場で行われるところに，その公正性と信頼性がかかっている。

この観点から，法は，監査の公正性と信頼性を法制度上も確保するために，一定の場合の禁止を含めて監査証明業務を制限している。

第1節 概　説

一般に，経済活動の主体においては，その組織の内部に，監査役，監事等の機関を設けて会計に関する判断を行い，財務や経理の適正化に努力しているのが通常である。しかし，このような内部の監査は，経営の目的のためには有効な制度ではあるものの，外部の者の立場から見れば，さらに独立した公正な第三者の立場からの保証が不可欠となる。

「自己監査は監査に非ず」とされる所以であり，ここに，いわゆる第三者監査としての公認会計士監査制度の意義がある。

このため，法は，監査人としての公認会計士又は監査法人に一定の利害関係があると認められる場合には，監査証明業務を行うことを禁止している。

① すなわち，まず，公認会計士又はその配偶者が被監査会社等の役員，これに準ずる者，財務に関する事務の責任ある担当者，使用人又は著しい利害関係を有する者である場合，さらに，国家公務員又は地方公務員で職務上密接な関係を有する場合等について，法及び令は監査証明業務を行うことを禁止し，監査法人についても，同様の趣旨で，監査証明業務を行うことを制限している。これらの規定は，公認会計士監査制度における共通する規制であって，法定監査に限らず，任意監査についても

適用される。

② また，旧商法監査特例法に基づく会計監査人監査制度が導入された際に，監査証明業務を行うことを禁止する公認会計士又は監査法人と被監査会社等との間の著しい利害関係について，従前の法及び令が規定していた関係に加えて，公認会計士若しくはその配偶者又は監査法人若しくはその社員が被監査会社等との間に有する関係であって，監査の公正性と信頼性を確保するために「業務の制限をすることが必要かつ適当であるとして政令で定めるもの」を対象とし，監査証明業務を行うことを禁止した。これらの規定には，税理士業務によって継続的な報酬を受けている場合も含まれている。

③ 金融商品取引法による財務諸表監査及び内部統制報告書監査において，同法第193条の２第１項及び第２項は「特別の利害関係のない公認会計士又は監査法人」による監査証明を受けなければならないとし，その「特別の利害関係」の主体について，同条第３項に基づく財務諸表等の監査証明に関する内閣府令（「監査証明府令」）第２条第１項は，公認会計士の２親等以内の親族や補助者までを含めて規定している。

④ 日本公認会計士協会は，その倫理規則において，基本原則として「客観性を損うような他の者からの圧力に屈せず，常に公正な立場を堅持しなければならない」とし（同規則第２条第３項），「財務諸表監査の依頼人との関係において，法令に規定する利害関係を有してはならない」とするとともに（同規則第16条第４項），財務諸表監査以外の監査を受嘱又は継続するに際して，公認会計士又は監査法人の社員の２親等以内の親族及び補助者を含めて特定の利害関係がある場合に監査証明業務を行うことを禁止している（同規則第16条第５項）。

⑤ これらの従前の措置に加えて，2003年（平成15年）改正法は，監査の独立性の充実・強化の観点から，公認会計士や監査法人と被監査会社等との間に一定の関係がある場合，監査証明業務の遂行にあたって一定の非監査証明業務が提供されている場合等に，監査証明業務を行うことを

制限することとしたのである。

第2節　特定の利害関係に基づく業務の禁止

　法は，会社等と特定の利害関係がある場合に，当該会社等に対して監査証明業務を行うことを禁止している。

◆公認会計士における特定の利害関係

　法及び令が，会社等との関係について，公認会計士による監査証明業務を禁止している特定の利害関係とは，次のとおりである（法第24条及び令第7条）。

① 公認会計士・配偶者が役員，これに準ずるもの又は財務責任者である場合（現在又は過去1年以内）（法第24条第1項第1号）
② 公認会計士が使用人である場合（現在又は過去1年以内）（法第24条第1項第2号）
③ 公認会計士が公務員であって職務上密接な関係にある場合又は公務員を退職して2年以内で，公務員時代の職と職務上密接な関係にある場合（法第24条第3項）
④ 公認会計士・配偶者が役員，これに準ずるもの又は財務責任者であった場合（監査関係期間内）[1]（令第7条第1項第1号）
⑤ 配偶者が使用人である場合（現在又は過去1年以内）（令第7条第1項第2号）
⑥ 配偶者が公務員であって職務上密接な関係にある場合又は公務員を退職して2年以内で，公務員時代の職と職務上密接な関係にある場合（令第7条第1項第3号）
⑦ 公認会計士・配偶者が株主，出資者，債権者又は債務者である場合（令第7条第1項第4号）[2]
⑧ 公認会計士・配偶者が通常よりも優遇された経済的利益を受けている

場合(令第7条第1項第5号)
⑨ 公認会計士・配偶者が税理士業務や監査・会計とは関連しない業務によって継続的な報酬を受けている場合(令第7条第1項第6号)[3]
⑩ 公認会計士・配偶者が役員等(過去1年以内又は監査関係期間内に役員等であった者を含む)から通常よりも優遇された経済的利益を受けている場合(会社そのものからではなく,役員等を経由した利益供与)(令第7条第1項第7号)
⑪ 公認会計士・配偶者が役員等(過去1年以内又は監査関係期間内に役員等であった者を含む)から税理士業務や監査・会計とは関連しない業務によって継続的な報酬を受けている場合(令第7条1項第7号)
⑫ 公認会計士・配偶者が「関係会社等」(「実質支配力基準」での親会社等・子会社等[4],「実質影響力基準」での関連会社等[5])の役員又はこれに準ずるものである場合(現在,過去1年以内又は監査関係期間内)(令第7条第1項第8号)[6]
⑬ 公認会計士が「実質支配力基準」での親会社等・子会社等の使用人である場合(令第7条第1項第9号)

◆監査法人における特定の利害関係

法及び令が,会社等との関係について,監査法人による監査証明業務を禁止している特定の利害関係とは,次のとおりである(法第34条の11及び令第15条)。

① 監査法人が株主又は出資者となっている場合(法第34条の11第1項)
② 監査法人が債権者又は債務者である場合[7](令第15条第1号)
③ 監査法人が通常よりも優遇された経済的利益を受けている場合(令第15条第2号)
④ 監査法人が役員等(過去1年以内又は監査関係期間内に役員等であった者を含む)から通常よりも優遇された経済的利益を受けている場合(会社そのものからではなく,役員等を経由した利益供与)(令第15条第

3号)
⑤ 社員（一人でも）が被監査会社等の使用人である場合（令第15条第4号）
⑥ 社員（一人でも）が被監査会社等の親会社等・子会社等の役員等又は使用人である場合（令第15条第4号の2）
⑦ 社員（一人でも）が税理士業務によって継続的な報酬を受けている場合（令第15条第5号）
⑧ （⑤⑥⑦の場合を除き）監査証明業務に関与した社員（指定社員を含む）又は配偶者（一人でも）が以下に該当する場合（令第15条第6号）
(a) 社員が使用人（現在又は過去1年以内）（イ）
(b) 社員が公務員で職務上密接な関係にある場合又は公務員を退職して2年以内で，公務員時代の職と職務上密接な関係にある場合（イ）
(c) 社員・配偶者が役員，これに準ずるもの又は財務責任者（監査関係期間内）（ロ）
(d) 配偶者が使用人（現在又は過去1年以内）（ロ）
(e) 配偶者が公務員で職務上密接な関係にある場合又は公務員を退職して2年以内で，公務員時代の職と職務上密接な関係にある場合（ロ）
(f) 社員・配偶者が株主，出資者，債権者又は債務者（ロ）[8]
(g) 社員・配偶者が通常よりも優遇された経済的利益を受けている場合（ロ）
(h) 社員・配偶者が税理士業務や監査・会計とは関連しない業務によって継続的な報酬を受けている場合（ロ）
(i) 社員・配偶者が役員等（過去1年以内又は監査関係期間内に役員等であった者を含む）から通常よりも優遇された経済的利益を受けている場合（会社そのものからではなく，役員等を経由した利益供与）（ロ）
(j) 社員・配偶者が役員等（過去1年以内又は監査関係期間内に役員等であった者を含む）から税理士業務や監査・会計とは関連しない業

●「特定の利害関係」に該当する株式・出資・債権・債務●

株式・出資

従前の規定	改正法における規定
額面金額50円で5000株以上 出資の額が25万円以上	株主又は出資者（1株でも）

（注）相続又は遺贈による被監査会社等の株式又は出資の取得の場合，取得後1年間は適用除外。

債権・債務

従前の規定	改正法における規定
債権・債務の額が50万円以上	債権・債務の額が100万円以上

（注）次の債務は，「特定の利害関係」を構成しない。
　　○自宅又は自己の事務所に係る建築・購入費の借入，賃借料，管理費及び更新料
　　○自家用車又は自己の業務用車の購入費の借入
　　○電話等公共料金
　　○その他被監査会社等による公認会計士又は監査法人の業務の遂行に通常必要な物又は役務の提供

●「特定の利害関係」に該当する「関係会社」●

従前の規定	改正法における規定
公認会計士・配偶者が， ○会社の関係会社の役員 ○親会社・子会社の使用人 である場合	公認会計士・配偶者が， ○会社等の関係会社等の役員 ○親会社等・子会社等の使用人 である場合

（注）「会社等」は，監査の対象が会社以外の者である場合も含まれる。
　　「親会社等・子会社等」については，親子関係が実質基準によって判定される。

第5章　監査証明業務の制限

●公認会計士・監査法人における「特定の利害関係」●

	公認会計士	配偶者		監査法人 関与社員・指定社員	配偶者	その他の社員	配偶者
被監査会社等の役員，これに準ずるもの又は財務責任者（現在又は過去1年以内）	法24①一	法24①一	/	法34の11①二→法24①一	法34の11①二→法24①一	法34の11①二→法24①一	法34の11①二→法24①一
被監査会社等の役員，これに準ずるもの又は財務責任者（監査関係期間内）	令7①一	令7①一	/	令15六ロ→令7①一	令15六ロ→令7①一	令15七（半数以上）→令7①一	令15七（半数以上）→令7①一
被監査会社等の使用人	法24①二	令7①二	/	令15四	令15六ロ→令7①二	令15四	令15七（半数以上）→令7①二
公務員で在職していた職と職務上密接な関係にある営利企業の財務	法24③	令7①三	/	令15六イ→法24③	令15六ロ→令7①三	令15七（半数以上）→法24③	令15七（半数以上）→令7①三
被監査会社等の株主，出資者	令7①四	令7①四	法34の11①一	令15六ロ→令7①四	令15六ロ→令7①四	令15七（半数以上）→令7①四	令15七（半数以上）→令7①四
被監査会社等の債権者，債務者	令7①四	令7①四	令15一	令15六ロ→令7①四	令15六ロ→令7①四	令15七（半数以上）→令7①四	令15七（半数以上）→令7①四
優遇された経済的利益を受けた場合	令7①五	令7①五	令15二	令15六ロ→令7①五	令15六ロ→令7①五	令15七（半数以上）→令7①五	令15七（半数以上）→令7①五
税理士業務等の提供による継続的な報酬を受けている場合	令7①六	令7①六	/	令15五	令15六ロ→令7①六	令15五	令15七（半数以上）→令7①六
被監査会社等の役員等を経由して，優遇された経済的利益を受けている場合	令7①七	令7①七	令15三	令15六ロ→令7①七	令15六ロ→令7①七	令15七（半数以上）→令7①七	令15七（半数以上）→令7①七
関係会社等の役員又はこれに準ずるもの	令7①八	令7①八	/	令15六ロ→令7①八	令15六ロ→令7①八	令15七（半数以上）→令7①八	令15七（半数以上）→令7①八
親会社等・子会社等の使用人	令7①九	/	/	令15四の二	/	令15四の二	/

（出典）金融庁
　（注）「法」は，公認会計士法。「令」は，公認会計士法施行令。

務によって継続的な報酬を受けている場合（ロ）
(k) 社員・配偶者が「関係会社等」の役員又はこれに準ずるものである場合（現在，過去1年以内又は監査関係期間内）（ロ）
⑨ （⑤⑥⑦⑧の場合を除き）監査法人の社員の半数以上の者が上記の⑧の(a)～(k)に該当する場合（令第15条第7号）

◆特定の利害関係に至らない利害関係を有する場合

　法は，特定の利害関係に至らない場合であっても，「利害関係を有するか否か，及び利害関係を有するときはその内容その他の内閣府令で定める事項を証明書に明示しなければならない」と規定しており（法第25条第2項），何らかの利害関係がある場合には，その内容を示さなければならないとしている[9]。

第3節 「大会社等」に係る業務の制限

(1) 概　　説

　2003年（平成15年）改正法は，従前の措置に加え，監査証明業務に係る独立性の充実・強化についての措置を，次のとおり新たに規定した。
① 一定の非監査証明業務と監査証明業務の同時提供の禁止
　　非監査証明業務のうち，記帳代行等自らがなした行為を自ら監査すること（「自己監査」）を禁止するとともに，経営判断につながる一定のものを提供している場合には監査証明業務を同時に行うことを禁止すること。
② 継続的監査の制限（「ローテーション」「インターバル」）
　　監査法人において，審査担当社員も含めて同一の公認会計士による継続的な監査証明業務を一定期間に制限し，交替を義務づけること。
③ 共同監査の義務づけ
　　公認会計士が，補助者も使用せずに，単独で監査証明業務を行うこと

を禁止し，ほかの公認会計士との共同監査を行わなければならない，あるいは，ほかの公認会計士を補助者として行わなければならないとすること。

これらの措置は，監査証明業務が行われるすべての場合において適用されるものではない。2003年（平成15年）改正法は，監査の対象が一定の要件を満たす場合（「大会社等」）に，これらの措置を適用することとした。

◆国際的な動向

これらの具体的な措置が新たに規定されるに至った背景としては，米国やEU主要国においても，国際的な枠組みにおいても，監査に対する信頼の維持・向上のために，監査人の独立性を一層厳格化する方向で改革が進展していることがあった。

例えば，国際会計士連盟（IFAC）は，1990年（平成2年）7月に「職業会計士の倫理規程」（Code of Ethics for Professional Accountants）を定め，その後，2001年（平成13年）12月には，その一部である「独立性」（同倫理規程第8節）を改訂し，疑念を生じさせるような利害関係や外観における具体的な規律の適用を示した。なお，この倫理規程については，その後も改訂が重ねられている（第11章「公認会計士の義務」第2節参照）。

このような自主規律や自主措置にとどまらず，2002年（平成14年）7月に成立した米国の「企業改革法」においては，監査人の独立性の強化のための措置として，一定の非監査証明業務と監査証明業務の同時提供の禁止，監査を行う主任会計士等の5年ごとの交替制，監査関与社員が被監査会社の幹部に就任した場合の当該被監査会社への監査証明の禁止等が盛り込まれた。

また，米国の改革を踏まえて，EU，カナダ及び豪州においても，ほぼ同内容の方向での改革が進められた[10]。

さらに，証券監督者国際機構（IOSCO）では，2002年（平成14年）10月に，専門委員会が，証券市場における投資家の信認を確保するために必要な諸原則を示すとの観点から，「監査人の独立性及びそのモニタリングにおけ

るコーポレート・ガバナンスの役割に関する原則」を発表した。同原則は「監査人の独立性の基準は，少なくとも，自己利益，自己レビュー，擁護，親密及び脅迫による脅威について，禁止・制限・手続・開示等の組合せによって支えられる原則の枠組みを設けるべきである」とし，監査人の独立性の基準として，被監査会社等からの不当利得や自己監査の禁止等についての原則を各国において定めるべきであるとした[11]。

(2) 対象となる「大会社等」

2003年（平成15年）改正法は，どのような対象に監査証明業務を行う場合に，独立性の充実・強化についての新たな措置が適用されるかに関して，「大会社等」を対象とする場合を限定列記している。

◆規定の趣旨

そもそも，一定の非監査証明業務と監査証明業務の同時提供の禁止，継続的監査の制限等の監査の独立性については，被監査会社の規模や業種を越えて確保すべき課題であり，本来，監査証明業務が行われるすべての場合において確保することが基本であると考えられる。

しかし，法は，投資者，債権者等の保護の観点から，独立性の強化について，より厳格で迅速な対応が必要とされる場合として，監査証明業務の制限の対象を「大会社等」として限定的に列記することとした[12]。

すなわち，法第24条の2は，会計監査人設置会社（第1号），金融商品取引法による財務諸表監査及び内部統制報告書監査の対象となる者（第2号），銀行（第3号），長期信用銀行（第4号），保険会社（第5号）及びこれらに準ずる者として政令で定める者（第6号）を挙げ，これらを「大会社等」と総称している。

なお，「大会社等」以外の監査証明業務においても，監査基準や日本公認会計士協会の倫理規則に服すべきことは当然のことであり，2003年（平成15年）改正法による新たな措置が適用されないことをもって，独立性の保持が

損なわれるようなことが許容されると解すべきではないことは、いうまでもない。

◆会計監査人設置会社（第1号）

　会社法において、原則として株式会社に会計監査人を設置するかどうかは任意である（会社法第326条第2項）。ただし、委員会設置会社及び大会社は会計監査人を置かなければならないとされている（同法第327条第5項及び第328条）。

　法第24条の2第1号は、会計監査人設置会社を監査証明業務の制限の対象とするとともに、「資本の額、最終の貸借対照表の負債の部に計上した金額の合計額その他の事項を勘案して政令で定める者を除く」として、適用除外を認めることとした。

　これは、会計監査人設置会社であっても、例えば未公開のベンチャーや中堅会社の場合には、財務書類の調製等について公認会計士や監査法人の指導を要することが多い実情であり、特に地域の経済社会の活性化を期待し、かつ、公認会計士の地域的な偏在を考慮すれば、このような未公開のベンチャーや中堅会社の場合にまで新たな措置を適用することは、現時点では、多大な社会的コスト等をもたらすおそれすらあると考えられたためである。

　このような観点から、令第8条は、上場会社に比肩する規模を念頭に置いて、「政令で定める者」としての適用除外の対象について「最終事業年度に係る貸借対照表に資本金として計上した額が100億円未満であり、かつ、最終事業年度に係る貸借対照表の負債の部に計上した額の合計額が1,000億円未満の株式会社とする」ことを定めた[13]。

◆金融商品取引法による監査の対象となる者（第2号）

　金融商品取引法により監査証明を受けなければならない者は、同法に基づいて有価証券報告書等及び内部統制報告書を提出する者である（同法第193条の2第1項及び第2項）。

この中には，金融商品取引所に上場されている有価証券の発行者はもちろん，店頭登録，公募による社債等の発行者も含まれる。
　ただし，法第24条の2第2号は「政令で定める者を除く」として，適用除外を認めることとし，令第9条は，非上場の会社に係る監査の実情を踏まえて，「政令で定める者」としての適用除外の対象について次の2つの場合を定めた。
① 　一定規模未満の者（第1号）[14]
　　　最終事業年度に係る資本金5億円未満又は売上高（最終事業年度の売上高又は直近3年間の売上高年間平均のいずれか高い額）10億円未満であり，かつ，最終事業年度に係る負債総額200億円未満の者
② 　特定有価証券のみの発行者（第2号）[15]
　　　投資信託の受益証券，資産流動化証券等の特定有価証券のみの発行者

◆銀行，長期信用銀行及び保険会社（第3号～第5号）

　銀行，長期信用銀行及び保険会社に関しては，預金者，保険契約者等の保護を図るとの観点から，内閣総理大臣の免許を受けて銀行業を営む者（銀行法第2条第1項），内閣総理大臣の免許を受けた長期信用銀行（長期信用銀行法第2条）及び内閣総理大臣の免許を受けて保険業を行う者（保険業法第2条第2項）について，それぞれすべて対象としている。

◆これらに準ずる者として「政令で定める者」（第6号）

　多数の投資者や預金者，保険契約者等の債権者が存在し，その取引の規模が経済的な影響を及ぼすことにかんがみて，「政令で定める者」について，令第10条は次の者を定め，これらを被監査会社として監査証明業務を行う場合には，2003年（平成15年）改正法が定めた独立性の充実・強化の措置を適用することとした[16]。
① 　全国を地区とする信用金庫連合会
② 　全国を地区とする労働金庫連合会

第5章 監査証明業務の制限

●金融商品取引法及び会社法に基づく監査の対象●

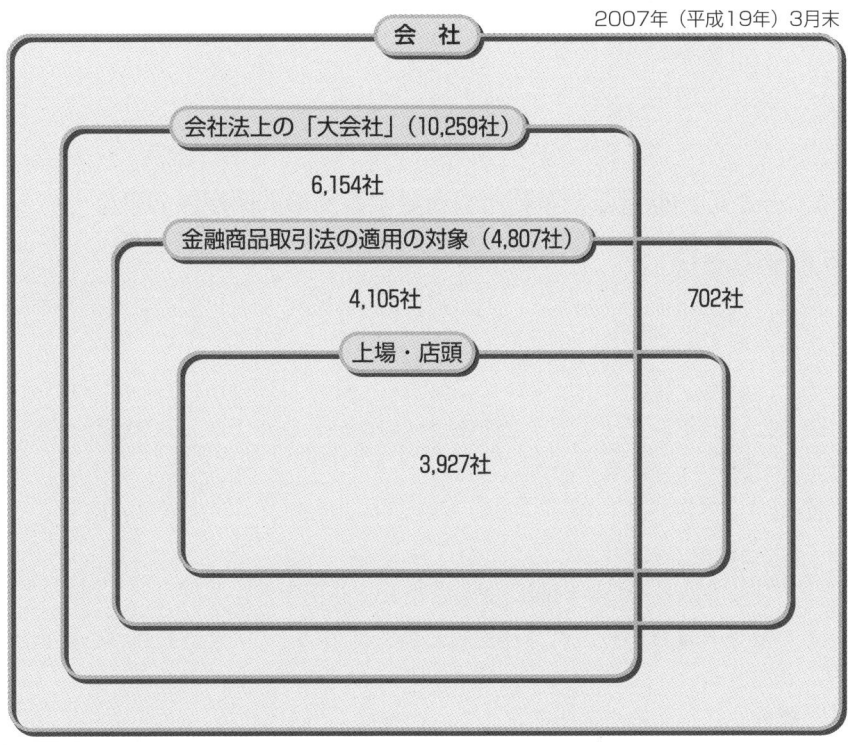

2007年（平成19年）3月末

会　社

会社法上の「大会社」（10,259社）

6,154社

金融商品取引法の適用の対象（4,807社）

4,105社　　　　　　　702社

上場・店頭

3,927社

（出典）金融庁
（注）1．会社法上の「大会社」
　　　　資本金5億円以上又は負債総額200億円以上の株式会社
　　　2．金融商品取引法の適用の対象
　　　　①　金融商品取引所に上場されている有価証券の発行会社
　　　　②　店頭に登録されている有価証券の発行会社
　　　　③　有価証券の発行等に関し有価証券届出書を提出した会社（注）
　　　　④　当該会社が発行した株券等につき、過去5年間の事業年度のいずれかの末日における所有者の数が500人以上である資本金5億円以上の会社
　　　（注）有価証券の取得等の申込みの勧誘を50人以上の者に行う場合で、原則として、発行価格の総額が1億円以上となる場合、当該有価証券の発行者は、有価証券届出書を提出しなければならない。

③　全国を地区とする信用協同組合連合会
④　農林中央金庫
⑤　会計監査人の監査を受けなければならない独立行政法人
⑥　国立大学法人及び大学共同利用機関法人
⑦　会計監査人の監査を受けなければならない地方独立行政法人

(3) 一定の非監査証明業務と監査証明業務の同時提供の禁止

◆規定の趣旨

　法は，従前から，会社等と一定の利害関係がある場合に監査証明業務を行うことを禁止してきた。

　また，日本公認会計士協会は，従前から，その倫理規則において，独立性の保持に疑いをもたれるような関係や外観を呈しないよう，具体的な例を挙げて独立性の保持に取り組んできた。

　2003年（平成15年）改正法は，このような従前からの措置等を踏まえつつ，「大会社等」について，

①　被監査会社の経営判断に関わることを防止すること
②　監査人自らが行った業務を自ら監査すること（「自己監査」）を防止すること

等の観点から，非監査証明業務のうち内閣府令で限定列挙する一定のものを行っていることにより継続的な報酬を受けている場合には，監査証明業務を同時に行ってはならないこととした（法第24条の2）。

◆同時提供が禁止される非監査証明業務

　具体的にどのような非監査証明業務を提供している場合に監査証明業務が禁止されるかについて，規則第6条は，次のとおり定めている。

①　会計帳簿の記帳の代行その他の財務書類の調製に関する業務
②　財務又は会計に係る情報システムの整備又は管理に関する業務
③　現物出資財産その他これに準ずる財産の証明又は鑑定評価に関する業務

④　保険数理に関する業務
⑤　内部監査の外部委託に関する業務
⑥　①～⑤のほか，監査又は証明をしようとする財務書類を自らが作成していると認められる業務又は被監査会社等の経営判断に関与すると認められる業務

　これらのうち，例えば，①～④の業務は，財務諸表の作成者の立場としての業務であり，これらを行いながら同時に監査証明業務を行うことは，監査人自らが行った業務を自ら監査の対象とすること，すなわち「自己監査」に該当したり，「自己監査」につながるおそれがあることから，同時提供を認めることは適切ではないと考えられる。

　また，⑤の業務は，元来，経営判断や経営責任を伴うものであるため，経営から独立した立場であるべき外部監査人が行うことは適切ではないため，同時提供を認めることは適切ではないと考えられる。

　⑥については，以上に列挙したもののほか，被監査会社等の経営判断に関わるものや「自己監査」に抵触するものを禁止するものである。

　法第34条の11の２第１項は，監査法人について，法第24条の２にいう「大会社等」に係る監査証明業務の制限と同旨の規定を定めているとともに，法第24条の２は，法第16条の２第６項で外国公認会計士に準用されており，これらの者においても一定の非監査証明業務と監査証明業務の同時提供は禁止される。

◆利害関係の明示

　2003年（平成15年）改正法は，非監査証明業務と監査証明業務の同時提供を新たに禁止したが，法第24条の２の規定の内容から明らかなとおり，「大会社等」には該当しない中小会社等に対して非監査証明業務を同時提供すること，あるいは，規則第６条に列挙された業務には該当しない非監査証明業務を「大会社等」に同時提供することは，禁止されていない。

　しかし，このような非監査証明業務の同時提供によっても，監査の公正性

と信頼性が損なわれてはならないことは当然のことである。

　そこで，法第25条第2項及び規則第12条は，規則第6条に列挙された業務には該当しない非監査証明業務を「大会社等」に監査証明業務と同時提供する場合に，公認会計士又は監査法人が継続的な報酬を受けているときは，その旨を監査報告書の利用者に明らかにするべく，公認会計士又は監査法人と被監査会社等の間での「利害関係の有無」及び「利害関係を有するときはその内容」について，監査報告書での開示を求めている[17]。

◆脱法的行為に対する措置

　法第24条の2は，直接的には監査を行う公認会計士や監査法人自身ではなくとも，当該公認会計士又は当該監査法人と「内閣府令で定める関係を有する法人その他の団体」が一定の非監査証明業務により継続的な報酬を受けている場合には，当該公認会計士又は当該監査法人自身が当該非監査証明業務によって継続的な報酬を受けている場合と同一視し，監査証明業務の同時提供を禁止している。

　これは，公認会計士又は監査法人が実質的に支配していると認められる関係にある子会社等や関連会社等を通じて，継続的な報酬を伴う一定の非監査証明業務が，迂回的に実質的に，被監査会社に対して行われるような場合を禁止したものである。

　このような関係について，規則第5条は「当該公認会計士若しくはその配偶者又は当該監査法人と子会社等又は関連会社等」との関係と定めている。「子会社等」とは令第7条第3項にいう「親会社等によりその意思決定機関を支配されている他の会社等」とされ，また，「関連会社等」とは「実質影響力基準」での関連会社等とされている[18]。

◆「継続的な報酬」

　法第24条の2は，一定の非監査証明業務と監査証明業務の同時提供が禁止される要件として，当該非監査証明業務により「継続的な報酬を受けている

●同時提供が禁止される非監査証明業務の例●

第1号：会計帳簿の記帳の代行その他の財務書類の調製に関する業務

・会計記録の作成・維持
・財務諸表の作成又は財務諸表の基礎資料の作成
・財務諸表の基礎となる原始データの作成又は生成

第2号：財務又は会計に係る情報システムの整備又は管理に関する業務

・情報システム又はLANの運用管理
・財務諸表の基礎となる原始データの集計
・被監査会社等の財務諸表全体として重要となる情報を生成するハードウェア又はソフトウェアに係るシステムの設計，導入，構築，運用及び監視

第3号：現物出資その他これに準ずるものに係る財産の証明又は鑑定評価に関する業務

・財務諸表に重要な影響を及ぼすことが合理的に推測される被監査会社等に対する鑑定評価及び公正な価額に係る意見表明
・上記の業務の結果が被監査会社等の財務諸表の監査期間中に監査手続の対象となる場合の業務

第4号：保険数理に関する業務

・財務諸表，年金債務，責任準備金及び関連勘定科目の取引記録として含まれることとなる保険数理業務の提供が，財務諸表の監査期間中に監査手続の対象として帰結することが合理的に推測される場合の業務

第5号：内部監査の外部委託に関する業務

・内部統制会計，財務システム又は財務諸表と関係する内部監査の外部委託を受嘱する業務

第6号：第1号～第5号のほか，監査又は証明をしようとする財務諸表を自らが作成していると認められる業務又は被監査会社等の経営判断に関与すると認められる業務

・人事・管理等に係るサービスの中で経営判断に関与するもの

（出典）金融庁

場合」と定めている。

　例えば，典型的な事例としては，一定額を定期的に報酬として受領することが契約で定められている場合が挙げられる。

　なお，仮に報酬が一度限りであったり，「スポット」と呼ばれる場合であっても，非監査証明業務の提供に対する対価性を有するものであり，かつ，その提供の効果が，監査証明業務に実質的な影響を及ぼし得るような継続性が認められるときは，継続的な報酬に該当し得ると解される。

　継続的な報酬に該当するかどうかについては，非監査証明業務の具体的な個別の事例に即して判断されるべきものと解される。

◆被監査会社の関連会社に対する非監査証明業務の同時提供

　2003年（平成15年）改正法は，「大会社等」についての一定の非監査証明業務と監査証明業務の同時提供を新たに禁止したものである。対象となる「大会社等」には上場会社に限られず，さまざまなものが含まれており，また，それらの関連会社には，さらにさまざまな規模のものまでもが含まれることとなる。

　仮に被監査会社に監査証明業務を行っている場合に，被監査会社の関連会社に対しても非監査証明業務の同時提供を一律に禁止すれば，関連会社には中小会社も含まれ得ることとなり，経済活動には大きな支障を来たし，多大な社会的なコスト等をもたらすおそれすらあると考えられた。

　このため，2003年（平成15年）改正法は，被監査会社の関連会社に対する非監査証明業務の同時提供については，禁止されないこととした[19]。

(4) 継続的監査の制限（「ローテーション」「インターバル」）

◆規定の趣旨

　2003年（平成15年）改正法は，「大会社等」に対する監査証明業務を行う公認会計士及び監査法人の社員による継続的監査を制限し，監査法人における審査担当社員も含めて，一定期間ごとの交替を義務づけることとした（法

第24条の3及び法第34条の11の3)。

　この措置は，交替制の導入，あるいは「ローテーション」や「インターバル」の導入とも称される。

　同一の公認会計士が長期間にわたって，同一の被監査会社を監査することにより，「癒着」の関係等が生じることを防止するため，一定期間で監査を制限し，交替を義務づけ，ほかの公認会計士が監査に従事することによって不適切な関係等をチェックすることとしたものである。

　また，継続監査期間を超え，監査禁止期間を経過しないうちは，監査証明業務を実質的に行うことができないようにした。「監査関連業務」という概念を用いているのは，このような実質的な観点に基づいたものである。

　なお，法第24条の3は，法第16条の2第6項で外国公認会計士に準用されている。

◆審査担当社員と補助者

　交替の対象となる人的範囲については，直接には監査証明業務を執行した社員であることは当然であるが，これに限られることなく，審査担当として関与した社員，さらに，補助者も含まれる。法は，これらの者が関わる業務を「監査関連業務」と規定して，脱法的行為に対する措置を講じている。

　すなわち，「監査関連業務」とは，法第24条の3第3項において「第2条第1項の業務，監査法人の行う同項の業務にその社員として関与すること及びこれらに準ずる業務として内閣府令で定めるものをいう」と規定されている。

　これを受けて，規則第9条第3項は，継続的な業務を制限し，交替を義務づけることが適切である業務として，実質的な関与と認められる補助者の業務，ほかの公認会計士から委託を受けて行う審査業務を定めている。

　一般に，監査法人では，社員間の連携及び相互チェックによる監査証明業務の品質の向上及び不正の防止を図っており，その一環として，通常，監査を担当する社員(「業務執行社員」)が行った監査証明業務の公正性について

は，監査法人の内部の組織としての第三者的な立場からチェックする組織（「審査（審理）委員会」）あるいは審査（審理）担当社員の制度が設けられている。審査担当社員の制度は被監査会社ごとに設けられていることが一般的である。その場合の審査担当社員は，監査証明業務の品質について業務執行社員と同程度の責任があるものと考えられ，審査担当社員についても，業務執行社員と同程度に，被監査会社との関係において監査の独立性を確保することが必要であると考えられる。

また，公認会計士が，監査証明の署名は行わず，形式上はほかの公認会計士や監査法人の補助者としての位置づけをとりながら，実質的に監査を取り仕切り，交替制を潜脱するようなことが考えられる。

このような事例を防止するため，実質的な関与と認められる補助者についても，継続的な業務を制限し，交替を義務づけることが適切である者として位置づけている。

なお，例えば，アルバイトの事務補助者のように，公認会計士の身分を有しない使用人その他の従業者の場合については，交替制の対象にはならないと解される。これは，監査の独立性を確保するという目的にかんがみれば，監査証明業務としての実質的な判断を行う公認会計士に対する措置を講じることで，必要かつ十分であると考えられたためである。

◆交替に係る期間

交替に係る期間については，継続監査期間と監査禁止期間の2つの議論がある。

すなわち，一つが，継続的な期間の限度としてどの程度の期間とすることが適切であるのかという議論と，もう一つが，交替の後に再び関与が許されるためにどの程度の期間を空ければ良いのかという議論である。

① 継続監査期間

法第24条の3第1項は「7会計期間の範囲内で政令で定める連続する会計期間」とし，これを受けて，令第11条は「7会計期間」と定めた。

継続監査期間については，従前の日本公認会計士協会の自主措置では7年とされていた。

なお，米国では，従前の自主措置による7年が，「企業改革法」によって，会計事務所の主任会計士等（lead audit partner, concurring partner）に関しては5年とされた。

この点に関しては，監査人の独立性を強化する観点からは，相対的な意味で短期間である5年とすることが望ましいとか，監査人が経営者と対等な立場で議論できるようになるためには，相当程度の期間としての7年程度が必要であるとか，さまざまな意見があったことも踏まえ，結局，2003年（平成15年）改正法は，具体的な期間について政令に委任することとし，公認会計士の実情等に応じて機動的に対応し得るようにしたものである[20][21]。

② 監査禁止期間

法第24条の3第1項は「翌会計期間以後の政令で定める会計期間」とし，これを受けて，令第12条は「2会計期間」と定めた。

監査禁止期間については，従前の日本公認会計士協会の自主措置では2年とされていた。

なお，米国ではインターバル（time out period）は「企業改革法」によって，会計事務所の主任会計士等に関しては5年とされ，他方，EUでは，継続して監査を担当できる期間は7年，インターバルは2年とされていた[22][23]。

◆補完的な措置

継続監査期間については，2007年（平成19年）改正法によって，次の2つの補完的な措置が講じられている。

① 連続する会計期間に準ずる一定の会計期間（「連続会計期間」）

継続監査期間が経過する前に，継続禁止期間に満たない短期間のインターバルをとり，再び同一の会社等に対する監査関連業務を行うような

脱法的行為が考えられる。このような場合にも継続監査期間として途切れないように措置することが適切であるという観点から，法第24条の3第1項は，一定の会計期間を「連続会計期間」として内閣府令で定めることとした。

これを受けて，規則第8条は，継続監査期間において，監査関連業務を行わない連続する会計期間が継続禁止期間未満である場合には，当該監査関連業務を行わなかった会計期間においても監査関連業務を行ったものとみなして，継続監査期間を計算する等の措置を講じている[24]。

② 新規上場会社等に係る会計期間

新たに上場しようとする会社等については，その準備の過程において，公認会計士や監査法人が一定期間，監査証明業務を提供する場合が一般的である。このような場合を上場等の後の最初の継続監査期間の計算に反映させるべく措置することが適切であるという観点から，法第24条の3第2項は，上場しようとする会社等の財務書類について公認会計士又は監査法人が監査関連業務を行った場合，上場しようとする日の属する会計期間の前の内閣府令で定める一定の会計期間を継続監査期間に算入することとした。

これを受けて，規則第10条は，原則として，上場しようとする日の属する会計期間の前の2会計期間に監査関連業務を行った場合には，この期間を継続監査期間に参入する措置を講じている。

◆交替の義務づけの適用除外

公認会計士の交替制の規制は，活動の公共性が高く，社会的影響も大きいという観点から，「大会社等」に対する監査証明業務に一定の制限を設けることとしたものである。

このような「大会社等」に対する監査の公正性と信頼性の維持・向上のために，監査を担当している公認会計士の定期的な交替を求めて，被監査会社等との「癒着」を防止することは，必要最低限の措置であるといえよう。

特に，特定の公認会計士が長年同一の会社等の監査を行う場合には，公認会計士と被監査会社等との間での「馴れ合い」や「癒着」が起こりかねず，特に上場会社等の監査については，その公正性や信頼性が疑われた場合には，証券市場全体に対する信頼低下にもつながりかねないおそれがある。

しかしながら，交替制の規制の導入によって，公認会計士や被監査会社等の負担が増加し，監査の質が低下すること等を危ぶむ指摘もある。また，公認会計士の地域的偏在等を勘案すると，交替制の規制の導入が円滑に進むような政策的配慮が必要ではないかという指摘もある。さらに，公認会計士が個人として監査を行っている場合においてまで交替制を求めることは，大規模な監査法人による寡占化を助長させ，実質的に，個人の公認会計士による監査証明業務を制限することとなるのではないかとの指摘もあった。

そこで，2003年（平成15年）改正法は，一定の条件のもと，個人の公認会計士に対する交替制の規制について適用除外を認めることとした。

すなわち，法第24条の3第1項は「内閣府令で定めるやむを得ない事情があると認められる場合において，内閣府令で定めるところにより，会計期間ごとに内閣総理大臣の承認を得たときは，この限りでない」と定めた。

具体的には，例えば「周辺地域において公認会計士が不足している等」により，「交替が著しく困難な状況にある場合」がこれに該当する（規則第9条第1項）。

このような場合には，当該公認会計士の独立性の状況を個別に審査し，内閣総理大臣の承認を得た場合には，監査証明業務を行うことができることとされた（規則第9条第2項）[25]。

◆交代の義務づけの適用強化

交代の義務づけについては，個人の公認会計士についての適用除外の措置が講じられるとともに，大規模な監査法人についての適用強化の措置が講じられた。

すなわち，2007年（平成19年）改正法は，大規模監査法人において上場会

社等の監査を担当する主任会計士について，日本公認会計士協会の自主措置では，継続監査期間5年，監査禁止期間5年とされていたことを踏まえ，法第34条の11の4第1項は，大規模監査法人における筆頭業務執行社員等に関し，継続監査期間について「5会計期間の範囲内で政令で定める連続会計期間」とし，令第19条はこれを「5会計期間」と定めるとともに，監査禁止期間について「翌会計期間以後の政令で定める会計期間」とし，令第20条はこれを「5会計期間」と定めた[26]。

ここでいう「大規模監査法人」は，「その規模が大きい監査法人として内閣府令で定めるもの」とされ（法第34条の11の4第2項），これを受けて，規則第24条は，個々の監査法人について，その直近の会計年度において当該監査法人が監査証明業務を行った上場会社等の総数が100以上である場合の当会計年度における当該監査法人と定めた[27]。これは，日本公認会計士協会の自主措置の対象の範囲と符合するものである。

また，ここでいう「筆頭業務執行社員等」は，監査証明業務を執行する社員のうち「その事務を統括する者その他の内閣府令で定める者」とされ（法第34条の11の4第1項），これを受けて，規則第23条は，
- 監査証明業務を執行する事務を統括する者として監査報告書の筆頭に自署し，自己の印を押す社員（いわゆる主任会計士）1人
- 監査証明業務に係る審査に関与し，当該審査に最も重要な責任を有する者1人

を定めた。

◆監査法人自身の交替制

監査法人自身の交替制については，監査人の独立性の強化の観点から意義があるとの指摘がある一方で，大規模な組織的監査を一から構築しなければならないこと等によって，監査の水準が著しく低下するおそれがあること，仮に実施した場合の総合的なコストが大きいと見込まれること等を踏まえ，その有用性についての検討がさらに必要であると考えられる[28][29]。

(5) 共同監査の義務づけ

◆規定の趣旨

　監査の公正性と信頼性を確保するためには，適切な人員や施設等を確保することによって，監査の水準を一定以上に保つ必要がある。また，監査証明業務の公正・適切な遂行のためには，複数の公認会計士による組織的監査を行うことが望ましく，複数の者による相互監視によって監査人と被監査会社等との「癒着」の防止にも資するものと考えられる。

　特に，「大会社等」においては，事業活動が多様化，複雑化，国際化し，その規模も大きいため，監査に精通した者による組織的監査によらずに，公正性や信頼性を確保するに足る監査水準を維持することは，事実上なかなか困難である。

　実際，「三田工業事件」の粉飾決算の事例[30]等も踏まえ，これまでも，証券取引所の上場規程等では，新規の上場申請者は，2人以上の公認会計士又は監査法人の監査を受けることが義務づけられてきた（東証有価証券上場規程第3条第7項等）。

　2003年（平成15年）改正法は，この点を法律上も明確に位置づけることが適切であるとの観点から，独立性の強化の一環として，法第24条の4において「他の公認会計士若しくは監査法人と共同し，又は他の公認会計士を補助者として使用して行わなければならない」と定め，「大会社等」に対する監査について，公認会計士の個人単独による監査を原則として禁止し，個人の公認会計士が監査を行う場合には，ほかの公認会計士との共同監査を，又はほかの公認会計士を補助者として使用することを義務づけた。

◆共同監査の義務づけの適用除外

　例えば，組織的監査を実際に有効適切に行っていたところ，監査の途中で共同監査人又は補助者が，事故，病気，死亡，移転等によって欠けたような場合には，その時点で直ちに違法状態となってしまうこととなる。その結

果，公認会計士のみならず，監査を受けている会社等に対しても多大な影響を与えることとなる。

このように，公認会計士に落ち度のない場合については，2003年（平成15年）改正法は，公認会計士の個人単独による監査を行うことを認めることによって，被監査会社等に影響が及ぶことを回避しようとした。

すなわち，法第24条の4ただし書は「内閣府令で定めるやむを得ない事情がある場合は，この限りでない」と定め，適用除外を認めている。

具体的に，規則第11条は，共同で監査証明業務を行っていた公認会計士について，当該公認会計士の責めに帰すべき事由がなく，登録を抹消された場合（第1号），事故，病気等の事由により監査証明業務を行うことができなくなった場合（第2号），移転したことにより共同で監査証明業務を行うことができなくなった場合（第3号），共同で監査証明業務を行っていた監査法人が解散した場合（第4号），これらに準ずるやむを得ない事情であって当該公認会計士の責めに帰すべき事由がないもの（第5号）を規定している。

◆補助者の範囲

使用することが義務づけられることとされた補助者は，公認会計士に限られるのであって，例えば，公認会計士試験の合格者やほかの職業専門資格士は，補助者には含まれないと解される。

すなわち，「大会社等」においては，取引の内容が複雑・高度であり，その規模も大きいため，十分な専門的な知識や能力，実務的な技能や経験を積んだ者による組織的監査が，有効適切に行われる必要がある。このためには，監査の実務経験を有し，適切な監視・監督の体制に服する複数の公認会計士によって監査が行われるべきである。

公認会計士以外の職業専門資格士や，公認会計士試験に合格しただけであって公認会計士の登録を受けていない者は，必ずしも監査に係る十分な実務経験を有してはいないこと，懲戒処分等の法の規律に服さないこと等から，

これらの者を補助者に含めることは適切ではないと考えられたものである。

第4節　就任先への監査の制限と被監査会社への就任の制限（「クーリング・オフ」）

　従前から，法は，被監査会社との一定の利害関係に照らして公認会計士の監査証明業務を制限していたが，2003年（平成15年）改正法は，さらに，公認会計士の被監査会社との人的・身分的関係に照らして，独立性の強化の新たな措置を規定した。

　すなわち，一つは，監査証明業務に関与した公認会計士が，関与した会計期間又は翌会計期間に監査法人を退職し，その担当していた会社等の取締役，監査役等の幹部に就任した場合，出身母体である監査法人が，当該会社等の監査証明業務を行うことを禁止することである（法第34条の11第1項第3号）。

　また，もう一つは，監査証明業務に関与した公認会計士が，被監査会社等の取締役，監査役等の幹部に就任することを制限することである。この制限は，公認会計士については法第28条の2で，監査法人における業務を執行した社員としての公認会計士については法第34条の14の2で，それぞれ規定されている。

　さらに，これらの制限の対象となる就任先について，2007年（平成19年）改正法は，金融商品取引法による財務諸表監査が連結ベースで行われること等を考慮し，被監査会社のみならず，被監査会社の財務情報に密接な影響を及ぼし得る親会社や連結子会社等のグループ会社[31]の幹部にまで拡充することとした（法第28条の2，法第34条の11第1項第3号及び第34条の14の2）。

(1) 関与社員の就任先への監査の制限
◆規定の趣旨

　監査法人で監査証明業務に関与した社員である公認会計士が，監査法人を退職し，その被監査会社等の幹部に就任した場合，就任後には当該会社等の幹部として，かつて所属していた監査法人の監査証明業務に対して影響力を行使する可能性を排除できない。

　このような可能性を排除することにより，監査の公正性と信頼性を確保するため，関与社員が，監査法人を退職し，被監査会社等の幹部に就任した場合，出身母体である監査法人が，当該会社等又はその連結会社等に対して監査証明業務を行うことを禁止するものである（法第34条の11第1項第3号）。

　なお，対象となる会社等は，「大会社等」（第3節参照）に限られるものではない。

　ある会社等の特定の会計期間（例えば2008年4月～2009年3月）の監査証明業務に監査法人の社員として関与した公認会計士が，当該会計期間の途中に当該会社等の幹部に就任した場合又はその翌会計期間（2009年4月～2010年3月）に当該会社等の幹部に就任した場合，当該監査法人が当該会計期間及びその翌会計期間における当該会社等の監査証明業務を行うことを禁止するものである。

　監査法人に対する制限を設けることによって，関与した社員である公認会計士が関与先の被監査会社等の幹部に就任した場合であっても，外観上の独立性を確保することによって，監査法人と被監査会社等との「癒着」も防止できるものと考えられる。また，関与した社員の出身母体である監査法人にとっては，ひと度顧客を失うこととなるため，被監査会社等の幹部への就任に対する慎重な対応が期待できる。

　なお，本措置は，公認会計士が監査法人に社員として所属していたことから，その影響力の行使の可能性にかんがみて設けられた制限であり，規定上は「その社員として関与した者」とされている。監査を行った公認会計士と

監査法人の関係が、補助者等のように社員ではない場合にはこの制限は適用されないこととなる。

◆担保措置

本規定に違反して行われた監査については、適法性を欠くこととなる。

本規定に違反した監査法人に対して、内閣総理大臣は、適正な運営を確保するために、必要な指示をすることができる（法第34条の21第1項）。

また、運営が著しく不当と認められる場合には、内閣総理大臣は、懲戒処分等の行政処分をすることができる（法第34条の21第2項第3号及び第3項）。

(2) 被監査会社等の幹部への就任の制限

◆規定の趣旨

関与社員の就任先への監査の制限と併せて、公認会計士については、監査を行った会計期間と翌会計期間に、被監査会社等の幹部に就任することを原則として禁止することとしている。公認会計士が、個人として監査を行った場合においても、監査法人の社員として監査証明業務を執行した場合においても、この制限は適用される（公認会計士については法第28条の2、監査法人における業務を執行した社員としての公認会計士については法第34条の14の2）。

公認会計士が、被監査会社等の幹部に将来就任することを見込んで、仮に監査を行っている段階で、不公正な意見の形成や判断を行うようなことがあれば、監査の公正性と信頼性を損ねることとなる。また、仮にそのような不公正な意見の形成や判断を行わなかったとしても、監査を行った直後に被監査会社等の幹部に就任することとなれば、監査人としての外観上の独立性が失われることにより、監査の利用者にその公正性と信頼性に疑念を抱かせることとなり、ひいては、監査の全体に対する疑念を引き起こすおそれがある。

この制限は，このような事態を引き起こさないために，公認会計士の被監査会社等の取締役等の幹部への就任を制限することにより，監査を行う段階で当該被監査会社等に対して，不公正な監査が行われる余地を排除する必要があるとの観点から，設けられたものと解される。

◆就任制限の対象となる地位・ポスト

対象となる会社等は，「大会社等」に限られるものではなく，かつ，被監査会社等に限らず，その連結会社等も含まれることは，(1)「関与社員の就任先への監査の制限」の対象と同じである。

また，就任が制限される被監査会社等の幹部の具体的な地位・ポストについては，「役員又はこれに準ずるもの」とされ，具体的には解釈に委ねられている。

この点に関しては，就任の制限の措置が近い将来に関与先としての被監査会社等に招聘された後の経済的又は社会的地位・ポスト等を見込むことによって，監査が不当に歪められることを排除するためのものであることから，経済的利得又は社会的名誉をもたらすと考えられる役職，就任後の監査に影響を与える可能性があると考えられる役職として，個別の事案に応じて判断されることとなる。通常は，取締役や監査役等の役員を指すものと解される。

◆就任制限の適用除外

法第28条の2ただし書は「やむを得ない事情があると認められるときその他の内閣府令で定める場合において，内閣総理大臣の承認を得たとき」は，役員等に就任することができることとしている。

具体的には，被監査会社等の就任が制限される会社以外の会社の役員等に就任した後に，当該会社が就任が制限される会社と合併することとなった場合において，存続会社の役員等に引き続き就任することとなったとき等が該当するとされる（規則第13条第2項）。個別の事案に即して判断されることとなる。

第5章 監査証明業務の制限

監査法人の社員として監査証明業務を執行した者についても，同様である（規則第13条第3項）。

◆憲法の「職業選択の自由」との関係

2003年（平成15年）改正法による本措置については，憲法が保証する「職業選択の自由」との関係がある。

この点に関しては，国民経済の発展に必要不可欠な，監査の公正性と信頼性の確保という目的の達成のため，必要かつ合理的な範囲にとどまるものであると考えられ，かつ，立法府がその裁量権を逸脱し，当該法的規制措置が著しく不合理であることが明白であるとはいえないことから，職業選択の自由を定めた憲法の趣旨には反しないものと解される[32]。

◆就任制限の期間

監査証明業務の制限の期間も，関与先である被監査会社等の幹部への就任の制限の期間も，当該会社の監査が行われた当該会計期間の翌会計期間の終了の日までであり，その後の監査証明業務についても，また，被監査会社等の幹部への就任についても，制限の対象とはされていない。

この点に関して，監査の公正性と信頼性の確保の観点からは不十分ではないかと指摘がある。しかし，公認会計士といえども，個人がその希望や適正に応じて職業を変更することは，本来は自由に行い得るものであり，また，会社等が有能な人材を雇用することも必要以上に妨げられるべきではない。特に，今後，社外取締役等としての公認会計士への期待が高まることが予想され，コーポレート・ガバナンスの一層の向上の観点からも，公認会計士が会社等の幹部に就任することは望ましいことと考えられる。

このような観点から，監査証明業務の制限と就任の制限が求められる期間については，憲法の保証する職業選択の自由を制限するにあたって，必要かつ合理的な範囲にとどめるべきであるとの観点と，独立性の確保のために必要最小限にとどめるべきであるとの観点から，過去の「癒着」等が仮に明る

123

みに出る期間としても,「翌会計期間の終了の日」までで十分であると考えられたと解される。

◆担保措置

本規定に違反して就任した場合,当該監査は適法性を欠くことになるが,当該就任が法的に無効となるわけではない。しかし,公認会計士の身分を引き続き有している場合には,法に違反した場合としての一般の懲戒処分を受けることがある（法第31条第1項）。

また,公認会計士が,廃業して,登録の抹消の後に役員等に就任することも想定されることから,2003年（平成15年）改正法は,公認会計士でなくなった者についても制限の対象とするとともに,実効性を担保するために,違反した者については,100万円以下の過料とされている（法第54条第1号）。

━━━━━━━━━━━━ 注 ━━━━━━━━━━━━

(1) ここでいう「監査関係期間」とは,監査証明の対象となる財務書類に係る会計期間の開始の日からその終了後3月を経過する日までの期間とされている（令第7条第1項第1号）。
(2) 従前の令第7条第1項第4号では,株式,出資,債権又は債務が少額の場合は禁止の対象からは除かれていた。他方で,日本公認会計士協会による自主措置においては,株式の場合には金額の規模にかかわらず監査証明業務を行うことは全面的に禁止されていた
 2003年（平成15年）改正法のもとでは,
 ① 独立性の強化の観点から,株式又は出資については,従前のような除外を廃止して全面的に保有することを禁止した上で,
 ② ただし,相続又は遺贈により被監査会社等の株式,出資,債権又は債務を取得した場合には,1年間は保有する猶予を認めるとともに,
 ③ 日常生活において通常の取引関係から生じ得る範囲として,100万円未満の金額の債権又は債務については保有することを認めることとした。
(3) ここでいう「継続的な報酬」については,具体的な個別の事例に則して判断されることとなるが,仮に報酬が一度限りであったり,「スポット」と呼ばれる場

合であっても，その提供の効果が監査証明業務に実質的な影響を及ぼし得るような継続性が認められるときは「継続的な報酬」に該当し得ると解される（第3節（3）参照）。

(4) ここでいう「親会社等・子会社等」とは，議決権の過半数を自己の計算において所有している会社等をいい，具体的には規則第4条で定めている。

(5) ここでいう「実質影響力基準」については，被監査会社等（当該被監査会社の子会社等も含む）がほかの会社等の財務及び営業又は事業の方針の決定に対して重要な影響を与えることができる場合における当該他の会社等との関係，その逆として，他の会社等が被監査会社等財務及び営業又は事業の方針の決定に対して重要な影響を与えることができる場合における当該他の会社等との関係において，出資，人事，資金，技術，取引等の関係を通じて重要な影響を与えることができるものをいい，具体的には規則第3条で定めている。

(6) 従前の令第7条第1項第8号では，禁止の対象は「被監査会社」として監査の対象が会社である場合に限られていた。また，従前の令第7条第1項第9号では，親子関係は旧商法の定めるところに従って総議決権の過半数という「形式基準」で判断されることとされていた。

2003年（平成15年）改正法のもとでは，

① 会社以外の者（例えば信用金庫）の監査人である公認会計士がその子会社の役員等を兼任している場合も禁止の対象とするとともに，

② 親子関係についてはその判断を「実質支配力基準」（財務及び営業又は事業の方針を決定する機関を支配しているか否か）に拠ることとし，かつ，その組織形態が会社以外の者である場合についても禁止の対象とした。

(7) ただし，日常生活において通常の取引関係から生じ得る範囲の債権又は債務として，電気，ガス，上水道及び電話の使用料金等の「特別の事情を有する債権又は債務」である場合は，除かれている（規則第2条）

(8) 株式，出資，債権又は債務に関しては，上記注（2）と同旨である

(9) 本規定は，法が制定された当初からの規定である。このような利害関係を確認的に明示することによって，監査人としても独立性に懸念がないことを積極的に示す効果があると解されている。

しかしながら，本来，監査報告書でこのような事由を明示することは適切ではないのではないか，米国やEU主要国においても例が見られないのではないかとの指摘があり，立法論としては再検討の余地があるように考えられる。

(10) 米国をはじめとする諸外国での措置を，そのまま我が国の公認会計士監査制度に導入することが適切であるかどうかについては，次のような観点からのさまざ

まな議論があり，その結果として，2003年（平成15年）改正法は，我が国の実情を踏まえて規定することとなった。
① 米国の「企業改革法」は，州政府において商法が規定され，他方，連邦政府において証券取引法等の関連法が規定されているという米国の州政府と連邦政府の制度上の環境を前提としており，我が国における制度上の環境とは異なるものであること。
② 制度上の環境のみならず，米国の「企業改革法」は，経営上の環境や会計事務所の成立等の米国の固有の実情を背景としたものであること。
③ 他方，我が国における公認会計士及び監査法人の実情，特に規模が小さく，地方で監査証明業務を行う公認会計士の活動には限界があること，組織的監査が引き続き重要であるとしても，大規模な監査法人と公認会計士の個人事務所との活動の規模や実態の現状を，十分に踏まえることが必要であること。
④ 制度上の新たな措置の検討を行うにあたっては，日本公認会計士協会が，これまでも独立性の強化のための自主措置を具体化しており，このことを前提として，かつ，自主措置の実効性等を適切に評価しつつ検討を行うべきであること。
⑤ 今後，監査及び会計の専門家の存在を，我が国の経済社会において質的にも量的にも充実させていく方向で，公認会計士監査制度としての具体的な措置の検討を行うべきであること。
(11) 第1章「総説」第5節注(16)参照。
(12) 監査証明業務の制限の対象については，それぞれの監査を義務づけている法令において明記すれば良く，公認会計士法で定めることは必ずしも適切ではないのではないかという指摘がある。
　　この点に関しては，次のように解される。
① 我が国の公認会計士監査制度においては，監査人の独立性の確保に関する基本的規定は，従前から公認会計士法において規定されており，例えば，法第24条は，公認会計士の監査証明業務の制限として監査対象の会社との利害関係からの独立性についての必要な規制を設けている。また，金融商品取引法は，金融商品取引法監査について，被監査会社等と特別の利害関係のない公認会計士によって行われることを求めているものの，その具体的な内容については，公認会計士法の規定の内容を前提としている（同法第193条の2第2項）。
② このように，我が国では，監査人としての独立性の充実・強化の確保のための基本的な要件については，公認会計士法において規定されていると考えられる。

また，監査人の独立性は，監査対象の会社等の規模・性格にかかわらず，すべての監査対象に対する共通の理念である。職業専門家としての公認会計士に関する基本的な規範については，できる限りその職責や義務等を定めた公認会計士法において，包括的に位置づけていくことが望ましいと考えられる。

③ このような観点から，独立性の充実・強化のための新たな措置は，公認会計士法において規定されることが適切であると解される。

(13) なお，この適用除外については，今後の公認会計士の規模の拡大，地域的な偏在の解消等にかんがみて，今後，見直されることがあり得ると解される。

(14) 「一定規模未満の者」の適用除外については，2007年（平成19年）改正法によって手当されたものである。

この点に関して，2007年（平成19年）改正法の施行に先立って，金融庁は，令の一部改正案を「パブリック・コメント」に付して意見の募集を行い，寄せられたコメントに対する金融庁としての考え方を同年12月7日付けで公表した。

公表された金融庁の考え方によれば，ここでいう「一定規模未満」の範囲に関しては，

・ 資本金5億円未満かつ負債総額200億円未満の会社等については，企業財務情報の内容等も比較的簡素であり，監査に要する時間も比較的短時間と予想され，会社法上の会計監査人の設置が義務づけられる大会社にも該当しないことに照らせば，債権者等の利害関係の状況も簡素であると考えられること

・ 資本金5億円以上であっても，売上高10億円未満である発行者については，DES（債務の株式化）によって資本金が増加した再生中の会社などが含まれ，事業活動の実態に照らせば資本金5億円未満の会社と同視できること

などを踏まえて規定したものであるとしている。

(15) 金融商品取引法による財務諸表監査を受けている者の中でも，投資信託の受益証券，資産流動化証券等の特定有価証券の多くは，それらの発行者が保有する資産の価値を基礎として発行される有価証券であり，特定有価証券のみを発行する者自身の信頼性については相対的に明瞭であり，監査に要する時間も一件あたり平均10時間程度にしか過ぎない一方，これらの監査は年間数千件にも及んでいるという実情にある。

令第9条第2号が，金融商品取引法第5条第1項に規定する特定有価証券のみの発行者であって，募集又は売出の場合や上場又は店頭登録の場合を除くことを定めたのは，このような実情を踏まえたものであると解される。

(16) 「大会社等」の範囲についても，独立性の充実・強化が求められるにふさわしい被監査対象者の今後の拡大等にかんがみて，見直されることがあり得ると解さ

(17) 本章第2節注（9）参照。

　　なお，重要性の乏しい場合の業務の提供については，実質的な影響があるとは考えられないので，そもそも敢えて監査報告書に記載するまでもないのではないかとの指摘がある。この点は今後の検討課題と考えられる。

(18) 本章第2節注（4）及び（5）参照。

(19) なお，米国においては，証券取引委員会（SEC）の規則によって，被監査会社の「関係会社」（affiliate of the audit client）として，被監査会社を支配している主体，被監査会社に支配されている主体，被監査会社の親会社及び子会社を含めた被監査会社が支配している主体によって，支配されているほかの主体等を包括的にとらえ，その上で，このような「関係会社」に対する非監査証明業務の同時提供を禁止している。

　　さらに，証券取引委員会（SEC）の規則は，会計事務所に関しても，当該会計事務所の親会社，子会社及び関係会社も含めており，かつ，その関係会社には米国外に所在するものも含めることとし，その上で，このような親会社等が行う非監査証明業務を含めて同時提供を禁止している。

　　すなわち，非監査証明業務を提供するサイドも，非監査証明業務を受けるサイドも，包括的な会社グループとして広くとらえた上で，同時提供を禁止している。

　　我が国においても，コーポレート・ガバナンスの強化，監査役（会）ないし監査委員会制度の機能も含めて，立法論としては再検討の余地があるように考えられる。

(20) 2002年（平成14年）12月の金融審議会公認会計士制度部会の報告は，「関与社員による継続的監査の制限については，審査担当社員も含め，一定期間（例えば7年又は5年）ごとの交替を法定化することが適切である」と提言した。

(21) したがって，この期間については，今後の公認会計士の量的拡大及び質的向上にかんがみて，見直されることがあり得ると解されていたものである。

　　なお，2003年（平成15年）改正法の施行に先立って，金融庁は，令の一部改正案を「パブリック・コメント」に付して意見の募集を行い，寄せられたコメントに対する金融庁としての考え方を同年12月18日付けで公表した。

　　公表された金融庁の考え方のうち，継続的監査の制限については，「監査関連業務の禁止における連続する会計期間の上限を7会計期間としているが，5会計期間とすべきではないか」との意見に対して，金融庁は「監査関連業務の制限における連続する会計期間の上限については，公認会計士監査の実状や国際的な

動向を踏まえ，本政令では7会計期間と定めたところです」としつつ，「公認会計士の不足及び地域的偏在の解消等の状況を見据えて，7年後に5会計期間に見直すことにしたいと考えております」との考え方を示した。

(22) 交替の後に再び関与が許されるために，どの程度の期間を空ければ良いのかという監査の禁止期間については，外観的な独立性を保持することは，投資家の信頼を確保するために不可欠であり，監査人が再び関与先に復帰できるまでの期間（「インターバル」）についても，「癒着」を排除し，投資者の信頼に応えられるだけの期間が必要であるとの観点から，公認会計士と関与先の長期的関係による「癒着」を完全に排除するためには，監査を行った期間に応じたインターバルを十分に経る必要があるとの考え方がある。

他方，監査は前会計期間までの監査を参照して行われることが通例であり，担当者がひと度関与先から完全に離れ，その業務がほかの担当者の目に晒されれば，過去に仮に不正や過失があった場合には発覚するものと考えられる。このため，監査を行う公認会計士と被監査会社との「癒着」を防止するとの観点からは，公認会計士が再び関与先に復帰できるまでのインターバルについては，必ずしも長期間を置く必要はなく，交替することによる「fresh look」が「癒着」等を摘発できるので交替自体に意義があるとの考え方もある。

以上のような議論も踏まえ，2003年（平成15年）改正法は，具体的な期間について政令に委任することとし，令は「2会計期間」と定めたものである。

なお，2002年（平成14年）12月の金融審議会公認会計士制度部会の報告は，「一定期間（例えば2年）以上のインターバルを設けることが適切である」と提言していた。

(23) この期間についても，今後の公認会計士の量的拡大及び質的向上にかんがみて，見直されることがあり得ると解される。

(24) 例えば，関与社員が別の監査法人に移って同じ会社の監査を続けようとするような「渡り歩き」によって，規制の目的を免れるような事態が生じないようにするために，当該会計士が，監査法人を移ったり，個人で開業した場合でも，継続監査期間については，通算して計算されることとなると解される。

(25) なお，その際，日本公認会計士協会による「品質管理レビュー」を受けて，公認会計士・監査審査会が，必要があると認められる場合には，当該公認会計士に対して当該監査証明業務の適正な運営状況を確認するために，法の関連規定に基づく権限を行使することができるとされている（規則第9条第4項）。

(26) 米国においては，「企業改革法」によって会計事務所の主任会計士等に関しては，継続監査期間についてもその後の監査禁止期間についても，それぞれ5年

と定められ，そのほかの会計士（partner）については，継続監査期間は7年，その後の監査禁止期間を2年とすることが証券取引委員会（SEC）の規則によって定められた。

(27) この点に関して，「監査人の独立性を担保するという観点からは，大規模監査法人に限定して適用することの合理性は乏しい」とし，「小規模な監査法人あるいは会計事務所については，実際上の困難さを考慮に入れて，緩和措置を講ずることが必要であるが，それこそが例外なのであって，大規模監査法人について例外的にルールを厳しくするというのは—社会に与える影響が大きいという政策的な理由に基づくというのであれば，それなりの説得力はあるが—，精神的独立性を確保しやすくするという目的に照らすならば主客転倒したアプローチなのではないかという印象がぬぐえない」という指摘がある（筑波大学弥永真生教授，「ジュリスト」No.13444，前出）。

(28) 2006年（平成18年）12月の金融審議会公認会計士制度部会の報告は，監査法人の交代制の義務づけについて，「監査人の独立性確保を徹底するとの観点から意義があるとの指摘がある一方で，ⅰ）監査人の知識・経験の蓄積の中断，ⅱ）監査人，被監査会社に生じる交代に伴うコスト，ⅲ）被監査会社の活動の国際化や監査業務における国際的な業務提携の進展の中での国際的な整合性の確保，ⅳ）大規模監査法人の数が限定されている中での交代の実務上の困難さ，等の観点からその問題点が指摘されるところであり，少なくとも現状においてこれを導入することについては，慎重な対応が求められる」と提言した。

また，2007年（平成19年）改正法の施行に先立って，金融庁は，令の一部改正案等を「パブリック・コメント」に付して意見の募集を行い，寄せられたコメントに対する金融庁としての考え方を同年12月7日付で公表した。

公表された金融庁の考え方によれば，監査法人の交代制の義務づけについては，「①大規模な組織的監査体制を一から構築し直さなければならないなど，却って監査水準を低下させるリスクがあること，②大規模監査法人の数も限られている中では実務上も困難と考えられること，等の問題点が指摘されている」とした上で，「ローテーション・ルールは，監査人の独立性確保のための一つの手段であり，これをどのような範囲で義務付けるかについては，上記のような問題点も踏まえて慎重に検討することが必要と考えます」としている。

(29) これまでのところ，主要各国の中で会計事務所等の交替制を採用しているのはイタリア（継続監査期間：9年）のみであるとされており，米国の「企業改革法」においても，会計事務所自身の交替制については導入が見送られ，引き続きの検討課題とされている。

(30) 補助者も使用せずに単独で監査を行っていた公認会計士が，同社の元社長からの依頼を受け，虚偽の財務書類であることを知りながら虚偽のないものとして監査証明を行ったとして，1999年（平成11年）6月に登録の抹消の懲戒処分を受けた事例。

(31) 制限の対象となる就任先の会社について，規則第13条は，次を限定列挙している。
① 被監査会社等の連結子会社（連結財務諸表の用語，様式及び作成方法に関する規則第2条第4号に規定する連結子会社）
② 被監査会社等の持分法（同規則同条第8号に規定する持分法）が適用される非連結子会社（同規則同条第6号）及び関連会社（同規則同条第7号）
③ 被監査会社等をその連結子会社等とする会社等
④ 被監査会社等をその連結子会社等とする会社等の連結子会社等（被監査会社等を除く）

(32) そもそも，憲法の保証する職業選択の自由は，職業を「選択」する自由と職業を「遂行」する自由が，公権力によって妨げられないことを意味していると解されている。

一般に，職業選択の自由は，社会経済活動であって，精神的自由に比較して，公権力による規制，すなわち，内在的制約（消極規制）と政策的制約（積極規制）の要請が強いことは否定されないと説かれており，判例によれば，「積極規制」の場合には「目的達成のために必要かつ合理的な範囲にとどまる限り，許されるべきであって」（合理性の基準），「立法府がその裁量権を逸脱し，当該法的規制措置が著しく不合理であることの明白である場合に限って」（明白性の原則），違憲となるとされている（薬局開設の距離制限に関する最（大）判昭50年等）。

このような観点から，本措置については，目的の達成のために必要かつ合理的な範囲にとどまるものであり，立法府がその裁量権を逸脱し，当該法的規制措置が著しく不合理であることが明白であるとはいえないことから，職業選択の自由を定めた憲法の趣旨には反しないものと解される。

第6章 公認会計士の資格

　法は，公認会計士となる資格を有する者となるためには，公認会計士試験に合格することをはじめとして，一定の要件を満たすことを定めるとともに（法第3条），一定の欠格事由に該当する者は公認会計士となることができないことを定めている（法第4条）。

第1節　概　説

　従前の法は，公認会計士試験の第三次試験の合格者を「公認会計士となる資格を有する者」として位置づけていた。

　これに対して，2003年（平成15年）改正法は，公認会計士となる資格を有する者となるために，
① 公認会計士試験に合格すること
② 2年以上の業務補助等を経ること
③ 実務補習を修了すること
④ 日本公認会計士協会が実施する統一考査に合格していること等についての内閣総理大臣の確認を経ること
という4つの要件を満たすことを必要とすることとした。

　すなわち，法第3条は「公認会計士試験に合格した者」であって，「第15条第1項に規定する業務補助等の期間が2年以上であり」かつ「第16条第1項に規定する実務補習を修了し」「同条第7項の規定による内閣総理大臣の確認を受けた者」と定めている。

◆制度改革の趣旨

　公認会計士の資格については，公認会計士試験制度との一体的な位置づけの中でとらえることが不可欠である（第7章「公認会計士試験」参照）。

　2003年（平成15年）改正法によって見直しが行われた公認会計士試験制度は，受験者層の多様化と受験者数の増加を図り，多様な人材が受験し，一定の資質を有する多様な人材を，我が国の経済社会に確保していくことを目指したものであると説かれている。

　すなわち，公認会計士については，量的拡大及び質的向上が求められている監査証明業務の担い手としてのみならず，多様化し，拡大している監査証明業務以外の業務の担い手として，さらには，会社等における財務諸表の作成，内部監査への従事等の専門的な実務の担い手として，我が国の経済社会における重要な役割を担うことが期待されている。特に，監査の質を高めていく観点からは，外部からの監査が充実することだけではなく，会社等の経済主体の財務諸表が適正に作成され，内部での監査が充実することが重要な課題であり，このためには，会社等の経済主体の内部に，監査と会計の専門家の存在がこれまで以上に確保されていくことが期待される。

　このような期待に応え，受験者層の多様化と受験者数の増加を図ることによって，一定の資質を有する多様な人材を，我が国の経済社会に今後とも確保していくことができるよう，公認会計士試験の抜本的な改革とともに公認会計士の資格制度が見直され，実務修習については，公認会計士試験の受験の要件とせずに，公認会計士試験の合格後に公認会計士としての業務を営むための登録の要件として，位置づけが改められた[1]。

第2節　欠格事由

◆規定の趣旨

　法は，公認会計士に対する信用を保持することが，制度全体に対する信認を高めることになるとの観点から，能力や品位に照らして公認会計士の資質

としてふさわしくない者を排除するため，次の欠格事由を限定列記している（法第4条）。

① 未成年者

満20歳未満の者。

なお，未成年者が婚姻をしたときは成年に達したものとみなされている（民法第753条）。しかし，この場合でも，後見人，保佐人等になる資格のように，実質的な能力の成熟を要する行為に関して，あるいは，婚姻解消後に関しては成年の擬制の効果は及ばないと解されており，公認会計士についても，成年の擬制は及ばないと解される。

また，営業を許された未成年者も，法の適用においては未成年者として解される。すなわち，営業を許された未成年者は，法定代理人の同意を得ることを要することなく，当該営業に関して成年者と同一の行為能力を有するとされる（民法第6条第1項）。しかし，これは営利を目的とする，独立の事業活動を認める観点からの規定であり，公認会計士としての資格を認める観点としては別に解されるべきである。

② 成年被後見人又は被保佐人
③ 監査と会計に関する一定の罰則規定の適用により，禁錮以上の刑に処せられた者であって，その執行を終わり，又は執行を受けることがなくなってから5年を経過しないもの

監査と会計に関する一定の罰則規定としては，法の罰則規定のうち，禁錮以上の刑に処せられ得ることを規定している法第50条，第51条，第52条，第52条の2，第52条の3又は第52条の4，金融商品取引法第197条，第197条の2又は第198条，投資信託及び投資法人に関する法律第233条第1項第3号，保険業法第328条第1項第3号，資産流動化法第308条第1項第3号，会社法第967条第1項第3号が限定列挙されている。

従前の法においては，いかなる法律の罰則規定にかかわりなく，禁錮以上の刑に処せられた者が対象とされていた（④参照）。

しかし，罰則の対象も多様化している実情を踏まえ，かつ，公認会計

士の資質として特にふさわしくない欠格事由に該当する場合については厳格化すべきであるとの観点から，2003年（平成15年）改正法は，監査と会計に関する一定の罰則規定に該当する場合には，従前の「3年」を「5年」とすることとなった。

「執行を受けることがなくなる」とは，仮出獄の後，仮出獄の処分を取り消されることなく残余の刑期を終えること等である。なお，刑の執行を猶予された場合には，執行猶予期間中は「執行を終わり，又は執行を受けることがなく」なった者ではないので，欠格事由には該当するが，執行猶予期間を無事に経過すれば刑の言渡しがなかったと同様に取り扱われることから（刑法第27条），その後5年の経過を待つまでもなく，直ちに欠格事由は消滅すると解される[2]。

④　③のほか，禁錮以上の刑に処せられた者であって，その執行を終わり，又は執行を受けることがなくなってから3年を経過しないもの

⑤　破産者であって復権を得ない者

⑥　国家公務員法，国会職員法又は地方公務員法の規定により懲戒免職の処分を受け，当該処分の日から3年を経過しない者

⑦　法第30条又は第31条の規定により登録の抹消の処分を受け，当該処分の日から5年を経過しない者

　　従前の法においては，「3年」とされていたが，③と同様の趣旨に基づき，2003年（平成15年）改正法により，従前の「3年」が「5年」に改められた。

⑧　法第30条又は第31条の規定により業務の停止の処分を受け，当該業務の停止の期間中にその登録が抹消され，未だ当該期間を経過しない者

⑨　法第34条の10の17第2項の規定により特定社員の登録の抹消の処分を受け，当該処分の日から5年を経過しない者

⑩　法第34条の10の17第2項の規定により監査法人の業務又は意思決定への関与の禁止の処分を受け，当該禁止の期間を経過しない者

⑪　税理士法，弁護士法，外国法事務弁護士法又は弁理士法により業務の

第6章　公認会計士の資格

禁止又は除名の処分を受けた者
　ただし，これらの法律により再び業務を営むことができるようになった者は除かれている。

◆**該当の効果**
　これらの欠格事由の一に該当する者は，公認会計士となることができない。
　現に公認会計士である者が，これらの一に該当するに至ったときには，そのときから公認会計士としての身分を喪失することとなり，公認会計士としての登録は抹消されることとなる（法第21条第1項第3号）。なお，仮に登録が抹消されずに名簿に残っていたとしても，欠格事由への該当と同時に公認会計士としての身分は失われたものと解される。
　また，欠格事由が消滅した場合には公認会計士となる資格は復活する。ただし，欠格事由への該当により公認会計士の身分を失っていた場合，その身分，すなわち，登録は当然には復活しないものと解される。したがって，仮に登録が名簿上抹消されずに残っていたとしても，新たに登録を行うことが必要である。
　なお，公認会計士試験の受験については，欠格事由により受験の資格が制限されるということはない。

第3節　実務修習と統一考査

　公認会計士となる資格を有する者となるためには，公認会計士試験に合格するだけではなく，実務修習が必要とされる。
　米国やEU主要国においては，実務修習を，試験の受験の要件や資格の登録の要件として求めている例もある[3]。
　我が国の国家資格試験においても，弁護士における司法修習等の実務修習の制度が見られるところであり，公認会計士においても，実務修習は従前の公認会計士試験の第三次試験の受験の要件として求められてきた。
　2003年（平成15年）改正法は，実務修習について，公認会計士試験の受験

の要件から，公認会計士となる資格を有する者となるための要件へとその位置づけを変更した。

(1) 業務補助等と実務補習

法は，実務修習として「業務補助等」と「実務補習」を規定しており，いずれともを満たすことを必要としている。

このうち，「業務補助等」とは，業務補助と実務従事をいい，法第15条に規定されている。

公認会計士となる資格を有するためには，業務補助等の期間が2年以上なければならない。

業務補助等と実務補習を重複して行うことについては，従前は認められていなかったが，所定の単位を修得する上で支障がない限り可能と解される。

また，これらを行う順序は定められておらず，いずれを先に行っても差し支えないと解される。

業務補助と実務従事の両者の期間を通算することも認められている。これらの期間が2年に達したときは，業務報告書又は実務従事報告書を，両者の期間を通算して2年に達したときは，両者の報告書を，内閣総理大臣に提出しなければならないこととされている。

◆業務補助

業務補助とは，監査証明業務に関して，公認会計士又は監査法人を補助することである。

◆実務従事

実務従事とは，財務に関する監査，分析その他の実務で政令で定めるものに従事することである。具体的には，
① 国又は地方公共団体の機関において，国若しくは地方公共団体の機関又はそれら以外の法人であって，資本金5億円以上のものの会計に関す

る検査若しくは監査又は国税に関する調査若しくは検査の事務を直接担当すること
② 金融機関，保険会社等において貸付，債務の保証その他これらに準ずる資金の運用に関する事務を直接担当すること
③ ①・②のほか，国及び地方公共団体以外の法人であって資本金5億円以上のものにおいて，原価計算その他の財務分析に関する事務を直接担当すること

として定められている（令第2条）。

◆実務補習

実務補習とは，内閣総理大臣によって認定された機関（「実務補習団体等」）によって，公認会計士として必要な技能を修習させることを目的として行われるものであり，法第16条第1項に規定されている。

従前の法において1年間と法定されていた期間の要件は廃止され，所定の単位を修得することが要件とされる。

内閣総理大臣による認定については，法第16条第2項及び第3項に，そのための手続が規定されている。また，内閣総理大臣は，認定した機関に対する必要な指示をすることができるほか，認定の取消をすることができるとされている（法第16条第4項及び第5項）。

具体的な実務補習団体等としては，日本公認会計士協会，監査法人等が該当することとなる。

(2) 日本公認会計士協会による統一考査

2003年（平成15年）改正法は，受講者がすべての実務補習の課程を終えた場合は，実務補習団体等が遅滞なく，その状況を内閣総理大臣に報告しなければならないと定めており（法第16条第6項），内閣総理大臣は，この報告に基づき受講者がすべての実務補習の課程を修了したと認めるときは，修了したことの確認を行わなければならないと定めている（法第16条第7項）。

実務補習の修了確認は，まさに職業専門家としての実務的な専門能力と適性を確認するものであり，公認会計士の質の維持・向上の観点からの重要な意義を有するものである。そのために，法は，実務補習団体等の報告を求めることとし，この報告に関しては，日本公認会計士協会による統一考査の実施を求めることとした。

　すなわち，実務補習の修了確認については，形式的なものにとどまらず，実質的なものとして個々の受講者にくだされるべきものであること，実務補習団体は一つに限られないため，各実務補習団体ごとの課程の内容及び課程の修了による実務的な専門能力と適正の涵養については，一定の統一的な水準を確保することが不可欠であること，自治機能の強化を図り，組織規律と自主措置の徹底に資すること等の観点から，その前提として，日本公認会計士協会による統一的な最終的な考査が行われることが，必要かつ適切であると考えられたものである。

━━━━━━━━━━━━━━━━ 注 ━━━━━━━━━━━━━━━━

(1)　このような位置づけの変更に伴い，従前の法において第2章の「公認会計士試験」の第5条第3項として規定されていた公認会計士の資格に関する規定は，2003年（平成15年）改正法において第1章の「総則」の第3条として位置づけられた。

(2)　大赦や特赦の場合も，恩赦が法律的に確定したときに有罪の言渡しの効力が失われるので（恩赦法第3条及び第5条），執行猶予の場合と同様である。

(3)　例えば，英国においては，イングランド及びウェールズの勅許会計士協会が実施する勅許会計士試験を受験するためには，まず同協会の会員である英国国内の会計事務所において「見習員」として，3年間ないし4年間の実務に従事していなければならないこととされている。また，勅許会計士として独立開業するためには，同協会に入会後2年間の実務経験を要することとされている。

　　米国においては，一定の実務経験を受験の要件にしている州，受験の要件とはしないものの会計士として独立開業するための要件としている州等があり，州によって制度上の位置づけは異なるものの，実務経験はいずれにおいても必要とされている。

第7章 公認会計士試験

　公認会計士試験は、法の定めるところに従い、公認会計士になろうとする者に必要な学識や応用能力を有するかどうかを判定することを目的として、公認会計士・監査審査会が実施する国家資格試験である。

　公認会計士としての業務を営むためには、公認会計士となる資格を有しなければならず、公認会計士となる資格を得るためには、公認会計士試験に合格することがその要件の一つとされている。

第1節　概　説

　従前の公認会計士試験は、第一次試験、第二次試験及び第三次試験の3段階に分かれていた。

　このうち、一般的学力を有するか否かの判定を行う第一次試験は、記述式による試験として、会計士補となるのに必要な専門的学識を有するか否かの判定を行う第二次試験は、短答式及び論文式による試験として、そして、公認会計士となるのに必要な高等の専門的応用能力を有するか否かの判定を行う第三次試験は、筆記及び口述による試験として、それぞれ実施されていた。

　これらの試験を通じて、一般的な常識、基本的な専門的学識及び実務的な応用能力が判定されることとされ、最終試験としての第三次試験に合格することにより公認会計士となる資格が与えられることとされていたのである。

　しかしながら、このような従前の公認会計士試験については、抜本的な見直しの必要性がかねてから指摘され、2003年（平成15年）5月改正法は、公認会計士の資格制度とともに公認会計士試験の位置づけを抜本的に見直した（第6章「公認会計士の資格」第1節参照）。

すなわち，公認会計士試験に合格しただけでは公認会計士となる資格を有することにはならず，公認会計士となる資格を得るためには，
① 2年以上の業務補助等を経ること
② 実務補習を修了すること
③ 日本公認会計士協会が実施する統一考査に合格していること等についての内閣総理大臣の確認を経ること

という要件を満たすことを必要とすることとした。

また，このことを逆にいえば，公認会計士試験の合格者は，基本的にはその後の実務修習を経て，監査証明業務を中心とする公認会計士としての業務を担うことができる能力や資質を備えている者であるが，そうした能力や資質を備えた者のすべてが必ず公認会計士となるということではなく，結果として多様な進路に進むことがあることを意味している。

◆制度改革の背景

公認会計士については，量的拡大及び質的向上が求められている監査証明業務の担い手としてのみならず，多様化し，拡大している監査証明業務以外の業務の担い手として，さらには，会社等における財務諸表の作成，内部監査への従事等の専門的な実務の担い手として，我が国の経済社会における重要な役割を担うことが期待されている。

このような期待に応えていくために，一定水準を有する監査と会計の専門家としての存在を，我が国の経済社会における多様な場で確保していくことが必要である。

しかし，このような必要性に対応していくためには，従前の公認会計士試験に関して指摘されてきた次のような実情を踏まえ，公認会計士試験制度を抜本的に見直すことが不可避であると考えられた。

① 大学卒業者等は，第二次試験からの受験となっていたが，短答式試験で5科目，論文式試験で7科目を同時に合格することが必要とされ，受験者の負担は大きく，第二次試験の合格者の9割以上がいわゆる受験専

門学校の出身者で占められるという実情となっていたこと
② 　第二次試験の合格後も第三次試験の受験資格を得るまでには，合計3年間の実務修習を経ることが必要とされ，そのために，第二次試験の合格者のほぼすべてが会計士補として大規模な監査法人等に就職して，「フル・タイム」で会計士補としての実務修習に従事しながら，第三次試験の受験の準備に取り組んでいたこと
③ 　このように，大規模な監査法人への「就職試験」を組み込んだ実態にあった公認会計士試験については，社会人にとっては，仮に，仕事を続けながら公認会計士試験を受験したり，あるいは，新たな職場を求めて公認会計士試験を受験したりすることには制約があり，まして，公認会計士試験に合格することにはかなりの困難があるとされていたこと

　このため，受験者層の多様化と受験者数の増加を図ることによって，一定の資質を有する多様な人材を，我が国の経済社会に今後とも確保していくことができるよう，公認会計士の資格制度とともに公認会計士試験制度が抜本的に見直されることとされた。

◆国際的な背景

　2003年（平成15年）改正法における公認会計士試験制度の改革の背景には，国際的に求められる職業専門家としての水準を，将来にわたって確保していくことがあったとされる。

　すなわち，国際会計士連盟（IFAC）は，2002年（平成14年）6月に「職業会計士国際教育基準」（International Education Standards：IES）と総称される公開草案を策定し，2003年（平成15年）10月にはそのうちの主要部分を確定・公表した。

　本基準は，職業専門家としての教育と育成に不可欠な要素を，規範力をより高めた基準としてまとめたものであり，職業専門家の前提としての初期教育，職業的技能と一般教育，倫理教育，職業的能力開発等を定めている[1]。

　本基準は，会員諸団体が文化，言語，教育，法制度，社会システムにおい

て広汎な多様性のもとにあることを前提としつつも，職業的教育の向上のために考慮すべきことを強調している。

我が国の公認会計士の資質に関しては，このような国際的基準が求めている内容と一定の整合性をとることが必要であると考えられる。

もっとも，このような国際的基準については，公認会計士試験がそのすべてをカバーし得るものではなく，大学等における教育，公認会計士試験の合格後の実務修習，公認会計士としての登録後の日本公認会計士協会による研修等のさまざまな段階を含めて包括的にカバーされるべきものである。公認会計士試験は，このような国際的基準が目標としている，「社会に対して，生涯にわたり積極的な貢献をすることができる有能な職業会計士を生み出すこと」という職業専門家としての水準を確保することを基本的な観点として実施されることが不可欠であると考えられる。

◆制度改革の概要

2003年（平成15年）改正法によって従前の公認会計士試験から変更が行われた点は，次のとおりである。

① 第一次試験の廃止

　大学卒業者等は従前の第一次試験が免除されていたが，一般的学力を有するか否かの判定を行う第一次試験は廃止された[2]。

② 従前の第二次試験と第三次試験の統合一本化及び会計士補制度の廃止

③ 短答式4科目及び論文式5科目（うち選択科目1科目）から構成される1段階の試験への改組

なお，公認会計士試験の合格者の数を増やすこと自体が自己目的化してはならず，合格の水準が切り下げられてまで合格者の数を増やすということがあってはならない。

あくまでも，公認会計士試験の受験者の層と規模の多様化と増加が図られることが前提となると考えられる[3]。

第7章　公認会計士試験

●新しい公認会計士試験制度等のしくみ●

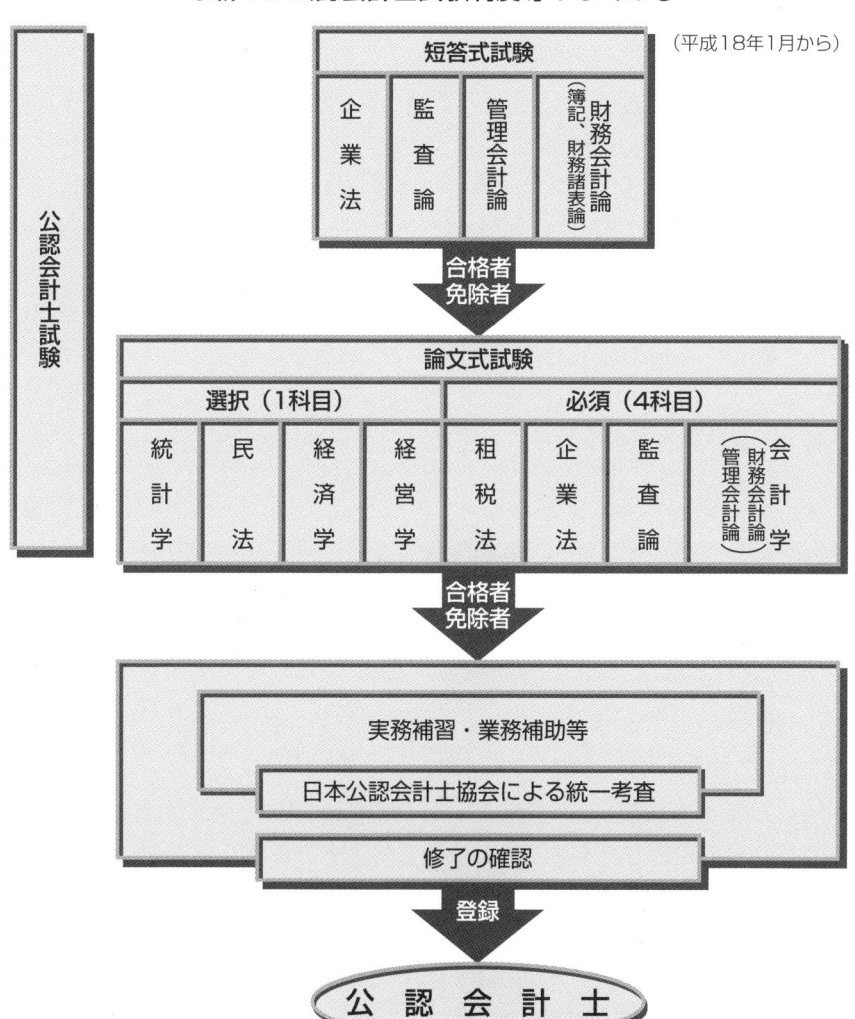

（平成18年1月から）

公認会計士試験

短答式試験
- 企業法
- 監査論
- 管理会計論
- 財務会計論（簿記、財務諸表論）

↓ 合格者・免除者

論文式試験

選択（1科目）
- 統計学
- 民法
- 経済学
- 経営学

必須（4科目）
- 租税法
- 企業法
- 監査論
- 会計学（財務会計論・管理会計論）

↓ 合格者・免除者

- 実務補習・業務補助等
- 日本公認会計士協会による統一考査
- 修了の確認

↓ 登録

公認会計士

（出典）金融庁
　（注）業務補助等の期間は，2年以上。公認会計士試験の前後を問わない。

◆2003年（平成15年）改正法による公認会計士試験の実施時期と経過措置

　2003年（平成15年）改正法は，2004年（平成16年）4月1日から施行されたが，公認会計士試験制度の改正に係る規定については，受験者に対する周知期間，教育関係機関の準備期間等が必要なことから，2006年（平成18年）1月1日から施行され，同日以降に公告される試験から適用されることとされた。

　また，従前の第二次試験と第三次試験の統合一本化及び会計士補制度の廃止に伴い，所要の経過措置が講じられた。

　すなわち，2003年（平成15年）改正法による新しい公認会計士試験が実施される際に，従前の公認会計士試験第二次試験の合格者である者については，新しい公認会計士試験の短答式による試験が免除されるとともに，論文式による試験のうちの会計学，企業法及び選択科目が免除されることとされた（法附則第5条）（第10章「会計士補」参照）。

第2節　公認会計士試験の目的

　2003年（平成15年）改正法は，公認会計士試験の目的と実施についての考え方を明らかにしている。

◆制度の趣旨

　法第5条は「公認会計士試験は，公認会計士になろうとする者に必要な学識及びその応用能力を有するかどうかを判定すること」を「その目的とし」と定めている。

　また，公認会計士試験の判定にあたっての基本的な考え方についても，法第8条第4項は「公認会計士試験においては，その受験者が公認会計士になろうとする者に必要な学識及び応用能力を備えているかどうかを適確に評価するため，知識を有するかどうかの判定に偏することなく，実践的な思考力，判断力等の判定に意を用いなければならない」と定めている。

このように，公認会計士試験は，職業専門家として必要とされる基本的及び応用的な専門学理に関する知識を有するかどうかを判定することを基本としつつ，知識を有するかどうかの判定に偏することなく，分析能力，構成能力，説明能力，適応能力等を実践的な思考力，判断力等として有するかどうかを判定することにあると考えられる。

このことは，短答式及び論文式による試験のいずれにおいても求められるものである。

特に，短答式による試験については，出題の形式上，受験者の固有の能力を判定する上での限界があるといわざるを得ないが，いわゆる暗記能力のみに頼らざるを得ないような知識偏重の出題となってはならないことは当然である。

◆試験のあり方

公認会計士試験の制度的性格については，基本的には，一定の基準に達している者は合格者とするとの認識に立ちつつ，資質の確保と向上を図る観点から選抜や競争の要素を加味したものとして位置づけられる。

特に，短答式による試験については，従前の第二次試験の短答式試験における出題数や試験時間等を見直し，できる限り幅広く多くの基本的な問題を出題することによって，論文式による試験を受験するため必要な知識等を体系的に理解しているかどうかを，客観的に確認するための試験として実施されることが基本となると位置づけられる[4]。

その上で，論文式による試験については，公認会計士になろうとする者に必要な学識や応用能力が備わっているかどうかを的確に評価するため，知識を有するかどうかの判定に偏することなく，思考力，判断力等を判定するための試験として実施されることが基本となると位置づけられる[5]。

第3節　公認会計士試験の実施

法第13条第1項は「公認会計士試験は，公認会計士・監査審査会が，これ

を行う」と規定している。

また，法第8条は試験科目等を，法第9条は短答式による試験の免除及び試験科目の一部免除を，法第10条は論文式による試験の試験科目の一部免除を，それぞれ規定している。なお，「この法律に定めるもののほか，公認会計士試験に関し必要な事項は，内閣府令で定める」とされており（法第14条），これを受けて，公認会計士試験規則（「試験規則」）がその細目等を定めている。

(1) 実施の枠組み

法第13条第2項は「公認会計士試験は，毎年1回以上，これを行う」と定めるにとどまり，具体的な実施の事項については公認会計士・監査審査会の決定に委ねられている。

すなわち，試験規則第1条は「公認会計士試験の日時及び場所その他公認会計士試験の施行に関して必要な事項は，公認会計士・監査審査会が決定し，あらかじめ官報で公告する」としている。

◆受験資格

従前の第二次試験における短答式試験は，第一次試験に合格した者及び第一次試験を免除される者に受験資格を与えていた。

2003年（平成15年）改正法は，第一次試験を廃止するとともに，このような受験資格を廃止した。

ただし，論文式による試験は，短答式による試験の合格者及び短答式による試験の免除者に対して行われることとされている（法第8条第2項）。

◆試験科目の範囲

短答式及び論文式による試験のいずれにおいても，すべての試験科目について，出題範囲が明確化されることが不可欠である。

なお，公認会計士を取り巻く環境の変化等に伴い，公認会計士に求められる専門的能力，試験科目の対象分野や内容も変化することに対応して，受験

●公認会計士試験の実施状況（平成元年以降）●

(旧試験制度)（注1） (単位：人，％)

区分 年別	第一次試験			第二次試験			第三次試験		
	受験者	合格者	合格率	受験者	合格者	合格率	受験者	合格者	合格率
平成元(1)	638	155	24.3	5,735	596	10.4	188	81	43.1
(2)							540	289	53.5
2(1)	770	208	27.0	6,449	634	9.8	244	127	52.0
(2)							509	295	58.0
3(1)	732	151	20.6	7,157	638	8.9	217	122	56.2
(2)							461	224	48.6
4(1)	840	107	12.7	8,102	798	9.8	244	125	51.2
(2)							706	354	50.1
5(1)	838	143	17.1	9,538	717	7.5	361	184	51.0
(2)							785	372	47.4
6(1)	716	80	11.2	10,391	772	7.4	428	205	47.9
(2)							829	379	45.7
7(1)	254	48	18.9	10,414	722	6.9	452	228	50.4
(2)							962	499	51.9
8	266	45	16.9	10,183	672	6.6	1,103	690	62.6
9	249	34	13.7	10,033	673	6.7	1,063	614	57.8
10	227	27	11.9	10,006	672	6.7	1,150	651	56.6
11	221	34	15.4	10,265	786	7.7	1,154	654	56.7
12	141	28	19.9	11,058	838	7.6	1,143	679	59.4
13	119	19	16.0	12,073	961	8.0	1,154	710	61.5
14	150	30	20.0	13,389	1,148	8.6	1,225	755	61.6
15	166	20	12.0	14,978	1,262	8.4	1,294	802	62.0
16	147	13	8.8	16,310	1,378	8.4	1,428	934	65.4
17	68	10	14.7	15,322	1,308	8.5	1,615	1,053	65.2
18(注2)							51	27	52.9

(新試験制度)（注3） (単位：人，％)

区分 年別	受験者	合格者	合格率
18	20,796	3,108	14.9
19	20,926	4,041	19.3
20	21,168	3,625	17.1

（出典）金融庁，公認会計士・監査審査会
　（注1）平成元年から平成7年までは第三次試験は2回に分けて実施されていた。
　（注2）平成16年又は平成17年の第三次試験の筆記試験において公認会計士・監査審査会が相当と認める成績を得た者（筆記試験免除資格取得者）に対して実施された。
　（注3）旧試験制度における第二次試験合格者，短答式試験免除者等を含めた総数。

者に混乱を及ぼさないように，適切なインターバルでの試験科目の範囲等の見直しも必要であると考えられる。

◆試験委員

公認会計士・監査審査会には「公認会計士試験の問題の作成及び採点を行わせるため，試験委員を置く」とされている（法第38条第1項）。従前の公認会計士審査会における試験委員と同様である。

試験委員は，試験の執行ごとに，当該試験を行うについて必要な学識経験を有する者のうちから，公認会計士・監査審査会の推薦に基づいて内閣総理大臣が任命し，当該試験が終了したときに退任することとされている（法第38条第2項）。

なお，試験委員の勤務については非常勤とされている（法第38条第3項）。

◆試験の時期・日程

短答式による試験については，毎年1回，5月下旬～6月上旬の週末の1日の日程で，論文式による試験についても，毎年1回，8月下旬の連続する平日の3日間の日程で，それぞれ実施される。

従前の第二次試験における短答式試験は5月に実施され，また論文式試験は7～8月に実施されてきた。試験の実施の時期の枠組みは基本的に維持しつつ，受験準備が短答式による試験に偏ることのないように，論文式による試験の実施時期を短答式による試験の合格発表から可能な限り長くとり，論文式による試験の受験者の準備期間に充てることができるようにする等の観点から，引き続き，実施の日程には十分な配慮が払われるべきである[6]。

◆試験の場所

東京都，大阪府，北海道，宮城県，愛知県，石川県，広島県，香川県，熊本県，福岡県，沖縄県その他公認会計士・監査審査会の指定する場所で行われることとされる。

◆試験の関連事務

公認会計士試験の関連事務は，公認会計士・監査審査会の事務の一つとして，その事務局において処理される。

また，受験願書の受理，各試験の会場における試験の執行の管理は，財務省の地方機関である各財務局（福岡財務支局を含む）で行われる。

(2) 短答式による試験

公認会計士試験は，短答式による試験において，財務会計論（簿記，財務諸表論その他），管理会計論（原価計算その他），監査論及び企業法（会社法その他）の4科目の一括合格制を採用している（法第8条第1項）。

総点数の70％を基準として，公認会計士・監査審査会が相当と認めた得点比率を合格基準としている。

短答式による試験に合格した者は，その年に行われる論文式による試験に不合格となった場合でも，その後2年間にわたり短答式による試験が免除されるとされている（法第9条第3項）。

◆財務会計論

財務会計論については「簿記，財務諸表論その他の内閣府令で定める分野の科目をいう」とされる（法第8条第1項第1号）。簿記は財務会計論を構成する重要な科目であり，その基礎知識は公認会計士になろうとする者が当然に備えておくべき素養である[7]。

財務会計論は，このような簿記及び財務諸表論を中心とする「企業等の外部の利害関係者の経済的意思決定に役立つ情報を提供することを目的とする会計の理論」とされる（試験規則第4条第1項）。

ほかの試験科目に比べて，財務会計論には出題数も試験時間も多くが求められる。

◆管理会計論

管理会計論については「原価計算その他の内閣府令で定める分野の科目をいう」とされる（法第8条第1項第2号）。原価計算の基礎理論及び計算手続を中心とし，原価管理，予算編成及び経営計画への原価情報の提供に係る基礎的，専門的な知識並びに財務諸表分析の領域を含むものである。

管理会計論は，このように「企業等の内部の経営者の意思決定及び業績管理に役立つ情報を提供することを目的とする会計の理論」とされる（試験規則第4条第2項）。

◆監査論

監査論については「金融商品取引法及び会社法に基づく監査制度，監査理論及び監査諸基準に関する理論」とされる。

監査論においては，公認会計士の使命や職責，倫理に関する事項についても出題範囲とされる。また，日本公認会計士協会により策定され，公表された実務上の指針についても監査基準の考え方を理解する上での具体的な指針であり，出題範囲の対象となるとされる。しかし，多くの受験者は実務経験を有しない者であり，出題に当たっては，単なる暗記力を問う出題とならないようにすることが適切である。

◆企業法

企業法については「会社法その他の内閣府令で定める分野の科目をいう」とされる（法第8条第1項第4号）。会社法については，いわゆる「海商並びに手形及び小切手」に関する領域は除かれるとされる。また，金融商品取引法については，監査論とは重複しないように，開示制度の基礎理論に限定されるとされる。

企業法は，このように「監査を受けるべきこととされる組合その他の組織に関する法」とされる（試験規則第4条第3項）。

◆短答式による試験の免除

法第9条第1項は，その申請により短答式による試験を免除する者を次のとおり定めている。

① 学校教育法による大学若しくは高等専門学校，旧大学令による大学（予科を含む），旧高等学校令による高等学校高等科若しくは旧専門学校令による専門学校において，3年以上商学に属する科目の教授若しくは准教授の職にあった者（第1号前段）

② 学校教育法による大学若しくは高等専門学校，旧大学令による大学（予科を含む），旧高等学校令による高等学校高等科若しくは旧専門学校令による専門学校において，商学に属する科目に関する研究により博士の学位を授与された者（第1号後段）

③ 学校教育法による大学若しくは高等専門学校，旧大学令による大学（予科を含む），旧高等学校令による高等学校高等科若しくは旧専門学校令による専門学校において，3年以上法律学に属する科目の教授若しくは准教授の職にあった者（第2号前段）

④ 学校教育法による大学若しくは高等専門学校，旧大学令による大学（予科を含む），旧高等学校令による高等学校高等科若しくは旧専門学校令による専門学校において，法律学に属する科目に関する研究により博士の学位を授与された者（第2号後段）

⑤ 高等試験本試験に合格した者（第3号）

⑥ 司法試験に合格した者（第4号）

◆短答式による試験の試験科目の一部免除

法第9条第2項は，その申請により短答式による試験の試験科目の一部を免除する者と，当該免除の対象となる試験科目を，次のとおり定めている。

① 税理士となる資格を有する者（第1号前段）: 財務会計論

② 税理士試験の試験科目のうち簿記論及び財務諸表論の2科目についての科目合格者（第1号後段）: 財務会計論[8][9]

③ 学校教育法第104条第1項に規定する、いわゆる会計分野に関する専門職大学院の学位を授与された者（第2号及び令第1条）：財務会計論，管理会計論及び監査論
④ 上場会社等における一定の事務又は業務に従事した期間が通算して7年以上である者（第3号及び令第1条の2）：財務会計論[10]

(3) 論文式による試験

論文式による試験においては，短答式による試験の合格者又は免除者を対象として，会計学（財務会計論及び管理会計論），監査論，企業法及び租税法（法人税法その他）の必須4科目に，経営学，経済学，民法又は統計学の選択科目の中から1科目を選択した合計5科目が課せられる。

論文式による試験では，税理士試験等で採用されている「科目合格制」を採用している[11]。すなわち，全体として不合格となった場合でも，1科目について公認会計士・監査審査会が相当と認める成績を得た者は，以後2年間にわたり，申請により当該科目の試験が免除されることとされている（法第10条第2項）[12]。

◆会計学

会計学については「財務会計論及び管理会計論をいう」とされる（法第8条第2項第1号）[13]。短答式による試験の財務会計論を中心として管理会計論からも出題されることとされる[14]。

◆監査論

出題範囲等については，短答式による試験における監査論と同一であるとされる。

◆企業法

出題範囲等については，短答式による試験における企業法と同一であると

される。

◆租税法

租税法については「法人税法その他の内閣府令で定める分野の科目をいう」とされ（法第8条第2項第4号），試験規則第4条第4項は，法人税法，所得税法，租税法総論，消費税法，相続税法その他の租税法各論を挙げている。

監査証明業務を行うために必要な法人税法の基礎理論を中心に，租税に関する法律関係についての体系的な理解を問うこととされる[15]。

◆経営学

経営学については，企業等の経営の実態を正しく理解するために必要な学識及び応用能力を問うこととされ，経営管理（戦略，組織，リーダーシップと動機づけを中心とするもの）及び財務管理の基礎的理論をいう。

なお，管理会計論との関係については，管理会計論が原価計算を中心として「企業等の内部の経営者の意思決定及び業績管理に役立つ情報を提供することを目的とする会計の理論」であるのに対して，経営学は管理会計が提供する情報その他を経営者が用いて行う「経営管理の理論」として位置づけられる。

◆経済学

経済学については，いわゆる「ミクロ経済学」と「マクロ経済学」の理論から構成されるものであり，併せて「応用ミクロ」「応用マクロ」の分野としての金融論，国際経済学等を含めることとされる。なお，計量経済学の分野については，原則として「統計学」の出題範囲とされる。

◆民　法

民法については，民法典第1編から第3編を主とし，第4編，第5編を含むものであり，また，関連する特別法として，借地借家法，消費者契約法，利息制限法，仮登記担保契約に関する法律等についての趣旨や概要の理解を

求めることとされる。

◆統計学

　統計学については「記述統計及び推測統計の理論並びに金融工学の基礎理論」とされる（試験規則第4条第5項第4号）。データ解析を中心として，IT関連，情報処理論，情報システム論等についての基礎的知識の理解を問うことを目的とされる。

◆論文式による試験の試験科目の一部免除

　法第10条第1項は，その申請により論文式による試験の試験科目の一部を免除する者と当該免除の対象となる試験科目を，次のとおり定めている。
　なお，論文式による試験においては，短答式による試験のように試験そのものを免除する者の定めはない。

① 学校教育法による大学若しくは高等専門学校，旧大学令による大学（予科を含む），旧高等学校令による高等学校高等科若しくは旧専門学校令による専門学校において，3年以上商学に属する科目の教授若しくは准教授の職にあった者（第1号）：会計学及び経営学

② 学校教育法による大学若しくは高等専門学校，旧大学令による大学（予科を含む），旧高等学校令による高等学校高等科若しくは旧専門学校令による専門学校において，商学に属する科目に関する研究により博士の学位を授与された者（第1号）：会計学及び経営学

③ 学校教育法による大学若しくは高等専門学校，旧大学令による大学（予科を含む），旧高等学校令による高等学校高等科若しくは旧専門学校令による専門学校において，3年以上法律学に属する科目の教授若しくは准教授の職にあった者（第2号）：企業法及び民法

④ 学校教育法による大学若しくは高等専門学校，旧大学令による大学（予科を含む），旧高等学校令による高等学校高等科若しくは旧専門学校令による専門学校において，法律学に属する科目に関する研究により博

士の学位を授与された者（第2号）：企業法及び民法
⑤　高等試験本試験に合格した者（第3号）：高等試験本試験において受験した科目（当該科目が商法である場合にあっては企業法）
⑥　司法試験に合格した者（第2号）：企業法及び民法
⑦　学校教育法による大学若しくは高等専門学校，旧大学令による大学（予科を含む），旧高等学校令による高等学校高等科若しくは旧専門学校令による専門学校において，3年以上経済学に属する科目の教授若しくは准教授の職にあった者（第4号）：経済学
⑧　学校教育法による大学若しくは高等専門学校，旧大学令による大学（予科を含む），旧高等学校令による高等学校高等科若しくは旧専門学校令による専門学校において，経済学に属する科目に関する研究により博士の学位を授与された者（第4号）：経済学
⑨　不動産鑑定士試験第二次試験に合格した者（第5号）：経済学又は民法
⑩　税理士となる資格を有する者（第6号）：租税法
⑪　企業会計の基準の設定，原価計算の統一その他の企業会計制度の整備改善に従事した者で，会計学に関し公認会計士となろうとする者に必要な学識及び応用能力を有すると公認会計士・監査審査会が認定した者（第7号及び令第1条の3第1号）：会計学
⑫　監査基準の設定その他の監査制度の整備改善に従事した者で，監査論に関し公認会計士になろうとする者に必要な学識及び応用能力を有すると公認会計士・監査審査会が認定した者（第7号及び令第1条の3第2号）：監査論

第4節　会計分野に関する専門職大学院

　2003年（平成15年）改正法は，一定の専門的人材育成の教育課程の修了者に対して公認会計士試験の短答式による試験の試験科目の一部を免除することを定めている（法第9条第2項第2号）。

◆会計分野に関する専門職大学院

　我が国の高等教育機関における会計教育は，それ自体は公認会計士試験の合格者の輩出を目的とするものではない。広く会計についての素養を備えた人材を我が国の経済社会の多様な分野に送り出すこと，あるいは，専門分野の研究者を養成することを目的としているものである。

　他方，2002年（平成14年）の学校教育法の改正により，高度に専門的な職業能力を有する人材の要請を目的とする専門職大学院の制度が整備された。この制度のもとで，会計分野に関する専門職大学院が設置され，あるいは，設置に向けた構想が具体化しつつある。

　公認会計士として備えるべき資質や能力の養成という観点からは，大学の学部教育で修得するには限界がある内容を，新たに制度化された専門職大学院が担うことによって，監査と会計の専門家としての資質や能力が大学教育において修得され，向上されることが期待される。また，この結果として，専門性や実務を重視した教育を通じた取組み，すなわち，高度な専門的職業人材の養成に特化した専門職大学院が，公認会計士試験制度との連携を視野に入れてさまざまな教育の試みを展開させ，充実していくことが期待される。

◆規定の趣旨

　専門職大学院の教育課程の編成については，大学の自主性・自律性が尊重されるべきものであるが，一定の要件を満たす専門職大学院において展開される会計に関する教育によって，公認会計士となろうとする者に必要な資質や能力の養成の一翼が担われることが期待される。

　そこで，2003年（平成15年）改正法は，専門職大学院と公認会計士試験制度の連携のあり方として，会計分野に関する専門職大学院のうち一定の要件を満たすものについて，公認会計士試験の短答式による試験の試験科目の一部を免除することが適切であるとした。また，こうした連携が具体的に整備されることにより，公認会計士試験の短答式による試験の試験科目の一部を

免除する要件を満たす専門職大学院の設置に向けた構想が一層促進され，我が国の公認会計士の養成の充実に資することが期待される[16]。

すなわち，公認会計士試験との連携が見込まれる会計分野に関する専門職大学院においては，公認会計士試験の試験科目の一部免除との関連について，必要となる授業科目を備え，財務会計に関する科目，管理会計に関する科目，監査に関する科目をバランスよく履修することが求められている。

◆免除の要件と免除の対象となる試験科目

公認会計士試験の短答式による試験の試験科目の一部免除との関連について，会計分野に関する専門職大学院においては，財務会計に関する科目を10単位以上，管理会計に関する科目及び監査に関する科目をそれぞれ6単位以上，かつ，3科目の合計では28単位以上を履修した上で，学位を授与されることが必要とされる。

免除の対象となる公認会計士試験の短答式による試験の試験科目については，公認会計士の資質と能力を確保するとの観点から，会計分野に関する専門職大学院において上記の科目が適切に履修されることを前提として，相応の資質と能力があるものとして，その修了者に対して，財務会計論，管理会計論及び監査論の3科目を免除することとしている（法第9条第2項第2号及び令第1条）[17]。

なお，免除の対象となる試験科目ではないが，公認会計士になろうとする者が備えるべき資質や能力の観点からは，会計分野に関する専門職大学院において履修することが期待される科目，分野等としては，財務管理，ITに関する知識，税務，企業経営，ファイナンスが挙げられる。

―――注―――

(1)　国際会計士連盟（IFAC）は，これまでも，職業会計士の教育のための国際的指針を「職業会計士国際教育ガイドライン」などの形で公表してきた。
　　その後，国際会計士連盟は，「職業会計士の教育と能力開発の世界的な進展に

向けての調和化された基準の設定によって公共の利益に資する」ことを使命とする「職業教育委員会」(Education Committee) を設置し，①基準 (Standards) ②ガイドライン (Guidelines) ③提言書 (Papers) の策定によって会員諸団体に対して「good practice」等を提供することとしている。このうち，基準については「国際的に認識，承認，適用されるような水準としての教育と能力開発についての内容とプロセスの不可欠な要素を確立しており」「会員諸団体はこれらの要件を考慮しなければならない」と位置づけている。

　2003年（平成15年）10月には，「職業会計士国際教育基準」(IES) の総称のもとで「基準の枠組み」(Framework for IES)，「序説」(Introduction to IES) とともに，次の7つの基準のうちの①～⑥の6つの基準が公表された（⑦については，2003年（平成15年）12月末までの公開草案として提示された）。

　なお，それぞれの基準において「この基準は2005年（平成17年）1月1日から発効する」と定められている（⑦については，「2006年（平成18年）1月1日から発効する」とともに「より早期の適用が推奨される」とされている）。

① 　職業会計士教育のプログラムのための初期要件（Entry Requirements to a Program of Professional Accounting Education）
② 　職業会計士教育プログラムの内容（Content of Professional Education Programs）
③ 　職業的技能（Professional Skills）
④ 　職業的価値・倫理・振舞い（Professional Values, Ethics and Attitudes）
⑤ 　実践的経験要件（Practical Experience Requirements）
⑥ 　職業的能力・職能の評価（Assessment of Professional Capabilities and Competence）
⑦ 　継続的職業教育と能力開発（Continuing Professional Education and Development）

(2)　受験者の高学歴化を背景として，多くの受験者が第一次試験を免除され，最近では第一次試験の受験者は小規模となっていること，また，政府が閣議決定した「規制改革推進3か年計画（改定）」(2001年（平成13年）3月) においては「公認会計士試験，司法試験，不動産鑑定士試験について，一定の学歴を有しない者に課される第一次試験を廃止し，受験者全員が現在の第二次試験から受験できるよう検討する」とされたこと等を踏まえ，第一次試験が廃止され，受験者は短答式試験から受験できることとされた。

(3)　この点に関して，将来の公認会計士の規模をどのように考えるかという議論がある。

2002年（平成14年）12月の金融審議会公認会計士制度部会の報告は，一定の条件のもとでの試算に基づき「15年後（平成30年頃）までに5万人」という規模を提言していた。

その背景には，
① ベンチャー企業等の公開市場からの資金調達の手段の拡大や多様化を背景として，監査の対象となる会社や法人の数が増加すること
② 監査の対象領域が拡大し，多様化していくこと
③ 新たな会計基準や監査基準に対応するための監査時間が増加していくこと
④ 外部監査の充実のために会社等における内部監査の質を高めていくことが必要となること

等があると説かれていた。

なお，このような見通しは，公認会計士試験制度を管理し，実施していく立場にある公認会計士・監査審査会にとっての見通しであり，公認会計士法において制度上の効果，制約，担保措置がもたらされる性格のものではない。

(4) 2003年（平成15年）12月の公認会計士審査会「新公認会計士試験実施に係る準備委員会」の報告は，「出題形式や各問題に対する配点などがほぼ同一とされており，出題形式が限られていたり，科目の特性に応じた工夫の余地がないなどの点も認められるので，新公認会計士試験においては，出題範囲を明確化することを前提とし，試験を実施する上で共通の枠組みを定める必要があるものを除いて出題方針や配点等について，試験科目ごとに工夫することが適切である」とし，「特に，短答式試験においては，公認会計士になろうとする者に必要な基本的知識を体系的に理解しているかどうかを客観的に判定するために，幅広い分野から基本的な問題を多数出題することが適切である」と提言した。

(5) 2003年（平成15年）12月の公認会計士審査会「新公認会計士試験実施に係る準備委員会」の報告は，「論文式試験においては，公認会計士になろうとする者に必要な学識及び応用能力が備わっているかどうかを的確に評価できるようにするため，知識を有しているかどうかの判定に偏することなく，実践的な思考力や判断力が備わっているかどうかをより的確に判定できるよう，応用問題も含めた出題等を行い，十分な時間をかけて解答できるようにすることが適切である」と提言した。

(6) 2007年（平成19年）10月に公表された公認会計士・監査審査会「公認会計士試験実施の改善について」の報告は，2010年（平成22年）試験から実施する方向で検討すべき改善策として，短答式による試験を「年2回実施し，受験者に対して短答式試験の受験機会を増やす」ことを打ち出した。重要かつ有意義な改善であると考えられる。

(7) 2003年（平成15年）改正法による公認会計士試験における簿記の位置づけについては，従前の公認会計士試験における位置づけと比べて軽視されているのではないかとの指摘がある。

　簿記は，財務諸表論とともに，財務会計論を構成する重要な科目として，法律上も明らかに位置づけられ，しっかりとその素養が問われることとされており，このような指摘は当たらないと解される。

(8) 2003年（平成15年）改正法は，税理士の税務会計についての専門性を勘案する一方，公認会計士と税理士という異なる使命と職責を有する制度を前提として，公認会計士試験において税理士等に対して試験科目の一部を免除することとした。

　すなわち，従前の公認会計士試験においては税理士に対する試験科目の一部の免除は行われていなかったが，2003年（平成15年）改正法は，
① 税理士試験の合格者，税理士試験の免除者：短答式試験の財務会計論，論文式試験の租税法
② 税理士試験における簿記論及び財務諸表論の科目合格者：短答式試験の財務会計論
をそれぞれ免除することとした。

　なお，公認会計士試験で課される監査と会計に関する試験科目は，税理士試験で課されている簿記及び財務諸表論にとどまらず，管理会計論，監査論も含めた範囲において，財務諸表監査，会計監査人監査にも対応できる能力を試すものである。したがって，新たな公認会計士試験においては，税理士試験合格者等に対しては，簿記及び財務諸表論に相当する短答式試験の財務会計論のみならず，その他の試験科目についても免除することは必ずしも適切ではないとされたものであると解される。

(9) 規制緩和等の観点から，公認会計士試験と税理士試験で共通する科目については「統一試験」で実施するべきはないかという指摘がある。

　このような指摘については，その前提として，公認会計士と税理士という異なる使命と職責を踏まえ，税理士のあり方，そのあり方のもとでの税理士試験制度のあり方などについて，中長期的な観点からの検討が必要な課題であると考えられる。

(10) 令第1条の2は，金融商品取引法施行令第27条の2各号に掲げる有価証券の発行者である上場会社等，会社法第2条第6号に規定する大会社，国又は地方公共団体その他内閣府令で定めるものに従事した期間が通算して7年以上である者と規定している。

　これを受けて，試験規則第7条は，実務経験による短答式試験科目の免除をすることができる場合を具体的に定めている。

2003年（平成15年）改正法による公認会計士試験の見直しは，複雑化・多様化・国際化している経済活動に対応して，
① 監査を中核的な業務とする公認会計士業務の質的・量的な需要の増大に対応していくこと
② 監査の質の確保と実効性の向上のために，外部からの監査だけではなく，企業等における内部監査の充実を期待し，その担い手の存在を広く求めていくこと
を目的として，実務経験者，専門的人材育成の教育課程修了者等を含めた受験者層の多様化と，受験者数の増加を図ることによって，一定の資質を有する人材を多数輩出していくことができるようにすることを基本としており，特に，社会人を含めた多様な人材にとっても受験しやすい制度にする等によって，受験者層の多様化と受験者数の増加が不可欠であるという観点に立つものであるとされる。

そのために，一定の要件のもとで，大企業等における実務経験を通じて専門資格者と同等の能力を有すると認められる者に対して試験科目の一部が免除されることとされたものである。

(11) 従前の公認会計士試験における第二次試験の論文式試験は，7科目を一括して合格することを求めていた。

しかしながら，このことは，特に社会人等の受験者にとって大きな負担となっており，税理士試験に見られるようなすべての試験科目についての「科目合格制」を導入すべきではないかと指摘されていた。

2003年（平成15年）改正法による公認会計士試験の見直しによる「科目合格制」の導入は，特に社会人等の受験者数の増加をもたらすものとして期待されている。

反面，従前の公認会計士試験における「一括合格制」は，得意科目で不得意科目をカバーすることが可能であるが，「科目合格制」ではこれができないこととなり，かえって合格しにくくなるのではないかとの指摘がある。また，受験者の能力の総合的な判断に結びつきにくくなり，結果として，合格者の質の低下につながるのではないかとの指摘もある。

したがって，2003年（平成15年）改正法による公認会計士試験においては，「一括合格制」を基本としつつ，不合格者のうち，受験した科目に一定以上の成績を得たものがある場合には，受験者の申請により，爾後2年間，当該科目に係る試験を免除するという「科目合格制」を併用することとしたものである。

(12) この点に関しては，免除科目を除外して合否が判断されることとなるため，得意科目については敢えて，免除の申請をせずに受験した方が有利と考えられる場合があり得るとの指摘がある。

(13) ここでいう会計学とは，法律上明らかなとおり，財務会計論と管理会計論を包

括した概念として位置づけられているものであり，かつ，財務会計論とは簿記，財務諸表論を含むものであることは，短答式による試験科目で明らかにされているとおりである。大学等での講義においていわゆる概論としての会計学と称される内容とは，深度において異なることは明らかである。

(14) 公会計，非営利会計の分野については，出題範囲として未だ確立されてはいないものの，できる限り早期に出題が可能となるよう，その方法，内容等についての検討が急がれる。

(15) 2003年（平成15年）改正法による公認会計士試験においては，監査証明業務を行う上で，連結納税制度，税効果会計制度等への対応の必要にかんがみ，法人税法を中心とし，所得税法，消費税法，相続税法等の租税実体法についての構造的な理解，租税手続法，租税訴訟法及び租税罰則法についての基本的概念の理解を求めることが適切であるとされている。

また，税理士試験で課されている所得税法，法人税法等の各税法科目で出題されるような詳細な税額計算等の問題の出題は予定されていないとされ，税理士試験で課されるような各租税実体法の詳細な知識に関する出題は予定されていないとされるが，公認会計士試験の合格後の実務修習の過程では，各租税実体法の詳細な理解を求め，その理解については，日本公認会計士協会による統一考査によって一定の水準が確保されることが適切であると解される。

したがって，公認会計士試験における租税法と税理士試験における各租税実体法との間には，内容，深度等に違いがあるので，「相互免除」を両者間で行うことについては適切ではないと解される。

(16) 2003年（平成15年）11月の金融審議会公認会計士制度部会「専門的教育課程についてのワーキングチーム」の報告は，2003年（平成15年）改正法が「一定の要件を満たす会計分野に関する専門職大学院の修了者に短答式による試験試験科目の一部を免除することとしている趣旨は，会計教育，公認会計士試験，実務修習等の連携がとれた公認会計士の養成のシステムにおいて，専門職大学院が重要な役割を担うことを期待し，公認会計士試験との連携を図るという観点に基づくものである」と位置づけた。

(17) 2003年（平成15年）11月の金融審議会公認会計士制度部会「専門的教育課程についてのワーキングチーム」の報告は，「当面の間は短答式試験における「財務会計論，管理会計論，監査論」の3科目を免除することが適切である」とするとともに，「免除の科目等については，これを恒久的なものと考えるのではなく，修了者の状況等も適切に評価した上で，将来的に見直すことも必要である」と提言した。

第8章 公認会計士の登録

　法は，公認会計士としての業務を営むためには，日本公認会計士協会に備えられている名簿に登録を受けなければならないとしている（法第17条及び第18条）。
　この登録を受けるためには，公認会計士となる資格を有し，一定の欠格事由に該当しないとともに（法第4条），登録拒否の事由にも該当しないことが必要である（法第18条の2）。

第1節　概　説

　登録を受けようとする者は，日本公認会計士協会に登録申請書を提出しなければならない（法第19条第1項）。
　ひと度，登録を受けた者は，その登録を受けた事項に変更が生じたときには，直ちに変更の登録を日本公認会計士協会に申請しなければならない（法第20条）。
　また，登録を受けた者が，その業務を廃止したとき，死亡したとき，法第4条に規定する欠格事由に該当するに至ったとき，心身の故障により公認会計士の業務を行わせることがその適正を欠くおそれがあるときは，日本公認会計士協会は当該登録を抹消しなければならないこととされている（法第21条第1項）。
　登録に関する具体的な細目等については公認会計士等登録規則（「登録規則」）が定めている。
　登録には，有効期間等の特段の期間の定めはない[1]。
　現実に公認会計士の業務を営む者の氏名，事務所等についての実態が明ら

かにされておくことが適切であること等から，日本公認会計士協会は，公認会計士についての開業の登録，変更の登録，登録の抹消等を行ったときは，遅滞なくその旨を官報をもって公告しなければならないとされている（法第21条の2）。

◆担保措置

登録制度の実効性を確保するため，次のような罰則規定が設けられている。

① 公認会計士名簿に登録を受けないで公認会計士の名称を使用したり，監査証明業務を行うことは，公認会計士となる資格を有する者といえども禁止されており，法第53条第1項第4号又は第50条の罰則の適用を受ける。

　すなわち，公認会計士となる資格を有する者であっても，登録を受けなければ公認会計士とはならないからであり，公認会計士でない者の名称の使用制限（法第48条第1項）又は監査及び証明を受けた旨の公表の禁止（法第47条）に違反するからである。

② 偽りその他不正の手段により公認会計士の登録を受けた者は，6月以下の懲役又は100万円以下の罰金に処せられる（法第51条）。

　また，この場合，登録を受けた者が公認会計士の名称を使用したり，あるいは，監査証明業務を行うことは，公認会計士でない者の名称の使用制限（法第48条第1項）又は監査及び証明を受けた旨の公表の禁止（法第47条）にも違反することとなる。

③ ひと度，登録を受けた者が，登録を受けた事項に変更が生じたときには，直ちに変更の登録を申請しなければならない。これを怠ると法違反として法第31条第1項による懲戒処分の対象になり得る。

④ ひと度，登録を受けた者が，欠格事由に該当するに至った場合，遅滞なく登録の抹消に関する届出手続が行われなければならない。これが怠われたまま，その後も公認会計士等の名称を使用したり，あるいは，監査証明業務を行うことは，公認会計士でない者の名称の使用制限（法第

●公認会計士等の登録状況●

年月末	公認会計士登録者数	会計士補登録者数	監査法人	所属公認会計士数
	人	人	法人	人
昭和24.12	57	26	—	—
25.12	261	129	—	—
30.12	1,121	424	—	—
35.12	1,508	651	—	—
40. 3	2,086	675	—	—
45. 3	4,062	869	24	562
50. 3	4,927	1,520	34	1,331
55. 3	5,833	2,303	58	1,852
60. 3	7,628	1,456	88	3,185
平成 元. 3	8,360	1,956	99	3,743
2. 3	8,668	2,170	98	3,906
3. 3	9,025	2,368	112	4,271
4. 3	9,289	2,652	120	4,592
5. 3	9,682	2,959	121	4,874
6. 3	10,160	3,037	122	5,138
7. 3	10,436	3,394	122	5,380
8. 3	10,787	3,609	126	5,549
9. 3	11,145	3,829	128	5,741
10. 3	11,723	3,862	135	5,987
11. 3	12,178	3,939	142	6,199
12. 3	12,682	4,080	144	6,367
13. 3	13,209	4,289	148	6,677
14. 3	13,734	4,569	148	6,901
15. 3	14,246	4,982	146	7,537
16. 3	14,837	5,400	151	7,959
17. 3	15,477	5,965	155	8,207
18. 3	16,222	6,419	162	8,818
19. 3	17,264	5,233	170	8,620
20. 3	17,924	4,374	182	N.A
20.12	18,852	3,315	187	N.A

（注）監査法人設立第1号は，昭和42年1月19日である。
（出典）金融庁

48条第1項)又は監査及び証明を受けた旨の公表の禁止(法第47条)に違反することとなり,法第53条第1項第4号又は第50条の罰則の適用を受ける。

第2節　登録名簿

　法が定める登録名簿には,公認会計士名簿及び外国公認会計士名簿の2種があり,いずれも日本公認会計士協会に備えられている(法第18条)。
　また,公認会計士の登録に関して,日本公認会計士協会は,「登録審査会」を設けるとともに,登録に係る事務を円滑に実施するために必要な規定を定めている(同会則第2章「登録及び入会」第2節)。

◆制度の趣旨

　公認会計士について名簿による登録制度をとっている趣旨は,現実に業務を営む者の氏名,事務所等の必要な事項が登録され,常時これらの者の実態が明らかにされることにより,公認会計士の品位と公正な業務の執行を確保し,その社会的信用を高めるための自主措置が,日本公認会計士協会によって手当されることを期待し,併せて,無資格者が公認会計士の名称を使用することや監査証明業務を行うことを取り締まることに資するところにあると解される。
　登録については,行政機関に備えられる名簿,帳簿等に,行政機関が行う方法によることも考えられた。実際,かつては公認会計士名簿,会計士補名簿及び外国公認会計士名簿についても大蔵省(当時)に備え置かれ,大蔵省において登録の事務が行われていた。その後,1966年(昭和41年)12月に日本公認会計士協会が法に基づいて位置づけられたことを機会に,1967年(昭和42年)3月から同協会に登録の名簿及び事務が移された。
　すなわち,日本公認会計士協会については,公認会計士及び外国公認会計士に関して強制加入の制度がとられており,会員の実情を的確に把握し,自

治機能の強化を図り，組織規律と自主措置の徹底に資する観点から，同協会に登録の名簿を備えることが適切であるとされたものである。

なお，国家資格試験に基づく一定の職業専門資格士について名簿登録制度を採っているもののうち，職業専門家の団体が名簿を備えている例としては，公認会計士名簿のほかにも，弁護士名簿，弁理士名簿，税理士名簿等がある。

◆登録の事項

公認会計士名簿への登録の事項は，次のとおりである（登録規則第2条）。
① 登録番号
② 氏名，生年月日，住所及び本籍
③ 公認会計士が自らその業務を営むときは，その主たる事務所及び従たる事務所の名称及びその所在地
④ 公認会計士が監査法人の社員であるときは，当該監査法人の名称及びその主たる事務所の所在地並びに主として執務する事務所の名称及びその所在地
⑤ 公認会計士が他の公認会計士の事務所に勤務するときは，その勤務する事務所の名称及びその所在地並びにその事務所を経営する公認会計士等の氏名及び登録番号
⑥ 公認会計士が監査法人に勤務するときは，当該監査法人の名称並びにその勤務する事務所の名称及びその所在地
⑦ 開業の登録及び変更の登録の年月日
⑧ 法第29条の懲戒処分及び法第31条の2第1項の課徴金の納付命令を受けたときは，その種類及び処分を受けた年月日

第3節　登録の手続

(1) 開業の登録

公認会計士となるために公認会計士名簿の登録を受けようとするときは，

開業登録申請書に，公認会計士となる資格を有することを証する書類を添え，日本公認会計士協会に提出しなければならない（法第19条第1項及び第2項）。

◆登録の審査

　日本公認会計士協会は，公認会計士の開業登録申請書の提出があったときは，登録を受けようとする者が公認会計士となる資格を有する者であるかどうか，法第4条に規定された欠格事由に該当しないかどうか，申請書及び添付書類が完備しているか，法第18条の2に規定された登録拒否事由に該当しないかどうかを審査し，審査の結果，開業登録申請が適法であることを確認したときは，同協会は遅滞なく公認会計士名簿に開業登録を行う（法第19条第3項前段）。

　日本公認会計士協会は，公認会計士の開業の登録を行ったときは，開業登録者の氏名，登録の年月日及び登録番号を登録申請者に通知するとともに，遅滞なく官報に公告しなければならない（法第21条の2）。

　公認会計士としての身分は，日本公認会計士協会において公認会計士名簿に登録されたときから発生すると解されている。

　なお，審査の結果，提出書類に不備があるときは，日本公認会計士協会は登録申請者に不備の点を指摘し，その補完を命ずることができる。

　また，登録申請者が公認会計士となることができない者又は登録を受けることができない者であると認めたときは，日本公認会計士協会は法第46条の11の規定に基づき同協会に設けられた「資格審査会」の審査を求め，資格審査会において登録を拒否すべきことが決議されたときは，登録を拒否しなければならない（法第19条第3項後段）。この場合，同協会は，登録を拒否する旨をその理由を記載した書面により当該登録申請者に通知し，申請書を返還しなければならない（法第19条第4項）。

◆登録拒否に対する救済措置

　登録を拒否された者の救済を図るために，法は「当該処分に不服があるときは，内閣総理大臣に対して，行政不服審査法による審査請求をすることができる」との明文の規定を設けている（法第19条の2第1項）。

　また，開業登録申請書を日本公認会計士協会に提出してから3月を経過しても当該申請に対して何らの処分がなされないときも，法は，当該登録を拒否されたものとして，内閣総理大臣に対して行政不服審査法による審査請求をすることができるとしている（法第19条の2第2項）[2]。

　これらの審査請求については，内閣総理大臣は，行政不服審査法の規定に基づいて審査手続を進め，審査請求に理由があるときは，日本公認会計士協会に対して登録の受理その他相当の処分をすべき旨を命じなければならない（法第19条の2第3項）。

(2) 変更の登録

　公認会計士名簿の登録事項は，常に実情に合ったものであることを要することから，公認会計士は，その登録を受けた事項に変更が生じたときには，直ちに変更登録申請書を日本公認会計士協会に提出しなければならない（法第20条）。

　変更登録申請書の提出があったときは，日本公認会計士協会は，審査の上，遅滞なく変更の登録を行い，その旨及び変更の登録の年月日を登録申請者に通知するとともに，遅滞なく官報に公告しなければならない（法第21条の2）。

(3) 登録の抹消

　法第21条第1項は，公認会計士の登録の抹消の事由として，次のものを限定列記し，公認会計士がこれらのいずれかに該当するときは，日本公認会計士協会が当該登録を抹消しなければならないとしている[3]。

① 公認会計士としての業務を廃止したとき
② 死亡したとき
③ 法第4条の欠格事由のいずれかに該当するに至ったとき
④ 心身の故障により公認会計士の業務を行わせることがその適正を欠くおそれがあるとき

◆抹消の手続と資格の喪失

　公認会計士名簿に登録されている者は，現実に公認会計士としての業務を営む者であり，登録の抹消の事由に該当する事実があったときは，直ちにその登録は抹消される必要がある。日本公認会計士協会は，職権をもってこれを行い得る。しかし，公認会計士の死亡の事実のように，同協会が事実の発生について必ずしも遅滞なく知り得る立場にはないので，同協会においては，本人，法定代理人又は相続人に対して，遅滞なく登録の抹消に関する届出をすることを義務づけており，この届出をまって同協会は登録の抹消を行うこととしている。

　登録の抹消と公認会計士の資格の喪失の関係については，次のように解される。

① 公認会計士としての業務の廃止の場合には，登録の抹消に関する届出書についての審査を経て，公認会計士名簿の登録が抹消されるまでは公認会計士としての資格は失われない。
② 死亡した場合又は法第4条の欠格事由のいずれかに該当するに至った場合は，これらの事実に該当したときに，公認会計士の資格が失われるに至ったものと解され，公認会計士名簿の登録の抹消は，公認会計士としての資格が失われたことを，公に証明する行為にしか過ぎない。

◆抹消の制限

　法第21条の3は，公認会計士が懲戒の手続に付された場合には，懲戒処分の実効性を担保するために，公認会計士が業務を廃止したことによって登録

の抹消の事由に該当することになっても，登録の抹消をすることができないことを定めている。公認会計士が業務を廃止したとしても，業務の廃止に先立って懲戒の手続がとられている場合には，懲戒の手続が全うされるべきであるとの観点から，登録の抹消の手続をとることができないこととされたものである。

(4) 懲戒処分等の登録

公認会計士が法第29条第1号又は第2号の懲戒処分を受けたとき又は法第31条の2第1項の課徴金の納付命令を受けたときは，日本公認会計士協会は，遅滞なくその種類及び処分を受けた年月日を公認会計士名簿に記載しなければならないとされている。

第4節　登録拒否事由

法第4条は，欠格事由を限定列挙し，能力又は品位に照らして公認会計士の資質としてふさわしくない者を常に排除することとしている。

これに加えて，法第18条の2は，登録拒否事由を限定列記し，公認会計士として登録を受けようとする者又は既に受けている者の適性について日本公認会計士協会が審査することとしている。同協会は，登録の拒否について必要な審査を行うために「資格審査会」を設けるとともに，所要の規定を定めている（同会則第2章「登録及び入会」第3節）。

法が登録拒否事由として列記しているものは，次のとおりである。

① 懲戒処分により，税理士，弁護士，外国法事務弁護士又は弁理士の業務を停止された者で，現にその処分を受けているもの

　処分の理由がいかなるものであれ，懲戒処分によって一定の職業専門家としての業務を停止された者であって，現にその処分に服しているものについては，公認会計士として業務を営む上での適性に欠けるとされたものである。

② 心身の故障により，公認会計士の業務を行わせることがその適正を欠くおそれがある者

　法第4条の欠格事由の一つに該当する被保佐人のような心神耗弱の状態には至ってはいないものの，精神的あるいは肉体的な故障により公認会計士としての業務を的確に遂行することができない等の理由により，業務の適正を欠くおそれがある者として，日本公認会計士協会の審査によって認められる場合である。

　自主責任を徹底することに資する観点から，登録の申請についての日本公認会計士協会による審査の段階において，このような者をあらかじめ排除することとしたものである。

　なお，登録の抹消の事由の一つとしても位置づけられている（法第21条第1項第4号）。

③ 公認会計士の信用を害するおそれがある者

　法第26条は「公認会計士は，公認会計士の信用を傷つけ，又は公認会計士全体の不名誉となるような行為をしてはならない」と明文で定めており，この規定に抵触すると，法違反として法第31条による懲戒処分の対象になり得る。

　すなわち，懲戒処分の対象となりかねないような公認会計士の信用を害するおそれがある者については，②と同様，自主責任を徹底することに資する観点から，登録の申請についての日本公認会計士協会による審査の段階において，このような者をあらかじめ排除することとしたものである。

━━━━━━━━━━━━━━━ 注 ━━━━━━━━━━━━━━━

(1)　この点に関して，2002年（平成14年）12月の金融審議会公認会計士制度部会の報告は，「公認会計士が監査証明業務を的確に行うためには，資格取得後も，その専門的能力と幅広い識見を維持・向上させていくことが重要である」としつつ，「公認会計士の登録については，法制度上，一定の有効期間を設けるととも

に，引き続き登録する場合には，登録の更新を必要とする「更新制度」を導入する方向で検討することが適切である」と提言した。

今後の重要な検討課題の一つと考えられる。

(2) 　審査請求の申立期間は，処分があったことを知った日の翌日から起算して60日以内に行わなければならず，処分があった日から1年を経過すれば，原則として審査請求をすることができないこととされている（行政不服審査法第14条参照）。

(3) 　登録の抹消の事由として法定されているものは本文のとおりであるが，錯誤により，当初から無資格者又は欠格事由に該当する者が登録を受けていたことが判明した場合には，日本公認会計士協会は明文の規定をまつまでもなく，当然にこれを抹消することができると解される。

　なお，この場合においても，ひと度，開業の登録がなされた以上，日本公認会計士協会の職員以外の者が登録を行ったこと等により登録が無効とされるような例外的な場合を除き，法第21条の規定に基づき，改めて登録の抹消の手続を行うべきであると解される。

第9章 外国公認会計士と外国監査法人等

　法は、我が国の証券市場の国際化とともに監査の公正性と信頼性の確保を図るべく、外国において公認会計士の資格に相当する資格を有する者に対しては、一定の条件のもとで我が国において監査証明業務を行うことを認め、かつ、一定の義務と責任を負うことを定めるとともに、我が国において提出される有価証券報告書等に関して監査証明業務を行う外国の会計事務所等に対しては、一定の監視・監督のもとに服すべきことを定めている。

第1節　外国公認会計士

◆制度の趣旨

　法は、日本人たると外国人たるとを問わず、我が国の国内におけるすべての行為に適用されるものである。

　しかし、法制度の相違は見られるものの、諸外国における資格試験制度の実情に照らし、職業専門家として必要とされる、基本的及び応用的な専門学理に関する知識並びに監査証明業務に係る実務に関する経験を有すると認められる場合がある。

　そこで、法第16条の2は、外国において我が国の公認会計士の資格に相当する資格を有する者に対して、公認会計士試験制度の特例としての外国公認会計士制度を設け、内閣総理大臣による承認と日本公認会計士協会の登録により、我が国において公認会計士としての業務を営む道を開いている[1]。

　ただし、法第4条の欠格事由のいずれかに該当する者については、外国公認会計士となることはできないとされている（法第16条の2第1項ただし書）。

◆**資格の承認**

外国公認会計士としての資格の承認をする場合には，内閣総理大臣は，内閣府令で定めるところにより，公認会計士・監査審査会をして試験又は選考を行わせるものとするとされている（法第16条の2第2項）。

この試験又は選考については，必ずしも毎年あるいは定期的に行われてはおらず，これまで外国公認会計士としての資格の承認を受けようとする者の申請に基づいて，個別に実施されてきた。

その実施の方法については，かつては書類選考によって，その後，簡単な口述試験を課すことによって行われ[2]，さらに，筆記試験が課せられるようになり，その上で一定の成績を得た者に対してのみ口述試験を課すことによって行われてきた[3]。なお，筆記試験については英語及び日本語によって，口述試験については原則として日本語によって，それぞれ行われてきた。

◆**承認の申請**

外国公認会計士としての資格の承認を受けようとする者は，

① 履歴書
② 外国政府又は外国における権限ある団体が発行する資格を証する書面又はその写し
③ 法第4条の欠格事由のいずれにも該当しない旨の証明書又は宣誓書

等を添えて，資格承認申請書を内閣総理大臣に提出しなければならないこととされている[4]。

◆**承認の要件**

外国公認会計士としての資格の承認については，資格の承認を受けようとする個人ごとに公認会計士・監査審査会による試験又は選考が実施される。

法第16条の2は「外国において公認会計士の資格に相当する資格を有し」かつ「会計に関する日本国の法令」について「相当の知識を有する」者であることを要件としている。

ここでいう「外国において公認会計士の資格に相当する資格を有する者」とは、監査と会計の専門職業人としての外国の資格試験制度であって、少なくとも我が国の公認会計士と同水準以上にあると考えられるものに基づく資格を受けている者をいうと解される。具体的には、外国公認会計士としての登録を受けようとする個人ごとに、承認が行われることとされており、これまでに認められた事例としては、英国の勅許会計士、米国のCPA（公認会計士）等が挙げられる。

「会計に関連する日本国の法令」とは、金融商品取引法、会社法、これらの関連命令、公認会計士法等が相当すると解される。なお、ここでいう「会計」とは広義の概念であり、広く監査も含むものとされる。

「相当の知識を有する」とは、基本的な専門学理に関する知識を有するとともに、会計の処理の指導、財務に関する調査立案等によって、会計に関連する日本国の法令についての応用的な知識を有することをいうと解される。

◆業　務

外国公認会計士は、監査証明業務を行うことができる（法第16条の2第1項）。

なお、外国公認会計士は「その資格を示す適当な名称」を使用することができる（法第48条第2項）。

◆義務と責任

外国公認会計士には、公認会計士の義務（法第4章）及び責任（法第5章）に関する規定が、それぞれ準用されることとされている（法第16条の2第6項）。

また、外国公認会計士には、監査法人（法第5章の2）、有限責任監査法人の登録に関する特則（法第5章の3）及び日本公認会計士協会（法第6章の2）に関する公認会計士についての規定が適用されることとされている（法第34条の2の2第1項）。

すなわち，例えば，監査法人を設立することができ（法第34条の2の2第1項），日本公認会計士協会には当然に入会することとされている。

◆名簿への登録

外国公認会計士については，公認会計士と同様に外国公認会計士名簿への登録制度が採られている[5]。

登録の手続，登録拒否事由，登録を拒否された場合の審査請求，変更の登録については，公認会計士の登録に関する規定が，それぞれ準用されることとされている（法第16条の2第6項）。

なお，外国公認会計士が，
① その業務を廃止したとき
② 死亡したとき
③ 法第4条の欠格事由のいずれかに該当するに至ったとき
④ 心身の故障により外国公認会計士の業務を行わせることがその適正を欠くおそれがあるとき
⑤ 外国において公認会計士の資格に相当する資格を失ったとき
のいずれかに該当する場合には，日本公認会計士協会は，外国公認会計士の登録を抹消しなければならないものとされている（法第16条の2第5項）。

第2節　外国監査法人等

◆制度の趣旨

経済社会における会社等の事業活動が多様化，複雑化，国際化を遂げる中，公益又は投資者の保護の観点から，我が国において有価証券報告書等を提出する外国の会社に対して，我が国の金融商品取引法に基づく一定の開示規制に服することを求めるとともに，その監査証明業務を行う外国の会計事務所等に対しては，監査に関する適切な品質管理を求めることにより，監査の公正性と信頼性を確保することが必要不可欠であると考えられる。

そこで，2007年（平成19年）改正法は，「外国監査法人等」と題する新たな章を設け（法第5章の4），金融商品取引法による開示規制の対象となる外国会社等の監査証明業務を行う外国の会計事務所等に対して，内閣総理大臣への届出をはじめとする一定の監視・監督のもとに服すべきことを定めた[6]。

◆届　出

法第34条の35第1項は，外国の法令に準拠し，外国において，他人の求めに応じ報酬を得て，財務書類の監査又は証明をすることを業とする者は，金融商品取引法による開示規制の適用を受ける外国会社等の財務書類について監査証明業務に相当すると認められる業務を行うときは，あらかじめ，内閣府令で定めるところにより，内閣総理大臣に届け出なければならないとしている[7]。

この届出があったときは，内閣総理大臣は，その旨を官報で公示しなければならない（法第34条の35第2項）。

届出の事項は，次のとおりである。

① 　名称又は氏名
② 　主たる事務所の所在地
③ 　法人にあっては，役員の氏名
④ 　法人にあっては，資本金の額又は出資の総額
⑤ 　その他内閣府令で定める事項

届出があった外国監査法人等の実情に変更があったときは，2週間以内に，その旨を内閣総理大臣に届け出なければならず（法第34条の37第1項），この届出があったときは，内閣総理大臣は，その旨を官報で公示しなければならない（同条第2項）。

◆監視・監督

法第34条の38第1項は「外国監査法人等がこの法律若しくはこの法律に基づく命令に違反したとき，又は外国監査法人等の行う外国会社等財務書類に

ついての第2条第1項の業務に相当すると認められる業務の運営が著しく不当と認められる場合において，その業務の適正な運営を確保するために必要であると認めるとき」は，内閣総理大臣は，当該外国監査法人等に対して，必要な指示をすることができるとしている。

この指示をした場合において，当該外国監査法人等が当該指示に従わないときは，内閣総理大臣は，その旨と当該指示の内容を公表することができる（法第34条の38第2項）。

また，法第49条の3の2は，公益又は投資者保護のため必要かつ適当であると認めるときは，内閣総理大臣は，外国監査法人等が行う監査証明業務に相当すると認められる業務に関し，報告徴収及び立入検査をすることができるとしている。

この報告徴収及び立入検査の要件は，公認会計士又は監査法人に対するもの（法第49条の3）と同じものとされている。

―――――――――――――――― 注 ――――――――――――――――

(1) 法の制定当初においては，外国の法令により公認会計士に相当する資格を有する者に対しては，公認会計士管理委員会規則をもって公認会計士試験の免除等を定めることができるとされていた。その後，1950年（昭和25年）の法改正によって現行と同旨の規定とされ，外国において与えられた資格が少なくとも我が国の試験によって与えられる資格と同等であるという承認を，公認会計士管理委員会（当時）がくだせば「敢えて試験をしない」と説明された。

(2) 資格の承認は，1950年（昭和25年）に初めて行われて以来，1954年（昭和29年）までは書類選考によって，1958年（昭和33年）及び1959年（昭和34年）には，申請ごとに書類選考に併せて簡単な口述試験を課した。この期間において，29人の資格の承認の申請があり，その全員が資格の承認を得た。

(3) 実際に我が国において開業していた外国公認会計士は10人前後にとどまっていたが，その後1960年代に入り，ソニー，東芝等の米国での預託証券（American Depositary Receipt：ADR）の発行による資金調達に対する監査を契機として，米国CPA（公認会計士）の進出が活発になり，1962年（昭和37年）からの資格の承認に際しては，商法（当時），証券取引法（当時）及び租税法についての口

述試験を課すこととなった。その後の1967年（昭和42年）までの4回の資格の承認によって，34人の申請者のうち24人が資格の承認を得た。

(4) 2003年（平成15年）改正法は，外国公認会計士の資格の承認について，従前と同様に試験又は選考を受けることを要件とするとともに，新たに試験等の受験に際して手数料を納付しなければならないものと定めた（法第16条の2第3項）。

法の制定当初においては，手数料を徴収する規定は設けられておらず，その背景としては，外国公認会計士の制度の創設にあたっては欧米諸国の会計士を「招聘」するとの観点があったと説かれていた。

(5) 2008年（平成20年）12月末時点での外国公認会計士の登録者は，4人である。

登録者数は少ない実情にある。その背景としては，いわば我が国の会社等の国際的な事業活動と資金調達の展開に伴い，それらの会社等の監査の担い手として，欧米諸国の会計士の活動を我が国において認める途を設けることの必要性と実益が，かつてはあったと考えられたが，その後の大規模な監査法人による活動の国際的提携関係が発展し，定着することによって，個人の資格としての外国公認会計士制度の意義は相対的に失われていったと考えられる。

(6) 2006年（平成18年）12月の金融審議会公認会計士制度部会の報告は，「証券市場の健全性を確保していくためには，我が国において提出される有価証券報告書等に関し，外国監査事務所が行う監査業務についても，その品質管理が適切になされていることが必要となる。このため，一定の外国監査事務所に対しては，例えば当局への届出または登録を義務付け，検査・監督の対象としていくことが適当である」と提言した。

(7) 法は，この届出をした者を「外国監査法人等」と定義している（法第1条の3第7号）。

第10章 会計士補

　従前の法は，公認会計士試験第二次試験に合格した者又は同試験の全科目の免除者を「会計士補となる資格を有する」とし（旧法第5条第2項），登録を受けて会計士補となる旨を定めていたが（旧法第17条），公認会計士の資格のあり方，公認会計士試験制度の見直しとともに，2003年（平成15年）改正法は，会計士補の制度を廃止した。

◆制度の趣旨

　会計士補は，将来は公認会計士試験第三次試験に合格することとなるよう「公認会計士となるのに必要な技能を修習」するという立場にあった。

　この意味で，会計士補は，「会計士補の名称を用いて」監査証明業務について「公認会計士又は監査法人を補助する」ことを業務としていた（旧法第3条第1項）。

　また，これとは別に，独立して「会計士補の名称を用いて」「他人の求めに応じ報酬を得て」「業として」会計業務（2項業務）を営むことができることとされていた（旧法第3条第2項）。

　すなわち，会計士補制度の趣旨については，まず，将来の有能な公認会計士を養成するところにあったが，このことは，特定の会計士補がいつまでも会計士補にとどまることを妨げるものではなかった。会計士補の名称をもって会計業務に対する経済社会の需要を満たすことによって，社会的使命を果たすことにも一つの意味があったとされていた。

　その上で，従前の法は，会計士補についての義務，責任等を，公認会計士の義務，責任等と同様に定めていた。

◆制度改革の趣旨

2003年（平成15年）改正法は，会計士補の制度を廃止した。

このことは，制度創設の当時に説かれていた，会計業務に対する経済社会の需要への対応の必要性を否定するものではない。

今後の経済社会の需要に応じて，公認会計士試験の合格者として，我が国の経済社会における幅広い多様な活躍を期待することによるものであり，このために公認会計士試験における途中段階での資格を廃したと考えられる。

また，2003年（平成15年）改正法による公認会計士試験制度の見直しに伴い，これに伴う不利益が生じないようにするとの観点から，2003年（平成15年）改正法は，次の経過措置を設けている。

◆会計士補に関する経過措置

2003年（平成15年）改正法によって，2006年（平成18年）1月1日をもって会計士補の制度は廃止された。

その際に現に会計士補である者については，その後も会計士補としての身分を有して，会計士補としての名称を用いて，引き続き業務を行うことができることとされている（法附則第2条）。

また，それまでに行った業務補助等及び実務補習については，新しい公認会計士試験等の制度への引継が認められている（法附則第9条及び第10条）。

◆第二次試験合格者に関する経過措置

2003年（平成15年）改正法による公認会計士試験制度の見直しに伴い，新しい公認会計士試験が実施される際に，現に第二次試験合格者である者については，新しい公認会計士試験の短答式による試験が免除されるとともに，論文式による試験のうちの会計学，企業法及び選択科目が免除されることとされている（法附則第5条）。

したがって，現に第二次試験合格者である者は，新しい公認会計士試験の論文式による試験のうちの監査論及び租税法を受験すればよいこととなる。

第11章 公認会計士の義務

　公認会計士の負う義務については，一般に私人として負うことがあり得る民事責任，刑事責任のほか，職業専門家としての義務として，
① 職業倫理上の義務
② 日本公認会計士協会の組織規律上の義務
③ 公認会計士法上の義務
の3つに大別することができる[1]。

第1節　職業倫理上の義務

　職業専門家として職業倫理上の義務を負うことは，公認会計士に固有のものではない。弁護士，医師をはじめとする職業専門家には，それぞれの資格に期待される適切な一般的な職業倫理が形成され，その主たる内容については，職業専門家の団体としての行為規程として規範化されている実情にあり，公認会計士においても同様である。

　職業倫理の観点からは，まず，公認会計士には，監査と会計の専門家として，国家資格試験に基づいて与えられる資格にふさわしい深い教養と高い品性の陶冶に努め，基本的及び応用的な専門学理に関する知識，実務に裏打ちされた技能の修得に関する不断の研鑽に励み，正当な注意と適切な判断によって公正かつ誠実に業務を行うことが求められる。

　特に，監査証明業務を行うにあたっては，その高い公共性にかんがみ，常に独立不羈の立場を堅持し，確固たる社会的信頼が得られるように行動しなければならない。公認会計士は，被監査会社の意思とは独立して，その希望に反してでも，第三者としての立場から真実かつ公正な意見を形成し，表明

しなければならない。

このように，職業専門家としての公認会計士においては，理論，制度及び実践としての職業倫理のそれぞれにおいて，公認会計士自身はもとより，監査法人及び職業専門家の団体としての日本公認会計士協会をはじめとする関係者の認識と取組が不可欠である[2]。

なお，法第1条の2は，公認会計士の職責として，「公認会計士は，常に品位を保持し，その知識及び技能の修得に努め，独立した立場において公正かつ誠実にその業務を行わなければならない」と定めている。この規定は，公認会計士に求められている高度な職業倫理の意義を，包括的に，かつ，象徴的に，一般的・総則的規定として明文化したものであると解される。

第2節　日本公認会計士協会の組織規律上の義務

法は，公認会計士が，日本公認会計士協会の会員として，その組織規律に従うべきことを定めている。

すなわち，公認会計士は「当然，協会の会員となり」とされており（法第46条の2），「会員は，協会の会則を守らなければならない」とされている（法第46条の3）。また，日本公認会計士協会は，その会則の第3章を「職業規範の遵守」と題して関連する規定を定めるとともに，倫理規則を制定している[3]。

日本公認会計士協会の組織規律上の義務とは，これらの規範において職業専門家としての公認会計士に求められているものである。

◆日本公認会計士協会の会則

日本公認会計士協会は，その会則において，会員である公認会計士及び監査法人は，「公認会計士業務の改善進歩と監査業務の正常な発展を図り，常に関係法令及び職業専門家としての基準等を遵守し，かつ，職業倫理の昂揚に努めるとともに，独立した立場において公正かつ誠実に職責を果たさなけ

ればならない」と定め（同会則第41条），また，「常に品位を保持し，その知識及び技能の修得に努め，いやしくも公認会計士若しくは会計士補の信用を傷つけ，又は公認会計士及び会計士補全体の不名誉となるような行為をしてはならない」と定めている（同会則第42条）。

そして，会員の「遵守すべき倫理に関する事項は，倫理規則をもって定める」としている（同会則第43条）。

その上で，日本公認会計士協会は，同会則において，会員である公認会計士及び監査法人は「本会の会則及び規則を守らなければならない」と定め（同会則第45条），会員が「法令によって処分を受けたとき」「監査業務その他の業務につき公認会計士又は会計士補の信用を傷つけるような行為をしたとき」「会則及び規則に違反したとき」等においては同協会の会長が「懲戒することができる」ことを定めている（同会則第50条第1項）。

◆倫理規則

日本公認会計士協会は，その倫理規則の前文で，「倫理規則の主旨及び精神」と題して職業専門家としての公認会計士に「次の行動規準が求められている」として，

① 業務を遂行するにあたって達成すべき品質を確保すること
② 社会に対する責任を認識し，その負託に応えるため，自らの業務上の行為を律する厳格な職業倫理に則って行動すること

を定めている（同規則前文）。

その上で，業務を遂行するに際しての基本原則として，誠実性，公正性，専門能力，正当な注意，守秘義務及び職業専門家としての行動の6つを掲げている（同規則第2条）[4]。これらは監査人としての適格性とも人的要件ともいわれている（第3章「公認会計士と監査」第4節参照）。

また，業務の受嘱の制限，報酬・紹介手数料の受領等に係る事項を定めるとともに，「依頼人から独立した立場を保持しなければならない」「精神的独立性と外観的独立性の双方を保持しなければならない」ことを定めている

(同規則第16条)[5]。

倫理規則については,「遵守して行動することはもとより,ここに規定されていない事項についても,その制定の主旨を正しく理解し行動しなければならない」(同規則前文)とされている[6]。

日本公認会計士協会においては,その会員である公認会計士及び監査法人の実情を的確に把握しつつ,組織規律と自主措置の徹底を図る観点から,同協会の倫理規則が今後とも実効性を挙げることが期待されている。

◆国際的な動向

職業倫理については,国際的な規範化の動きが進展しつつある。

すなわち,既に述べたように(第5章「監査証明業務の制限」第3節参照),国際会計士連盟(IFAC)は,1990年(平成2年)7月に「職業会計士の倫理規程」を定め,会計士職業の目的を達成するための基本原則として,誠実性,客観性,専門的能力及び正当な注意,機密保持,職業専門家としての行動並びに技術的基準の6つを挙げ,それぞれについての行動の基準等を定め,その後,2001年(平成13年)12月には,その一部である「独立性」(同倫理規程第8節)を改訂し,疑念を生じさせるような利害関係や外観における具体的な規律の適用を示した[7]。その後も改訂が重ねられている。

第3節 公認会計士法上の義務

(1) 特定の場合の監査証明業務の制限

監査の公正性と信頼性は,独立した公正な第三者の立場で行われるところにかかっているのであるから,独立性の保持に疑いを持たれるような関係やそのような,外観を呈している場合には,監査を行うことを避けなければならないことは,職業倫理上からも当然のことであると考えられる。

法及び令は,公認会計士及び監査法人について著しい利害関係等の「特定の利害関係」にある場合に,監査証明業務を行うことを禁止する(法第24条

及び令7条）とともに，このような従前の措置に加え，2003年（平成15年）改正法は，「大会社等」に係る監査証明業務を行うことを制限する等の措置を講じている（第5章「監査証明業務の制限」第2節及び第3節参照）[8]。

(2) 監査証明の範囲の明示

監査証明業務が行われる際には，その監査がいかなる範囲に及ぶものであるのかが明瞭でないと，監査証明業務を行った公認会計士の責任の範囲が明らかにならず，また，その利用者も，いかなる範囲まで公正なものとして信頼してよいのかを判断することができないこととなる。

このため，法第25条第1項は「公認会計士は，会社その他の者の財務書類について証明をする場合には，いかなる範囲について証明をするかを明示しなければならない」と定め，例えば，通常の監査手続によったものか，一部を省略したものか等を明らかに示さなければならないこととしている。

このことによって，第三者は，その公認会計士の監査証明業務をどこまで公正なものとして信頼してよいのかを確認することができるとともに，監査証明業務の内容を利用するにあたっての前提を確認することができることとなる[9]。

(3) 利害関係の明示

公認会計士は，「特定の利害関係」にある場合に，監査証明業務を行うことが禁止されているが，「特定の利害関係」までには至らないものの，公認会計士が被監査会社と一定の関係や外観を有する場合に，監査証明業務が行われるときに，その監査の独立性に関する疑いを生じせしめることを避けるとの観点から，法第25条第2項は「公認会計士は，会社その他の者の財務書類について証明をする場合には，当該会社その他の者と利害関係を有するか否か，及び利害関係を有するときはその内容その他の内閣府令で定める事項を証明書に明示しなければならない」と定めている[10]。

ここでいう「利害関係」とは，経済取引関係が中心とされるが，それに限

られるものではなく，例えば，自身の伯父が被監査会社の監査役である等の人的・身分的関係も含めた幅広い関係や外観の全般をいうと解される（第5章「監査証明業務の制限」第3節参照）。

(4) 信用失墜行為の禁止

職業専門家としての公認会計士は，監査と会計の専門家として，国家資格試験に基づく資格にふさわしい深い教養と高い品性の陶冶に努め，基本的及び応用的な専門学理に関する知識，実務に裏打ちされた技能の修得に関する不断の研鑽に励み，正当な注意と適切な判断によって公正かつ誠実に業務を行うことが求められている。

業務を行うにあたって誠実性と公正性を堅持すべきことはもとより，社会生活においても世間の信用を失墜してはならず，また，公認会計士の全体の名誉を損ねてはならない。

このような観点から，法第1条の2は，公認会計士の職責として「常に品位を保持し」なければならないことを定めるとともに，法第26条は「公認会計士は，公認会計士の信用を傷つけ，又は公認会計士全体の不名誉となるような行為をしてはならない」と定めている。

そして，法第31条は，信用失墜行為に対して，内閣総理大臣が，法第29条に定める戒告，2年以内の業務の停止又は登録の抹消の懲戒処分をすることができると規定している[11]。

(5) 守秘義務

公認会計士は，監査証明業務においても非監査証明業務においても，業務を行う際に，財務や会計に関する情報をはじめとする会社の経営に関する事項を知り得る立場にあり，実際にこれらを知ることにもなる。

それらの事項の中には，社外に周知することが予定されていないもの，結論や結果に至らない段階で取り扱われているもの等の秘密も含まれる。

公認会計士が業務上知り得た秘密を漏らしてはならないことは，職業専門

家としての職業倫理上からも当然のことである。

また，秘密を漏らすようなことをすることは，公認会計士としての信用失墜行為にも該当することとなる。

◆担保措置

法は，守秘義務を特に明文で規定するとともに，違反した場合には，懲戒処分はもとより，刑事上の責任にも問われることを定めている。

すなわち，法第27条は「公認会計士は，正当な理由がなく，その業務上取り扱ったことについて知り得た秘密を他に漏らし，又は盗用してはならない」とし，法第52条第1項は，違反した者を2年以下の懲役又は100万円以下の罰金に処すると定めている。

また，公認会計士としての身分を有していたときの義務は，公認会計士でなくなった後にも，なお残るものとされている（法第27条後段）。

ただし，この罰則は親告罪とされている（法第52条第2項）。したがって，告訴がなければ公訴を提起することができないとされている。

◆「正当な理由」

正当な理由がある場合には，その業務上取り扱ったことについて知り得た秘密を他に漏らしても，信用失墜行為に該当せず，したがって，懲戒処分にも刑事罰にも問われない。

次のような場合には，正当な理由があると解され，秘密を開示することは信用失墜行為にも該当しないと解されている[12]。

① 開示する権限が与えられている場合

　例えば，被監査会社から同意を得ており，その開示によって影響を受ける関係者の利益を損ねないと考えられる場合が該当すると解される。

② 法律によって開示が求められている場合

　例えば，訴訟手続の過程で文書を作成し，又は証拠を提出する場合，国会に証人として喚問され証言する場合，発見した法律違反を適切な公

的機関による質問や調査に応じることによって開示する場合が該当すると解される。
③　開示する職業上の義務又は権利がある場合
例えば，訴訟手続において職業専門家としての公認会計士全体の利益を擁護する場合，日本公認会計士協会の会則，倫理規則等に準拠する場合，同協会による「品質管理レビュー」に応じる場合，懲戒の手続に付されて審問に応じる場合が該当すると解される。

◆特定社員，使用人等の守秘義務

守秘義務は，公認会計士のみに課せられているだけではなく，外国公認会計士，監査法人の特定社員，使用人その他の従業者に対しても課せられており，かつ，これらの者が特定社員，使用人その他の従業者でなくなった後にも，なお残るものとされている（法第34条の10の16及び第49条の2）。

これらの者が従事した業務は，監査証明業務であるか非監査証明業務であるかを問わない。

また，違反した場合には，2年以下の懲役又は100万円以下の罰金に処すると規定されている（法第52条第1項）。

なお，正当な理由がある場合については，刑事罰に問われないことも公認会計士の場合と同様である。また，親告罪とされていることも，公認会計士の場合と同様である（法第52条第2項）。

(6) 法令違反等事実への対応

◆制度の趣旨

監査の公正性と信頼性の確保の観点から，監査人が被監査会社の財務書類に重要な影響を及ぼす不正や違法の事実を発見した場合であって，監査役等に報告するなど，被監査会社の自主的な是正措置を促す手続を踏んでもなお改善が図られないときは，監査人が被監査会社との関係において強固な地位に基づいて適正に監査証明業務を行うことができるように制度的な手当をす

ることが重要であると考えられる。

このような観点から，2007年（平成19年）改正法は，金融商品取引法において，

① 公認会計士が，上場会社等の監査証明を行うにあたって，当該上場会社等における法令に違反する事実その他の財務計算に関する書類の適正性の確保に影響を及ぼすおそれがある事実（「法令違反等事実」）を発見したときは，当該法令違反等事実の内容及び当該法令違反等事実に係る法令違反の是正その他の適切な措置をとるべき旨を，遅滞なく，当該上場会社等に書面で通知しなければならない（同法第193条の３第１項）

② ①の通知を行った公認会計士は，通知を行った日から一定の期間が経過した日後なお法令違反等事実が財務計算に関する書類の適正性の確保に重大な影響を及ぼすおそれがあり，かつ，当該上場会社等が適切な措置をとらないと認める場合であって，重大な影響を防止するために必要があると認めるときは，当該法令違反等事実に関する意見を内閣総理大臣に申し出なければならない（同法第193条の３第２項）。

③ ②の申出を行った公認会計士は，当該上場会社等に対して，申出を行った旨及びその内容を書面で通知しなければならない（同法第193条の３第３項）。

ことを新たに定めた（第３章「公認会計士と監査」第４節参照）。

◆担保措置

本規定に違反して，①の当該上場会社に通知をしなかった者，②の申出をせず，又は虚偽の申出をした者，③の通知をせず，又は虚偽の通知をした者は，30万円以下の過料に処せられる（金融商品取引法第208条の２第４号，第５号及び第６号）。

(7) 情報開示

◆規定の趣旨

　監査の公正性と信頼性を確保するためには，公認会計士自らの透明性を高め，自律的な取組みを促すべく市場規律を働かせていくことが重要であると考えられる。

　このような観点から，2007年（平成19年）改正法は，監査法人に対しては，貸借対照表，損益計算書等の計算書類と業務報告書の内閣総理大臣への提出及び説明書類の作成とその公衆の縦覧に供すべきことを求めるとともに（法第34条の16第2項及び第34条の16の3第1項），公認会計士に対しては，大会社等の財務書類について監査証明業務を行ったときは，年度ごとに，業務の状況に関する事項として内閣府令で定めるものを記載した説明書類を作成し，当該公認会計士の事務所に備え置き，公衆の縦覧に供しなければならないことを求めた（法第28条の4第1項）[13]。

　説明書類に記載すべき業務の状況に関する事項は，次のとおりとされている（規則第14条）。

① 業務の概況に関する事項
　・ 業務の概要
　・ 業務の内容
　・ 業務の運営の状況（業務の執行の適正の確保に関する状況，業務の品質の管理の状況等）
　・ 他の公認会計士又は監査法人との業務上の提携に関する事項
② 事務所の概況に関する事項
　・ 名称
　・ 所在地
　・ 当該事務所に勤務する公認会計士の数
③ 被監査会社等の名称

　作成された説明書類については，当該説明書類に係る会計年度の経過後3

か月以内に開始し，当該会計年度の翌年度に係る説明書類の縦覧を開始するまでの間，公衆の縦覧に供しなければならないとされている（規則第17条第1項）。

なお，説明書類は，電磁的記録をもって作成することができる（法第28条の4第2項）。また，電磁的記録をもって作成された説明書類については，電磁的方法により不特定多数の者が提供を受けることができる状態に置くことによって公衆の縦覧に供したものとみなされる（法第28条の4第3項）。

◆担保措置

本規定に違反して，説明書類を公衆の縦覧に供しなかった場合，記載すべき事項を記載せずに公衆の縦覧に供した場合又は虚偽の記載をして公衆の縦覧に供した場合には，1年以下の懲役又は100万円以下の罰金に処せられる（法第52条の2第1号）。

なお，電磁的記録をもって作成した場合，電磁的方法により提供を受けることができる状態に置いた場合も同様である。

(8) 被監査会社の幹部への就任の制限

◆規定の趣旨

公認会計士が被監査会社の幹部に就任することを見込んで，監査証明業務を行っている段階で不公正な判断をすることがあれば，監査に対する公正性と信頼性を損ねることとなる。

このような事態を引き起こさないためには，被監査会社の取締役等の幹部への就任を制限することにより，監査証明業務を行っている間に当該被監査会社に，不公正な意見の形成や判断が行われる余地を排除する必要がある。

このような観点から，2003年（平成15年）改正法は，監査証明業務に関与した公認会計士が，関与した会計期間及び翌会計期間の終了の日までの間は，当該被監査会社の取締役，監査役等の幹部に就任することを制限することとした（法第28条の2）（第5章「監査証明業務の制限」第4節参照）。

さらに，これらの制限の対象となる就任先について，2007年（平成19年）改正法は，金融商品取引法による財務諸表監査が連結ベースで行われること等を考慮し，被監査会社のみならず，被監査会社の財務情報に密接な影響を及ぼし得る親会社や連結子会社等のグループ会社[14]の幹部にまで拡充することとした（法第28条の2）。

◆担保措置
　本規定に違反して就任した場合，当該監査は適法性を欠くこととなるが，当該就任が法的に無効となるわけではない。
　しかし，公認会計士の身分を引き続き有している場合には，法に違反した場合としての一般の懲戒処分を受けることがある（法第31条第1項）。
　また，公認会計士が，廃業して，登録の抹消の後に役員等に就任することも想定されることから，2003年（平成15）年改正法は，公認会計士でなくなった者についても制限の対象とするとともに，実効性を担保するために，違反した者を100万円以下の過料に処すると定めている（法第54条第1号）。

(9) 使用人等に対する監督

◆規定の趣旨
　2003年（平成15年）改正法は，公認会計士の義務として，公認会計士が業務を行うため「使用人その他の従業者を使用するときは，当該業務を適正に遂行するよう当該使用人その他の従業者を監督しなければならない」と定めた（法第28条の3）。
　使用者に対する責任については，2002年（平成14年）1月に改訂された監査基準において，監査人が「当該監査に従事する補助者に対して適切な指示，指導及び監督を行わなければならない」とされてはいたものの（第3章「公認会計士と監査」第4節参照），従前の法において格別の義務を設けていたわけではなく，一般の使用者責任の法理に委ねられていた。
　しかしながら，職業専門家としての公認会計士には，業務を行うにあたっ

て誠実性と公正性を堅持し、社会からの信用を失墜してはならず、公認会計士全体の名誉を損ねてはならないのであり、このことは、使用者等を用いて業務を行う場合にも、使用者等に対する監督を通じて業務を適正に行うことによって、果たさなければならないものである。

また、我が国の経済社会における事業活動の多様化、複雑化、国際化に対応し、公認会計士が使用人その他の従業者を用いながら業務を行う機会は、量的にも質的にも拡大しており、そのような背景のもとで、公認会計士が行う業務については、監査証明業務はもとより、非監査証明業務においても、その使用人等も含めて適正に遂行されることが求められる。

この趣旨を特に法律上明記することにより、公認会計士が業務を行うために使用人等を用いるときは、一般に求められる使用者責任とは別に、法の責任を伴う義務として位置づけたものである。

◆担保措置

本規定に違反した場合には、法に違反した場合としての一般の懲戒処分を受けることがある（法第31条第1項）。

第4節　研修の受講

日本公認会計士協会は、その会則の第5章第1節を「研修」と題して、「継続的専門研修制度」（CPE）に関する規定を定めている。

すなわち、日本公認会計士協会は、その会則において、会員である公認会計士は「義務として」「研修を受けなければならない」と定め（同会則第116条第2項）、倫理規則においては、公認会計士は「自らの使命と行動規準の重要性を認識し、その専門分野に関する不断の研鑽に励み、深い教養の涵養と高い品性の陶冶に努め」なければならないとしている（同規則前文）[15]。

このような日本公認会計士協会の組織規律と自主措置を踏まえ、2003年（平成15年）改正法は、監査と会計の専門家にふさわしい能力と品位を保持

すること，その資質の向上を図るための自己研鑽に努めることを公認会計士に求めている。

すなわち，法第1条の2は，公認会計士の職責として「公認会計士は，常に品位を保持し，その知識及び技能の修得に努め」なければならない旨を定めるとともに，法第28条は「公認会計士は，内閣府令で定めるところにより，日本公認会計士協会が行う資質の向上を図るための研修を受けるものとする」と規定している（第2章「公認会計士の使命と職責」第2節参照）。

本規定は，法律上の狭義の概念としての義務を定めたものではないが，職業倫理上の広義の概念としての義務を，日本公認会計士協会の組織規律と自主措置による具体的な規範として，公認会計士に求めることとしたものと解される[16]。

すなわち，「研修を受けるものとする」とは，「受けなければならない」という法律上の義務ではなく，強制的な規範力を有するものではないと解されるが[17]，一般的な原則・方針を示す規定として，いわゆる努力規定に比べて規範性を有すると解される。なお，その懈怠者は，日本公認会計士協会の会則違反の対象になり得ると解される。

━━━━━━━━━━━━━━━ 注 ━━━━━━━━━━━━━━━

(1) 本章では，法律に基づく公認会計士の義務としては，一般共通的なものを整理することとし，個別の法律に基づいて公認会計士に適用があり得る義務については省略することとした。ただし，2007年（平成19年）改正法の重要な課題の一つとして，法令違反等事実への対応については，金融商品取引法の規定ではあるものの，特に掲げることとした。

(2) 一般的に，職業倫理については，理論としての職業倫理，制度としての職業倫理及び実践としての職業倫理の3つがあると説かれることがある。

理論としての職業倫理とは，一般的な倫理観に基づき，職業倫理の規範性，職業倫理における価値判断等を理論的に基礎づけるものとされる。

また，制度としての職業倫理とは，職業専門家としての行動の基準ないし指針として規範化されたものとされる。職業専門家の団体によって自主責任を明確化し，かつ，自主措置の徹底を図るための手段として具体化され，さらには，法定

化されることにより，違反や懈怠に対する強制力や法的責任に担保されることがあるとされる。

　さらに，実践としての職業倫理とは，個々の職業専門家が各々の業務を行う上での職業倫理であり，いわゆるon the job trainingやcase method，実務的な専門研修等によって培われるものとされる。

　特に，制度としての倫理については，その中核をなすと考えられる日本公認会計士協会による倫理規定に体現される趣旨が，組織規律と自主措置として徹底されるととともに，個々の公認会計士が自主的に自らの行動を律することが必要であると考えられる。

(3)　倫理規則については，日本公認会計士協会は，1950年（昭和25年）9月に当時の米国公認会計士協会（American Institute of Certified Public Accountants：AICPA）の規定を参考として「紀律規則」を定めたが，その後の改訂を重ね，2000年（平成12年）7月に，改めて倫理規則として制定したものである。

　なお，第3章「公認会計士と監査」第4節注（18）参照。

(4)　米国公認会計士協会（AICPA）の職業行為規程（Code of Professional Conduct）は，会計士業務に従事しているCPA（公認会計士）に適用される規程としての倫理と職業行為の基本原則を定めており，責任，公共の利益，誠実性，客観性と独立性，正当な注意，業務の範囲と性質の6つを挙げている。

(5)　このうち，特に，独立性の保持については，2001年（平成13年）11月に具体的な解釈を示すための「倫理規則の独立性の解説」をとりまとめ，さらに，2006年（平成18年）10月には，独立性に対する脅威の適切な認識，独立性に対する脅威の重要性の判定，すなわち明らかに些細であるか否かの評価の実施，脅威が明らかに些細でない場合の適切な措置の選定などの事項に関する概念的理解等を支援することを目的として，「独立性に関する概念的枠組み適用指針」を定めた。

(6)　倫理規則では，同規則の「解釈に関して疑義が生じた場合」「倫理規則に規定されていない事項で倫理に関して疑義が生じた場合」は，「本会に相談することができる」ことを定めている（同規則第1条第2項）。

(7)　国際会計士連盟（IFAC）としては，従前の倫理規程を「各国の倫理上の指針が基づくべきモデルとして役立つことを意図している」としていたが，改訂案については，さらに進めて「いかなる加盟の団体又は会計事務所も，本規程で規定されている基準よりも厳格ではない基準を適用することは認められない」との原則を打ち出している。

(8)　なお，金融商品取引法による財務諸表監査では「特別の利害関係のない公認会計士又は監査法人」による監査証明を受けなければならないとし，その特別の利

害関係の主体については，インサイダー取引の規制等の観点から，公認会計士の2親等以内の親族及び補助者までを含めることとしている。

また，日本公認会計士協会の倫理規則は，監査業務を受嘱又は実施するに際しては，「法令に規定する利害関係を有してはならない」と定め（同規則第16条第4項），その利害関係については，公認会計士の2親等以内の親族及び補助者までを含めることとしている（同条第5項）。

(9) 監査証明業務の範囲を限定することは，個々の監査証明業務の信憑性を弱めることになるのではないかとの指摘もあるが，むしろ，公認会計士監査制度の全体に対する公正性と信頼性を確保することになると解される。

(10) 金融商品取引法による財務諸表監査においては，監査証明府令により，監査報告書の記載事項の一つとして「公認会計士法第25条第2項の規定により明示すべき利害関係」が位置づけられている（同令第4条第1項）。

なお，第5章「監査証明業務の制限」第2節注（9）参照。

(11) 信用失墜行為により懲戒処分がなされた事例としては，次のようなものがある。
① 金融商品取引法による財務諸表監査について，虚偽の証明があったとはいえないものの，著しく不備な監査証明業務を行い，実施した監査手続自体が著しく不備であったことにより，監査証明府令第3条第2項に規定する「一般に公正妥当と認められる基準及び慣行に従って実施された」ものとは認められない場合
② 監査証明業務を行った公認会計士の実施した監査手続自体が，著しく不備であった場合に，その監査証明業務に使用人として従事した公認会計士が公認会計士としてなすべき適切な措置を怠ったとき
③ 公認会計士が，税理士として税理士業務に従事した際に，税務署の職員に対して贈賄をしたことにより罰金刑を受け，税理士法上，税理士業務の停止処分を受けた場合
④ 被監査会社の役員と共謀して脱税を行った場合

(12) 日本公認会計士協会は，その倫理規則において，業務を遂行するに際しての基本原則の中に守秘義務を掲げるとともに，「次の場合など正当な理由があるときは」「守秘義務は免除される」としている（同規則第2条第9項）。
① 依頼人から守秘義務の解除の了解が得られている場合。ただし，それによって影響を受けることが予想される者も含めたすべての関係者の利害を考慮しなければならない。
② 法令によって守秘義務の解除が要求されている場合
・ 訴訟手続の過程で文書を作成し又は証拠を提出するとき

- 法令等に基づく，質問，調査又は検査に応じるとき
- 法令等に基づき，法令違反等事実の申出を行うとき
③ 守秘義務が解除される職業上の義務又は権利がある場合
- 訴訟手続において会員の職業上の利益を擁護するとき
- 本会の品質管理レビューに応じるとき
- 会則等の規定により本会からの質問又は調査に応じるとき
- 監査人の交代に際し，監査業務の引継を行うとき

(13) 2006年（平成18年）12月の金融審議会公認会計士制度部会の報告は，「個人事務所については，ガバナンス構造等について監査法人と同水準の情報開示を求めることには困難な面があるが，監査の質の管理等の観点から，少なくとも品質管理に係る基本的な情報については開示を義務付けることが必要であると考えられる」と提言した。

(14) 制限の対象となる就任先の会社について，規則第13条は，次を限定列挙している。
① 被監査会社等の連結子会社（連結財務諸表の用語，様式及び作成方法に関する規則第2条第4号に規定する連結子会社）
② 被監査会社等の持分法（同規則同条第8号に規定する持分法）が適用される非連結子会社（同規則同条第6号）及び関連会社（同規則同条第7号）
③ 被監査会社等をその連結子会社等とする会社等
④ 被監査会社等をその連結子会社等とする会社等の連結子会社等（被監査会社等を除く）

(15) 日本公認会計士協会は，会則の規定等を踏まえ，1997年（平成9年）7月に「継続的専門研修制度に関する規則」を定め，「公認会計士としての使命及び職責を全うし，監査業務等の質的向上を図るため，公認会計士の資質の向上及び公認会計士が環境の変化に適応するための支援を目的」として位置づけ（同規則第2条），研修の方法，研修の要領等の具体的な事項を定めた。

「継続的専門研修制度」は，1998年（平成10年）4月から実施され，2002年（平成14年）4月からは会員に対して義務づけられた。

(16) この点に関して，2002年（平成14年）12月の金融審議会公認会計士制度部会の報告は，「公認会計士が監査証明業務を的確に行うためには，資格取得後も，その専門的能力と幅広い識見を維持・向上させていくことが重要である」としつつ「公認会計士の登録については，法制度上，一定の有効期間を設けるとともに，引き続き登録する場合には，登録の更新を必要とする「更新制度」を導入する方向で検討することが適切である」とするとともに，「また，併せて，法制度上，

「継続的専門研修制度」の受講を義務づけるとともに，当該受講を「更新制度」における要件の一つとする方向で検討することが適切である」と提言した。

(17) なお，諸外国においては，米国や英国のように登録の更新制度を導入し，登録の更新の要件として継続的専門研修の受講を要件としている国がある。他方で，ドイツやフランスのようにそもそも登録の更新制度をとっていない国もある（第8章「公認会計士の登録」第1節注（1）参照）。

第12章 公認会計士の責任

公認会計士の負う責任については，一般に私人として負うことがあり得る民事責任，刑事責任のほか，職業専門家としての義務に応じた責任として，
① 日本公認会計士協会の組織規律上の責任
② 業務の実施に伴う民事上の責任
③ 業務の実施に伴う刑事上の責任
④ 適正な運営の確保の責任
⑤ 懲戒責任
⑥ 課徴金の国庫納付

の6つに大別することができる。

第1節 日本公認会計士協会の組織規律上の責任

職業専門家の団体としての日本公認会計士協会の組織規律上の責任に関して，同協会は，会員が「法令によって処分を受けたとき」「監査その他の業務について公認会計士又は会計士補の信用を傷つけるような行為をしたとき」「会則及び規則に違反したとき」等において，当該公認会計士に対して，
① 戒告
② 会員権の停止
③ 除名
④ 内閣総理大臣の行う登録の抹消その他の懲戒処分の請求

をすることができるとしている（同会則第50条第1項及び第2項）。

これを法に基づく懲戒処分に対し，日本公認会計士協会による懲戒処分と称している。

◆制度の趣旨

　日本公認会計士協会による懲戒処分は，監査及び会計の専門家としての職業専門家にふさわしい能力と品位を保持することを，公認会計士に求めるために自律的に行われるものである。

　懲戒処分の手続については，日本公認会計士協会の会長が，同協会に設置された「綱紀審査会」の議に基づき行うこととされ（同会則第50条第3項），会長が懲戒の処分をしたときは，その旨を会報及び同協会の事務所内に公示することとされている（同会則第50条第6項）。

　懲戒処分の方法のうち，最も重いものは，内閣総理大臣に対する懲戒処分の請求であり，その結果として，登録の抹消等の行政上の懲戒処分がなされる可能性がある。

　法の懲戒処分が業務の停止や登録の抹消を含めているのに対して，日本公認会計士協会による懲戒処分には，このような公認会計士としての業務を直接的に制限する処分は含まれていない[1]。

　なお，外国公認会計士についても監査法人についても，日本公認会計士協会の会員として，それぞれ，同協会の組織規律上の責任を負うこととなる。

第2節　民事上の責任

　公認会計士が行う業務に伴う民事上の責任としては，民法上の債務不履行に基づく損害賠償責任と不法行為に基づく損害賠償責任とがある[2]。

(1) 債務不履行に基づく損害賠償責任

　公認会計士に対して業務を依頼した者と公認会計士の間には，当事者間の契約内容の定めるところにより民法上の債権債務関係が成立する。

　そして，公認会計士が，職業専門家としての業務である以上，相当の注意をもって業務を行うことは当然の前提であり，これに欠けることがあれば不完全履行となり，公認会計士に故意又は過失があれば，民法第415条の規定

に基づき損害賠償責任を負うこととなる。

ここでいう「過失」とは，職業専門家として相当の注意を払わなかったこと，すなわち，通常，職業専門家としての公認会計士に期待されている程度の注意を払っていたならば犯さなかったであろうような誤りを犯すことをいうと解される[3]。

損害賠償責任の範囲については，民法第415条の一般則に従い，公認会計士の業務の結果を信頼したことにより蒙った損害であって，因果関係が認められるものとなる。

(2) 不法行為に基づく損害賠償責任

公認会計士が虚偽のある証明をしたため，この証明を信頼したことにより損害を受けた場合は，公認会計士は，特に故意又は過失がなかったときを除いて不法行為に基づく損害賠償責任を負うこととなる（民法第709条）。

この場合も，公認会計士の故意又は過失を要件とし，過失の判断基準，挙証責任については，債務不履行に基づく損害賠償責任の場合と同様であると解される。

なお，金融商品取引法による財務諸表監査については，損害賠償責任が明文で規定されている。すなわち，金融商品取引法第21条第1項は，有価証券届出書のうちに重要な事項について虚偽の記載があり，又は記載すべき重要な事項若しくは誤解を生じさせないために必要な重要な事実の記載が欠けているときは，当該有価証券届出書を提出した役員，売出人，元引受証券会社又は登録金融機関とともに「当該有価証券届出書に係る監査証明において，当該監査証明に係る書類について記載が虚偽であり又は欠けているものを虚偽でなく又は欠けていないものとして証明した公認会計士又は監査法人」（同法同条同項第3号）は，虚偽の記載等によって生じた損害を賠償する責任を負うと定めている[4]。有価証券報告書，半期報告書に関しても，金融商品取引法は同様の規定を定めている（同法第24条の4及び第24条の5第5項）。

また，虚偽のある証明をした場合の不法行為に基づく損害賠償責任につい

ては，被監査会社の取締役，監査役の責任も定められており，公認会計士と取締役，監査役とは，民法第719条の規定により連帯責任を負うこととなる。

第3節　刑事上の責任

　公認会計士の刑事上の責任について，法は，守秘義務に違反した場合，説明書類の縦覧の懈怠，不実記載などの一定の法違反の場合の罰則を第8章「罰則」において定めている。
　また，虚偽又は不当のある証明をした公認会計士又は監査法人に対して，法は，懲戒処分の規定を設けてはいるものの，刑事上の責任として虚偽の証明そのものを対象とする「虚偽証明罪」のような規定を設けているわけではない。
　なお，金融商品取引法は，公認会計士のみを対象とする「虚偽証明罪」を設けているわけではないものの，有価証券届出書等のうち重要な事項について虚偽の記載のあるものを提出した者に対しては「10年以下の懲役若しくは1,000万円以下の罰金に処し，又はこれを併科する」と定めている（同法第197条第1項）[5]。

第4節　適正な運営の確保の責任

　公認会計士は，監査証明業務の適正な運営を確保するために内閣総理大臣が行う指示に服すべき責任を負うこととされている（法第34条の2）。

◆規定の趣旨

　公認会計士や監査法人の法令違反，虚偽又は不当のある証明等に対して適切に対処することは当然であり，従前の法は，公認会計士や監査法人に法令違反がある場合，虚偽又は不当のある証明を行った場合等には，懲戒責任を負うこととしていた。
　しかし，懲戒処分を科すまでには至らない場合や法令違反等の状態の速や

かな改善が求められる場合がある。

そこで，2003年（平成15年）改正法及び2007年（平成19年）改正法は，「事前監督」から「事後監視」へとの観点から，公認会計士の業務の遂行の適正性についての主体的な取組みを促すこととし，法第34条の2は「内閣総理大臣は，公認会計士がこの法律若しくはこの法律に基づく命令に違反したとき，又は公認会計士が行う第2条第1項の業務が著しく不当と認められる場合において，当該公認会計士が行う同項の業務の適正な運営を確保するために必要であると認められるときは，当該公認会計士に対し，必要な指示をすることができる」ことを定めた。

◆指示と懲戒処分

懲戒処分は，将来にわたって戒め，現実に業務を停止させ，あるいは，公認会計士としての登録を抹消するものである。懲戒処分の効果は，処分を受ける当事者の業務の全般に及び得ることはもとより，公認会計士監査制度の全体にとっての公正性と信頼性にも影響を及ぼしかねないものである。

しかし，懲戒処分を科すまでには至らない場合や，法令違反の状態を速やかに適正なものに回復するように主体的な取組みを促すことにより対応することが，まず必要かつ適切であると考えられる場合がある。

特に，2003年（平成15年）改正法は，日本公認会計士協会の「品質管理レビュー」を公認会計士・監査審査会の「モニタリング」のもとに置くことにより，監査人としての公認会計士や監査法人の監査証明業務の運営，業務管理体制等の適正化を確保することとした。この実効性を挙げるためには，懲戒処分による措置も重要ではあるが，むしろ，公認会計士自身の自己規律と自主措置によって適正な業務の遂行を確保するように促すことが，自主措置を尊重してその限界を補完するという，「品質管理レビュー」の「モニタリング」の趣旨に合致すると考えられる。

このような観点から，法第34条の2は，内閣総理大臣が必要な指示をすることができる旨を定めた。

内閣総理大臣の指示は，懲戒処分における戒告とは異なり，法令違反や業務の著しい不当を改善するための具体的な対応を公認会計士に促すものであり，指示に従うことが求められているものである。したがって，改善の具体的な対応がないなど，公認会計士が指示に従わない場合には，懲戒処分の対象となることがある（法第31条第1項）。

第5節　公認会計士法上の懲戒責任

公認会計士は，内閣総理大臣が行う懲戒処分に服すべき責任を負うこととされている（法第29条，第30条及び第31条）。

日本公認会計士協会による組織規律上の責任，民事上の責任及び刑事上の責任とは異なり，公認会計士法上の懲戒処分は，適正な運営の確保の指示と同様に，公認会計士監査制度を適切に維持するために，内閣総理大臣が法の定めるところにより行う行政上の処分である。

例えば，民事上の責任等が追求されない場合であっても懲戒処分に付されることや，民事上の責任等が追求されている場合であっても懲戒処分に付されないことがあり得る。

また，同一事件が民事事件，刑事事件として裁判に付された場合であっても，裁判手続と並行して懲戒処分の手続が行われることは妨げられない[6]。

なお，懲戒処分に不服のある場合には，一般の行政処分と同様に，行政不服審査法等の規定に基づいて，当該懲戒処分について争うことができる。

(1) 懲戒の種類

公認会計士に対する懲戒処分には，「戒告」「2年以内の業務の停止」及び「登録の抹消」の3種がある（法第29条各号）。

◆戒　告

「戒告」は，将来にわたって戒めるものである。

戒告の懲戒処分も，ほかの懲戒処分と同様に，法第34条第3項に基づき公告されるので，公認会計士にとっては業務を行う上での影響が生じることとなる。

◆業務の停止

「業務の停止」は，2年以内の期間に限り公認会計士の業務を行うことできないことにするものである。

法第34条第3項に基づき公告されるのみならず，現実に業務を停止させることとなるので，実際に，収入の面からも信用の面からも戒告に比べて大きな影響が生じることとなる。特に，業務の停止の期間が長期に及ぶときには，一又は半期の会計年度の監査証明業務を行うことが不可能となり，法定監査が義務づけられている監査の契約の相手方である顧客を失うこととなる。

なお，ほかの法律の定めによる業務の遂行に制約が及ぶ旨が規定されている場合がある。例えば，公認会計士としての資格のほかに税理士の身分を有している場合に，公認会計士としての業務の停止の懲戒処分を受けたときは，業務の停止の当該期間中は税理士業務を行うこともできないとされている（税理士法第43条）。

◆登録の抹消

「登録の抹消」は，最も重い懲戒処分であり，公認会計士の業務を行う上での要件とされている公認会計士名簿の登録が抹消され，公認会計士としての身分を失う。法第34条第3項に基づき公告される。

登録の抹消の懲戒処分を受けた場合は，当該処分の日から5年を経過しなければ，再び公認会計士となることはできないとされている（法第4条第6号）。しかし，公認会計士となる資格（法第3条）自体までを失うものではないとされ，ほかの特段の事由がない限り，懲戒処分を受けた日から5年を経過すれば，再び公認会計士としての登録を受けて，公認会計士としての業務を行うことができる途は残されていると解されている。

(2) 一般の懲戒

公認会計士は，法の規定を遵守する義務があり，これに違反した場合には懲戒処分を受けることがある。

すなわち，法第31条は「公認会計士がこの法律若しくはこの法律に基づく命令に違反したとき」は「内閣総理大臣は，法第29条各号に掲げる懲戒の処分をすることができる」と定めている。

虚偽又は不当のある証明についての懲戒と区別して，一般の懲戒と称している。

◆「この法律に違反したとき」

「この法律に違反したとき」とは，法の定める各規定に違反した場合であり，例えば，法第4章「公認会計士の義務」に定められている各規定に違反すること，変更の登録をすべき場合にその申請をしないこと，業務の停止の懲戒処分に服しないで業務を営むこと，懲戒処分の手続における聴聞等に応じないこと等が該当する。

これまでの懲戒処分の事例のうち最も多いものは，信用失墜行為の禁止の規定（法第26条）の違反である。

◆「この法律に基づく命令に違反したとき」

「この法律に基づく命令に違反したとき」とは，令，規則の各規定に違反した場合であり，例えば，実務補習を指導するにあたって，被指導者の成績について虚偽の報告をすること，諸手続の規定に違反すること等が該当する。

(3) 虚偽又は不当の証明についての懲戒

公認会計士の業務のうち，監査証明業務は，監査及び会計の専門家としての中核的な職能である。監査証明業務に対する公正性と信頼性の確保は，公認会計士監査制度において重要な意義を有するものであることを踏まえて，

法は，特に，監査について虚偽又は不当のある証明が行われた場合について，懲戒処分の規定を設けている。

そもそも，監査証明業務を行うにあたって偽りがあってはならないことは，公認会計士としての職業倫理上からも当然のことであり，虚偽又は不当のある証明が行われた場合の影響にかんがみ，特に懲戒処分の規定が置かれているものである。

懲戒処分の規定は，公認会計士が故意に虚偽又は不当のある証明をした場合（故意による虚偽又は不当の証明）と相当の注意を怠って重大な虚偽又は不当のある証明をした場合（過失による虚偽又は不当の証明）とに分かれ，前者に対しては，より重い懲戒処分をすることができるものとしている[7]。

◆虚偽又は不当のある証明

虚偽又は不当のある証明として懲戒処分を受ける場合は，「虚偽，錯誤又は脱漏のある財務書類を虚偽，錯誤及び脱漏のないものとして証明した場合」である（法第30条第1項及び第2項）。

「虚偽」とは，当該財務書類の作成者が，真実ではないことを知りながら真実ではないことを記載したことを，「錯誤」とは，作成者が真実ではないことを知らずに真実ではないことを記載したことを，「脱漏」とは作成者が記載すべき事項等を記載しなかったことを，それぞれいうと解される。

過失による虚偽又は不当の証明の場合には，虚偽又は不当の内容が「重大」であることが要件とされている。

すなわち，虚偽又は不当のある場合であっても軽微なものであるときは，公認会計士が相当の注意を怠って，重大な虚偽及び不当のいずれもないものとして証明しても，懲戒処分を受けることはない。しかし，重大な虚偽又は不当のある場合には，当該財務書類に重大な虚偽又は不当のあることを公認会計士は指摘しなければならないのであり，これを怠って当該財務書類に重大な虚偽及び不当のいずれもない旨の証明をすると，懲戒処分を受けることがあると定められているのである。

●有価証券報告書等の虚偽記載に係る責任●
（金融商品取引法又は会社法に基づく監査の対象となる会社の場合）

会社
虚偽等のある財務書類を作成

▶**刑事責任**
- 有価証券報告書等の虚偽記載罪（金商法第197条・第207条）
  - 懲役10年以下，罰金1,000万円以下（個人）・7億円以下（法人）
- 報告書添付書類，半期報告書等の虚偽記載罪（金商法第197条の2・第207条）
  - 懲役5年以下，罰金500万円以下（個人）・5億円以下（法人）

▶**民事責任**
- 外部の利害関係者に対する損害賠償責任（金商法第18条，第21条，第22条，第24条の4，第24条の4の7，第24条の5，会社法第429条，第430条）

▶**行政責任**
- 虚偽記載等による訂正報告書等の提出命令等（金商法第10条，第24条の2，第24条の4の7，第24条の5）
- 課徴金の納付命令（金商法第172条の2）
- 会社法に基づく会計監査報告の虚偽記載（会社法第976条・第977条）
  - 100万円以下の過料

公認会計士又は監査法人
会社が作成した虚偽等のある財務書類について，故意又は過失により虚偽等のないものとして証明

▶**刑事責任**
- 有価証券報告書等の虚偽記載罪の共同正犯又は幇助（金商法第197条）
  - 懲役10年以下，罰金1,000万円以下（個人）・7億円以下（法人）
- 報告書添付書類，半期報告書等の虚偽記載罪の共同正犯又は幇助（金商法第197条の2）
  - 懲役5年以下，罰金500万円以下（個人）・5億円以下（法人）

▶**民事責任**
- 外部の利害関係者に対する損害賠償責任（金商法第21条，第22条，第24条の4，第24条の4の7，第24条の5，会社法第429条，民法第709条）
- 被監査会社に対する損害賠償責任（会社法第423条，民法第415条・第709条）

▶**行政責任**
- 公認会計士（個人又は監査法人における関与社員）に対する懲戒処分（法第30条）
  - 故意の場合…2年以内の業務停止又は登録の抹消
  - 過失の場合…戒告又は2年以内の業務停止
- 監査法人に対する処分（法34条の21）
  - 関与社員の故意又は過失の場合…戒告，業務管理体制の改善命令，2年以内の業務の全部若しくは一部の停止又は解散命令
- 課徴金の納付命令（法第31条の2，第34条の21の2）
- 1年以内の監査証明不受理（金商法第193条の2）
- 会社法に基づく会計監査報告の虚偽記載（会社法第976条）
  - 100万円以下の過料

（出典）金融庁
　（注）「金商法」とあるのは金融商品取引法。

◆故意と過失

虚偽又は不当のある証明としての懲戒処分は,公認会計士に「故意」がある場合と「相当の注意を怠り」虚偽又は不当のある証明をした場合とに分けて定められており,前者に対してはより重い懲戒処分をすることができるものとされている。

① 「故意」

公認会計士が「故意に」虚偽又は不当のある財務書類を,虚偽及び不当のないものとして証明した場合には,内閣総理大臣は,2年以内の業務の停止又は登録の抹消の懲戒処分をすることができるとされている(法第30条第1項)。

故意により虚偽又は不当のある証明をすることは,公認会計士としての職業倫理にもとるものであり,あるべきことではない。

そこで,この場合には,戒告の懲戒処分は認めず,より重い懲戒処分をすることができるとしたのである。

② 「相当の注意を怠り」

公認会計士が「相当の注意を怠り」,重大な虚偽又は不当のある財務書類を,重大な虚偽及び不当のないものとして証明した場合には,内閣総理大臣は,戒告又は2年以内の業務の停止の懲戒処分をすることができるとされている(法第30条第2項)。

過失による虚偽又は不当の証明の場合には,故意の場合よりも一段階軽い懲戒処分が規定されており,場合によっては,戒告にとどめることも認めている。

「相当の注意」とは,職業専門家として通常払うべきであると考えられている程度の注意をいい,いわゆる善管注意義務よりは高度のものであると解される[8]。

◆監査法人の虚偽又は不当の証明

監査法人が虚偽又は不当のある証明をした場合には,監査の法的責任が監

査法人に帰属するので，懲戒処分も監査法人に対して行われる（第13章「監査法人」第7節参照）。

ただし，仮に監査法人だけが懲戒処分を受け，実際に業務を行った社員である公認会計士が懲戒処分を受けないとすることは，監査法人に属さない公認会計士が虚偽又は不当のある証明をした場合に比べて，均衡を失うことになる。

そこで，法第30条第3項は，監査法人が虚偽又は不当のある証明をした場合には，監査法人自身の懲戒処分とともに，その業務を行った社員である公認会計士についても，懲戒処分を行うことができることを定めている。

第6節　懲戒処分の手続

公認会計士の懲戒処分については，次のような手続を経て行われることとなる。

(1) 事実の調査

懲戒処分の手続は，まず，懲戒処分に相当する事実があるかどうかの調査に始まる。

調査は，内閣総理大臣の職権により行われるものである（法第32条第3項）。

しかし，懲戒処分の手続は，いわゆる公法規定に対する違反行為の追求であり，この点では刑事訴訟手続に類似している。調査の開始については，刑事訴訟法上において検事の捜査開始の権能及び義務に加えて一般人の告発の途が開かれているように，公認会計士の懲戒責任の追求についても，すべての第三者に懲戒処分の手続の開始を要求する権利が与えられている。

すなわち，法第32条第1項は，何人も，公認会計士に虚偽又は不当の証明についての懲戒処分又は一般の懲戒処分に該当する事実があると思料する場合には，内閣総理大臣に対し，その事実を報告し，適当な措置をとるべきことを求めることができると定めている[9]。

◆「何人も」

「何人も」とは，本人も含めたすべての人の意味である。利害関係人，公務員であっても，差し支えないと解されている。

◆「思料する」

「思料する」とは，疑わしいと思う程度で足り，その事実の存在を確証づける理由があることまでは要しないと解される。

この報告があったときは，内閣総理大臣は，必要な調査をしなければならないこととされている（法第32条第2項）。

しかし，どの程度の調査をするかについては，内閣総理大臣の必要性の認定にかかっており，報告の対象となった公認会計士を必ず審問しなければならないというものではないと解される。

(2) 調査のための権限

懲戒処分に相当する事実があるかどうかの調査をするために，内閣総理大臣は，当該職員をして，次の処分をさせることができる旨を定めている（法第33条第1項各号）[10]。

① 事件関係人若しくは参考人に出頭を命じて審問し，また，これらの者から意見若しくは報告を徴すること[11]
② 鑑定人に出頭を命じて鑑定させること
③ 帳簿書類その他の物件の所有者に対し，当該物件の提出を命じ，又は提出物件を留めて置くこと
④ 事件に関係のある事務所その他の場所に立ち入り，事件に関係のある帳簿書類その他の物件を検査すること

これらの処分に従わない場合については，強制力をもって実行し得るものではなく，法第55条各号は，これらの処分に従わない者，虚偽の陳述，報告，鑑定をした者を30万円以下の過料に処すると定めているにとどまっている。

事実についての調査は，法第33条第1項に規定された調査権限に基づかな

くとも，当事者である公認会計士又は監査法人の同意を得た任意の調査によることもできる。通常は，審問（第1号）が行われている。

報告及び資料の提出については，懲戒処分に相当する事実があるかどうかの調査をするための場合のほかにも，従前から法は「公益又は投資者保護のため必要かつ適当であると認めるときは」監査証明業務又は非監査証明業務に関し，報告又は資料の提出を求めることができることを規定している（法第49条の3第1項）[12]。

(3) 懲戒処分の決定

法は，国家試験に基づく職業専門資格士としての公認会計士の身分を尊重するとともに，懲戒処分の慎重を期するとの観点から，段階的な手続を定めている（法第32条第4項及び第5項）。

事実についての調査の結果，懲戒処分に相当する事実があったと認められるときは，次の手続を経て懲戒処分が行われる。

① 懲戒処分をしようとするときは，あらかじめ当該公認会計士にその旨を通知し，事件関係人である当事者又はその代理人の出頭を求め，釈明のための証拠を提出する機会を与えるための聴聞を行わなければならない（法第32条第4項）[13]。

この聴聞を行うことは，懲戒処分の手続上の義務規定であり，懲戒処分を受けようとする者の保護のために行われるものである。当事者である公認会計士は，聴聞の通知があっても出頭するかどうかについては任意である。ただし，出頭しなければ，当事者としては弁明の機会が活用できない結果となる。

② 聴聞を行った後，相当な証拠により懲戒処分に相当する事実があったと認められる場合は，公認会計士・監査審査会の意見を聴かなければならない（法第32条第5項）。

ただし，公認会計士・監査審査会の勧告に基づいて懲戒処分をしようとするときは，改めて同審査会の意見を聴くことは要しない（同条同項

ただし書)。
③ 公認会計士・監査審査会は，事件の内容を検討の上，懲戒処分に相当するかどうか，どの程度の懲戒処分が相当であるかについての意見を内閣総理大臣に提出する（法第32条第5項及び第35条第2項第1号）。
④ 公認会計士・監査審査会の意見を得た上で，懲戒処分を行うことが相当であると認められる場合は，内閣総理大臣は法第30条又は第31条の規定に基づいて懲戒処分を行う。

(4) 調書の作成と公開

懲戒処分の手続については，事件関係人である当事者の名誉を守ることが必要であるとともに，懲戒処分の公正性についての保証を確保することが必要である。

このため，法第34条第1項は，内閣総理大臣が事件について必要な調査をしたときは，その要旨を調書に記載し，かつ，調査のための審問等の処分があったときは，特にその結果を明らかにしておかなければならないと定めている。また，利害関係人は，誰でも，また，何時でも，この書類の縦覧を求め，又は実費を支弁して，その謄本若しくは抄本の交付を求めることができるとされている（法第34条第2項）。

ただし，仮に事実についての調査等の懲戒処分の手続が進行している段階で，調書が公開されるようなことになっては，当事者である公認会計士等には不当な影響，損失を与えるおそれもある。このため，法第34条第2項ただし書は，当事者である公認会計士又はその代理人以外の者は，事件について懲戒処分がなされ，又は懲戒処分がなされない旨の決定があった後でなければ，これらの調書の縦覧，謄本若しくは抄本の交付を求めることはできないと定めている。

懲戒処分を行ったときは，一般に周知せしめ，実効性を挙げることが必要であり，内閣総理大臣は，その旨を公告しなければならないこととされている（法第34条第3項）。

第7節　課徴金の国庫納付

◆制度の趣旨

　従前の法において，公認会計士が虚偽又は不当のある証明をした場合における行政処分は，戒告，2年以内の業務の停止，登録の抹消の3つの類型の懲戒処分に限定されていた。

　これに対して，業務の停止は，重要な懲戒処分ではあるものの，監査証明業務について停止を迫ることで善意の被監査会社にも影響が及ぶとの問題が生じることとなり，特に監査法人における行政処分としての業務の停止を巡って，その状況によっては国際的な監査ネットワークへの影響も懸念された[14]。

　そこで，非違行為に対しては厳正に対処するべく，行政上の責任を追及する手段を多様化するとともに，経済的な手段を導入することが重要であると考えられた。

　この考え方に立ち，2007年（平成19年）改正法は，監査法人とともに公認会計士に対して，虚偽又は不当のある証明をした場合についての課徴金の国庫納付の制度を導入することとした（法第31条の2）。

　課徴金の金額については，以下のように，公認会計士が受け取る監査報酬額[15]が計算の基礎に置かれている。

① 　故意により，虚偽又は不当のある証明をした場合：監査報酬額の1.5倍に相当する額
② 　相当の注意を怠ったことにより，虚偽又は不当のある証明をした場合：監査報酬額

　故意による場合は，相当の注意を怠った場合に比べて，抑止がより困難であり，課徴金の額を加重する必要があると考えられたと解される[16]。

◆課徴金の国庫納付を命じないことができる場合

　法は，公認会計士が虚偽又は不当のある証明をした場合には，内閣総理大

臣は課徴金の国庫納付を命じなければならないと定めており、特定の場合に限って命じるとは規定されていない（法第31条の2第1項）。

ただし、例外的に命じないことができる場合を定めている（同条第2項）。

課徴金の国庫納付の制度は、公認会計士による虚偽又は不当のある証明を抑止することを目的とするものではあるものの、個別の非違行為ごとに必要かつ適切と考えられる行政上の責任を公認会計士に全うさせることが何よりも重要であり、当該公認会計士の業務の状況、再発の蓋然性、被監査会社への影響等を踏まえた対処を可能とすることが必要であると考えられることから、法は、以下のような一定の場合には課徴金の国庫納付を命じないことができることを定めたものである。

① 違反の態様等が軽微であり、課徴金を賦課するには及ばない場合
　具体的には、
　(a) 故意による虚偽又は不当のある証明をした場合であって、財務書類における虚偽又は不当が財務書類全体の信頼性に与える影響が比較的軽微であると認められるとき（第1号及び公認会計士法の規定による課徴金に関する内閣府令第1条第1項）[17]
　(b) 相当の注意を怠ったことによる虚偽又は不当のある証明をした場合であって、相当の注意を著しく怠ったとき以外のとき（第2号及び同令第1条第2項）[18]

には、課徴金の国庫納付を命じないことができるとしている。

② 違反の態様が重大であり、課徴金以外の行政処分を課す場合であって、当該行政処分自体が当該公認会計士に一定の経済的負担をもたらし、そのことにより十分に行政上の責任を果たしたと考えられるとき
　具体的には、
　(a) 被監査会社との間で既に締結されている契約に基づく監査証明業務についての停止命令が行われるとき（第3号及び同令第1条第3項）
　(b) 登録の抹消が行われるとき（第4号）

には、課徴金の国庫納付を命じないことができるとしている。

■■■■■■■■■■■■■■■■■■■■■■■■■■■ 注 ■■■■■■■■■■■■■■■■■■■■■■■■■■■

(1) この点に関しては，職業専門家の団体としての組織規律と自主措置による体制を確立するとの観点からは不十分ではないかとの指摘もあるが，現行制度上は，公認会計士に日本公認会計士協会への強制加入の制度をとっている前提のもとで，会員権の停止等の懲戒処分をすることができることで，公認会計士としての業務を制限することとなり，実質的に必要かつ十分な自主措置としての実効性は図られていると解される。
(2) 公認会計士が行う業務に伴う民事上の責任としては，このほかにも，例えば，会計監査人として任務を怠ったことにより被監査会社に損害が生じた場合の損害賠償責任等，個別の法律に基づいて公認会計士が負うことがあり得る責任が規定されているものがある。
(3) この過失の有無についての挙証責任は，民事訴訟上の一般原則によれば，損害賠償を請求する債権者にあるとされる。もっとも，職業専門家としての公認会計士が監査証明業務を行い，しかもなお重要な虚偽の証明がなされたというような場合には，会社法に基づく会計監査人の損害賠償責任について挙証責任を転換しているように，むしろ過失があったとされ，無過失であったことを公認会計士が立証しなければならないこととなろう。

　したがって，公認会計士は，監査証明業務を行うにあたっては常に相当の注意を払わねばならず，監査調書その他の証拠によって，過失がなかったことを証明できるようにしておくことが適切かつ必要である。
(4) 虚偽のある証明を行ったことについて故意又は過失がなかったことを公認会計士又は監査法人が証明したときは免責される（金融商品取引法第21条第2項第2号）。

　なお，被監査会社が財務諸表等に虚偽の記載をしていても，監査においてその事実を指摘し，それが正当である場合，財務諸表等以外の部分に虚偽の記載がある場合にも免責されると解される。

　有価証券報告書についても同様に定められている（同法第24条の4及び第22条第2項）。
(5) この点に関して，公認会計士又は監査法人による監査証明は，金融商品取引法に基づく財務諸表監査においては監査報告書によって行われ，同報告書は有価証券届出書等に綴じ込んで提出されることから，その一部を構成することにはなるものの，公認会計士又は監査法人は当該有価証券届出書等の提出者ではないことから，本罪の単独正犯ではなく，共同正犯又は従犯（幇助罪）としての刑事責

第12章　公認会計士の責任

任が問われることになると解される。

なお，この場合，虚偽のある証明については故意であることが前提となる。

(6) なお，刑事事件の裁判の結果として，監査と会計に関する一定の罰則規定の適用により禁錮以上の刑に処せられた場合は，欠格事由に該当し（法第4条第2号），公認会計士としての身分を失うこととなるので，既に付されていた手続も含めて懲戒処分の手続は終了することとなると解される。

(7) 虚偽又は不当のある証明は，金融商品取引法による財務諸表監査をはじめとする法定監査であるといわゆる任意監査であるとを問わない。したがって，任意監査の場合であって，当事者間としては民事上の損害賠償等の問題が解決されているときであっても，行政上の処分としての懲戒処分が行われることがあり得る。

(8) 財務書類の内容に虚偽又は不当のある場合，その作成の第一義的責任は当該被監査会社にある。しかし，公認会計士は，職業専門家として一般人に比べてより高度な専門的能力があることを前提としており，職業専門家として通常払うべき注意は払ったものの，その虚偽又は不当の発見ができなかったということが立証されない限り，過失があったとされることもやむを得ないと解される。

したがって，公認会計士は，監査証明業務を行うにあたっては常に相当の注意を払わねばならず，どのような手続を実施し，どのような証拠を得て，どのような検討の結果として監査意見を形成するに至ったのか等についての記録を的確にとっておくことが適切かつ必要である。

(9) 報告をした者に内閣総理大臣がどのような調査を行ったかを報告することは義務づけられていないと解される。

(10) これらの処分は，刑事訴訟法上の証人尋問，鑑定，提出命令，領置及び臨検検査権にそれぞれ相当するものであると説明されている。

(11) 出頭又は鑑定を命ぜられた参考人又は鑑定人は，旅費，日当その他の費用を請求することができると規定されている（法第33条第2項）。ただし，本規定は事件関係人には適用がない。

(12) なお，立入検査については，従前の法が定めていた懲戒処分に相当する事実があるかどうかの調査をするための場合に加えて，2003年（平成15年）改正法は，「公益又は投資者保護のため必要かつ適当であると認めるときは」監査証明業務に関し，業務に関係のある場所に立ち入り，その業務に関係のある帳簿書類その他の物件を検査させることができることを規定している（法第49条の3第2項）。

(13) 懲戒処分として戒告又は2年以内の業務の停止の処分をしようとする場合について，法第32条第4項は「行政手続法第13条第1項の規定による意見陳述のための手続の区分にかかわらず，聴聞を行わなければならない」と定めている。

行政手続法第13条第1項の規定によれば，このような懲戒処分の場合については，不利益処分であっても身分，資格，地位の取消，剥奪等に至らないため，行政手続法上は「弁明の機会の付与」（同法同条同項第2号）で足りると解されることとなるが，このような場合についても，法としては，当事者である公認会計士の保護と行政機関による十分な手続の確保の観点から，聴聞を行うべきことを定めたものであると解される。

(14) 2006年（平成18年）12月の金融審議会公認会計士制度部会の報告。

(15) 2007年（平成19年）改正法の施行に先立って，金融庁は，令の一部改正案を「パブリック・コメント」に付して意見の募集を行い，寄せられたコメントに対する金融庁としての考え方を同年12月7日付けで公表した。

　　公表された金融庁の考え方によれば，ここでいう「監査報酬額」については，「会計期間内における監査証明業務の対価を全て含めた監査報酬相当額に基づき課徴金の額を算定することが前提となっている」と考えられるとし，「同一の会計期間内に複数の証明がなされたとしても，当該会計期間内における監査証明業務の対価を全て含めた総額を課徴金の算定の基礎とすること」が法の前提となっているとしている。

(16) 故意による場合の課徴金の額の加重に関して，「従来，我が国における課徴金制度は違法行為によって得た経済的利益を剥奪するものとして位置づけられてきたが」「課徴金制度の制裁的機能を強化し，虚偽証明を行うことが割に合わないようにする（経済的利益を剥奪するだけでは，発覚しない可能性を考慮すると，十分な抑止機能は期待できない）という点で画期的な方向に踏み出したと評価することができる」という指摘がある（筑波大学弥永真生教授，「ジュリスト」No.13444，前出）。

(17) 「比較的軽微であると認められる」場合について，公認会計士法の規定による課徴金に関する内閣府令第1条第1項は，「虚偽，錯誤又は脱漏により当該財務書類に記載される数値その他の内容の変化が軽微である場合とする」と定めている。

(18) 「相当の注意を著しく怠った」場合について，公認会計士法の規定による課徴金に関する内閣府令第1条第2項は，「財務書類の監査又は証明が一般に公正妥当と認められる監査に関する基準及び慣行に照らして著しく不十分であった場合とする」と定めている。

第13章 監査法人

　監査法人の制度は1966年（昭和41年）6月の法改正によって創設されたものである。

　制度の創設当時，監査法人は，人的関係に基礎を置き，組織規律と相互監視が機能することを前提として共同組織体による監査証明業務を行うことを認めたものであると説かれ，無限連帯責任を負う5人以上の公認会計士によって構成するものとされた。

　そして，制度の創設以来，我が国の会社等の事業活動の多様化，複雑化，高度化の一層の進展に伴い，監査もまた複雑化，高度化を遂げてきた。合併等による監査法人の大規模化，寡占化が進む中，監査の公正性と信頼性の確保の観点から，監査法人による組織的監査に対する要請と期待は高まる一方，最近の監査法人における非違行為や監査に関する品質管理の実情が明らかにされていく中で，監査法人のあり方については，とりわけ，独立性の確保，品質管理の向上，行政による監督等を巡るさまざまな課題が提起されてきた。

　これらの課題に関し，2003年（平成15年）改正法及び2007年（平成19年）改正法は，抜本的な制度上の見直しを行った。

第1節　概　説

　公認会計士監査制度において，中核的な職能として位置づけられる監査証明業務の公正性と信頼性を確保するためには，その対象となる会社等の事業活動の多様化，複雑化，国際化に対応して，適切な人員，システム，設備等を確保することによって，監査の水準を一定以上に保つ必要がある。特に，

●監査法人の概況●

項　　目	平成15年3月期	平成20年3月期
規模の概況		
法　人　数	146	174
社　員　数(a)	2,851　(人)	3,229　(人)
常勤使用人数(b)	10,899	15,808
（公認会計士）	(4,686)	(5,481)
（会計士補）	(3,159)	(3,297)
（その他）	(3,054)	(7,030)
計 (a)+(b)	13,750	19,037
従たる事務所数	178	166
財務の状況		
	（百万円）	（百万円）
出　資　金	9,826	11,124
営　業　収　入	197,786	220,429
（うち監査業務収入）	(172,292)	(172,118)
・社員1人あたり	(60)	(53)
・所属CPA1人あたり	(23)	(20)
営業費用	192,282	192,408
社員報酬	(48,426)	(40,162)
・社員1人あたり	(17)	(12)
当　期　損　益	2,917	8,225

（出典）金融庁

大規模に事業活動を展開している会社については，監査に精通した者による組織的監査に拠らずして，公正性と信頼性を確保するに足る監査の水準を維持することには，事実上の困難があるといわざるを得ない。

また，複数の公認会計士の緊密な結合のもとに，統一的かつ継続的な共同作業として組織的監査を行うことにより，組織規律と相互監視のもとで監査の公正性と信頼性を高めることができる。

このため，法は，共同組織体としての監査法人が監査証明業務を行うことを認めた[1]。

◆制度改革の背景

監査法人の制度は，公認会計士の共同組織体を通じて組織的監査を有効かつ適切に行うことによって監査の水準の向上を図ることを目的として創設され，監査の水準の向上のほか，監査法人の制度の活用による公認会計士の活動の基盤及び共同作業の体制の充実・強化を通じた一定の効果が期待されると説かれた[2]。

制度として創設された監査法人は，組織的監査の展開を通じて相応の実効性を挙げてきた[3]。

その後，我が国の会社等の事業活動の多様化，複雑化，国際化の一層の進展，新興市場の整備，コーポレート・ガバナンスや内部統制に関する制度の充実等に伴い，監査法人における監査もまた複雑化，高度化を余儀なくされ，合併等による監査法人の大規模化，寡占化が進んできた。特に，構成員の規模が1,000人を超えるような大規模な監査法人が出現する状況において，構成員の相互間の監視と牽制の人的関係に組織規律を依存するには実質的に限界があり，制度の創設当時の商法における合名会社をモデルとした制度が必ずしも現実にそぐわない面が出てきていること等が指摘されてきた。

このような環境と状況において，監査の公正性と信頼性の確保の観点から，監査法人の独立性の確保や監査法人による組織的監査に対して高まる要請と期待に対応し，2003年（平成15年）改正法及び2007年（平成19年）改正

法は，監査法人を巡る重要な制度の見直しを行った。

特に，産業再生機構による支援決定を契機として発覚した2005年（平成17年）の「カネボウ株式会社」の粉飾決算に関する中央青山監査法人とその関与社員による虚偽の監査証明の事件をはじめ，最近の監査法人を巡る非違行為は，監査法人における監査に関する品質管理のあり方のみならず，監査法人の制度のあり方についてのさまざまな課題を改めて提起し，制度の早急な見直しの具体化を促すこととなった。

◆制度改革の趣旨

2003年（平成15年）改正法及び2007年（平成19年）改正法による抜本的な見直しについて，主な内容を整理すると，次のとおりである。

第一が，「事前監督」から「事後監視」へという観点や規制緩和の観点から，監査法人の設立等の認可制を届出制に改めたこと，社員の競合禁止が解除される場合を認めたこと等である。

第二が，監査法人の独立性の確保と地位の強化という観点から，独立性の保持に関する総則的規定の整備，特定の場合の監査証明業務の制限，不正や違法行為の発見時の当局への報告の義務づけ等を定めたことである。

第三が，監査法人における品質管理，ガバナンス，ディスクロージャーの強化という観点から，品質管理の体制の整備，その開示の義務づけ，社員の資格の非公認会計士への拡大（「特定社員」の制度の創設）等を定めたことである。

第四が，監査法人の責任のあり方についてであり，具体的には，責任限定の観点からの「指定社員」の制度や「有限責任監査法人」の制度の創設等を定めたことである。

第五が，監査法人に対する監督のあり方についてであり，具体的には，品質管理に関する公認会計士・監査審査会による報告徴収・立入検査，課徴金制度の導入，行政処分の多様化，有限責任監査法人の登録の義務づけ等を定めたことである。

●監査法人と公認会計士●

2008年（平成20年）3月末

		監査法人数	公認会計士数（人）	構 成 比 (%)
監査法人	400人以上	5	6,732	37.6
	200～399人	1	215	1.2
	100～199人	0	0	0
	26～99人	8	346	1.9
	5～25人	160	1,417	7.9
所属公認会計士		（合計）174	（合計）8,710	48.6
個人事務所	所属公認会計士		9,214	51.4
合　　計			17,924	100.0

（出典）金融庁

なお、これらの措置は、相互に関係性を持つものも少なくない。

例えば、有限責任監査法人を巡っては、責任限定という新たな形態を導入したことに伴い、財産的基盤の充実とその透明性の確保の必要性にかんがみ、開示の義務づけや登録の義務づけが手当された、という関係を指摘することができる。

第2節　設　立

(1) 認可制から届出制への見直し

監査法人の制度創設の当時は、共同組織体としての組織的監査が実効性を挙げることができるよう、その業務の遂行が有効かつ適切に行われるかどうかを事前に判断する観点から、監査法人の設立は、法の規定に基づき大蔵大臣（当時）の認可制のもとに置かれ、従前の法は、監査法人の設立について「内閣総理大臣の認可を受けなければならない」と定めていた（旧法第34条の7）。

このような認可制に対しては、

① 組織的監査は相応の実績と実効性を挙げており、監査法人の制度は十分に定着を見ている現状にあること

② 従前の「事前監督」から「事後監視」へとの規制緩和の観点等から、政府の関与については、監査を組織的に有効かつ適切に行う上で真に必要性が認められるものに限るべきであること

③ その後に専門職業資格士の制度として創設された弁護士法人、税理士法人等については認可制を採用せず、設立登記のみで成立する準則主義が採用されていること

等にかんがみ、2003年（平成15年）改正法は、監査法人の設立の認可制を届出制に改め、併せて、解散、合併、定款変更の手続についても従前の認可制を届出制に改めた[4]。

（2）設立の手続

　監査法人の設立について，法は，社員になろうとする者が共同して定款を定め（法第34条の7第1項），主たる事務所の所在地において設立の登記をすることによって成立するとしている（法第34条の9）。

◆設立登記による成立

　監査法人は設立登記のみで成立する。いわゆる準則主義に立つものである。

　ただし，登記が効力を有するためには，公証人の認証を受けることが必要となる（法第34条の7第2項において準用される会社法第30条第1項）。

　公証人の認証を受けるにあたっては，次の要件を満たすことが前提となる。

① 社員のうちには少なくとも「5人以上」の公認会計士が含まれること

　　共同組織体を通じた組織的監査の主体としての実態を確保するため，監査証明業務を行うに十分な体制と能力を考慮して「5人以上」という水準が定められたとされる。ここでいう公認会計士には，外国公認会計士（第9章参照）も含まれる。

② 公認会計士の資格を有しない社員については「特定社員」としての登録を受けていること

　　公認会計士の資格を有しない者が監査法人の社員になろうとする場合，日本公認会計士協会に備えられた「特定社員名簿」の登録を受けていることが必要となる。なお，特定社員名簿の登録を受けようとする者は同協会に申請書を提出しなければならない。

③ 社員のうちに公認会計士である社員の占める割合が「100分の75」以上であること

　　監査法人の制度は，本来，監査証明業務を組織的かつ適正に行うために設けられたものであること，米国やEU主要国においても公認会計士である社員の割合に下限（公認会計士の資格を有しない者である社員の割合の上限）が設けられていること等を踏まえ，少なくとも社員のうち

の「100分の75」という水準を公認会計士で確保することが必要となる[5]。
④ 社員が「一定の事由」に該当しないこと
　ここでいう「一定の事由」とは,
(a) 一般の懲戒処分又は虚偽若しくは不当のある証明についての懲戒処分として業務の停止の処分を受けた公認会計士であって,その停止の期間を経過しない場合
(b) 他の監査法人における法又は関連命令の違反についての行政処分として,監査法人の意思決定への関与や補助者としての業務への従事の禁止の処分を受けた特定社員であって,その禁止の期間を経過しない場合
(c) 他の監査法人が解散又は業務の停止の処分を受け,その処分の日以前30日以内に当該他の監査法人の社員であった者であって,その処分の日から3年（業務の停止の処分を受けたときは,当該業務の停止の期間）を経過しない場合

のいずれかの場合であり,これらに該当する場合[6]には,監査法人の社員になることができない（法第34条の4第2項）。
⑤ 共同して「定款」を定めること
　定款には一定の事項を記載しなければならないとされている（「絶対的記載事項」）（法第34条の7第3項）。
　「絶対的記載事項」は,目的,名称,事務所の所在地,社員の氏名及び住所,社員の全部が無限責任社員又は有限責任社員のいずれであるかの別及びその旨,社員の出資の目的及びその価額又は評価の標準,業務の執行に関する事項の7つとされている。
　なお,社員の全部を有限責任社員とする場合,すなわち有限責任監査法人の場合には,その名称において「有限責任」の文字を用いなければならない（法第34条の3第2項及び規則第18条）。
　また,特定の重要事項については,定款に記載された場合にその効力を生ずるとされているものがある（「相対的記載事項」）[7]。

⑥　主たる事務所の所在地において設立の登記をすること

　設立の登記は，組合等登記令の定めるところにより，その主たる事務所の所在地においてしなければならない（同令第3条第1項）。

　従たる事務所がある場合には，設立の登記をした後2週間以内に，従たる事務所の所在地において登記をしなければならない（同令第3条第3項）。

　設立後に従たる事務所を設けた場合には，主たる事務所の所在地においては2週間以内に，当該従たる事務所の所在地においては3週間以内に，それぞれ登記をしなければならない（同令第4条）。

◆内閣総理大臣への届出

　監査法人が設立の登記をして成立したときは，成立の日から2週間以内にその旨を内閣総理大臣に届け出なければならない（法34条の9の2）。

　また，届出の際には「業務の品質の管理の方針を記載した書類」を添付しなければならない（規則第20条第2項第9号）。

　このことは，監査法人における適切な品質管理の体制の構築と運用が重要であることにかんがみ，監査法人の成立にあたって明確な方針を求めたと解される。

　なお，監査法人は，当然に，日本公認会計士協会の会員となる（法第46条の2）。このことは，同協会による自治機能の発揮を期待したものと解される。

第3節　使命と職責

　監査法人については，公認会計士の使命と職責を定めた規定がともに準用されている（法第34条の2の2第2項）。

(1) 使　　命

　監査法人の制度は，一身専属的な資格に基づく業務として，自然人である

公認会計士に認められた監査証明業務について，法人の業務として監査法人によっても行い得ることとしたものであり，その制度の本旨は，監査証明業務を通じて，財務に関する情報の信頼性を確保することにある。

この観点から，2003年（平成15年）改正法は，新たに定めた公認会計士の使命の規定（法第1条）について，監査法人に準用することとし，監査法人の使命を定めた。

(2) 職　　責

監査法人においても，自然人である公認会計士と同様に，監査と会計の専門家としての専門的な知識と実践的な技能はもとより，職業倫理を基礎として，業務を行うことが求められる。

また，監査人としての独立性を確保する観点からは，公認会計士と同様に，監査法人についても独立した立場において法人としての業務を行わなければならないことは当然である。

この観点から，2003年（平成15年）改正法が新たに定めた公認会計士の職責の規定（法第1条の2）について，2007年（平成19年）改正法は，「独立した立場において」という旨を追加して明記するとともに，監査法人に準用することとし，監査法人の職責を定めた。

第4節　社　　員

監査法人の制度の創設当時から，監査法人の社員は公認会計士でなければならず，かつ，社員である公認会計士は，監査法人の財産をもってその債務を完済することができないときに無限連帯責任を負うこととされてきた。

これに対して，2003年（平成15年）改正法及び2007年（平成19年）改正法は，社員の資格を公認会計士でない者に拡大するとともに，社員の責任限定を制度として導入することとした。

(1) 概　説

◆資　格

監査法人の社員は，公認会計士又は特定社員の登録を受けた者でなければならない（法第34条の4第1項）。

従前の法は，監査法人の社員は公認会計士でなければならないと定めていた。

これに対して，2007年（平成19年）改正法は，公認会計士でない者が監査法人の社員になろうとする場合には，特定社員としての登録を受けることによって監査法人の社員となることができることとし，社員の資格を公認会計士でない者に拡大することとした（(5)「特定社員」参照）。

なお，一定の事由に該当する場合には，監査法人の社員となることができない（法第34条の4第2項）（第2節「設立」(2)参照）。また，一定の事由に該当する場合には，特定社員としての登録を受けることができない（法第34条の10の10）。

特定社員について自然人であることを要することは，これらの一定の事由の規定等に照らして明らかであると解される[8]。

◆義務と責任

監査法人の社員の義務及び責任について，従前の法において社員はすべて公認会計士であることとされたことから，社員は，共同組織体の構成員たる地位としての義務及び責任とともに，公認会計士としての義務及び責任を負うこととされた。

これに対して，2003年（平成15年）改正法及び2007年（平成19年）改正法においては，

① 監査法人の独立性の確保と地位の強化という観点から，特定の場合の監査証明業務の制限，不正や違法行為の発見時の報告の義務づけ等を定めたこと

② 監査法人における品質管理，ガバナンス，ディスクロージャーの強化という観点から，品質管理の体制の整備，特定社員の制度の創設等を定めたこと
③ 監査法人の責任のあり方について，責任限定の観点からの指定社員の制度や有限責任監査法人の制度の創設等を定めたこと

等の制度改革が行われたことに伴い，監査法人の社員の義務及び責任についても，

① 公認会計士である社員が負うべき義務及び責任に比べて，公認会計士でない社員としての特定社員が負うべき義務及び責任は限定されることとなったこと
② 監査法人の行う監査証明業務の公正性と信頼性の確保の観点から，監査法人が負うべき義務及び責任が強化されたことに伴い，共同組織体の構成員として負うべき義務及び責任もまた強化されることとなったこと

という見直しが行われた。

このような経緯のもと，監査法人の社員の義務及び責任についての法の規定は，

① 公認会計士である社員も特定社員も共通に負う義務及び責任
② 特定社員については限定されている義務と責任

に整理することができ，内部関係や外部関係についての会社法の規定を準用しつつ（法第34条の22），①については守秘義務，競業の禁止など，②については監査証明業務に関する業務の執行，代表性の制限，責任の制限など，それぞれ所要の規律を定めている。

(2) 守秘義務

◆規定の趣旨

「守秘義務」（第11章「公認会計士の義務」第3節参照）において既に述べたとおり，守秘義務は，監査法人の社員である公認会計士のみに課せられているだけではなく，特定社員に対しても課せられている（法第34条の10の16

前段)。なお，監査法人の使用人その他の従業者に対しても課せられている（法第49条の2）。

社員である公認会計士については，社員でなくなった後も公認会計士である以上は当然のこと（法第27条前段），公認会計士でなくなった後にも（同条後段），また，特定社員については，特定社員でなくなった後にも，それぞれなお適用されるものとされている（法第34条の10の16後段）。

これらの者が従事した業務は，監査証明業務であるか非監査証明業務であるかを問わず，取り扱ったことが守秘義務の対象とされている。

◆担保措置

公認会計士である社員又は特定社員が守秘義務に違反した場合には，2年以下の懲役又は100万円以下の罰金に処せられる（法第52条第1項）。

また，公認会計士である社員が守秘義務に違反した場合は，一般の懲戒処分を受けることがある（法第31条第1項）ことと同様に，特定社員が守秘義務に違反した場合は，戒告，2年以内の業務への関与等の禁止，登録の抹消の処分を受けることがある（法第34条の10の17第2項）。

さらに，公認会計士である社員又は特定社員が守秘義務に違反した場合には，監査法人としての業務の運営に著しい不当があると認められるときに該当し，監査法人自身が懲戒処分等の行政処分を受けることがあると解される。

なお，「正当な理由」がある場合には違反とはならないこと，親告罪とされていることは，公認会計士の守秘義務の場合と同様である。

(3) 競業の禁止

◆規定の趣旨

法は，監査法人の社員が他の監査法人の社員となってはならないことを定めている（法第34条の14第1項）。公認会計士である社員であると特定社員であるとを問わない。

このような競業の禁止については，従前の法は，さらに厳格に，監査法人の社員は，他の社員の全員の承認を仮に受けたとしても，監査証明業務はもとより，定款で定める業務の範囲に属する非監査証明業務についても，自己又は第三者のために業務を行ったり，他の監査法人の社員となってはならないことを定めていた（旧法第34条の14）。
　この点に関し，会社法の持分会社の社員や弁護士法人の社員については，他の社員の全員の承認を受けた場合には競業の禁止は解除されることとされていること（会社法第594条第１項，弁護士法第30条の19）も踏まえ，2007年（平成19年）改正法は，監査法人の社員について，他の社員の全員の承認を受けた場合には，自己又は第三者のために，当該監査法人の定款で定める業務の範囲に属する非監査証明業務を行うことができることを定めた（法第34条の14第２項ただし書）。
　ここでいう「業務の範囲」とは，定款に記載されたものであり，仮に非監査証明業務を監査法人の業務とはせずに定款に記載しない場合には，社員が当該監査法人以外の監査法人の非監査証明業務を行ったとしても，そもそも競業の禁止の対象とはならない。

◆**担保措置**
　監査法人が行う監査証明業務については，その社員が被監査会社との間で特定の利害関係を有する場合には一定の制限をすることが必要となる。
　この観点から，監査法人における社員について競業の禁止が解除される場合，当該社員が「大会社等」から非監査証明業務による継続的な報酬を受けているときには，当該「大会社等」の財務書類についての監査証明業務を当該監査法人が行ってはならないとされている（法第34条の11の２第２項）。
　なお，公認会計士である社員が競業の禁止に違反した場合は，一般の懲戒処分を受けることがあり（法第31条第１項），特定社員が競業の禁止に違反した場合は，戒告，２年以内の業務への関与等の禁止，登録の抹消の処分を受けることがある（法第34条の10の17第２項）。

（4）業務の執行と代表社員

◆業務の執行

社員の業務の執行について，法は，次のとおり定めている。

① 監査法人の行う業務のうち，監査証明業務については，公認会計士である社員のみが業務を執行する権利を有し，義務を負う（法第34条の10の2第1項）。

　従前の法においては，義務や責任の主体は公認会計士に限られており，監査法人においても，社員である公認会計士がすべて業務を執行する権利を有し，義務を負うこととされてきた。

　これに対して，2007年（平成19年）改正法により，公認会計士でない者が特定社員として監査法人の社員となることができることとされたことに伴い，監査法人の業務の執行についての特定社員の義務や責任を明確化することが不可欠となる。

　この点に関して，
・ 特定社員が監査法人の監査証明業務に責任者として従事することは想定されないと考えられること
・ 監査法人の監査証明業務の執行に伴う義務や責任については，公認会計士としての使命と職責に基づいて法に規定された義務や責任を前提として定められていること

等にかんがみ，法は，監査法人の業務のうち，監査証明業務については，特定社員の監査法人における権利や義務を制限することとし，その義務や責任の主体を公認会計士である社員に帰属させることにより，監査の公正性と信頼性の確保を図ることとされたと解される。

② 監査法人の行う業務のうち，非監査証明業務又は実務補習については，すべての社員が業務を執行する権利を有し，義務を負う（法第34条の10の2第2項）。

　「すべての社員」とあり，当然に，公認会計士である社員も特定社員

も含まれる。

　非監査証明業務又は実務補習については，監査証明業務とは異なり，特定社員であるからといって，その権利や義務を制限する必要はなく，むしろ，当然に社員としての権利や義務を的確に遂行することを求めることとされたと解される。
③　なお，公認会計士である社員も特定社員も，定款の定めにより監査法人の意思決定に関与し，又は補助者として監査法人の業務に従事することができる（法第34条の10の２第３項及び第４項）。

◆代表社員

監査法人の代表について，法は，次のとおり定めている。
①　監査法人の行う業務のうち，監査証明業務については，公認会計士である社員のみが各自監査法人を代表する（法第34条の10の３第１項）。

　従前の法においては，監査法人の社員である公認会計士が各自当該監査法人を代表することとされてきた。

　これに対して，2007年（平成19年）改正法により，公認会計士でない者が特定社員として監査法人の社員となることができることとされたことに伴い，業務の執行の場合と同様に，監査法人の代表についての特定社員の位置づけを明確化することが不可欠となる。

　この点に関して，法は，業務の執行についてと同様に，監査法人の業務のうち，監査証明業務については，特定社員が代表することを制限することとし，公認会計士である社員のみが監査法人を代表することとした。
②　ただし，公認会計士である社員全員の同意によって，公認会計士である社員のうち特に監査法人を代表すべき社員を定めることを妨げない（法第34条の10の３第１項ただし書）。

　従前の法においては，定款又は社員全員の同意によって，社員のうち特に監査法人を代表すべき社員を定めることができることとされてき

た。実際，監査法人の運営において，特に大規模な監査法人においては，理事会等の監査法人の経営に関する意思決定の機関を設置するとともに，理事長や代表社員といった一部の社員が特に監査法人を代表することが定められてきた。

　ただし書の規定は，このような実情も踏まえて定められたと解される。
　なお，定款によって代表すべき社員を定めることは認められておらず，代表の決定に関する社員の明確な意思表示，しかも，社員全員の同意が求められている。

③　監査法人の行う業務のうち，非監査証明業務又は実務補習については，すべての社員が各自監査法人を代表する（法第34条の10の3第2項）。

　このことは，業務の執行の場合と同様に，非監査証明業務又は実務補習については，監査証明業務とは異なり，特定社員であることによって制限する必要はないと考えられたと解される。

④　ただし，定款又は社員全員の同意によって，社員のうち特に監査法人を代表すべき社員を定めることを妨げない（法第34条の10の3第2項ただし書）。

⑤　監査法人を代表する社員は，監査法人の業務に関する一切の裁判上又は裁判外の行為をする権限を有する（法第34条の10の3第3項）。

　ただし，監査法人の業務のうち，監査証明業務については，特定社員はその裁判上又は裁判外の行為をする権限を有しない。監査証明業務についての代表権がないことと同旨の観点に基づくものである。

　なお，代表社員の権限を制限しても，このことを知らない者に対しては，代表権に制限があることを主張することができない（法第34条の10の3第4項）。

⑥　監査法人を代表する社員が代表社員としての業務を執行することで第三者に損害を与えたときは，監査法人はその損害を賠償する責任を負う（法第34条の22第1項において準用される会社法第600条）。

⑦　監査法人と社員の間の訴訟において，監査法人を代表する社員が当該

社員であって一人しかいないときは，他の社員の多数決によって，当該訴訟において監査法人を代表する社員を定めなければならない（法第34条の22第1項において準用される会社法第601条）。

(5) 特定社員

◆制度の趣旨

従前の法は，監査法人の社員は公認会計士でなければならないと定めていた。

しかしながら，「監査法人において適切な業務運営を確保し，実効性のある組織的監査を実施していくためには，監査法人において，経営・財務，内部統制，ITなどを含めて広範な知識と経験が求められていくものと考えられ，公認会計士でない者にも監査法人の社員資格を認めていくことが適当である」とされたことを踏まえ[9]，2007年（平成19年）改正法は，「特定社員」という名称で，日本公認会計士協会の登録を受けた場合には，公認会計士でない者でも監査法人の社員となることができることとした[10]。

併せて，公認会計士による共同組織体として監査証明業務を行うために創設されたという監査法人の制度の基本的な目的にかんがみ，2007年（平成19年）改正法は，共同組織体を通じた組織的監査の主体としての実態を確保するために，特定社員の義務や責任についての所要の措置等を手当することとした。

◆制度の概要

特定社員について，法は，次のとおり定めている。

① 特定社員としての登録を受けていること（法第34条の4及び第34条の10の8）

公認会計士の資格を有しない者が監査法人の社員になろうとする場合，日本公認会計士協会に備えられた名簿（「特定社員名簿」）に特定社員の登録を受けなければならない（法第34条の10の9）。

特定社員としての登録を受けようとする者は、日本公認会計士協会に申請書を提出しなければならない（法第34条の10の11第1項）。

法第34条の10の10は、特定社員の登録を受けることができない事由に該当する者として、公認会計士（第1号）、未成年者、成年被後見人又は被保佐人（第2号）をはじめとする一定の事由を限定列記している。登録を受けようとする者がこれらのいずれかに該当すると認めたときは、日本公認会計士協会は、登録を拒否しなければならない（法第34条の10の11第2項）。

② 監査法人の社員のうちに特定社員の占める割合が「100分の25」未満であること

すなわち、監査法人の社員のうちに公認会計士である社員の占める割合が「100分の75」以上でなければならないという下限が設けられている（法第34条の4第3項及び規則第19条）。

このことは、監査法人の制度が本来、監査証明業務を組織的かつ適正に行うために設けられたものであること、米国やEU主要国においても公認会計士である社員の割合に下限（公認会計士の資格を有しない者である社員の割合の上限）が設けられていること等を踏まえ、定められた規定である。

③ 監査法人が重要な意思決定をその社員の一部をもって構成される合議体で行う場合に、当該合議体を構成する社員のうちに特定社員の占める割合が「100分の25」未満であること

すなわち、このような合議体を構成する社員のうちに公認会計士である社員の占める割合が「100分の75」以上でなければならないという下限が設けられている（法第34条の13第4項及び規則第28条）。

監査法人の制度の創設以来、その社員は各自が監査法人を代表することとされたものの、定款又は総社員の同意によって、社員のうち特に監査法人を代表すべき社員を定めることが可能であるとされ、実際、監査法人の運営においては、特に大規模な監査法人において、その経営に関

する意思決定について，一般的に，理事会等の機関を設置して行うことが定款によって定められてきた。

　これに対して，監査法人における重要な意思決定の機関について，監査法人としての監査証明業務を組織的かつ適正に行うためには，特定社員の参加が重要な意義を有するとともに，公認会計士によるガバナンスが有効に機能することが必要である。そこで，重要な意思決定の機関の構成員について，②と同旨の観点からの規定が定められたと解される。

④　監査証明業務については，公認会計士である社員のみが監査法人の業務を執行する権利を有し，義務を負い，法人を代表すること（法第34条の10の2第1項及び第34条の10の3第1項）

　従前の法においては，義務や責任の主体は公認会計士に限られており，監査法人においても，社員である公認会計士がすべて業務を執行する権利を有し，義務を負うこととされ，また，社員である公認会計士が各自監査法人を代表することとされてきた。

　これに対して，公認会計士の資格を有しない特定社員が監査証明業務に責任者として従事することは想定されないものの，監査法人の運営に関わることは想定され得る。そこで，監査証明業務について，監査法人における特定社員の権利や義務と代表性を制限することとし，義務や責任の主体及び代表性を社員である公認会計士に帰属させることにより，監査の公正性と信頼性の確保を図ることとされたと解される。

⑤　監査証明業務の執行に対する特定社員による不当な影響を排除するための業務管理体制が整備されていること（法第34条の13第2項第3号）

　このことは，④と同旨の観点から，監査法人に求められる業務管理体制の整備において，特定社員が監査証明業務の執行に不当な影響を及ぼすことを排除するための措置が含まれなければならないことが明示的に規定されたと解される。

(6) 指定社員

◆制度の趣旨

　従前の法における監査法人の制度は，社員全員に業務執行権を付与すると同時に，無限連帯責任を負わせることによって，監査法人の構成員である公認会計士の相互間の監視と牽制の人的関係に組織規律を求め，組織的監査が有効かつ適切に行われることを目指したものであった。

　しかしながら，監査法人の合併等を経て，幅広く事業活動を展開する大規模な監査法人が出現している現状において，社員全員に無限連帯責任を求めていることについては，

① 社員相互間の監視と牽制の人的関係に組織規律を依存するには実際上限界があり，合名会社をモデルとした制度が必ずしも現実にそぐわない面が出てきていること

② 米国やEU主要国において監査証明業務を行うことができる会計事務所は，一般に有限責任の形態をとっていること

等の理由から，我が国の監査法人の制度においても有限責任の導入を可能とすべきではないかと指摘されてきた。

　また，自らの関与しない業務に係る損害賠償責任を連帯するリスクによって，有能な人材の監査法人からの流出，公認会計士を目指そうとする意欲の減退等といった懸念までもが指摘されるようになってきた。

　このような実情や指摘を踏まえ，2003年（平成15年）改正法及び2007年（平成19年）改正法は，監査法人の社員の地位と責任限定について，制度上の重要な見直しを段階的に行った。

　第一が，真に責任ある者がその責任を負うという観点から，監査法人の社員の責任の一部を限定する「指定社員」の制度の導入である（2003年（平成15年）改正法）。

　第二が，責任限定の考え方をさらに進め，有限責任の形態の監査法人の制度の導入を認めたことである（2007年（平成19年）年改正法）。

このことにより，法は，社員の全部を無限責任社員とする従前からの形態である「無限責任監査法人」と，社員の全部を有限責任社員とする「有限責任監査法人」との2つの組織を規定することとなった（法第1条の3第4項及び第5項）。

◆制度の概要

2003年（平成15年）改正法は，弁護士法人における制度を参照しつつ，社員である公認会計士の無限連帯責任に一定の制限を加える指定社員の制度を導入することとした。

すなわち，特定の監査証明業務を担当する社員（「指定社員」）を指定することを認め，当該監査証明業務（「指定証明」）に関しては指定社員のみが業務を執行し，法人を代表する（法第34条の10の4第2項及び第3項）とともに，無限責任を負うことを明確にした（法第34条の10の6第4項）。

このことにより，指定証明に係る業務執行を行わない社員については，指定証明についての義務を負わず，被監査会社等に対する責任は，監査法人への出資金の範囲に限定されることとなった。

指定証明に関しては，指定社員以外の社員は，業務執行の権限及び代表権を失い，制度上の権限を有しないことから，指定社員と同様の責任を負わせるのは適切ではないとされ，指定社員のみが無限連帯責任を負うものとされたものである。

指定社員制度は，被監査会社等に対しては，監査証明業務を行わない社員の責任を限定するものではあるが，被監査会社等以外の善意の第三者に対しては，責任の限定は及ばない。従前のとおり，監査証明業務を行わない社員も含めてすべての社員が無限連帯責任を負うこととなる。

◆制度の手続

指定社員について，2003年（平成15年）改正法は，次のような手続を定めている。

① 監査証明業務の事案の特定（「指定証明」）：法第34条の10の4第1項
　責任が制限されることにかんがみて，監査証明業務の事案が明確に特定されることが必要である。
　監査契約を単位とし，そのうちの一部を限定して特定をすることはできないと解される。
　また，同一の被監査会社について，監査証明業務を行っている年度の途中において指定証明の特定をすることは，被監査会社の同意がない限り認められないと解される。ただし，年度の更新にあたっての監査契約の更新において，指定証明の特定を新たにすることは認められると解される。
② 一人又は数人の社員の指定（「指定社員」）：法第34条の10の4第1項
　社員は一人でも複数でも構わないが，必ず当該監査法人の社員であることを要する。
③ 被監査会社等への通知と照会：法第34条の10の4第4項及び第5項
　監査法人は，指定証明の特定をしたことを被監査会社等に書面をもって通知しなければならない。
　被監査会社等は，受けようとする監査証明について，監査法人に対して一定の期間を定め，その期間内に指定証明の特定をするか否かを求めることができる。
　この場合，監査法人は，被監査会社等が定めた期間内に指定証明の特定を通知しないときは，その後において特定をすることはできないとされる。ただし，この場合でも，被監査会社等の同意がある場合には，指定証明の特定をすることができるとされる。

◆制度の効果
　指定社員は，指定証明についての無限連帯責任を負うとともに，従前の監査法人の制度における外部関係として定められている原則に従うこととなる。

すなわち，指定証明を行ったことにより監査法人が被監査会社等に対して負担することとなった債務について，監査法人の財産だけでは当該債務を完全に弁済できない場合，監査法人の財産に対する強制執行の効果がない場合には，指定社員は，指定社員であった者とともに，連帯して監査法人の債務を弁済する責任を負う（法第34条の10の6第4項）(11)。

なお，強制執行の効果がなかった場合において，監査法人に弁済の資力があること，かつ，監査法人の財産に対する強制執行が容易であることを指定社員が証明したときは，指定社員は，責任を負わない（法第34条の10の6第5項）。

指定社員以外の社員が，指定証明の監査証明業務を行った場合には，当該社員には指定社員制度の効果としての責任の限定は，当然には及ばないこととなる。

すなわち，当該社員が監査証明業務を行うに当たって注意を怠らなかったことを証明した場合を除いて，指定社員と同様に無限連帯責任を負う（法第34条の10の6第6項）。ただし，この場合，監査法人が適切な社員の指定を行わなかったことによる責任を負うことはあり得ると解される。

(7) 脱　　退

◆脱退の事由

監査法人の社員の脱退について，法は，監査法人の性格に照らして，法定脱退事由として特別の原因を列記するとともに，会社法の規定を準用している。

このうち，法第34条の17は，次の法定脱退事由を挙げている。

① 公認会計士である社員にあっては，公認会計士の登録の抹消
② 特定社員にあっては，特定社員の登録の抹消
③ 定款に定める理由の発生
④ すべての社員の同意
⑤ 除名

◆会社法の規定の準用
　また，会社法の規定については，次のとおり準用されている（法第34条の22第1項）。
① 定款で監査法人の存立する期間を定めていないとき，又はある社員が生きている限り監査法人を続けていくと定めているときは，社員は会計年度の終わりに脱退することができる。この場合，脱退しようとする社員は，6か月前にそのことを予告しておかなければならない。
　　また，定款で監査法人の存立する期間を定めていると否とにかかわらず，やむを得ない事由があるときは，社員はいつでも脱退することができる（会社法第606条の準用）。
② 社員について次のような理由があるときは，監査法人は，当該社員以外の社員の多数決により，当該社員の除名の宣告又は当該社員の業務執行権若しくは代表権が失われた旨の宣告をするように，裁判所に対して請求することができる。
・　出資の義務を果たさなかったこと
・　自分又は第三者のために監査法人の業務の範囲に属する義務を行ったり，他の監査法人の社員になったりしたこと
・　業務執行にあたって不正を行ったこと
・　代表するにあたって不正行為をしたり，又は代表権がないのに代表として行動したこと
・　社員として重要な業務を行わないこと
　　また，ある社員が監査法人を代表することについて著しく不適任であるときは，監査法人は，他の社員の多数決で裁判所に対して当該社員の業務執行権又は代表権が失われた旨の宣告をするように，請求することができる（会社法第860条の準用）。
③ 除名された社員と監査法人との間の計算は，除名の訴えを提起したときの監査法人の財産の状況に基づいて行うとともに，そのときからの法定利息を付するものとする（会社法第611条第5項及び第6項の準用）。

④ 除名や代表権が失われた旨の宣告を請求する訴えは，監査法人の主たる事務所の所在地を管轄する地方裁判所に専属する（会社法第862条の準用）。
⑤ 労務又は信用を出資した社員は，脱退したときにおいても，持分の払戻を受けることができる（会社法第611条第1項の準用）。
⑥ 社員の持分を差し押さえたときは，その差押えの効力は，当該社員が将来持つことになる利益の配当を受ける権利に対しても及ぶ（会社法第611条第7項の準用）。
⑦ 社員の持分を差し押さえた債権者は，会計年度の終わりに当該社員を脱退させることができる。ただし，脱退させるためには，監査法人と脱退させようとする社員の双方に対して，6か月前にその予告をしなければならない（会社法第609条第1項の準用）。

　また，予告をした場合でも，当該社員が債権者に弁済したり，相当の担保を提供したときは，その予告の効力はなくなる。債権者の権利が確保されるので，当該社員を脱退させる必要はなくなるからである（会社法第609条第2項の準用）。
⑧ 監査法人の名称の中に脱退した社員の姓又は姓名が入っているときには，脱退した社員は，監査法人に対して，自分の姓又は姓名を使うことを止めるように請求することができる（会社法第613条の準用）。

第5節　業　　務

　監査法人の業務について，法第34条の5は「監査法人は，第2条第1項の業務を行うほか，その業務に支障のない限り，定款で定めるところにより，次に掲げる業務の全部又は一部を行うことができる」と定めている。
① 法第2条第2項の業務，すなわち，財務書類の調製をし，財務に関する調査若しくは立案をし，又は財務に関する相談に応ずることを業とすること（「非監査証明業務」）

② 公認会計士試験に合格した者に対する実務補習

(1) 業務の範囲

◆趣旨と概要

　監査法人の制度は，公認会計士の共同組織体を通じて組織的監査を有効かつ適切に行うことによって，監査の水準の向上を図ることを目的として創設された制度である。

　監査法人の本来の業務は，監査証明業務にあり，法第1条の公認会計士の使命の規定が監査法人に準用されているのも，この本旨に基づくものである。

　このことを踏まえた上で，法は，監査証明業務以外の業務について，監査証明業務に支障のない範囲に限って認めることとしたのである。

　「第2条第1項の業務」の範囲及び内容については，公認会計士の業務についての解釈と同様であり，また，「第2条第2項の業務」についても同様である（第4章「公認会計士の業務」第2節及び第5節参照）。

　なお，監査法人が監査証明業務を行うに際して調製した資料その他の書類は，特約のある場合を除くほか，被監査会社ではなく，監査法人自身の所有に属するものとされている（法第49条）（第3章「公認会計士と監査」第4節参照）。

◆税理士業務との関係

　監査法人の業務の範囲について，2003年（平成15年）改正法及び2007年（平成19年）改正法は，税理士業務との関係も含めて従前の法における制度上の位置づけを変更するものではない（第4章「公認会計士の業務」第5節参照）。

　すなわち，税理士業務については，税理士法において監査法人が業務として行うことができる旨の規定がないため，監査法人は業務として行うことができない。ただし，このことは，従前と同様に，社員である公認会計士が個人として税理士法の定めるところに従って，税理士業務を行うことを妨げる

ものではない。例えば,従前に税理士業務を行っていた公認会計士が監査法人の社員になった場合には,その社員は個人たる税理士として従前どおり税理士業務を行うことができると解される。

なお,監査法人の社員のうちに,会社等から税理士業務により継続的な報酬を受けている者がある場合には,監査法人は当該会社等に対して監査証明業務を行ってはならないこととされている(令第15条第5号)。

(2) 業務に係る規制緩和

◆広告事項の制限の廃止

従前の法においては「監査法人は,その名称,事務所の所在地,社員の氏名その他内閣府令で定める事項以外の事項を広告してはならない」とされ,一定事項以外の広告はしてはならないこととされていた(旧法第34条の13)。

当該規定は,監査証明業務の公益性に照らして,誇大な広告によって顧客と取引をすることは適切ではないとの理由により定められたと説かれてきたが,監査法人の制度の定着等によって,そのような懸念は,規制の合理的な理由にはもはやなり得ず,むしろ,日本公認会計士協会の組織規律と自主措置に委ねるべきであるとの観点から,2003年(平成15年)改正法は,当該規定を廃止した。

◆会計年度の弾力化

従前の法においては「監査法人の会計年度は,毎年4月1日に始まり,翌年3月31日に終わるものとする」とされていた(旧法第34条の15)。

しかし,このように画一的に規制することの合理的な理由はもはや見出し難く,また,監査法人の繁忙期に配慮すべきであるとの観点から,2003年(平成15年)改正法は,会計年度を1年間とすることを引き続き前提とした上で「ただし,定款に別段の定めがある場合は,この限りでない」とのただし書を追加し(法第34条の15),定款によって会計年度の始期と終期を弾力的に定め得ることとした。

第6節 義　　務

　監査法人が負う義務については，基本的に公認会計士の場合と同様の規律のもとに置かれているとともに，共同組織体としての組織的監査の公正性と信頼性の確保の観点から，法制度上の一定の規律に服することとされている。

(1) 概　　説

　監査法人の負う義務については，一般に法人として負うことがあり得る民事責任，刑事責任のほか，
　① 　職業倫理上の義務
　② 　日本公認会計士協会の組織規律上の義務
　③ 　法に基づく義務
の3つに大別することができる。

◆職業倫理上の義務

　公認会計士の義務は，一身専属的な資格に基づく業務を，自然人である公認会計士に認めたことに基づくものである。本来は一身専属的な資格に基づく業務を法人の業務として監査法人に認めたことに伴い，社員としての公認会計士の義務に応じた義務を監査法人としても負うこととすることは，自然なことであると解される。

　公認会計士に求められる職業倫理については，公認会計士の共同組織体としても，組織の運営と業務の執行の基本として保持すべきことは当然である。

◆組織規律上の義務

　監査法人は，当然に，日本公認会計士協会の会員となると定められ（法第46条の2），「会員は，協会の会則を守らなければならない」とされている（法第46条の3）。

監査法人は，日本公認会計士協会の会員として，同協会の組織規律に従うべきことも，公認会計士の場合と同様である。

◆法に基づく義務
法に基づく義務については，
① 特定の場合の監査証明業務の制限
② 監査証明業務の執行方法の制限
③ 業務管理体制の整備
④ 法令違反等事実への対応
⑤ 情報開示
⑥ 関与社員の被監査会社の幹部への就任の制限
⑦ 使用人等の守秘義務
⑧ 使用人等に対する監督

が，それぞれ規定されている。

(2) 特定の場合の監査証明業務の制限

◆制度の趣旨
監査法人が行う監査証明業務については，監査法人自身又はその社員が会社等との間に「特定の利害関係」を有する場合，被監査会社が「大会社等」に該当する場合には，一定の制限を受けるとされている（第5章「監査証明業務の制限」参照）。

これらの制限は，監査法人としての独立性の確保，すなわち，監査が独立した公正な第三者として行われることにより，その公正性と信頼性を確保することを目的としたものである。

◆監査証明業務が制限される場合
監査法人による監査証明業務が制限される場合は，次のとおりである。
① 監査法人自身が会社等との間に「特定の利害関係」がある場合

具体的には，法は「株式を所有し，又は出資している」場合（法第34条の11第1項第1号）と「著しい利害関係」を有する場合（第4号）を挙げ，これらの場合には監査証明業務を行ってはならないと定めている。

ここでいう「著しい利害関係」については，「政令で定めるものをいう」とされ（同条第2項），令第8条が定めている。「特定の利害関係に基づく業務の禁止」として既に述べたとおりである（第5章「監査証明業務の制限」第2節参照）。

② 監査法人の社員が会社等との間に「特定の利害関係」がある場合

具体的には，法は，監査法人の社員のうちに「法第24条第1項第1号に規定する関係を有する者」がある場合（法第34条の11第1項第2号），監査証明に関与した社員が当該監査証明に係る会計期間又はその翌会計期間に被監査会社等の幹部に就任した場合（第3号）及び「著しい利害関係」を有する場合（第4号）を挙げ，これらの場合には，監査証明業務を行ってはならないと定めている[12]。

これらのうち，関与社員の就任先への監査の制限については，2003年（平成15年）改正法が新たに定め，2007年（平成19年）改正法において拡充されたものである（第5章「監査証明業務の制限」第4節参照）。

「著しい利害関係」については，「政令で定めるものをいう」とされ（同条第2項），令第8条が定めている点は①と同様である。

また，法は，監査法人の社員のうちに「法第24条第1項又は第3項に規定する関係を有する者」がある場合，監査法人については監査証明業務を行うこと自体は妨げられないものの，その社員については当該監査証明業務に関与してはならないことを定めている（法第34条の11第3項）。

③ 被監査会社が「大会社等」に該当する場合

「「大会社等」に係る業務の制限」（第5章「監査証明業務の制限」第3節参照）において既に述べたとおり，法は，一定の非監査証明業務と

監査証明業務の同時提供の禁止（法第34条の11の2第1項）及び継続的監査の制限（法第34条の11の3）を定めている。

また，法は，監査法人の社員のうちに「大会社等」から非監査証明業務によって継続的な報酬を受けている者がある場合，監査法人が当該「大会社等」に対して監査証明業務を行ってはならないと定めている（法第34条の11の2第2項）。

(3) 監査証明業務の執行方法の制限

◆社員以外の者による監査証明業務の禁止

法は「監査法人は，その公認会計士である社員以外の者に第2条第1項の業務を行わせてはならない」と定めている（法第34条の12第1項）。

監査法人の行う業務のうち，監査証明業務については，公認会計士である社員のみが業務を執行する権利を有し，義務を負うとした監査法人の制度の趣旨に基づく規定である。

ただし，社員以外の者が補助者として業務に従事することまでも禁止したものではないと解される。

◆社員による自署押印

法は，監査法人が証明をする場合には「当該証明に係る業務を執行した社員は，当該証明書にその資格を表示して自署し，かつ，自己の印を押さなければならない」と定めている（法第34条の12第2項）。

すなわち，監査証明業務については，監査報告書が代表権を有する社員の自署押印によって発行されるが，当該監査証明業務を執行したすべての公認会計士である社員は，その責任を明らかにするために，代表権を有していなくとも，その監査報告書に自署押印しなければならない。

(4) 業務管理体制の整備

◆規定の趣旨

　法は「監査法人は，業務を公正かつ的確に遂行するため，内閣府令で定めるところにより，業務管理体制を整備しなければならない」と定めている（法第34条の13第1項）。

　監査法人の業務管理体制については，従前は，監査法人の設立にあたっての内閣総理大臣による認可を通じて実質的な審査を行うことにより，共同組織体を通じた組織的監査の主体としての実態を事前に確保することとしていた。2003年（平成15年）改正法は，「事前監督」から「事後監視」へとの観点から，監査法人の設立についての認可制を届出制に改め，いわゆる準則主義によることとしたが，監査法人の業務管理体制が形骸化することはあってはならない。

　そこで，共同組織体としての組織的監査が実効性を挙げることができるよう，監査法人には業務の遂行が有効かつ適切に行われるべく，組織規律による主体的な取組みを求めるとの観点から，監査法人に業務管理体制の整備を求めることとしたものである。

　特に，監査法人の社員が多数になり，その業務が大規模に及ぶ場合には，共同組織体としての業務が公正かつ的確に行われるよう，その業務管理体制も相応のものとして整備されることが求められる。

　すなわち，業務管理体制の整備について，法は，次のとおり定めている。

① 監査法人は，業務を公正かつ的確に遂行するため，「業務管理体制を整備しなければならない」（法第34条の13第1項）。

　　業務管理体制の整備についての総則的な規定であり，2003年（平成15年）改正法が新たに定めたものである。

② 業務管理体制は，「次に掲げる事項を含むものでなければならない」（法第34条の13第2項）。

　　業務管理体制の整備について，監査証明業務を執行する者，監査の審

査等品質を管理する者,業務運営に関する意思決定を行う者のそれぞれがその機能を適切に果たしていくことが重要であるとの観点から[13],2007年(平成19年)改正法が①の内容をさらに明確に定めたものであり,具体的には次の事項を挙げている[14][15]。

- 業務の執行の適正を確保するための措置(第1号)
- 業務の品質の管理の方針の策定及びその実施(第2号)
- 公認会計士である社員以外の者が公認会計士である社員の監査証明業務の執行に不当な影響を及ぼすことを排除するための措置(第3号)

また,法は,業務管理体制の整備の目的のひとつである「品質の管理」について,「業務に係る契約の締結及び更新,業務を担当する社員その他の者の選任,業務の実施及びその審査その他の内閣府令で定める業務の遂行に関する事項について,それぞれの性質に応じて業務の妥当性,適正性又は信頼性を損なう事態の発生を防止するために必要な措置を講ずること」をいうものと定めている(法第34条の13第3項)。

これを受けて,規則第25条は,必要な措置を講ずることが求められる業務の遂行に関する事項として,次を挙げている。

- 業務に関する職業倫理の遵守及び独立性の確保
- 業務に関する契約の締結及び更新
- 業務を担当する社員その他の者の採用,教育,訓練,評価及び選任
- 業務の実施及びその審査

◆担保措置

監査法人の業務管理体制に不適正や不備がある場合,法は,適正化を促すことができるとともに,懲戒処分等の行政処分をすることができることを定めている。

すなわち,日本公認会計士協会による「品質管理レビュー」とその「モニタリング」による公認会計士・監査審査会の勧告を通じて,あるいは,職権によって,内閣総理大臣は,監査証明業務の適正な運営を確保するために必

要であると認めるときは,「必要な指示」をすることができるとされている（法第34条の21第1項）。

また,「この法律若しくはこの法律に基づく命令に違反し,又は運営が著しく不当と認められるとき」に該当するものとして,内閣総理大臣は,戒告,業務管理体制の改善の命令,業務の全部若しくは一部の停止の命令,解散の命令をすることができるとともに（法第34条の21第2項第3号），違反行為に重大な責任を有すると認められる社員が一定期間の当該監査法人の業務及び意思決定の全部又は一部に関与することを禁止することができる（法第34条の21第3項）。

(5) 法令違反等事実への対応

◆制度の趣旨

監査の公正性と信頼性の確保の観点から,監査人が被監査会社の財務書類に重要な影響を及ぼす不正や違法の事実を発見した場合であって,監査役等に報告するなど,被監査会社の自主的な是正措置を促す手続を踏んでもなお改善が図られないときは,監査人が被監査会社との関係において強固な地位に基づいて適正に監査証明業務を行うことができるように制度的な手当をすることが重要であると考えられる。

この考え方に立ち,2007年（平成19年）改正法は,金融商品取引法において新たに次の規定を設けることとした（第3章「公認会計士と監査」第4節参照）[16]。

① 監査法人が,上場会社等の監査証明を行うにあたって,当該上場会社等における法令に違反する事実その他の財務計算に関する書類の適正性の確保に影響を及ぼすおそれがある事実（「法令違反等事実」）を発見したときは,当該法令違反等事実の内容及び当該法令違反等事実に係る法令違反の是正その他の適切な措置をとるべき旨を,遅滞なく,当該上場会社等に書面で通知しなければならない（同法第193条の3第1項）。

② ①の通知を行った監査法人は,通知を行った日から一定の期間が経過

した日後なお法令違反等事実が財務計算に関する書類の適正性の確保に重大な影響を及ぼすおそれがあり、かつ、当該上場会社等が適切な措置をとらないと認める場合であって、重大な影響を防止するために必要があると認めるときは、当該法令違反等事実に関する意見を内閣総理大臣に申し出なければならない（同法第193条の3第2項）。

③　②の申出を行った監査法人は、当該上場会社等に対して、申出を行った旨及びその内容を書面で通知しなければならない（同法第193条の3第3項）。

◆担保措置

本規定に違反して、①の当該上場会社に通知をしなかった者、②の申出をせず、又は虚偽の申出をした者、③の通知をせず、又は虚偽の通知をした者は、30万円以下の過料に処せられる（金融商品取引法第208条の2第4号、第5号及び第6号）。

(6) 情報開示

◆規定の趣旨

法は、監査法人に対して、貸借対照表、損益計算書等の計算書類と業務報告書の内閣総理大臣への提出（法第34条の16第2項）とともに、「会計年度ごとに、業務及び財産の状況に関する事項として内閣府令で定めるものを記載した説明書類を作成し、当該監査法人の事務所に備え置き、公衆の縦覧に供しなければならない」と求めている（法第34条の16の3第1項）。

監査法人の業務及び財産の状況について、従前の法は、毎会計年度経過後2か月内に貸借対照表及び損益計算書とともに業務の概況などを記載した業務報告書を作成し、内閣総理大臣に提出しなければならないこと、適時に正確な会計帳簿を作成しなければならないことは定めていた。すなわち、行政への報告義務は存在していたものの、投資者をはじめとする市場関係者、さらには国民一般に対する開示義務は存在していなかったのである。

しかし，監査法人としての業務が公正かつ的確に行われるよう，監査法人自身の透明性を高めることによって市場規律を働かせ，その中で監査法人の自立的な取組みを促していくことが有効であると考えられた。

　そこで，2006年（平成18年）6月に施行されたEU第8次指令において，監査証明業務を行うことができる会計事務所に対して，ガバナンスの構造，品質管理の体制，売上高の内訳等の一定の事項についての情報開示を求めていることも踏まえ[17]，2007年（平成19年）改正法は，説明書類の作成及びその公衆の縦覧に供すべきことを監査法人に求めたのである[18]。

　説明書類に記載すべき業務及び財産の状況に関する事項は，次のとおりとされている（規則第38条）。

① 業務の概況に関する事項
- 監査法人の目的及び沿革，無限責任監査法人又は有限責任監査法人のいずれであるかの別，被監査会社の数など監査証明業務の状況に関する事項，業務管理体制の整備及び業務の運営の状況に関する事項，他の公認会計士又は監査法人との業務上の提携に関する事項，その業務を行うにあたり生ずる責任に関する保険契約を締結している場合の当該保険契約に関する事項等

② 社員の概況に関する事項
- 社員の数，監査法人の活動に係る重要な事項に関する意思決定を社員の一部をもって構成される合議体で行う場合の当該合議体の構成

③ 事務所の概況に関する事項
- 名称，所在地，事務所に勤務する公認会計士の数

④ 監査法人の組織の概要

⑤ 財産の概況に関する事項[19]
- 無限責任監査法人にあっては，直近2会計年度に係る売上高の内訳
- 有限責任監査法人にあっては，直近2会計年度に係る売上高の内訳，直近2会計年度の計算書類，計算書類に係る監査証明を受けている場合の当該監査証明に係る監査報告書，供託金の額等

⑥　被監査会社等の名称

作成された説明書類については，当該説明書類に係る会計年度の経過後3か月以内に開始し，当該会計年度の翌年度に係る説明書類の縦覧を開始するまでの間，公衆の縦覧に供しなければならないとされている（規則第17条第1項）。

なお，説明書類は，電磁的記録をもって作成することができる（法第34条の16の3第2項）。また，電磁的記録をもって作成された説明書類については，電磁的方法により不特定多数の者が提供を受けることができる状態に置くことによって公衆の縦覧に供したものとみなされる（法第34条の16の3第3項）。

◆担保措置

本規定に違反して，説明書類を公衆の縦覧に供しなかった場合，記載すべき事項を記載せずに公衆の縦覧に供した場合又は虚偽の記載をして公衆の縦覧に供した場合には，1年以下の懲役又は100万円以下の罰金に処せられる（法第52条の2第1号）[20]。

なお，電磁的記録をもって作成した場合，電磁的方法により提供を受けることができる状態に置いた場合も同様である。

また，本規定に違反した場合には，内閣総理大臣は，適正な運営を確保するために，必要な指示をすることができる（法第34条の21第1項）とともに，運営が著しく不当と認められる場合には，内閣総理大臣は，懲戒処分等の行政処分をすることができる（法第34条の21第2項第3号及び第3項）。

(7) 関与社員の被監査会社の幹部への就任の制限

◆規定の趣旨

2003年（平成15年）改正法は，監査証明業務に関与した公認会計士が，関与した会計期間又は翌会計期間に監査法人を退職し，その担当していた会社の幹部に就任した場合，出身母体である監査法人が当該会社の監査証明業務

を行うことを禁止するとともに，監査法人において監査証明業務に関与した公認会計士が被監査会社の取締役，監査役等の幹部に就任することを制限した。

さらに，2007年（平成19年）改正法は，金融商品取引法による財務諸表監査が連結ベースで行われること等を考慮し，制限の対象となる就任先については，被監査会社のみならず，被監査会社の財務情報に密接な影響を及ぼし得る親会社や連結子会社等のグループ会社[21]の幹部にまで拡充することとした（法第34条の11第1項第3号及び第34条の14の2において準用される第28条の2）。

これは「就任先への監査の制限と被監査会社への就任の制限（「クーリング・オフ」）」において既に述べたとおりである（第5章「監査証明業務の制限」第4節参照）。

◆担保措置

本規定に違反して就任した場合，当該監査は適法性を欠くこととなるが，当該就任が法的に無効となるわけではない。しかし，公認会計士の身分を引き続き有している場合には，法に違反した場合としての一般の懲戒処分を受けることがある（法第31条第1項）。

また，本規定は，公認会計士でなくなった者についても制限の対象としており，違反した者を100万円以下の過料に処すると定めている（法第54条第1号）。

(8) 使用人等の守秘義務

◆規定の趣旨

守秘義務は，公認会計士である社員と特定社員に課せられているだけではなく，監査法人の使用人その他の従業者に対しても課せられている。かつ，これらの者が使用人その他の従業者でなくなった後にも，なお残るものとされている（法第49条の2）。これらの者が従事した業務は，監査証明業務で

あるか非監査証明業務であるかを問わない。

使用人等においても，業務上知り得た秘密を漏らしてはならないことは，監査法人における職業倫理の要請を全うするためにも必要なことである。

◆担保措置

本規定に違反した場合には，2年以下の懲役又は100万円以下の罰金に処せられる（法第52条第1項）。

また，社員や使用人が公認会計士の身分を有している場合には，法第27条及び第31条第1項に基づく一般の懲戒処分を受けることがある。

「正当な理由」がある場合については，公認会計士の場合と同様である。

親告罪とされていることも，公認会計士の場合と同様である（法第52条第2項）。

なお，本規定の違反によって，監査法人としての業務の運営に著しい不当があると認められる場合に該当し，監査法人自身が公認会計士法上の懲戒処分等の行政処分を受けることがあると解される。

(9) 使用人等に対する監督

◆規定の趣旨

2003年（平成15年）改正法が定めた公認会計士の使用者等に対する監督の義務（法第28条の3）は，監査法人に準用されている（法第34条の14の3）。

監査法人の社員が多数になり，その業務が大規模に及ぶ場合には，使用人等を用いる機会も多岐にわたる。また，我が国の経済社会における事業活動の多様化，複雑化，国際化に対応し，監査法人が社員である公認会計士のみならず，使用人その他の従業者を用いながら業務を行う機会は，量的にも質的にも拡大している。このような背景のもとで，監査法人が行う業務については，監査証明業務はもとより，非監査証明業務においても，その使用人等も含めて適正に遂行されることが求められる。

監査法人は，既に述べたとおり，業務管理体制を整備しなければならない

こととされており（法第34条の13），業務管理体制には使用者等に対する監督の体制も含まれると解される[22]。

また，共同組織体における業務管理体制の整備は，制度的，形式的なものにとどまってはならず，業務の遂行にあたっての使用者等の監督を，個々の業務の遂行に応じて個別的，実質的に果たすことが求められる。

このような観点から，使用者等に対する監督の義務が明確化されたものである（第11章「公認会計士の義務」第3節参照）。

◆担保措置

本規定に違反した場合には，内閣総理大臣は，適正な運営を確保するために，必要な指示をすることができる（法第34条の21第1項）。

また，運営が著しく不当と認められる場合には，内閣総理大臣は，懲戒処分等の行政処分をすることができる（法第34条の21第2項第3号及び第3項）。

第7節　責　任

監査法人が負う責任についても，基本的に公認会計士の場合と同様の規律のもとに置かれているとともに，共同組織体としての組織的監査の公正性と信頼性の確保の観点から，法制度上の一定の規律に服することとされている。

(1) 概　説

監査法人の負う責任については，一般に法人として負うことがあり得る民事責任，刑事責任のほか，監査法人の義務に応じた責任として，公認会計士の場合と同様に，
　① 日本公認会計士協会の組織規律上の責任
　② 業務の実施に伴う民事上の責任

③ 業務の実施に伴う刑事上の責任
④ 法に基づく行政上の責任

の4つに大別することができる。

◆日本公認会計士協会の組織規律上の責任

　監査法人が，日本公認会計士協会の会員として，その組織規律に従い，その義務に応じた責任を負うべきことは，公認会計士の場合と同じ趣旨に拠るものである。

◆民事上の責任

　業務の実施に伴う民事上の責任については，監査法人は，当該業務を定めた契約によって，民法上の債務不履行に基づく損害賠償責任を負うこととなるとともに，不法行為に基づく損害賠償責任を負うこととなる。

　なお，金融商品取引法による財務諸表監査について，虚偽又は不当のある証明をした場合の不法行為に基づく損害賠償責任が，同法において明文で規定されていることは，既に述べたとおりである（第12章「公認会計士の責任」第2節参照）。

　これらの場合において，監査法人の財産だけでは損害賠償債務を完全に弁済できないときは，すべての社員は，それぞれ連帯して監査法人の債務を弁済する責任を負う（法第34条の10の6第1項及び第2項）。

　この点に関し，2003年（平成15年）改正法及び2007年（平成19年）改正法は，指定社員の制度及び有限責任監査法人の制度を新たに設け，監査法人の社員についての無限連帯責任の一部を限定することとした（後述（5）「有限責任監査法人」参照）。

◆刑事上の責任

　法は，虚偽又は不当のある証明をした監査法人について，懲戒処分等の行政処分の規定を設けてはいるものの，刑事上の責任については特段の規定は

ない[23]。

　ただし，金融商品取引法は，有価証券届出書等のうち重要な事項について虚偽の記載のあるものを提出した者に対して，10年以下の懲役若しくは1,000万円以下の罰金に処し，又はこれを併科すると定めている（同法第197条第1項）（第12章「公認会計士の責任」第3節参照）。

　なお，この点に関連して，虚偽又は不当のある証明をした公認会計士を罰則の対象とした上で，当該公認会計士を社員とする監査法人についても法人に対する両罰規定を及ぼすという考え方がある[24]。

　この考え方に関しては，法第53条の4が「その行為者を罰するほか，その法人に対し，各本条の罰金刑を科する」とあるように，法は，一定の場合についての両罰規定を置いている。しかし，それらは，監査法人の社員が内閣総理大臣による報告又は資料の提出の求めや立入検査を拒み，妨げ，又は忌避した場合（法第53条第1項第2号及び第3号），あるいは，説明書類を公衆の縦覧に供せず，又は記載すべき事項を記載せず，若しくは虚偽の記載をして公衆の縦覧に供した場合（法第52条の2第1号）等であって，監査法人の社員が虚偽又は不当のある証明をした場合を対象としているものではない。

◆行政上の責任

　監査法人が服すべき行政上の責任について，2003年（平成15年）改正法及び2007年（平成19年）改正法は，

① 適正な運営の確保の責任
② 行政処分に服すべき責任
③ 課徴金の国庫納付

を規定した。

　なお，2006年（平成18年）4月に証券取引等監視委員会は，金融庁設置法第21条の規定に基づき，「監査法人の責任のあり方」と題する建議を行い，その中で「公認会計士法上，監査法人の社員が虚偽又は不当な証明をした場

合に，監査法人に対して行政処分を行うことが可能であり，また監査法人の社員は民事上の責任も負うこととされているが，監査法人による厳正な監査を確保していく観点から，民事・行政責任のほか刑事責任を含めた監査法人の責任のあり方について総合的に検討を行い，必要かつ適切な措置を講ずる必要がある」とした。

この建議は，行政処分や課徴金などの行政上の責任の多様化が図られた背景として重要な意義を果たしたと解される。

(2) 適正な運営の確保の責任

◆制度の趣旨

法は，監査法人に組織規律による主体的な取組みを求め，その業務を公正かつ的確に遂行するために業務管理体制を整備しなければならないこととしている（法第34条の13第1項）。

そして，監査法人が法若しくは関係命令に違反した場合又は監査証明業務の運営が著しく不当と認められる場合に，法は，「事後監視」による行政上の措置として適正化を促し，あるいは懲戒処分等の行政処分をすることができることとしている（法第34条の21第1項，第2項第3号及び第3項）。

懲戒処分は，将来にわたって戒め，現実に業務を停止させ，あるいは，監査法人としての成立を否定するものであり，その効果は，懲戒処分を受ける当事者の業務の全般に及び得ることはもとより，公認会計士と監査法人の全体にとっての公正性と信頼性にも影響を及ぼしかねないものである。

しかし，そのような懲戒処分を科すまでには至らない場合や共同組織体として業務の適正な運営を速やかに確保するように，監査法人としての主体的な取組みを促すことにより，将来にわたって当該監査法人の組織的監査の実効性を確保することが，まず必要かつ適切であると考えられる場合がある。

特に，2003年（平成15年）改正法は，日本公認会計士協会の「品質管理レビュー」を公認会計士・監査審査会の「モニタリング」のもとに置くことにより，監査法人の監査証明業務の運営，業務の管理体制等の適正化を確保す

ることとした。

　この実効性を挙げるためには，懲戒処分による措置も重要ではあるが，むしろ，監査法人の当事者の組織規律と自主措置によって業務の適正な遂行を確保するように促すことが，「品質管理レビュー」の「モニタリング」の趣旨に合致すると考えられる。

　このような観点から，法第34条の21第1項は，監査法人が法若しくは関係命令に違反した場合又は監査証明業務の運営が著しく不当と認められる場合において，監査証明業務の適正な運営を確保するために必要であると認めるときは，当該監査法人に対して内閣総理大臣が必要な指示をすることができる旨を定めた。

◆指示と戒告

　適正な運営の確保の指示は，懲戒処分における戒告とは異なり，改善の具体的な対応を促すものであり，指示に従うことが求められているものである。

　したがって，改善の具体的な対応がないなど，監査法人が指示に従わない場合には，懲戒処分等の行政処分の対象となることがある（法第34条の21第2項第4号）。

(3) 行政処分に服すべき責任

◆制度の趣旨

　従前の法において，監査法人に対する行政処分は，公認会計士に対する懲戒処分を例として，戒告，2年以内の業務の全部又は一部の停止命令，解散命令の3つの類型の懲戒処分に限定されていた。

　これに対して，監査の公正性と信頼性の確保の観点から，監査法人に対する組織的監査に対する要請と期待が高まる一方，最近の監査法人における非違行為や監査に関する品質管理の実情が明らかにされていく中で，個別の非違行為に応じて適切に厳正かつきめ細かい対処を監査法人に求めることを可能とするためには，行政上の責任を追及する手段を多様化することが重要で

あると考えられた。

この考え方に立ち，2003年（平成15年）改正法は，内閣総理大臣による指示に基づく適正な運営の確保の責任を求めるとともに（（2）「適正な運営の確保の責任」参照），2007年（平成19年）改正法は，新たな行政処分の類型として，
① 業務管理体制の改善命令（法第34条の21第2項）
② 違反行為に重大な責任を有すると認められる社員が2年以内の一定期間の当該監査法人の業務及び意思決定の全部又は一部に関与することの禁止命令（法第34条の21第3項）

を新たに追加することとした[25]。

これらのうち，①については，監査法人が虚偽又は不当のある証明をした場合に，内閣総理大臣が当該監査法人の適切な運営を確保するために講ずべき事項等を示し，改善計画の提出を求めることなど，②については，個別の監査証明業務の審査等の業務の品質管理に責任を有する者や品質管理の体制の整備その他の業務の運営に責任を有する者に問題があると考えられる場合に，これらの者がそれらの職務に従事することを禁止することなどが考えられる。

このような行政処分の類型の追加によって，法は，戒告，業務管理体制の改善命令，2年以内の業務の全部又は一部の停止命令，社員の2年以内の業務又は意思決定の全部又は一部への関与の禁止命令，解散命令という多様な行政処分を認めることとなった[26]。

◆虚偽又は不当のある証明についての行政処分

監査法人が虚偽又は不当のある証明をした場合には，監査証明業務の法的責任が監査法人に帰属するので，懲戒処分等の行政処分も監査法人に対して行われる。

すなわち，監査法人の社員が，故意に虚偽又は不当のある財務書類を虚偽及び不当のないものとして証明した場合，あるいは，相当の注意を怠ったことにより，重大な虚偽又は不当のある財務書類を重大な虚偽及び不当のない

ものとして証明した場合には，内閣総理大臣は，戒告，業務管理体制の改善命令，2年以内の業務の全部若しくは一部の停止命令，社員の2年以内の業務若しくは意思決定の全部若しくは一部への関与の禁止命令又は解散命令の行政処分をすることができる（法第34条の21第2項及び第3項）。

　この場合，仮に監査法人だけが行政処分を受け，実際に業務を行った社員である公認会計士が行政処分を受けないとすることは，監査法人に属さない公認会計士が虚偽又は不当のある証明をした場合に比べて，均衡を失うことになる。

　そこで，法第30条第3項は，監査法人が虚偽又は不当のある証明をした場合には，監査法人自身の行政処分とともに，その業務を行った社員である公認会計士についても，懲戒処分を行うことができることを定めた。また，法第34条の21第6項は，監査法人の行政処分を定めた規定（同条第2項及び第3項）について，その業務を行った社員である公認会計士に対する「懲戒の処分を併せて行うことを妨げるものと解してはならない」と定めている（第12章「公認会計士の責任」第5節参照）。

◆特定社員に対する行政処分

　監査証明業務については，公認会計士である社員のみが監査法人の業務を執行する権利を有し，義務を負い，法人を代表することとされたこと（法第34条の10の2第1項及び第34条の10の3第1項）を踏まえて，特定社員に対する行政処分については，公認会計士である社員とは別に限定して認めている。

　すなわち，2007年（平成19年）改正法は，新たに規定を設けて，特定社員に対する行政処分を次の3つの類型とし（法第34条の10の17第1項），「特定社員がこの法律又はこの法律に基づく命令に違反した場合」には，内閣総理大臣は，これらの行政処分をすることができると定めた（同条第2項）。

① 戒告
② 次に掲げる事項の2年以内の禁止
　・非監査証明業務又は実務補習の業務の執行

- 監査法人の意思決定への関与
- 補助者としての監査法人の業務への従事

③ 登録の抹消

(4) 課徴金の国庫納付

◆制度の趣旨

　従前の法において，監査法人が虚偽又は不当のある証明をした場合における行政処分は，戒告，2年以内の業務の全部又は一部の停止命令，解散命令の3つの類型の懲戒処分に限定されていた。

　これに対して，業務の全部又は一部の停止命令は，行政上の責任を問う上での重要な行政処分ではあるものの，監査証明業務という監査法人にとっての本来の継続的な業務について，停止を迫ることで善意の被監査会社にも影響が及ぶとの問題が生じることとなり，状況によっては国際的な監査ネットワークへの影響も懸念された[27]。

　そこで，監査法人の非違行為に対して厳正に対処するべく，行政上の責任を追及する手段を多様化するとともに経済的な手段を導入することが重要であると考えられた。

　この考え方に立ち，2007年（平成19年）改正法は，公認会計士とともに監査法人に対して，虚偽又は不当のある証明をした場合についての課徴金の国庫納付の制度を導入することとした（法第34条の21の2第1項）。

　課徴金の金額については，監査法人が受け取る監査報酬額[28]が計算の基礎に置かれている。

　すなわち，

① 社員の故意により，虚偽又は不当のある証明をした場合：監査報酬額の1.5倍に相当する額

② 社員が相当の注意を怠ったことにより，虚偽又は不当のある証明をした場合：監査報酬額

が課徴金の金額とされている。

故意による場合は，相当の注意を怠った場合に比べて，抑止がより困難であり，課徴金の額を加重する必要があると考えられたと解される[29]。

◆課徴金の国庫納付を命じないことができる場合

法は，監査法人が虚偽又は不当のある証明をした場合には，内閣総理大臣は課徴金の国庫納付を命じなければならないと定めている。特定の場合に限って命じるとは規定されておらず，例外的に命じないことができる場合を定めている。

すなわち，課徴金の国庫納付の制度は，監査法人による虚偽又は不当のある証明を抑止することを目的とするものではあるものの，個別の非違行為ごとに必要かつ適切と考えられる行政上の責任を監査法人に全うさせることが何よりも重要であり，当該監査法人の業務の状況，再発の蓋然性，被監査会社への影響等を踏まえた対処を可能とすることが必要であると考えられることから，法は，一定の場合には課徴金の国庫納付を命じないことができることを定めている（法第34条の21の2第2項）。

すなわち，
① 違反の態様等が軽微であり，課徴金を賦課するには及ばない場合
具体的には，
 (a) 故意による虚偽又は不当のある証明をした場合であって，財務書類における虚偽又は不当が財務書類全体の信頼性に与える影響が比較的軽微であると認められるとき（第1号及び公認会計士法の規定による課徴金に関する内閣府令第1条第1項）
 (b) 相当の注意を怠ったことによる虚偽又は不当のある証明をした場合であって，相当の注意を著しく怠ったとき以外のとき（第2号及び同令第1条第2項）
には，課徴金の国庫納付を命じないことができるとしている[30]。
② 違反の態様が重大であり，課徴金以外の行政処分を課す場合であって，当該行政処分自体が当該監査法人に一定の経済的負担をもたらし，

そのことにより十分に行政上の責任を果たしたと考えられるとき
具体的には，
(a) 被監査会社との間で既に締結されている契約に基づく監査証明業務についての停止命令が行われるとき（第3号及び同令第1条第3項）
(b) 解散命令が行われるとき（第4号）
には，課徴金の国庫納付を命じないことができるとしている。

(5) 有限責任監査法人

◆制度の趣旨

従前の法において，監査法人の社員の民事上の責任については，合名会社の制度を基礎とする無限連帯責任とされており，監査法人の財産だけでは完済できない損害賠償等の債務がある場合には，非違行為に関係を有しない社員を含めたすべての社員が連帯して弁済する責任を負うこととされてきた。

この点に関しては，米国やEU主要国において監査証明業務を行うことができる有限責任形態の会計事務所が一般化しており，また，我が国においても，大規模な監査法人が出現している現状にかんがみ，従前の法のもとでの無限連帯責任の形態の監査法人の制度に加えて，有限責任の形態の監査法人の制度を導入し，非違行為に関係を有しない社員については有限責任の途をひらくことが適切であると考えられた。

そこで，2007年（平成19年）改正法は，2003年（平成15年）改正法によって新たに設けられた指定社員の制度による責任限定の考え方をさらに進め，有限責任の形態による監査法人の制度を導入することとした。

すなわち，有限責任監査法人の社員は，その出資の価額を限度として，法人の債務を弁済する責任を負う（法第34条の10の6第7項）。

もっとも，責任限定が監査法人の内部管理や審査体制の質を低下させることはあってはならず，ガバナンス，情報開示，財務基盤の充実等に関して十分な対応がとられることを前提とするべきであり，監査法人が負う債務の履

行を担保することが不可欠である。

この観点から，有限責任監査法人について，法は，財産的基盤の充実とその透明性の確保，虚偽又は不当のある監査証明が行われた場合の被害者の救済に関する所要の措置等を手当することとした。

◆制度の概要

有限責任監査法人について，法は，次のとおり定めている。

① 有限責任監査法人については，登録制とする（法第34条の24）。

② 有限責任監査法人は，法人として行うすべての証明について，各証明ごとに1人又は数人の業務を担当する社員を指定しなければならない（「特定証明」）（法第34条の10の5第1項）。

　このことは，有限責任監査法人における社員が有限責任の地位にあるとはいえ，個々の監査証明に関して，真に責任ある者がその責任を負うとの観点から，責任の所在が当該監査証明業務を担当する社員にあることを明確にしたものである。したがって，指定されるべき社員は，公認会計士である社員でなければならず，特定社員はその対象から除かれる。

　なお，法人は特定証明をしたことを被監査会社等に書面又は電磁的方法をもって通知しなければならない（同条第4項）。

③ ②の特定証明に関して法人が負担することとなった債務について，当該法人の財産をもって完済することができないときは，指定された社員（「指定有限責任社員」）は連帯してその弁済の責任を負う（法第34条の10の6第8項）。

　このことは，有限責任監査法人における社員の責任を限定しながらも，指定を受けた社員が業務を行った監査証明については，当該社員が無限連帯責任を負うことを明確にしたものである。すなわち，例えば，虚偽又は不当のある証明をした場合に生じる損害賠償債務について，当該監査証明を行った社員は被監査会社に対する無限連帯責任を負うこととなる。被害者の救済という観点もさることながら，監査の公正性と信

頼性を確保し，非違行為に対する予防的機能をもつこととなるという観点に基づくものであると解される。
④ 「最低資本金」の制度を導入することとし，資本金の額が公益又は投資者保護のため必要かつ適当な金額に満たない場合には有限責任監査法人としての登録が拒否される（法第34条の27第1項第3号）。

ここでいう「金額」は，政令で定めることとされており，これを受けて，令第22条は「社員の総数に100万円を乗じて得た額に相当する金額」と定めている。

このことは，財産的基盤の充実という観点から，EU主要国において監査証明業務を行うことができる会計事務所について最低資本金の制度が導入されている例がみられること，我が国の金融商品取引法における金融商品取引業者や投資運用業者に対しても登録の拒否事由として同旨の規定があること（同法第29条の4第1項第4号）等にかんがみて，適切な措置であると解される。
⑤ 有限責任監査法人は，虚偽又は不当のある証明をした場合の損害賠償債務の履行を確保するため必要かつ適当な金額を供託しなければならない（法第34条の33）。

ここでいう「金額」は，政令で定めることとされており，これを受けて，令第25条は「社員の総数に200万円を乗じて得た額」と定めている。
⑥ ただし，損害賠償責任保険契約を締結し，内閣総理大臣の承認を受けたときは，当該契約の効力がある間，保険金の額に応じて⑤の供託金の全部又は一部の供託をしないことができる（法第34条の34）。

被害者の救済を担保するという観点から，供託の義務づけは重要な措置であると同時に，実質的に担保されている場合においては過剰な措置を回避すべきであるとする観点からは，供託の義務づけについて例外を設けていることは適切であると解される。
⑦ 有限責任監査法人は，その収益の額が一定の基準に達しない場合を除き，その計算書類について，特別の利害関係のない公認会計士又は監査

●監査法人の業務に係る社員の責任●

社員 \ 業務	監査証明業務 指定がされた証明 自ら関与・執行	監査証明業務 指定がされた証明 関与・執行せず	監査証明業務 指定がされない証明 自ら関与・執行	監査証明業務 指定がされない証明 関与・執行せず	非監査証明業務 自ら関与・執行	非監査証明業務 関与・執行せず
有限責任監査法人 公認会計士である社員	無限 法34の10の6⑧ ←法34の10の5②	有限 法34の10の6⑦ ←法34の10の5②	無限 法34の10の6⑧ ←法34の10の5⑤	無限 法34の10の6⑧ ←法34の10の5⑤	無限 法34の10の6⑦ ←法34の10の2②	無限 法34の10の6⑦ ←法34の10の2②
有限責任監査法人 公認会計士でない社員（特定社員）	—	有限 法34の10の6⑦ ←法34の10の2①	—	有限 法34の10の6⑦ ←法34の10の2①	有限 法34の10の6⑦ ←法34の10の2②	有限 法34の10の6⑦ ←法34の10の2②
無限責任監査法人 公認会計士である社員	無限 法34の10の6⑧ ←法34の10の4②	有限 法34の10の6④（反対解釈）←法34の10の4②	無限 法34の10の6① ←法34の10の4②（反対解釈）	無限 法34の10の6① ←法34の10の4②（反対解釈）	無限 法34の10の6① ←法34の10の2②	無限 法34の10の6① ←法34の10の2②
無限責任監査法人 公認会計士でない社員（特定社員）	—	有限 法34の10の6④（反対解釈）←法34の10の2①	—	無限 法34の10の6① ←法34の10の2①	無限 法34の10の6① ←法34の10の2②	無限 法34の10の6① ←法34の10の2②

（注）「当該業務に関して負担することとなった監査法人の債務」について，
「無限」とは，「監査法人の財産をもって完済することができないときに，連帯して弁済の責任を負う」ことをいい，
「有限」とは，「その出資の価額を限度として，弁済の責任を負う」ことをいう。

法人の監査報告書を添付しなければならない（法第34条の32）。
　有限責任監査法人に限らず，無限責任監査法人についても，財産的基盤の充実とその透明性の確保の観点から，法人自身の業務及び財産の状況に関する説明書類を作成し，事務所に備え置き，公衆の縦覧に供しなければならない（法第34条の16の3第1項）。
　この情報開示の義務（第6節「義務」参照）に加えて，一定規模以上の有限責任監査法人については，その財産的基盤の充実についての公正性と信頼性の確保を図る観点から，法人の計算書類を公認会計士監査の対象とすることとしたと考えられる。
　ここでいう「収益」は，売上高，営業外収益，特別利益が含まれるものであり，その大部分は監査報酬をはじめとする売上高に相当することとなる。また，ここでいう「一定の基準」は，政令で定めることとされており，これを受けて，令第24条は「10億円以上であること」と定めている[31]。

⑧　有限責任監査法人は，内閣総理大臣の登録を受けなければ業務を行ってはならない（法第34条の24）[32]。
　この措置は，有限責任監査法人についての以上の①～⑦の措置の実効性を担保するとの観点からの措置である。
　監査法人における社員の責任限定に踏み切る以上，相応の担保措置が確保されていることを登録を通じて確認することは必要不可欠であると解される[33]。

第8節　内部関係及び外部関係

　法は，社員相互の関係，社員と監査法人の関係等の内部関係及び社員と第三者の関係，監査法人と第三者の外部関係について，既に述べたとおり，業務の執行，代表性の制限，責任の制限，競業の禁止等についての所要の規律を定めているほか，会社法の規定を準用している（法第34条の22）。

(1) 内部関係

主な規定の適用関係について整理すると，次のとおりである。

① 金銭を出資した社員の責任（会社法第582条第1項）：準用

金銭を出資することとした場合に当該出資を怠ったときは，当該社員は，利息を支払うほか，損害賠償の責任を負う。

② 債権を出資した社員の責任（会社法第582条第2項）：準用

社員が出資する資本は金銭に限られるわけではないが，金銭以外の財産権を出資した場合に当該財産権に欠陥があるときは，当該財産権を出資した社員は責任を負う[34]。

③ 業務執行の権利義務：法第34条の10の2

監査証明業務については，公認会計士である社員のみが（第1項），非監査証明業務又は実務補習については，すべての社員が（第2項），それぞれ業務を執行する権利を有し，義務を負う（第4節「社員」(4)参照）。

④ 持分の譲渡（会社法第585条第1項及び第4項）：準用

社員は，他の社員の全員の承諾なしに，自分の持っている社員としての地位（持分）の全部又は一部を他人に譲渡することはできない。ただし，定款で別段の定めをすることは妨げない。

⑤ 社員の競業の禁止：法第34条の14第1項及び第2項

社員は，他の監査法人の社員となってはならない。ただし，他の社員の全員の承認を受けた場合には，自己又は第三者のために，当該監査法人の定款で定める業務の範囲に属する非監査証明業務を行うことができる（第4節「社員」(3)参照）。

⑥ 社員と会社の間の取引（会社法第595条）：準用

社員は，他の社員の多数決で承認されたときに限り，自己又は第三者のために，監査法人を相手に取引をすることができる。この場合には，民法第108条が禁止している自己契約や双方代理になっても差し支えないとされている。

(2) 外部関係

主な規定の適用関係について整理すると，次のとおりである。

① 代表権：法第34条の10の3第1項及び第2項

監査証明業務については，公認会計士である社員のみが（第1項），非監査証明業務又は実務補習については，すべての社員が（第2項），それぞれ各自で監査法人を代表する。ただし，代表すべき社員を定めることができる（第4節「社員」(4) 参照）。

② 代表社員の権限：法第34条の10の3第3項

代表する社員は，業務に関する一切の裁判上又は裁判外の行為をなすことができる。

③ 代表社員の行為についての責任（会社法第600条）：準用

代表する社員が代表社員としての業務を執行することで第三者に損害を与えたときは，監査法人はその損害を賠償する責任を負う。

④ 社員との間の訴訟について代表する社員（会社法第601条）：準用

監査法人と社員の間の訴訟において，監査法人を代表する社員が当該社員であって一人しかいないときは，他の社員の多数決によって，当該訴訟において監査法人を代表する社員を定めなければならない。

⑤ 社員の連帯責任：法第34条の10の6

監査法人の財産だけでは監査法人の債権者に対する債務を完全に弁済できない場合，債権者が監査法人の財産に対して強制執行しても効果がない場合には，すべての社員が連帯して監査法人の債務を弁済する責任を負う（法第34条の10の6第1項及び第2項）。

なお，債権者が強制執行しても効果がなかった場合において，監査法人に弁済の資力があって，かつ，監査法人の財産に対する強制執行が容易であることを社員が証明したときは，社員は当該債権者に対して責任を負わない（法第34条の10の6第3項）。

2003年（平成15年）改正法及び2007年（平成19年）改正法は，このよ

うな原則は維持しつつ，指定社員及び有限責任監査法人の制度を新設し，一定の要件のもとで，この責任を限定することとした（法第34条の10の4及び第34条の10の6第7項）（第4節「社員」(6)及び第7節「責任」(5)参照）。

⑥ 債権者に対する社員の抗弁権（会社法第581条）：準用

社員が監査法人の債権者から請求を受けた場合，監査法人が当該債権者に対して主張できる事項があれば，社員自身が当該事項を主張することができる（第1項）。

また，監査法人が債権者に対して相殺をする権利，取消をする権利又は解除をする権利を有する場合には，社員はこれらを当該債権者に対して主張して弁済を拒絶することができる（第2項）。

⑦ 新入社員の責任（会社法第605条）：準用

監査法人が設立された後で加入した社員は，自身が加入する前に生じた監査法人の債務についても連帯して責任を負う。

第9節　解散，合併及び清算

(1) 解　　散

◆解散の事由

監査法人の解散について，法は，監査法人の性格に照らし，法定解散事由として特別の原因を列記している（法第34条の18第1項及び第2項）。

① 定款に定める理由の発生
② すべての社員の同意
③ ほかの監査法人との合併（合併により当該監査法人が消滅する場合に限る）
④ 破産手続開始の決定
⑤ 解散を命じる裁判
⑥ 内閣総理大臣による解散命令

⑦ 公認会計士である社員の総数が4人以下となり、4人以下となった日から引き続き6か月間5人以上にならなかったこと

◆内閣総理大臣による解散命令

　従前の法においては、監査法人の設立は認可制のもとに置かれていたことから、解散についても設立の認可の取消という形で規定されていた。

　2003年（平成15年）改正法は、届出制に改められたことを前提として、監査法人に対する懲戒処分の一つとしての実効性を確保する観点から、内閣総理大臣による解散命令を規定した（法第34条の21第2項）。

(2) 合　　併

◆規定の趣旨

　監査法人の合併について、法は、監査法人の性格に照らし、特別の規定を設けている（法第34条の19）。

　すなわち、監査法人は、すべての社員の同意があれば、ほかの監査法人と合併することができるのであり（第1項）、合併後に存続する監査法人又は合併によって設立した監査法人が、その主たる事務所の所在地で登記をすることが、合併の効力が発生するための要件とされている（第2項）。

　なお、合併したときは、合併の日から2週間以内に、その旨を内閣総理大臣に届け出なければならないとされている（第3項）。

◆債権者の異議

　監査法人の合併に関して、債権者は、異議を述べることができる（法第34条の20）。

① 合併をする監査法人は、債権者に対して、合併に異議があれば一定の期間（1か月）内に異議を述べるよう公告し、かつ、住所・氏名が分かっている債権者には、各々別々に、合併に異議があれば同期間内に異議を述べるよう催告しなければならない（第2項）。

② この期間内に異議を述べなかったときは，その債権者は，合併を承認したものとみなされる（第4項）。
③ 債権者が異議を述べたときは，監査法人は，当該債権者に対して弁済をし，若しくは相当な額の担保を提供し，又は当該債権者に弁済することを目的として信託会社に相当の額の財産を信託しなければならない（第5項）。すなわち，債権者を保護する措置をとらなければならない。

なお，合併の無効については，無効の訴えをもってのみ，かつ，各監査法人の社員，破産管財人又は合併を承認しない債権者に限って提起することができる（法第34条の20の2において準用される会社法第828条第2項）。

また，合併無効の訴えの手続，合併無効の訴えを提起した債権者の担保提供，合併無効の判決に係る効果等の会社法の規定が準用されている（法第34条の20の2）。

(3) 清　算

法は，解散した後の手続である清算についても，原則として，会社法の規定を準用している（法第34条の22第2項）。

監査法人は，解散した後においても，直ちには消滅せず，清算手続により事後処理が終わるときに完全に消滅することとなる。なお，解散後は，清算だけを存在の目的としているので，その権利能力は清算の目的の範囲内に限られることとなる（会社法第645条の準用）。

━━━━━━━━━━━━━━━ 注 ━━━━━━━━━━━━━━━

(1) 　監査法人の制度が創設される以前においても「共同監査」は行われていた。
　　共同監査とは，一つの会社の監査を2人以上の公認会計士が共同して連名で監査を行うものであり，個人の公認会計士の単独による監査に比べれば監査の充実・強化が図られると考えられた。
　　しかし，特定の会社の監査にあたって，一時的にその目的の範囲内で何人かの公認会計士が集まるものにしか過ぎない共同監査では，相互間の連帯意識に限界

もあり，監査の手続や実施において統一性のないことも多く，その責任も各個人の公認会計士に帰属するものでしかなかった。

また，会社等の事業活動は継続して展開され，その監査についてもある程度の継続性が必要となるが，この点についても共同監査は十分とはいえなかった。特に，会社更生法の申請によって粉飾決算が発覚した1965年（昭和40年）の「山陽特殊製鋼事件」は，公認会計士の共同組織体の制度化についての契機となった。

(2) 1966年（昭和41年）の法改正の当時においては，監査法人の制度の創設によって，次のような効果が期待されると説かれた。

① 監査人としての独立性について，個人である公認会計士の立場に比べて，監査法人となることによって独立した公正な第三者としての立場が強化されること

② 民事上の責任について，個人である公認会計士に比べて，監査法人となることによって損害賠償責任の履行能力が高まること

③ 業務を遂行する上で必要となるシステムや設備等の整備について，適切な投資等の確保が容易となること

④ 自然人である公認会計士の立場に比べて，会社の継続する事業活動の展開に対応して，その監査についての継続性を適切に確保することが容易となること

⑤ 監査法人の社員相互の研鑽はもとより，構成員の教育研修等の機会を適切に確保することにより，業務の補助者の資質の向上を図ることができること

⑥ 退職年金，社会保険等の福利厚生面での社員や職員の処遇を適切に確保することができること

(3) 制度創設の当時，監査法人の制度上の特徴としては，次のような説明がなされていた。

① 一身専属的な資格に基づく業務を法人の業務としたこと

監査証明業務は，一般の業務とは異なり，一身専属的な資格に基づく業務として，自然人である公認会計士に認められたものであるが，これを法人の業務として一定の組織によっても行い得ることとした。

このような立法例は，我が国において初めてのことであった。すなわち，資格者のみが行い得る一身専属的な業務を，団体や法人の業務として制度化することがなじまないのではないか，団体や法人の業務として行う実益が乏しいのではないか等の理由によって，必ずしも立法例の先例はなかった。しかし，監査証明業務については，個人として行うよりも共同組織体を構成して，その構成員の人的な能力と資本の結合を図ることによって，より有効かつ適切に業務を行うことができると考えられたのであった。

② 法人の内部関係，外部関係等に合名会社の法理を適用したこと

監査法人の内部関係（社員相互の関係，社員と法人の関係等），法人の外部関係（社員と第三者の関係，法人と第三者の関係等），社員の脱退，法人の合併，法人の清算等について，旧商法の合名会社に関する規定が大幅に準用されていた。

これは，監査法人が，その構成員の人的関係に基礎を置いて，組織規律と相互監視のもとで業務を行うという点で，合名会社に類似しているため，合名会社に関する規定の多くを準用することとしたとされた。準用される規定のうち，特に重要なものが旧商法第80条の規定であり，これによって監査法人の社員は，法人の債務の弁済について無限連帯責任を負うこととされた。

③ 法人の設立について認可制としたこと

制度創設の当時，特別法人のほとんどについて認可制がとられていたことを背景として，監査法人についても，いわゆる準則主義をとらず，大蔵大臣（当時）による認可を通じて実質的な審査を行うこととされた。一身専属的な資格に基づく業務を法人の業務とした，我が国での初めての立法例であったことにかんがみて，共同組織体を通じた組織的監査の主体としての実態の確保については，より慎重な判断が必要とされたこと等を理由として，認可制をとることが適切であるとされた。

(4) なお，2003年（平成15年）改正法が監視・監督の体制や機能の充実・強化を図る一方で，監査法人の設立等を認可制から届出制に改めたことや規制緩和の観点からの見直しを行ったことは，整合性を欠くのではないかとの指摘があるが，「事前監督」から「事後監視」へとの観点からは一貫したものであり，必ずしも整合性を欠くものではないと解される。

すなわち，共同組織体としての組織的監査が実効性を挙げることができるよう，監査法人には業務の遂行が有効かつ適切に行われるための組織規律による主体的な取組みを求め，その不適正や不備については「事後監視」によって罰則を課し，あるいは，適正化を促すとの考え方に立っているからである。例えば，法第34条の13第1項が監査法人に「業務を公正かつ的確に遂行するため，内閣府令で定めるところにより，業務管理体制を整備しなければならない」と求めていることも，このような考え方に立つものとして符合するものである。

(5) 法第34条の4第3項は，「100分の50を下らない内閣府令で定める割合以上でなければならない」と定めており，これを受けて，規則第19条は「100分の75」と定めている。

この背景としては，米国やEU主要国においては，公認会計士である社員の割合の下限（公認会計士の資格を有しない者である社員の割合の上限）が設けられ

ており，それぞれ米国とイギリスでは「100分の50」，フランスでは「100分の75」といった例があること，我が国において初めて導入される制度であること等にかんがみたものと解される。

(6) したがって，(a)は公認会計士に，(b)は公認会計士でない者に，(c)は公認会計士及び公認会計士でない者に，それぞれ適用されることとなる。

(7) この例としては，監査法人としての業務の範囲（法第34条の5），監査法人の意思決定への関与や補助者としての業務への従事に関する社員の権利や義務についての事項（法第34条の10の2第3項及び第4項），監査法人を代表すべき社員（法第34条の10の3第2項），内部関係や外部関係について定款において定めることを認めた会社法の準用に拠るもの（法第34条の22第4項及び第5項）等を挙げることができる。

(8) 2006年（平成18年）12月の金融審議会公認会計士制度部会の報告は，「監査法人に対する外部者による支配を防止する等の観点から，社員の範囲は当面，業務に従事する社員たる自然人に限ることが適当であると考えられる」と提言した。

(9) 2006年（平成18年）12月の金融審議会公認会計士制度部会の報告。

(10) 法第34条の4第1項は，「監査法人の社員は，公認会計士又は第34条の10の8の登録を受けた者でなければならない」としており，監査法人の社員の資格を限定する形で定めている。

(11) ひと度，指定がされた場合，指定証明の業務が結了するまでは必ず指定社員が存在することとなるため，指定証明に関して被監査会社等に対し負担することとなった監査法人の債務については，必ず一人は無限連帯責任を負う社員が存在することになる。

したがって，投資者等の善意の第三者の保護のための弁済資力については，従前と比べて特段の問題が生じることはないと解される。

(12) 監査法人としての独立性の確保に関して，金融商品取引法による財務諸表監査においては，監査法人の社員である公認会計士の2親等以内の親族及び補助者までを含めて利害関係を判断すべきこととしており，また，日本公認会計士協会の倫理規則においても同様とされ，これらの場合に，監査法人は監査証明業務を行ってはならないこととされてきた。

2003年（平成15年）改正法及び令は，改めて同旨を規定した（第5章「監査証明業務の制限」第2節参照）。

なお，第11章「公認会計士の義務」第3節注（8）参照。

(13) 2006年（平成18年）12月の金融審議会公認会計士制度部会の報告は，「監査法人におけるガバナンス・品質管理体制の構築・運用においては，監査法人の規模等

に留意しつつ，ⅰ）監査証明業務を執行する者，ⅱ）監査の審査等品質を管理する者，ⅲ）品質管理体制の構築・運用等を含め，業務運営に関する意思決定を行う者，のそれぞれがその機能を適切に果たしていくことが重要である」と提言した。
(14)　法第34条の13第1項は，「内閣府令で定めるところにより，業務管理体制を整備しなければならない」と定めている。これを受けて，規則第25条は「監査法人が整備しなければならない業務管理体制は，次に掲げる要件を満たさねばならない」とし，「業務の執行の適正を確保するための措置がとられていること」（第1号），「業務の品質の管理の方針の策定及びその実施に関する措置がとられていること」（第2号），「公認会計士である社員以外の者が公認会計士である社員の監査証明業務の執行に不当な影響を及ぼすことを排除するための措置がとられていること」（第3号）等を列記して定めている。

　　したがって，整備されるべき業務管理体制の内容については，2003年（平成15年）改正法によって新設された法第34条の13第1項の規定において明らかに位置づけられてはいるものの，2006年（平成18年）12月の金融審議会公認会計士制度部会の報告は，業務管理体制の整備について，「日常，適切に運用していくことが求められるものと考えられ，この点について更なる規定の明確化を図っていくことが適当である」「役割分担が明確なものとされていくよう，所要の規定の整備を図っていくことが適当である」と提言したことも踏まえ，2007年（平成19年）改正法は，新たな規定を設けることで業務管理体制の内容を明確化したと解される。
(15)　業務管理体制の整備の規定について，2007年（平成19年）6月13日の第166回国会参議院財政金融委員会における公認会計士法等改正法案の審議の参考人意見陳述において，明治大学山浦久司教授は，「監査法人がより現代的な組織に生まれ変わるためには，一流企業並みのコーポレート・ガバナンスの体制，リスク・マネジメントを含めた内部統制の構築と運営，その上でのしっかりした品質管理システムの確立が求められるわけでありまして，その意味で，業務管理体制の充実をより強く求めることにしたのは歓迎されるところであります。特に有限責任制の導入との関連で申し上げましても，こうした内部管理体制の充実に関する改正提案は，監査法人の社会的責任の一環としても特筆されるところであります」と指摘している。

　　また，筑波大学弥永真生教授は，「会計監査の質を確保するという観点から意義を有する規律であるが，監査法人に関する規定として設けられている点については不十分であると評価せざるを得ない。なぜなら，監査法人ではない共同事務所はもちろんのこと，個人事務所においても業務の執行の適正を確保するための措置や業務の品質の管理の方針の策定及びその実施を含む業務管理体制の整備は

等しく必要不可欠なものだからである」と指摘している（「ジュリスト」No.13444，前出）。
(16) 従前の法のもとにおいても，「監査人は，監査の実施において不正又は誤謬を発見した場合には，経営者等に報告して適切な対応を求めるとともに，適宜，監査手続を追加して十分かつ適切な監査証拠を入手し，当該不正等が財務諸表に与える影響を評価しなければならない」ことが求められていた（「監査基準」第3「実施基準」3「監査の実施」6）。

2007年（平成19年）改正法は，このような不正発見の姿勢と対応について金融商品取引法において制度的な手当を行ったものである（第3章「公認会計士と監査」第4節参照）。
(17) 2006年（平成18年）12月の金融審議会公認会計士制度部会の報告は，「EU第8次指令においては，各国の会社法等で求められている計算書類の公告等に加えて，監査事務所のガバナンス構造，品質管理体制，売上高の内訳（監査報酬・非監査報酬の内訳等を含む）などについての情報開示義務が導入されている。これらの開示項目を参考として，監査法人に対して適切な情報開示を義務付けていくことが適当である」と提言した。
(18) 監査法人の説明書類の開示の規定について，株式会社や合同会社とのバランスに照らし，「株式会社及び合同会社では株主・社員，会社債権者及び親会社社員に対してのみ閲覧等に供すればよいことを考えると，事務所において，誰に対しても対応しなければならないというのは過剰な負担」を監査法人に強いるものであるとし，「立法論としては，例えば，電磁的方法により公開することによって，事務所における閲覧等に供する義務は負わないものとすることが考えられてよいと思われる。EU第8号指令40条及びその国内法化による各国法もウェブ・サイトにおける開示を求めるものである」という指摘がある（筑波大学弥永真生教授，「ジュリスト」No.13444，前出）。
(19) 2006年（平成18年）12月の金融審議会公認会計士制度部会の報告は，「仮に有限責任形態の監査法人制度が導入される場合には，財産的基盤の透明性を確保しておく観点から，有限責任形態の監査法人においては，貸借対照表，損益計算書等の財務書類についてのより詳細な開示を義務付けていくことが適当である」と提言した。
(20) 法第52条の2は，「1年以下の懲役又は100万円以下の罰金に処する」対象を「次のいずれかに該当する者」として，説明書類を公衆の縦覧に供せず，又は，記載すべき事項を記載せず，若しくは，虚偽の記載をして公衆の縦覧に供した者（第1号）を挙げ，当該行為者である社員等を罰するとともに，法第53条の4に

　　　　基づき，監査法人についても罰することとしている。
(21)　第11章「公認会計士の義務」第3節注（14）参照。
(22)　監査法人における使用者等に対する監督の体制について，法は，業務管理体制の整備の目的のひとつである「品質の管理」に関する事項の中で「業務を担当する社員その他の者の選任」を挙げており（法第34条の13第3項），これを受けて，規則第25条は，必要な措置を講ずることが求められる業務の遂行に関する事項として，「業務に関する職業倫理の遵守及び独立性の確保」「業務に関する契約の締結及び更新」「業務の実施及びその審査」とともに「業務を担当する社員その他の者の採用，教育，訓練，評価及び選任」を挙げている。
(23)　会社法においては，虚偽又は不当のある記載をした会計監査人を過料の対象としており，会計監査人としての公認会計士，監査法人の双方を過料の対象としている。
　　　　なお，税理士法においては，社員である税理士が脱税相談に応じた場合の税理士法人に対する罰金の両罰規定が，弁護士法においては，社員である弁護士が汚職行為等をした場合の弁護士法人に対する罰金の量罰規定が，それぞれ存在している。
(24)　2006年（平成18年）12月の金融審議会公認会計士制度部会の報告は，監査法人の刑事責任のあり方について，「一般に監査法人による適正な監査を確保していくためには，様々な行政的な手法を通じて機動力をもって個々の非違事例等に的確に対応し，監査法人の品質管理体制等の是正や教育的な改善を図っていくことが重要となる。非違の抑止等の観点から，監査法人に対する刑事罰を導入する可能性が否定されるべきではなく一つの検討課題であるが，非違事例等に対しては，以下に述べる課徴金制度の導入をはじめとする行政的な手法の多様化等により対応することをまず求めていくことが考えられる」とし，「引き続き十分な検討を行っていく必要がある」と提言した。
(25)　2006年（平成18年）12月の金融審議会公認会計士制度部会の報告は，行政処分について，「個別の非違事例に応じて適切に行政上の責任を問うていくことを可能とするため，以下のような方策を講じることにより，処分類型の多様化を図っていくことが適当である」とし，「いわゆる業務改善命令」「いわゆる役員等解任命令」等を挙げた。
(26)　行政処分の多様化に関して，「現実的な対応と考えられる」としつつも，社員の2年以内の業務又は意思決定の全部又は一部への関与の禁止命令が新たに設けられたことについては，「実質的な社員解任命令であり，協会役員の解任命令が前回の公認会計士法改正時に削除されており，協会よりもプライベートな組織である監査法人の自治を無視するものと考えられ」るという指摘がある（日本公

認会計士協会副会長澤田眞史氏「公認会計士法の改正を受けて」(「ジュリスト」No.13444))。

(27) 2006年（平成18年）12月の金融審議会公認会計士制度部会の報告。
(28) 第12章「公認会計士の責任」第7節注(15)参照。
(29) 第12章「公認会計士の責任」第7節注(16)参照。
(30) 第12章「公認会計士の責任」第7節注(17)及び(18)参照。
(31) 一定規模以上の有限責任監査法人を公認会計士監査の対象とすることについて，ここでは，その規模を収益の額に拠ることとしている。

このことに関して，一定規模以上の株式会社を会計監査人監査の対象としている現在の会社法においては，その一定規模について，資本金又は負債総額の額に拠ることとしていることとの関係をいかに解すべきかという指摘がある（筑波大学弥永真生教授，「ジュリスト」No.13444，前出）。

会計監査人監査の対象である株式会社等の規模を考える上で，売上高等を基準とすることの意義を問いかけている。

(32) なお，「行ってはならない」とされる業務については，監査証明業務はもとより，非監査証明業務も含めたすべての業務であることが定められている。

このことは，有限責任監査法人に関する①〜⑦の措置について，法人が負う債務の履行を担保する観点や虚偽又は不当の監査証明がなされた場合の被害者を救済する観点から導入されたことにかんがみると，立法論としては監査証明業務に限定するという考え方もあり得るのではないかと考える。

(33) この点に関して，2003年（平成15年）改正法が監査法人の設立等を認可制から届出制に改めたことや規制緩和の観点からの見直しを行った一方で，監査法人の社員の責任限定を図ったことは，整合性を欠くのではないかとの指摘がある。

しかしながら，監査法人における社員の責任限定が法人の内部管理や審査体制の品質を低下させることはあってはならないこと，法人が負う債務の履行を担保することが不可欠であること，これまでにはなかった形態としての法人の実態の確保が必要であること等にかんがみ，2007年（平成19年）改正法が有限責任監査法人の業務の開始に先立って登録を求めたことは必要不可欠な措置であると解される。

(34) 債権を出資の目的とした場合において，権利が完全であっても仮に債務者が弁済期に弁済をしないときは，当該債権を出資した社員が弁済の責任を負うこととされている（会社法第582条第2項の準用）。このときに，利息を支払うことはもちろん，弁済期に遅れたことによって監査法人が受けた損害についても，賠償しなければならない。

第14章 監視・監督の体制と機能

2003年（平成15年）改正法は,「事前監督」から「事後監視」へとの観点に立ちつつ, 公認会計士及び監査法人に対する監視・監督の体制と機能の充実・強化を図った。

第1節 概　説

監視・監督の体制と機能の充実・強化について, 2003年（平成15年）改正法の基本的な考え方としては,

① 職業専門家としての公認会計士の自主規律, 職業専門家の共同組織体としての監査法人や職業専門家の団体としての日本公認会計士協会による組織規律や自主措置を尊重すること

② これらの自主措置等の限界を補完し, 監査の公正性と信頼性を確保するために実効性がある措置とすること

を挙げることができる[1]。

このような考え方のもとで具体化された措置は, 次のとおりである。

① 日本公認会計士協会の「品質管理レビュー」に対する「モニタリング」
　日本公認会計士協会が自主措置として1999年（平成11年）から行っている監査法人等の内部管理や審査体制についての報告・指導（「品質管理レビュー」）について, その公平性・中立性・有効性の一層の向上を図る観点から, 同協会から独立した立場にある政府の機関による「モニタリング」の制度を導入することとし, この「モニタリング」については, 2003年（平成15年）改正法に基づいて新たに設置された公認会計士・監査審査会が行うこととされた。

② 懲戒事由を前提としない「立入検査権」の導入

従前の法においては，公認会計士等に懲戒事由があると思料される場合についてのみ，これらの者に対する内閣総理大臣の立入検査権が規定されていた。

2003年（平成15年）改正法では，このような場合とは別に，監査証明業務に関連して公益又は投資者保護のため必要かつ適当であると認める場合の内閣総理大臣の立入検査権が規定された。

その上で，内閣総理大臣の立入検査権について，「品質管理レビュー」の「モニタリング」に関しては，「モニタリング」を実施する公認会計士・監査審査会に委任することとされた。

③ 内閣総理大臣による指示又は命令

「品質管理レビュー」の「モニタリング」の実効性を制度的に担保するため，「モニタリング」の結果に基づいて公認会計士・監査審査会が内閣総理大臣に勧告を行い，内閣総理大臣は，監査法人等に対する監査証明業務の適正な運営の確保の指示又は日本公認会計士協会に対する事務の改善等の命令をすることができることとされた。

④ 実効性を担保するための罰則の見直し

従前からの罰則に加えて，独立性の強化や監視・監督の体制と機能の充実・強化の観点から，新たな罰則の導入，従前からの罰則の強化が行われた。

第2節 「品質管理レビュー」と「モニタリング」

(1) 日本公認会計士協会による「品質管理レビュー」

◆「品質管理レビュー」の趣旨

「品質管理レビュー」とは，日本公認会計士協会が「監査を遂行する主体としての公認会計士又は監査法人が行う監査の品質管理状況をレビューし，

― 第14章 監視・監督の体制と機能

●「品質管理レビュー」のモニタリング●

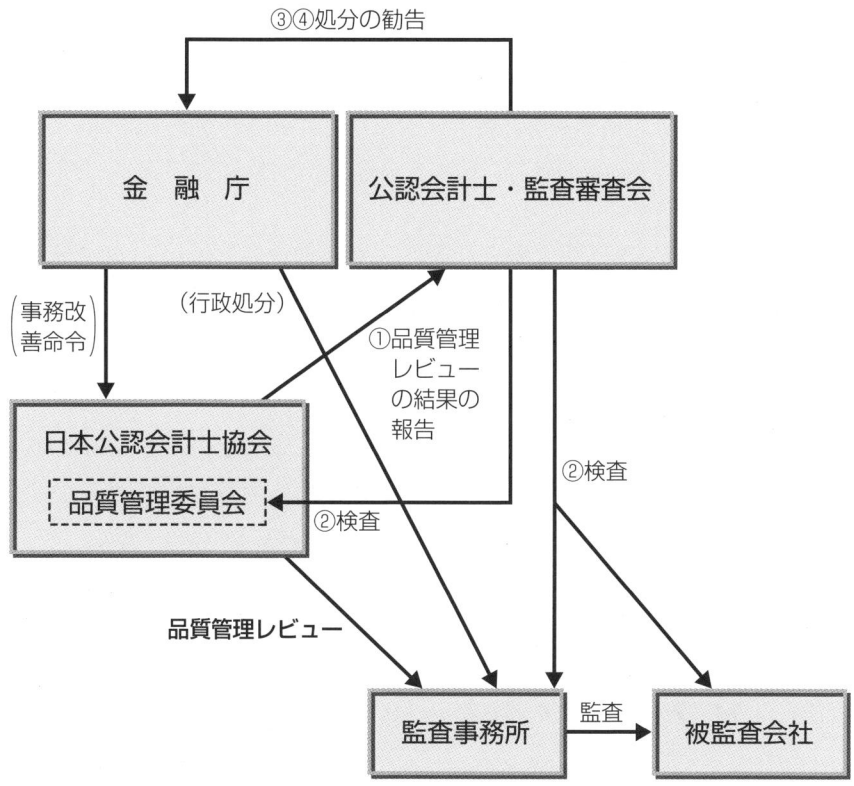

```
                     ③④処分の勧告
         ┌─────────────────────────┐
         ↓                         │
    ┌─────────┐              ┌─────────────────┐
    │ 金 融 庁 │              │ 公認会計士・監査審査会 │
    └─────────┘              └─────────────────┘
   事務改│  │(行政処分)      ①品質管理
   善命令│  │                レビュー
         ↓  ↓                の結果の     ②検査
    ┌─────────────┐          報告
    │日本公認会計士協会│ ←──────────
    │┌───────────┐│  ②検査
    ││ 品質管理委員会 ││
    │└───────────┘│
    └─────────────┘
         品質管理レビュー
                   ┌─────────┐  監査  ┌─────────┐
                   │ 監査事務所 │ ────→ │被監査会社│
                   └─────────┘        └─────────┘
```

(出典) 金融庁
　(注) ① 日本公認会計士協会が品質管理レビューの結果を「審査会」に報告する。
　　　② 「審査会」は，品質管理レビューの結果の報告を検討する。この過程で，必要に応じ監査事務所，日本公認会計士協会等に対して立入検査を行う。
　　　③ 検討の結果，監査事務所において法令，品質管理基準等に準拠していない事案が明らかになった場合に，「審査会」は，金融庁長官に対して業務改善の指示又は懲戒処分等の行政処分を行うことを勧告する。
　　　④ 日本公認会計士協会において，品質管理レビューが適切に行われていないことが明らかになった場合に，「審査会」は，金融庁長官に対して同協会に対する事務改善命令を行うことを勧告する。

その結果を通知し、必要に応じ改善を勧告し、当該勧告に対する改善状況の報告を受ける」ものであり（同会則第122条第1項）[(2)]、1999年（平成11年）4月から実施されたものである。

公認会計士又は監査法人が行う監査証明業務の「品質管理状況をレビューする」とは、法及び関連命令、監査基準並びに日本公認会計士協会の会則、規則等のうちの監査の品質管理に関する規定への準拠状況を事後的に調査するものである。

しばしば「監査の監査」と称されるが、「指導的性格を有するものであり、摘発又は懲戒を目的とするものと解してはならない」とされている（同会則第122条第2項）。

◆「品質管理レビュー」の対象

「品質管理レビュー」の対象については、2つに大別される。

一つが、公認会計士又は監査法人の監査事務所全体としての品質管理であり、もう一つが、個々の監査証明業務の品質管理である。

個々の監査証明業務が対象とはなるものの、監査意見の形成のための監査法人等の内部での審査制度とは異なり、監査意見の形成そのものに介入するものではない。監査意見の形成は、そもそも、監査を行う公認会計士又は監査法人以外の第三者の介入が許されるべきものではなく、何人からも独立したものであるからである。

また、次のいずれかに該当する者の監査証明業務を行う公認会計士又は監査法人は、「品質管理レビュー」を受けなければならないとされている（同会則第122条第3項）。これは、法が一定の非監査証明業務と監査証明業務の同時提供の禁止を定めている「大会社等」（法第24条の2）の範囲と符合するものである。

- 会計監査人設置会社
- 金融証券取引法による財務諸表監査及び内部統制報告書監査の対象となる者

- 銀行
- 長期信用銀行
- 保険会社
- これらに準ずる者として規則で定める者

◆「品質管理レビュー」の実施

　日本公認会計士協会は，「品質管理委員会」を設けて，「品質管理レビュー」の基準と手続を定めている。品質管理委員会は，公認会計士や監査法人から報告を徴し，質問をし，又は資料の提示若しくは提出を求め，「公認会計士若しくは監査法人が表明した監査意見の妥当性に重大な疑念が生じた場合又は公認会計士若しくは監査法人の本会の会則及び規則への準拠性に重大な疑念が生じた場合」には，その旨を同協会の会長に報告することとされている（同会則第123条第3項）。

　公認会計士や監査法人は，「品質管理委員会が効率的かつ適切に品質管理レビューを実施できるように全面的に協力しなければならない」ものとされている（同会則第122条第4項）。

　また，日本公認会計士協会は，会員3人以内及び学識経験者6人以内によって構成される「品質管理審議会」を設けている（同会則第125条）。品質管理審議会は，品質管理委員会からの定期報告を受けることとされており（同会則第123条第4項），報告を受けた品質管理審議会は「品質管理レビュー」が「適切に行われているかどうかを検討，評価し，その結果を品質管理委員会に勧告する」とされている（同会則第125条第3項）。

◆「上場会社監査事務所登録制度」

　日本公認会計士協会は，同協会の自主規制機能の強化策の一環として，2007年（平成19年）4月から「上場会社監査事務所登録制度」を発足させた。

　これは，「上場会社と監査契約を締結している公認会計士又は監査法人の

監査の品質管理の状況の一層の充実強化を図るため」（同会則第127条第1項），上場会社の監査証明業務を行っている会計士又は監査法人に対して，同協会への登録を求め，ホームページ上で登録名簿を公開するものである。

当該登録名簿において，登録された公認会計士や監査法人の監査事務所としての概要や監査の品質管理システムの概要等を開示することにより，投資者をはじめとする市場関係者等に対して，登録された公認会計士や監査法人の監査の品質管理の状況を明らかにすることを目的とした制度である。

「上場会社監査事務所登録制度」は，「品質管理レビュー」に組み入れる形で導入された。

すなわち，本制度の手続等は，品質管理委員会に置かれた部会（「上場会社監査事務所部会」）において担当することとされ，品質管理委員会は，上場監査事務所の登録に係る審査，登録後の措置案の品質管理審議会への提案等を，また，品質管理審議会は，上場監査事務所の登録の審議，品質管理委員会から提案された措置案の審議等を，それぞれ担うこととされたのである。

(2) 公認会計士・監査審査会による「モニタリング」

◆「モニタリング」の趣旨

日本公認会計士協会による「品質管理レビュー」は，職業専門家の団体としての組織規律や自主措置を通じて，監査の公正性と信頼性を確保し，その適切な質的水準の維持，向上を図るものであり，組織規律や自主措置の具体化として尊重されるべきものである。

このことを基本とした上で，2003年（平成15年）改正法は「品質管理レビュー」の公平性・中立性・有効性の一層の向上を図る観点から，同協会から独立した立場にある政府の機関による「モニタリング」の制度を導入することとした。

すなわち，「身内」による自主措置では監査の公正性と信頼性の確保には限界があることから，この限界を補完するために「事後監視」の観点から，

独立した立場による「モニタリング」の制度が導入され，独立した立場にある政府の機関として新たに設置された公認会計士・監査審査会が「モニタリング」を担うこととされたのである。

◆「モニタリング」の法的位置づけ

具体的に，法は，「品質管理レビュー」と「モニタリング」の関係等について，次のとおり規定した。

① 日本公認会計士協会の事務として，新たに「会員の第2条第1項の業務の運営の状況の調査を行うものとする」と定め（法第46条の9の2第1項），「品質管理レビュー」を法制度上明らかに位置づけるとともに，同協会は「定期的に，又は必要に応じて，前項の調査の結果を内閣総理大臣に報告するものとする」と規定した（同条第2項）。

② 内閣総理大臣から法による権限を委任された金融庁長官（法第49条の4第1項）は，委任された権限のうち，次のものを公認会計士・監査審査会にさらに委任することとした（同条第2項）[3]。

(a) 日本公認会計士協会からの「品質管理レビュー」の結果の報告の受理に関する事務

(b) 同協会からの報告若しくは資料の提出又は立入検査の権限であって，「品質管理レビュー」の結果の報告に関して行われるもの

(c) 公認会計士又は監査法人からの報告若しくは資料の提出又は立入検査の権限であって，「品質管理レビュー」の結果の報告に関して行われるもの

(d) 同協会又は公認会計士若しくは監査法人からの報告若しくは資料の提出又は立入検査の権限であって，一定の事由がある場合における当該公認会計士又は監査法人の業務の運営の状況に関して行われるもの

これらのうち，(d)の「一定の事由がある場合」とは，同協会による「品質管理レビュー」を受けていないこと，協力を拒否していることその他の内閣府令で定める事由があることにより同協会が当該公認会計士

又は監査法人に係る「品質管理レビュー」の結果の報告を行っていない場合をいう（同条第2項第2号）[4]。
③　公認会計士・監査審査会の事務として，従前の公認会計士審査会の事務[5]を引き継ぐとともに，新たに，
　　　・　公認会計士又は監査法人の監査証明業務（「第2条第1項の業務」）
　　　・　日本公認会計士協会の事務
の「適正な運営を確保するため行うべき行政処分その他の措置について内閣総理大臣に勧告すること」を規定した（法第35条第2項第2号）。
④　公認会計士・監査審査会の権能として，②の権限を行使した場合において「必要があると認めるときは，その結果に基づき」，公認会計士若しくは監査法人の監査証明業務又は日本公認会計士協会の事務の「適正な運営を確保するため行うべき行政処分その他の措置について内閣総理大臣に勧告することができる」と規定した（法第41条の2）。

◆「モニタリング」の主体

「品質管理レビュー」の「モニタリング」においては，レビューの対象となる公認会計士や監査法人の監査事務所としての規模や組織の体制，個々の監査証明業務の内容等を具体的に勘案した上での個別の判断が必要となる。
　このためには，客観的かつ専門的な知見に基づく判断が求められる。
　また，「モニタリング」については，投資者をはじめとする市場関係者，さらには国民一般に対する中立性及び透明性を確保することが求められる。
　このような観点から，「品質管理レビュー」の「モニタリング」については，組織的かつ人事的に実効性を担保することができる政府の機関に拠ることが適切であるとされた。公認会計士監査制度に関する客観的かつ専門的な知見を有する行政機関，すなわち，2003年（平成15年）改正法において従前の公認会計士審査会を改組・拡充して新たに設置された公認会計士・監査審査会に拠ることが適切であるとされたものである[6]。

(3)「モニタリング」の実効性の確保と勧告

◆「モニタリング」の実効性の確保

「モニタリング」は，日本公認会計士協会が行った個々の公認会計士や監査法人の監査事務所ごとの「品質管理レビュー」について，公認会計士・監査審査会が書面で報告を受け，同審査会がその報告に関して，必要に応じて同協会，当該監査事務所等から報告又は資料の提出を受け，あるいは，立入検査を行い，「品質管理レビュー」が適切に行われたかどうか，当該監査事務所における監査証明業務の適正な運営が確保されているかどうか等を，検討し，評価し，その結果を同協会に示すこととなる。

その結果として，当該監査事務所等において法令，品質管理に関する規定等に準拠していないこと等が明らかになった場合には，必要に応じて公認会計士・監査審査会は，公認会計士や監査法人の監査証明業務について，適正な運営を確保するために行うべき行政処分その他の措置を，内閣総理大臣に勧告することとなる。

また，日本公認会計士協会において「品質管理レビュー」が適切に行われていないことが明らかになった場合には，内閣総理大臣が同協会の事務の適正運営を確保するために行うべき行政処分等事務の改善措置を勧告することとなる。

◆公認会計士・監査審査会による勧告

公認会計士・監査審査会による勧告としては，具体的には，
① 公認会計士又は監査法人において公認会計士法又は関係命令違反等があった場合には，適正な運営の確保の指示，業務管理体制の改善命令又は懲戒処分の勧告
② 日本公認会計士協会において公認会計士法に限られない法令違反等があった場合には，適正な運営の確保の命令の勧告
③ 監査法人等に対して日本公認会計士協会が必要な処分等を行っていな

い場合には，同協会に処分等を行うように求める適正な運営の確保の命令の勧告

が挙げられる。

このうち，監査法人等に係る勧告については，例えば「A監査法人について調査したところ，法第34条の11の3の規定に違反する行為が認められたので，法第34条の21第1項に基づく指示を行うことを勧告する」といった内容となり，具体的な処分の内容については，内閣総理大臣から権限を委任された金融庁長官が，公認会計士・監査審査会による「モニタリング」の結果等を踏まえ，処分に伴う社会的影響，当該監査法人の経営に及ぼす影響等も総合的に勘案して決定し，当該監査法人に対する指示をすることとなる。

また，日本公認会計士協会に係る勧告については，例えば「日本公認会計士協会について調査したところ，B監査法人において品質管理に係る同協会の規則等に準拠していない事実が認められたにもかかわらず，B監査法人に対する改善勧告をしていない事例が認められたので，同協会が必要な改善勧告を行うように，法第46条の12の2に基づき，同協会に命ずる処分を行うことを勧告する」といった内容となる。

第3節　懲戒事由を前提としない立入検査権

2003年（平成15年）改正法は，監査証明業務に関して「公益又は投資者保護のため必要かつ適当であると認めるとき」には懲戒事由を前提としない内閣総理大臣の立入検査権を規定した（法第49条の3第2項）。

◆立入検査権の趣旨

従前の法においては，「公益又は投資者保護のため必要かつ適当であると認めるとき」は，監査証明業務に限られることなく，公認会計士や監査法人に対し，業務に関する報告又は資料の提出を求めることができるとされ，公認会計士又は監査法人に懲戒事由があると思料される場合についてのみ，こ

れらの者に対する内閣総理大臣の立入検査権が規定されていた。

　しかし，懲戒処分をするまでには至らない場合や，法令違反等の状態を速やかに適正なものに回復するように，主体的な取組みを促すことによって，将来にわたって監査証明業務の公正性と信頼性を確保することが，必要かつ適切であると考えられる場合がある。

　このような場合への対応として，2003年（平成15年）改正法は，従前の立入検査権に加えて，監査の公正性と信頼性の確保，その実効性の向上に対する公益上の要請に応えるために「第2項第1項の業務に関し」「公益又は投資者保護のため必要かつ適当であると認められるとき」に限って，内閣総理大臣に懲戒事由を前提としない立入検査権を認めた。

　すなわち，公認会計士や監査法人の監査証明業務の適正な運営を確保することの実効性を挙げるためには，懲戒処分等の行政処分による措置も重要ではあるものの，公認会計士や監査法人自身の組織規律と自主措置によって業務の適正な遂行を確保するように促すことが，自主措置を尊重してその限界を補完するという「事後監視」の基本的な観点に沿ったものと考えられ，そのための措置として，懲戒事由を前提としない内閣総理大臣の立入検査権が規定されたのである。

◆**立入検査権の発動**

　例えば，「品質管理レビュー」の「モニタリング」を公認会計士・監査審査会が行った結果，監査法人の内部管理体制に不備があるのではないかと考えられる場合，審理機構が形骸化していないか否かを確かめるためには，実際に当該監査法人の内部の状況を検証することが不可欠となる。

　このような必要性に対応するため，「品質管理レビュー」の「モニタリング」に関しては，内閣総理大臣に与えられた立入検査権は，「モニタリング」を実施する公認会計士・監査審査会に委任され，同審査会が立入検査をすることとなる[7]。

　公認会計士・監査審査会による立入検査は，日本公認会計士協会による

「品質管理レビュー」の「モニタリング」の実効性を担保するためのものとして，同協会による組織規律や自主措置を前提としている点で，金融庁の検査局が金融機関に対して行っている金融検査等とは異なるものである。

また，公認会計士・監査審査会が監査法人等を定期的に検査するというものでもない。

なお，立入検査が犯罪捜査のために認められたものと解してはならないことは当然であり，この趣旨は，改めて明文として規定されている（法第49条の3第4項）。

第4節　内閣総理大臣による指示及び命令

2003年（平成15年）改正法及び2007年（平成19年）改正法は，
① 公認会計士が，公認会計士法又は関係命令に違反した場合に，内閣総理大臣が必要な指示をすることができること（法第34条の2）
② 監査法人が，公認会計士法若しくは関係命令に違反した場合又は監査証明業務の運営が著しく不当と認められる場合に，内閣総理大臣が監査証明業務の適正な運営の確保のために必要な指示，業務管理体制の改善命令又は懲戒処分をすることができること（法第34条の21第1項，第2項第3号及び第3項）
③ 日本公認会計士協会が，公認会計士法に限られない法令等に違反した場合又は会員に対する必要な措置を怠った場合に，内閣総理大臣が協会の適正な運営の確保のために必要があると認めるときは，事務の改善等を命令することができること（法第46条の12の2）
をそれぞれ規定した。

◆指示及び命令の趣旨

公認会計士又は監査法人が公認会計士法又は関係命令に違反した場合に対して，適切に対処すべきことは当然である。

このような場合について，従前の法は，公認会計士又は監査法人に懲戒処分（旧法第31条及び第34条の21第1項）をすることができるとしていた。

しかし，懲戒処分をするまでには至らないものの，法令違反等の状態を速やかに適正なものに回復するように，主体的な取組みを促すことによって，将来にわたって監査証明業務の公正性と信頼性を確保することが必要かつ適切であると考えられる場合がある。

そこで，2003年（平成15年）改正法は，日本公認会計士協会による組織規律や自主措置のもとで，公認会計士や監査法人の業務の遂行の適正性についての主体的な取組みを尊重し，内閣総理大臣による指示によってその取組みを促すこととした。

また，「品質管理レビュー」の「モニタリング」の実効性を制度的に担保するために，「モニタリング」の結果に基づいて，必要に応じて，公認会計士・監査審査会が内閣総理大臣に勧告を行い，内閣総理大臣が監査法人に対する監査証明業務の適正な運営の確保の指示（法第34条の21第1項），業務管理体制の改善命令若しくは懲戒処分（同条第2項第3号及び第3項）又は日本公認会計士協会に対する事務の適正な運営の確保の命令（法第46条の12の2）をすることができることとした。

◆指示に従わない場合

内閣総理大臣の指示は，懲戒処分における戒告とは異なり，法又は関係命令の違反を改善するための具体的な対応を公認会計士や監査法人に促すものであり，指示に従うことが求められているものである。

したがって，2003年（平成15年）改正法においては，改善の具体的な対応がないなど，公認会計士や監査法人が指示に従わない場合には，懲戒処分や行政処分の対象となることがある旨が規定された（公認会計士については法第31条第1項，監査法人については法第34条の21第2項第4号）。

第5節　罰　　則

　2003年（平成15年）改正法及び2007年（平成19年）改正法は，独立性の強化や監視・監督の体制や機能の充実の観点から，従前の罰則に加えて，新たな罰則の導入，従前から規定されていた罰則の強化を行った。
　すなわち，
　① 公認会計士監査制度の充実・強化の観点から，新たな措置が定められたことに伴うものとして，措置の実効性を担保する必要があるもの
　② 従前の法に規定されていた措置の内容自体には変わりはないものの，その意義がより重要性を高めることに伴うものとして，措置の実効性を担保する必要があるもの
との観点から罰則についての見直しが行われた。

◆新たな罰則の規定

　2003年（平成15年）改正法及び2007年（平成19年）改正法において新たな措置が導入されたことに伴うものとして，措置の実効性を担保する必要があるとの観点から新たに導入された罰則の具体例は，次のとおりである。
　① 公認会計士又は監査法人による説明書類の縦覧の懈怠，不実記載等：1年以下の懲役又は100万円以下の罰金（法第52条の2第1号）
　② 公認会計士，監査法人，外国監査法人又は日本公認会計士協会に対する報告徴収の拒否，立入検査の忌避等：100万円以下の罰金（法第53条第1項第2号及び第3号）
　③ 公認会計士や監査法人の関与社員の就職制限の規定に反した場合：100万円以下の過料（法第54条第1号）
　④ 監査法人の社員又は日本公認会計士協会の役員による定款又は会計帳簿，計算書類若しくは業務報告書の提出の懈怠，不実記載等：30万円以下の過料（法第55条の4第2号及び第3号）

◆従前からの罰則の強化

従前の法に規定されていた措置の意義がより重要性を高めることに伴うものとして，措置の実効性を担保する必要があるとの観点からも，罰則が強化された[8]。

例えば，公認会計士試験に合格しただけでは公認会計士となる資格を有することにはならず，無資格者にとどまるにもかかわらず，公認会計士試験に合格したことのみをもって，監査証明業務を行った者について，従前の法では「1年以下の懲役又は100万円以下の罰金」とされていた罰則が，「2年以下の懲役又は200万円以下の罰金」とされた（法第50条）。

注

---

(1) 2002年（平成14年）12月の金融審議会公認会計士制度部会の報告は，行政による監視・監督のあり方について，「行政としては，監視・監督の立場から，公認会計士協会による「自主規制」の限界を補完するとともに，公平性・中立性・有効性を確保するとの観点から適切な役割を果たすことが必要である」と提言した。

(2) 「品質管理レビュー」の目的について，日本公認会計士協会は「監査業務の公共性に鑑み，会員の監査業務の適切な質的水準の維持，向上を図り，もって監査に対する社会的信頼を維持，確保するため」としている（同会則第122条第1項）。

(3) (a)～(c)の権限については，2003年（平成15年）改正法によって，(d)の権限については，2007年（平成19年）改正法によって，それぞれ公認会計士・監査審査会に委任されることが規定されたものである。

この背景には，職業専門家の団体としての日本公認会計士協会の組織規律や自主措置を活用していくことが有効かつ効果的な監視・監督にとって重要であり，公認会計士・監査審査会による「モニタリング」は同協会による「品質管理レビュー」を前提として行うことが基本であるとの観点に立ちながらも，「監査の質の管理のために必要があると認められるときには，品質管理レビューを待たずに公認会計士，監査法人等に対して機動的に報告徴求，立入検査を行うことができるよう，規定上明確に手当てしておくことが適当である」（2006年（平成18年）12月の金融審議会公認会計士制度部会の報告）との考え方がある。

(4) これを受けて，規則第83条は，「法第46条の9の2第1項の規定による協会の

調査を受けていないこと」(第1号)と「前号の調査に協力することを拒否していること」(第2号)を規定し，法に定めた事由を重ねて挙げることとした。

このことは，「品質管理レビュー」を待たずに公認会計士・監査審査会が報告徴収や立入検査を行うことができる場合を限定的に定めようとしたものと解される。

(5) 従前の公認会計士審査会の事務については，第15章「公認会計士・監査審査会」参照。

(6) 2002年(平成14年)10月に証券監督者国際機構(IOSCO)が公表した「監査人の監督に関する原則」においては，職業専門家の団体から独立した機関による監督，又は職業専門家の団体が監督機関である場合には当該監督機関に対して独立した機関が監督を行うべきことが提言された。

公認会計士・監査審査会による「モニタリング」は，このような国際的な要請にも沿ったものである。

(7) 「品質管理レビュー」の「モニタリング」に拠らずに，内閣総理大臣が，例えば，ある監査法人の業務の運営が適正を欠き，監査証明業務に関し，公益又は投資者保護のため必要かつ適当であると認めるときは，法第49条の3第2項に基づく立入検査が行われることがあり得る。

(8) 金融商品取引法における虚偽の有価証券報告書等を提出した場合の罰則として，法定刑を大幅に引き上げる等，粉飾決算に加担した公認会計士に対する罰則を全面的に強化すべきではないかとの指摘がある。刑事罰の引上げについては，他の経済犯罪等との比較考量等も含めた検討課題であると考えられる。

第15章 公認会計士・監査審査会

2003年(平成15年)改正法は,従前の公認会計士審査会を改組・改充し,金融庁に新たな機関として,「公認会計士・監査審査会」(Certified Public Accountants and Auditing Oversight Board:CPAAOB)を置くこととした。

第1節 概　説

従前の法は,金融庁に公認会計士審査会を置くこととし,
① 公認会計士及び外国公認会計士に対する懲戒処分並びに監査法人に対する処分に関する事項を調査審議すること
② 公認会計士試験を行うこと
をその事務としてつかさどることを定めていた(旧法第35条)(1)(2)。
2003年(平成15年)改正法は,これらの従前の事務に加えて,
③ 公認会計士等の監査証明業務及び日本公認会計士協会の事務に関して,適正な運営を確保するために行うべき行政処分その他の措置について,内閣総理大臣に勧告すること
を新たな事務として担うことを定めるとともに(法第35条第2項第2号及び第41条の2),公認会計士審査会を改組・拡充し,名称も公認会計士・監査審査会と改めることとした(法第35条第1項)(3)。この新たな事務は,日本公認会計士協会の「品質管理レビュー」の「モニタリング」とその実効性の確保のための勧告であり,その趣旨や目的については,既に述べたとおりである(第14章「監視・監督の体制と機能」第2節参照)(4)。
また,2007年(平成19年)改正法は,内閣総理大臣に勧告する対象とし

て，③に，外国監査法人等の監査証明業務に相当すると認められる業務を追加した。

併せて，2003年（平成15年）改正法は，公認会計士・監査審査会の委員の一部の常勤化の導入，委員人事に対する国会の同意，委員の職権の独立行使，身分保障，服務規律等を新たに規定し，公認会計士・監査審査会の活動の中立性・独立性の確保を図ることとした。

第2節　組織と職務

公認会計士・監査審査会は，会長及び委員9人以内をもって組織される（法第36条第1項）。

合議制の行政機関であり，いわゆる国家行政組織法上の「8条機関」とされる[5]。

◆常勤制の導入

従前の公認会計士審査会の委員は，非常勤とされていた（旧法第39条）。

これに対して，公認会計士・監査審査会の会長は常勤であり，委員は非常勤とされ，そのうち1人は常勤とすることができることとされている（法第36条第2項）。

2003年（平成15年）改正法においては，「品質管理レビュー」の「モニタリング」の導入に伴い，公認会計士・監査審査会が必要に応じて監査法人等に対する立入検査を実施することとなるとともに，公認会計士試験制度の見直しに伴い，試験の実施に係る事務が大幅に増大することとなる。

特に，「品質管理レビュー」の「モニタリング」については，「品質管理レビュー」の評価，立入検査等の結果に基づき，懲戒処分等を求める勧告を行うべきかどうかの判断，勧告の内容の決定等の事務を委員が恒常的かつ日常的に行う必要がある。

また，一般に，事務局を有する政府の「8条機関」においては，事務局の

指揮,監督等の必要性から,基本的に,常勤の委員を有している。

このような理由から,会長を含めた委員についての常勤制が導入されたと解される。

◆国会同意人事

会長及び委員は,「公認会計士に関する事項について理解と識見とを有する者のうちから,両議院の同意を得て,内閣総理大臣が任命する」とされている（法第37条の2第1項）。

公認会計士・監査審査会は,有識者からなる合議制の行政機関であり,その組織的性格としては中立性・独立性を内在するべきものである。そこで,法は,会長を常勤とし,委員のうち1人を常勤とすることができることとすることに併せて,これを人事面からも担保する観点から,会長及び委員の任命を国会同意人事として定めた[6]。

なお,会長及び委員の任期は3年とされており（法第37条の3第1項）[7],再任されることができるとされている（同条第2項）。

◆会　長

会長は,公認会計士・監査審査会の「会務を総理し,審査会を代表する」とされている（法第37条第1項）。

◆職権の独立行使と身分保障

公認会計士・監査審査会は,有識者からなる合議制の行政機関であり,会長及び委員は,「独立してその職権を行う」と定められ（法第35条の2）,また,一定の場合を除いて「在任中,その意に反して罷免されることがない」と定められている（法第37条の4）[8]。

「品質管理レビュー」の「モニタリング」の導入に伴い,「モニタリング」の実効性を担保するために,公認会計士・監査審査会に内閣総理大臣の権限を委任すること,事務局の設置及び委員の常勤化によりその組織の充実・強

化を図ることとされ，これらを総合的に勘案して，中立性・独立性を確保するために，会長及び委員については，職権の独立行使及び身分保障の規定を置くこととされたものである。

　また，これらの規定に伴い，会長の任命については，従前の公認会計士審査会における委員による互選方式から，内閣総理大臣が直接任命する方式へと改められた（法第37条の2第1項）。

　会長及び委員の罷免については，罷免事由が生じた場合には，内閣総理大臣は会長又は委員を罷免しなければならないとされている（法第37条の5）。

◆服務規律

　会長及び委員は，職務上知り得た秘密を漏らしてはならず，その職を退いた後も同様とされる（法第37条の6第1項）。

　また，「会長及び委員は，在任中，政党その他の政治的団体の役員となり，又は積極的に政治運動をしてはならない」とされている（同条第2項）。

　さらに，「会長及び常勤の委員は，在任中，内閣総理大臣の許可のある場合を除くほか，報酬を得て他の職務に従事し，又は営利事業を営み，その他金銭上の利益を目的とする業務を行ってはならない」とされている（同条第3項）。

　公認会計士・監査審査会の会長及び委員は，特別職ではあるが，国家公務員である。常勤，非常勤を問わず，職務の中立性・独立性にかんがみて，また，特に「品質管理レビュー」の「モニタリング」の導入に伴い，個々の監査証明業務に関する具体的な財務や会計に関する情報をはじめとする会社の経営に関する事項を知り得ることにもなる。これらのことから，守秘義務に服し，政治活動からの独立性が要請されることは当然であると解される[9]。

◆試験委員

　公認会計士・監査審査会には「公認会計士試験の問題の作成及び採点を行わせるため，試験委員を置く」とされている（法第38条第1項）。

従前の公認会計士審査会における試験委員と同様である（第7章「公認会計士試験」第3節参照）。

◆議事及び議決の方法

公認会計士・監査審査会は，委員の過半数の出席がなければ会議を開くことができず，また，議事は，出席者の過半数をもって決することとされている（法第40条第1項及び第2項）。

委員は，自己に関係のある議事について議決に加わることはできない（同条第3項）。

なお，公認会計士・監査審査会の所掌事務，委員その他の職員，その他の審査会に関し必要な事項は政令で定めることとされ（法第42条），これを受けて「公認会計士・監査審査会令」が定められている。

事務局の内部組織の細目については「公認会計士・監査審査会事務局組織規則」が定められており，さらに，議事手続の細目，運営等については「公認会計士・監査審査会運営規程」が定められている。

第3節　事務局

2003年（平成15年）改正法は，公認会計士・監査審査会に事務の処理のための事務局を置くことを規定した（法第41条第1項）。

◆設置の趣旨

従前の法には，公認会計士審査会に特段の事務局を置く旨の規定はなく，公認会計士試験及び公認会計士に対する懲戒処分等の調査審議に係る事務については，同審査会に係る庶務として，金融庁が処理してきた[10]。

2003年（平成15年）改正法においては，「品質管理レビュー」の「モニタリング」の導入に伴い，その実際の運用として，「品質管理レビュー」の結果について，日本公認会計士協会から報告を聴取することに始まり，管理，

分析，資料作成，検討，対応案の立案，調査，評価，勧告案の作成，内閣総理大臣への勧告といった一連の事務を組織的に処理していく必要がある[11]。

このため，公認会計士・監査審査会に，固有の事務局を設けることが必要不可欠であると判断されたものと解される。

◆構成と特徴

公認会計士・監査審査会の事務局には，事務局長と所要の職員が置かれ，事務局長は，「会長の命を受けて，局務を掌理する」とされている（法第41条第2項及び第3項）。

事務局には「総務試験室」と「審査検査室」の2室が置かれ，その内部構成の特徴としては，公認会計士の「身分」を担う職務と，監査の「質」を担う職務との間の利益相反を回避することを基本としている点にある。すなわち，「総務試験室」は，公認会計士試験の実施及び公認会計士等に対する懲戒処分等の調査審議を担当し，「審査検査室」は，「品質管理レビュー」に対する審査及び検査に係る事務を担当することとされている。

第4節 活　動

公認会計士・監査審査会は，2003年（平成15年）改正法の施行に伴って2004年（平成16年）4月に発足して以来，法第35条第2項に定められた事務に取り組むとともに，その活動の状況を各事務年度ごとにとりまとめて公表するなど，積極的な情報発信にも努めている。

◆「品質管理レビュー」の「モニタリング」

公認会計士・監査審査会は，内閣総理大臣から金融庁長官に委任された権限の委任を受けて（法第49条の4第2項），日本公認会計士協会による「品質管理レビュー」に関する報告を受け（法第46条の9の2第2項），同協会における「品質管理レビュー」の制度の運営が適切に行われているか，監査

事務所における監査証明業務が適切に行われているかを審査し，必要に応じて，同協会に対して（法第46条の12第1項），監査事務所等に対して（法第49条の3第1項及び第49条の3の2第1項），報告又は資料の提出を求める。

　また，公認会計士・監査審査会は，審査の結果，日本公認会計士協会の適正な運営を確保するため必要があると認める場合には同協会に対して（法第46条の12第1項），公益若しくは投資者保護のため必要かつ適当と認める場合には監査事務所，被監査会社等に対して（法第49条の3第2項及び第49条の3の2第2項），立入検査を行う。

　さらに，審査又は検査の結果，公認会計士・監査審査会は，必要があると認める場合には，監査事務所の監査証明業務又は同協会の事務の適正な運営を確保するため行うべき行政処分その他の措置について，内閣総理大臣に勧告する（法第41条の2）[12]。

　これらの審査及び検査にあたって，公認会計士・監査審査会は，「監査の品質の一層の向上のために」と題する「審査基本方針」及び「検査基本方針」を定めて公表する（2007年（平成19年）6月策定）など，審査及び検査に係る事務の客観性の担保と効率的な実施に努めている[13]。

◆公認会計士試験の実施

　公認会計士・監査審査会は，法に基づき，公認会計士になろうとする者に必要な学識及び応用能力を有するかどうかを判定することを目的として，毎年，公認会計士試験を短答式及び論文式の方法によって実施している（第7章「公認会計士試験」参照）。

　また，公認会計士・監査審査会としては，実施面での改善に向けた検討に取り組み，その改善に順次努めている[14]。

◆公認会計士等に対する懲戒処分等の調査審議

　公認会計士・監査審査会は，内閣総理大臣からその権限を委任された金融庁長官から，公認会計士，監査法人等の懲戒処分等に関して意見を求められ

た場合に，調査審議を行っている。

具体的には，懲戒処分等の事由とされた事実，適用される法令及び量定の妥当性について検討を行い，金融庁長官に対して意見を表明している[15]。

◆諸外国の関係機関との協力

監査証明業務の対象となる会社等の事業活動の多様化，複雑化，国際化に対応して，各国の監視・監督の機関もまた，国際的な観点から監査の品質の確保と向上に努めている。

このような状況のもと，公認会計士・監査審査会は，各国の監視・監督機関等との個別の会議等を通じた協力関係の構築とその充実に取り組んでいる[16]。

―――― 注 ――――

(1) 公認会計士審査会が設置されるまでの沿革については，次のとおりである。

まず，1948年（昭和23年）7月に法が制定された当初は，公認会計士試験の実施及び公認会計士等の監督のための行政委員会として，「会計士管理委員会」が設置された。

1949年（昭和24年）6月にはこの委員会が廃止されて，その所掌事務は大蔵省（当時）に移され，大蔵大臣（当時）の諮問機関としての「公認会計士審査会」が設けられた。さらに，1950年（昭和25年）4月にはこの審査会が廃止されて，公認会計士試験の実施及び公認会計士等の監督のために大蔵省（当時）の外局の行政委員会として「公認会計士管理委員会」が設けられた。その後，1952年（昭和27年）8月にはこの委員会の所掌事務が大蔵省（当時）に戻され，新たに大蔵大臣（当時）の諮問機関として「公認会計士審査会」が設けられた。

なお，さらに，2001年（平成13年）1月の中央省庁再編に伴い，公認会計士審査会は金融庁に置かれることとされ，公認会計士監査制度に関する調査・審議については，金融庁に置かれた金融審議会に移管された。

(2) 公認会計士審査会は，

① 大蔵大臣（当時）の諮問に応じて公認会計士制度の運営に関する重要な事項に関して調査審議すること

② 公認会計士，会計士補及び外国公認会計士に対する懲戒処分並びに監査法

人に対する処分に関して調査審議すること
③　公認会計士試験を行うこと
を目的として位置づけられた。

(3)　従前の法においては，公認会計士審査会は，資格者としての公認会計士の身分に係る権能を象徴して「公認会計士」をその名称に冠していた。

公認会計士・監査審査会への改称は，公認会計士の身分に関わる懲戒処分の調査審議及び公認会計士試験の実施と並んで，公認会計士や監査法人が行う監査証明業務に対する「事後監視」（すなわち「品質管理レビュー」の「モニタリング」）を担うことを組織の名称においても明確化したものである。

(4)　我が国において，監視・監督の体制と機能の充実・強化に関し，日本公認会計士協会の「品質管理レビュー」の公平性・中立性・有効性の一層の向上を図る観点から，同協会から独立した第三者による「事後監視」をどのような制度として設計するかについては，特に，米国において「企業改革法」に基づいて，監視・監督のための新たな機関として「公開会社会計監視委員会」(Public Company Accounting Oversight Board：PCAOB) が設置されたことを踏まえ，いろいろな議論が行われた。

米国の「公開会社会計監視委員会」は証券取引委員会（SEC）の管轄下に準公的機関として設置されたものであり，従来は米国公認会計士協会のもとで担われてきた監査基準や倫理基準の策定を担うこととされたほか，監査証明業務に対する調査，会計士に対する懲戒処分等の権限を有することとされた。

我が国での議論の結果としては，
① 我が国においては一般の事業会社が監査人の監督機関の運営資金を負担する環境が未だ十分に整っていないと言わざるを得ない現状にあること
② 我が国の法制下では民間機関が検査権を含む監督権限を行使することは難しいこと
等を踏まえて，従前から公認会計士の懲戒処分等の調査審議等を担ってきた，有識者から成る合議制の行政機関である公認会計士審査会を改組・拡充し，公認会計士・監査審査会に改称するとともに「モニタリング」を担うこととして位置づけられたとされる。

(5)　国家行政組織法第3条第2項は，「行政組織のため置かれる国の行政機関は，省，委員会及び庁とし，その設置及び廃止は，別に法律の定めるところによる」と定めるとともに，同法第8条は「第3条の国の行政機関には，法律の定める所掌事務の範囲内で，法律又は政令の定めるところにより，重要事項に関する調査審議，不服審査その他学識経験を有する者等の合議により処理することが適当

な事務をつかさどらせるための合議制の機関を置くことができる」と定めている。

これらの規定に相当する委員会や審議会という呼称の機関がいわゆる「3条機関」あるいは「8条機関」である。

「8条機関」も「3条機関」と同様に，合議制の組織形態をとる行政機関として独立性を有していると説かれるが，その両者の重要な相違については，「3条機関」が準立法権を有し，何らかの形で自ら国家意思を決定・表示する権限（行政処分権）を有している点にあるとされている。

公認会計士・監査審査会について，「8条機関」よりも強力な「3条機関」とすることが適切ではないかとの指摘がある。

この点に関しては，仮に公認会計士・監査審査会を「3条機関」とし，行政処分権を含めた監督権限を金融庁からすべて移管することとすれば，公認会計士制度に係る行政が資本市場の監督，企業会計制度，開示制度等から完全に独立し，日常の密接な情報交換を含めた政策調整が困難となるという課題が生じることとなる。

(6) なお，一般に，常勤の会長及び委員を有する「8条機関」の委員の任命については，非常勤の委員を含めた全委員について国会同意人事とされている。

(7) 欠員が生じた場合の補欠の会長又は委員の任期は，前任者の残任期間とされている（法37条の3第1項ただし書）。

(8) 会長及び委員については，公認会計士・監査審査会により，「心身の故障のため職務の遂行ができないと認められた場合」又は「職務上の義務違反その他会長若しくは委員たるに適しない非行があると認められた場合」を除いては，在任中，その意に反して罷免されることがない旨が規定された（法37条の4）。

(9) 明示的な規定はないものの，国会に証人として喚問され証言する場合，訴訟手続の過程で文書を作成し，証拠を提出する場合等のように，一定の正当な理由がある場合には守秘義務が解除される場合があると解される。

すなわち，守秘義務がいかなる場合に解除されるかについては，法における公認会計士の守秘義務が解除される場合，国家公務員法における一般職の国家公務員の守秘義務が解除される場合等を総合的に勘案して，個々の事業ごとに判断されることとなると解される。

(10) 従前の法は，公認会計士審査会の「所掌事務及び委員その他の職員その他審査会に関し必要な事項は，政令で定める」と規定し（旧法第42条），これに基づく公認会計士審査会令は「公認会計士審査会の庶務は，金融庁総務企画局市場課において処理する」と定めていた（同令第1条）。

この規定に基づいて，本文にあるように，公認会計士試験及び公認会計士に対する懲戒処分等の調査審議に係る事務は，金融庁総務企画局市場課企業開示参事官室（当時）が処理してきた。

(11) 公認会計士・監査審査会の事務について，仮に公認会計士・監査審査会の「庶務」として従前と同様に金融庁が処理することとした場合には，公認会計士・監査審査会の中立性・独立性を考慮して「品質管理レビュー」の「モニタリング」を同審査会が担うこととした趣旨が必ずしも全うされないこととなる。また，金融庁が「庶務」としての検査権限を行使できるかについては疑義が生じ得る。

このため，公認会計士・監査審査会には固有の事務局を設けることが必要不可欠であると判断されたものと解される。

(12) 日本公認会計士協会による「品質管理レビュー」は，「大会社等」の監査証明業務を行っている監査事務所を対象に，原則として少なくとも3年に一度は実施することとされており，2006年度（平成18年度）には137監査事務所（106公認会計士及び31監査法人）に対して，2007年度（平成19年度）には131監査事務所（76公認会計士及び55監査法人）に対して，それぞれ実施された。

公認会計士・監査審査会は，2007年（平成19年）の事務年度において，11監査法人に対して検査を実施し，その結果，5監査法人について，行政処分その他の措置を講ずるよう，内閣総理大臣から権限を委任されている金融庁長官に勧告した。

(13) 公認会計士・監査審査会は，その発足以来実施してきた検査における「指摘事項」の中から，監査事務所の品質管理の向上を図っていく上で有益であると考えられるものを「監査の品質管理に関する検査指摘事例集」としてとりまとめ，2008年（平成20年）2月に公表した。

(14) 例えば，具体的には，公認会計士・監査審査会に設けられた「公認会計士試験実施検討小委員会」のもとに「公認会計士試験実施検討グループ」を設置し，2007年（平成19年）7月から10月にかけて試験の実施面での改善に向けた検討に取り組み，その検討を踏まえて，同審査会は同年10月に「公認会計士試験実施の改善について」を公表した。

この検討に基づき，2008年（平成20年）試験においては，短答式試験について，従前の2週間の週末にわたる2日間を短縮して週末1日の試験とするとともに，論文式試験について，法令基準等を配布する科目を2科目から5科目に増やすなどの改善策を実施している。

(15) 例えば，2007年（平成19年）の事務年度において，公認会計士・監査審査会は，2件についての調査審議を行い，金融庁長官の判断に関する意見を表明し

ている。
(16)　例えば，公認会計士・監査審査会は，各国の監視・監督機関間の相互の情報交換を目的として設置された「監査監督機関国際フォーラム」(International Forum of Independent Audit Regulators：IFIAR) などにおける各国の監視・監督機関の協力関係の促進，他の国際機関との連携のあり方等の議論にも積極的に参加している。

第16章 日本公認会計士協会

　日本公認会計士協会（Japanese Institute of Certified Public Accountants：JICPA）は，我が国における唯一の公認会計士の団体であり，法によって設立された法人である。

　公認会計士の使命及び職責にかんがみ，その品位を保持し，監査証明業務その他の公認会計士業務の改善進歩を図るため，会員の指導，連絡及び監督に関する事務を行うとともに，公認会計士，特定社員等の登録に関する事務を行っている。

　公認会計士，外国公認会計士及び監査法人は，法によって強制的に日本公認会計士協会に加入することとされ，その会員とされている。

第1節 沿　革

　日本公認会計士協会は，1949年（昭和24年）10月に発足した任意団体を母胎として，1953年（昭和28年）4月1日に旧民法第34条の規定に基づく社団法人として設立された。

　その後，公認会計士の加入率は約8割に及び，設立以来，積極的な活動に取り組んできたものの，なお未加入の公認会計士に対する規律が及ばない等の職業専門家の団体としての課題を抱えていた。特に「山陽特殊製鋼事件」「サンウェーブ工業事件」「富士車輌事件」等の会社の倒産や破綻が相次ぎ，それらの巨額な粉飾決算が社会問題化するに至り，公認会計士による監査の実効性が問われることとなった。

　このような背景のもとで，有価証券届出書及び有価証券報告書に対する行政審査の強化，監査実施準則の改正等の監査基準の充実等の措置が講じられ

るとともに，1966年（昭和41年）6月には公認会計士団体の特殊法人化と監査法人制度の創設を内容とする法改正が行われた。

公認会計士団体の特殊法人化は，公認会計士の自治機能の強化を通じて公認会計士監査制度の健全な発展と監査体制の強化が図られることを期待し，そのための制度的基盤を整えようとするものであった。

◆日本公認会計士協会の特殊法人化

1966年（昭和41年）6月の法改正によって，法は，第6章の2に「日本公認会計士協会」と題する章を設け，公認会計士が「この法律の定めるところにより，全国を通じて一箇の日本公認会計士協会を設立しなければならない」と定めた（法第43条第1項）。

当時，公認会計士の全国的組織であった社団法人の名称として，日本公認会計士協会の名称は広く一般に認識されていた。

このような社団法人を母胎として，権利義務と名称を特殊法人が承継することとした。

また，日本公認会計士協会の目的は「公認会計士の品位を保持し，第2条第1項の業務の改善進歩を図るため，会員の指導，連絡及び監督に関する事務を行い，並びに公認会計士及び特定社員の登録に関する事務を行うこと」とされた（法43条第2項）[1]。

なお，日本公認会計士協会ではない者は，同協会の名称又は同協会と誤認させるような名称を使用してはならないこととされている（法第48条の2第3項）。

第2節　会　員

公認会計士の団体が法律に基づく法人とされている所以は，公認会計士の自治機能の強化を通じて，公認会計士監査制度の健全な発展と監査体制の強化が図られることを目的としたものであり，この自治機能が十分に発揮され

るためにはすべての公認会計士が，団体の運営に参画し，団体の組織規律と自主措置に従うことが望ましいこととなる。

　法律の強制に拠らずして，任意加入の制度のもとで，すべての公認会計士が自発的に職業専門家の団体に参加し，その自治機能に服することが望ましいことは当然ではある。

　しかし，公認会計士の加入率が約8割の水準であったとはいえ，未加入の公認会計士に対する規律が及ばないこと等から，1966年（昭和41年）6月の法改正によって，公認会計士及び監査法人のすべてが日本公認会計士協会に強制的に加入することとし，その会員になることとされた（旧法第46条の2第1項前段：法第46条の2）[2]。なお，外国公認会計士についても強制的に加入することとされている[3]。

　また，公認会計士がその登録を抹消されたとき，監査法人が解散したときは，日本公認会計士協会を退会することとされている（法第46条の2）。

　入会及び退会については，会則において関連する規定を記載しなければならないことが定められている（法第44条第1項第2号）。

　日本公認会計士協会の会則は，公認会計士，外国公認会計士及び監査法人を会員としている（同会則第4条第2項）。

　会員が，会則を遵守すべきことは当然ではあり，さらに，自治機能の効果が十分に発揮されることを担保するために，法第46条の3は，会則を守る義務を特に定めている。

第3節　組織と事業

　日本公認会計士協会は，法によって法人とされている（法第43条第3項）。

　日本公認会計士協会は，政令で定めるところにより，登記をしなければならないとされ（法第46条第1項），設立の登記をすることによって成立している。

(1) 組　織

◆形　態

　職業専門家の団体の組織形態としては，全国を一円とする単一組織のほかに，一定の地域ごとに単位会を設立し，全国組織としてこれらの単位会の連合会を設けるという方式も考えられた。実際に，弁護士会や税理士会では，このような方式がとられている。

　しかし，公認会計士については，全国を一円とする単一会組織の形態をとることとされた（法第43条第1項）(4)。

◆支部と事務局

　日本公認会計士協会は，全国を一円とする単一会組織とされているが，同協会の運営上，会員との連絡・調整を円滑に図る観点から，「その目的を達成するため必要があるときは，支部を設けることができる」とされている（法第45条）。

　これを受けて，日本公認会計士協会は，その会則において，「財務省財務局及び沖縄総合事務局の管轄地域ごとに支部として一地域会を置く」こととし（同会則第105条第1項），現在，北海道から沖縄までの13地域会が活動している。

　また，通常の事務を行うほか，会員の業務に資するための事務を行うために，事務局が置かれている（同会則第173条）。

　なお，日本公認会計士協会の住所については，一般社団法人及び一般財団法人に関する法律第4条の規定が準用されており（法第46条の14），その主たる事務所の所在地にあるものとされている。

◆会　則

　日本公認会計士協会は，会則を定め，次の事項を記載しなければならないこととされている（法第44条第1項）。

① 名称及び事務局の所在地
② 入会及び退会に関する規定
③ 会員の種別及びその権利義務に関する規定
④ 役員に関する規定
⑤ 会議に関する規定
⑥ 支部に関する規定
⑦ 公認会計士及び特定社員の登録に関する規定
⑧ 資格審査会に関する規定
⑨ 会員の品位保持に関する規定
⑩ 会員の研修に関する規定
⑪ 公認会計士試験に合格した者の実務補習に関する規定
⑫ 会員の法第2条第1項の業務の運営の状況の調査に関する規定
⑬ 会員の業務に関する紛議の調停に関する規定
⑭ 会費に関する規定
⑮ 会計及び資産に関する規定
⑯ 事務局に関する規定

会則の変更については，内閣総理大臣の認可を受けなければ，その効力を生じないこととされている（法第44条第2項）。

◆役　員

日本公認会計士協会には，会長，副会長その他会則で定める役員を置くこととされている（法第46条の4第1項）。

会則では，85人以内の役員を置くこととされ，この役員については，会長1人，副会長7人以内，専務理事1人，常務理事29人以内，監事4人，その他役員を理事とすることとされている（同会則第83条）。

会長は，日本公認会計士協会を代表し，その会務を総理し，かつ，理事会及び常務理事会の議長となることとされ（法第46条の4第2項及び同会則第84条第1項），副会長は，会長の定めるところにより，会長を補佐し，会長

に事故があるときはその職務を代理し，会長が欠けたときはその職務を行うこととされている（法務46条の4第3項）。

なお，会長の行為については，一般社団法人及び一般財団法人に関する法律第78条の規定が準用されており（法第46条の14），日本公認会計士協会は，会長がその職務を行うについて第三者に加えた損害を賠償する責任を負うものとされている。

◆総　会

日本公認会計士協会は，「毎年，定期総会を開かなければならない」（法第46条の5第1項）。

総会において審議決定される事項としては，会則において，次のものが挙げられている（同会則第75条第1項）。

① 事業計画に関する事項
② 予算及び決算に関する事項
③ 会則の変更，規則の制定，変更又は廃止に関する事項
④ これらのほか，会則によって総会に附議することを要する事項又は理事会において総会に付議する必要があると認めた事項

これらに関し，会則の変更，予算及び決算については，総会の決議を経なければならないことが法定されている（法第46条の6）。

なお，これらのほか，総会においては，事業及び会務に関する報告が行われることとされている（同会則第75条第2項）。

◆資格審査会

日本公認会計士協会に，「資格審査会」を置くこととされている（法第46条の11第1項）。

これは，公認会計士及び特定社員の登録の拒否についての必要な審査を行うためであり，登録拒否事由に該当する者として登録を拒否するには，資格審査会の議決に基づかなければならない（法第19条第3項及び第34条の10の

11第2項)(第8章「公認会計士の登録」第3節参照)。

　資格審査会の組織は，会長及び委員4人をもって構成され（法第46条の11第3項），会長は，日本公認会計士協会の会長をもって充てられ（同条第4項），会務を総理することとされている。

(2) 事　　業

◆内　容

　法第43条第2項は，日本公認会計士協会の目的として，
① 　公認会計士の品位を保持すること
② 　監査証明業務の改善進歩を図るため，会員の指導，連絡及び監督に関する事務を行うこと
③ 　公認会計士及び特定社員の登録に関する事務を行うこと
を定めており，これらの具体的な取組みのため，同協会は，各種の委員会を設けている。

◆監査に関する指針の策定

　日本公認会計士協会は，監査基準を踏まえた具体的な指針や実務ルールを示す役割を期待されている（第3章「公認会計士と監査」第3節参照）。同協会に設置された監査基準委員会，業種別委員会，IT委員会等の報告書等として策定し，公表している。

◆国際的活動

　日本公認会計士協会は，国際会計士連盟（IFAC）の創設以来の理事会メンバーであり[5]，その国際監査・保証基準審議会，国際公会計基準審議会等の活動に積極的に取り組んでいる。

◆紛議の調停

　日本公認会計士協会は，「会員の業務に関する紛議につき，会員又は当事

者その他関係人の請求により調停をすることができる」(法第46条の8)。
　このために，日本公認会計士協会に，「紛議調停委員会」が置かれている。
　監査証明業務は，個々の公認会計士や監査法人と被監査会社の間での監査契約に基づいて行われているが，監査意見として限定意見や不適正意見を表明したことが原因で監査人としての交替を求められたり，監査契約を解除されたりするというような事例があった場合には，当該公認会計士等の調停の請求に基づいて，日本公認会計士協会としては，その実情を調査し，公認会計士や監査法人の立場を積極的に支援する必要がある。
　法は，このような役割を明示的に定めたのである。

◆「品質管理レビュー」

　「品質管理レビュー」は，1998年（平成11年）に日本公認会計士協会の自主措置として導入されたものであり，その目的は，品質管理の基準に準拠して，監査事務所が品質管理のシステムの方針と手続を整備し，個々の監査証明業務の遂行にあたって，それらの方針と手続を適切に運用することにより，不適切な監査意見を表明するリスクに適切に対処しているかどうかを評価するものである。
　「品質管理レビュー」の結果，改善が勧告された監査事務所は，一定期間内に改善に取り組み，改善状況を報告しなければならないこととされている。
　このような自主措置の公平性・中立性・有効性の一層の向上を図る観点から，日本公認会計士協会から独立した立場としての公認会計士・監査審査会による「モニタリング」の制度が導入されている。
　2003年（平成15年）改正法は，このような意義にかんがみ，「モニタリング」の実効性の確保の観点からの担保措置とともに「品質管理レビュー」を法に明示的に位置づけたのである（法第46条の9の2）。
　なお，日本公認会計士協会は，2007年（平成19年）4月から「品質管理レビュー」に「上場会社監査事務所登録制度」を組み入れることとし，「品質

管理レビュー」を通じて，監査事務所の品質管理の状況等に相当な疑念があると認められた場合には，その程度に応じて，次の4種類の措置を講じることにより，監査事務所の品質管理体制の一層の改善を促すこととしている（第14章「監視・監督の体制と機能」第2節参照）。
① 注意
② 継続的専門研修に追加して特定科目を受講することの指示
③ 「品質管理レビュー」を通じて指摘した限定事項等の概要の開示
④ 登録の取消とその旨の開示

◆貸借対照表等の公表

2003年（平成15年）5月改正法は，毎事業年度，日本公認会計士協会が，総会の決議を経た貸借対照表及び収支計算書を官報に公告するとともに，貸借対照表，収支計算書，附属明細書，事業報告書及び監事の意見書を事務所に備え置き，一般の閲覧に供すべきことを定めている（法第46条の11の2）。

第4節　監　督

日本公認会計士協会は，すべての公認会計士を会員とし，登録の事務を行う等の公的な機能を有する団体である。

その運営の如何によっては，公認会計士監査制度に大きな影響を及ぼすこととなり，適正な運営を確保するための制度的な担保措置として，内閣総理大臣による監督に関する規定が置かれている。

◆報告の徴取と検査

内閣総理大臣は，日本公認会計士協会の適正な運営を確保するため必要があると認めるときは，同協会に対して報告若しくは資料の提出を求め，又は職員に同協会の事務所に立ち入り，帳簿書類その他の物件を検査させることができる（法第46条の12第1項）。

立入検査をしようとする職員は，その身分を示す証票を携帯し，関係人の請求があったときは，これを提示しなければならない（法第46条の12第2項）。

なお，この立入検査の権限は，犯罪捜査のために認められたものと解してはならないとされている（法第46条の12第3項）。

◆事務の改善措置及び総会決議の取消

2003年（平成15年）改正法は，日本公認会計士協会において「品質管理レビュー」が適切に行われていないことが明らかになった場合，同協会が公認会計士法に限られない法令等に違反した場合等には，内閣総理大臣が，同協会の適正な運営を確保するため必要があると認めるときは，事務の改善等を命令することができる旨を定めている（法第46条12の2）（第14章「監視・監督の体制と機能」第4節参照）。

また，法は，日本公認会計士協会の総会の決議が公認会計士法に限られない法令又は同協会の会則に違反し，その他公益を害するときは，内閣総理大臣は，決議の取消を命令することができる旨も定めている（法第46条の13）。

◆内閣総理大臣への報告義務

日本公認会計士協会は，総会の決議並びに役員の就任及び退任を，内閣総理大臣に報告しなければならない（法第46条の7）。

また，公認会計士若しくは監査法人が虚偽若しくは不当のある証明の事実又は法に違反する事実があると認めたときは，内閣総理大臣に当該事実を報告するものとするとされている（法第46条の10第1項）。

この場合には，内閣総理大臣は，必要な調査をしなければならないこととされている（法第46条の10第2項）。

◆規制緩和

2003年（平成15年）改正法は，従前の「事前監督」から「事後監視」への観点から，監査法人についての設立，定款変更の手続等に係る認可制の届

出制への見直しとともに，日本公認会計士協会の組織規律と自主措置を尊重することとし，従前の法第46条の13が定めていた日本公認会計士協会の役員の解任を命令する内閣総理大臣の権能を廃止した[6]。

━━━━━━━━━━━━━━━━━ 注 ━━━━━━━━━━━━━━━━━

(1)　2003年（平成15年）改正法により，会計士補の制度が廃止されたため，本規定のうち会計士補に係る定めは削除されている。

(2)　2002年（平成14年）12月の金融審議会公認会計士制度部会の報告は「公認会計士監査に対する信頼の向上が課題となっている現在,「自主規制」の機関としての公認会計士協会による監査の質の確保と実効性の向上のための取組が一層重要であり，引き続き適切な役割を果たすことが必要である」とし，「このような役割を十分に果たしていくためには，公認会計士協会の「自治統制機能」が発揮されていく必要があり，そのためには，監査証明業務に従事する公認会計士及び監査法人が公認会計士協会の会員となり，その「自治統制機能」に服することが望ましいと考えられる」「したがって，公認会計士協会への強制入会制度については，引き続き維持することが適切である」と提言した。

　　なお，2003年（平成15年）改正法により，会計士補の制度が廃止されたため，会計士補に係る法第46条の2第2項の定めは削除されている。

(3)　外国公認会計士については，法第34条の2の2第1項の規定により，法の第5章の2「監査法人」，第5章の3「有限責任監査法人の登録に関する特則」及び第6章の2「日本公認会計士協会」の規定の適用については，公認会計士と同一とされている。

(4)　1966年（昭和41年）6月の法改正の当時の「逐条解説」においては，次のような説明がなされていた。

「次のような理由から全国を一円とする単一会組織をとることとなった。
① 一般的に連合会方式に比較した場合，単一会方式の方が会員に対する指導，連絡及び監督を一元的にかつ統一的に行い得ること
② 構成員が単一会組織としては多すぎる場合又は地域ごとに特殊な問題があるような場合等には連合会組織をとることも考えられるが，日本公認会計士協会の場合，当面の会員数の増加見込み及び地方の特殊性の有無という見地から見て特に連合会組織をとらなければならないということはないこと
③ むしろ，仮に連合会組織をとることとした場合，地域ごとに相互のアンバ

　　　　ランスを生じ，運営に困難をきたす単位会が生ずるおそれもあること」
(5)　国際会計士連盟（IFAC）については，第3章「公認会計士と監査」第4節注(19)参照。
(6)　日本公認会計士協会は，法第46条の13が定めている，内閣総理大臣による総会の決議を取り消すことができる権能についても，廃止を求めている。
　　この点に関しては，日本公認会計士協会としての自主性を尊重しつつ，監督の実効性を挙げる観点から，個々の役員の同協会における地位自体については，同協会の自主性の中で決定されるべき性格であると解され，同協会の役員の解任を命令する内閣総理大臣の権能については廃止されたが，組織としての最高の意思決定である総会の決議については，万が一にも，公益や投資家保護に欠くことがないように担保されるべきであるとの観点から必要なものとして，廃止せずに引き続き維持されていると解される。

参考文献 （敬称略、順不同）

加古 宜士（2006）『現代会計学（第8版）（補訂）』中央経済社
加古 宜士（2006）『財務会計概論（第6版）』中央経済社
斎藤 静樹（1999）『企業会計とディスクロージャー』東京大学出版会
斎藤 静樹編（2002）『会計基準の基礎概念』中央経済社
藤田 幸男（2003）『会計を学ぶ 私の一冊』白桃書房
藤沼 亜起・平松 一夫・八田 進二（2003）『会計・監査・ガバナンスを考える』
　同文舘出版
平松 一夫（1994）『国際会計の新動向』中央経済社
山浦 久司（2002）『会計監査論（第2版）』中央経済社
八田 進二編（2006）『監査論を学ぶ（新訂版）』同文舘出版
八田 進二（2004）『公認会計士倫理読本』財経詳報社
八田 進二（2004）『公認会計士倫理教本』財経詳報社
八田 進二・髙田 敏文（2003）『逐条解説 新監査基準を学ぶ（増補版）』
　同文舘出版
八田 進二・町田 祥弘（2007）『逐条解説 改訂監査基準を考える（増補版）』
　同文舘出版
髙田 敏文（2007）『監査リスクの基礎』同文舘出版
内藤 文雄（2003）『財務諸表監査の変革』税務経理協会
弥永 真生（2006）『演習会社法』有斐閣
多賀谷 充（2007）『金融商品取引法』同文舘出版
中央監査法人訳（1998）『モントゴメリーの監査論（第2版）』中央経済社

「特集　公認会計士法の改正」『ジュリスト』No.1344（2007年11月1日号）
「特集Ⅱ　会計大学院における教育課題」『企業会計』（2008年10月号）

『公認会計士関係法規集』日本公認会計士協会
『平成20年版　企業会計規則集』税務研究会

参 考 資 料

公認会計士法（2007年（平成19年）6月改正法）
（2007年（平成19年）12月26日施行及び2008年（平成20年）4月1日施行）

公認会計士法施行令
（2008年（平成20年）12月12日施行）

公認会計士法施行規則
（2008年（平成20年）9月24日施行）

財務諸表等の監査証明に関する内閣府令（「監査証明府令」）
（2008年（平成20年）6月6日施行）

○公認会計士法

平成一九年六月二七日時点

第一章　総則（第一条～第四条）
第二章　公認会計士試験等（第五条～第十六条の二）
第三章　公認会計士の登録（第十七条～第二十三条）
第四章　公認会計士の義務（第二十四条～第二十八条の四）
第五章　公認会計士の責任（第二十九条～第三十四条の二）
第五章の二　監査法人
　第一節　通則（第三十四条の二の二～第三十四条の十）
　第二節　社員（第三十四条の十の二～第三十四条の十の十七）
　第三節　業務（第三十四条の十一～第三十四条の十四の三）
　第四節　会計帳簿等（第三十四条の十五～第三十四条の十六の三）
　第五節　法定脱退（第三十四条の十七）
　第六節　解散及び合併（第三十四条の十八～第三十四条の二十の二）
　第七節　処分等（第三十四条の二十一～第三十四条の二十一の六）
　第八節　雑則（第三十四条の二十二・第三十四条の二十三）
第五章の三　有限責任監査法人の登録に関する特則（第三十四条の二十四～第三十四条の三十四）
第五章の四　外国監査法人等（第三十四条の三十五～第三十四条の三十九）
第五章の五　審判手続等（第三十四条の四十～第三十四条の六十六）
第六章　公認会計士・監査審査会（第三十五条～第四十二条）
第六章の二　日本公認会計士協会（第四十三条～第四十六条の十四）
第七章　雑則（第四十七条～第四十九条の六）
第八章　罰則（第五十条～第五十五条の四）
附　則（略）

第一章　総　則

（公認会計士の使命）
第一条　公認会計士は、監査及び会計の専門家として、独立した立場において、財務書類その他の財務に関する情報の信頼性を確保することにより、会社等の公正な事業活動、投資者及び債権者の保護等を図り、もつて国民経済の健全な発展に寄与することを使命とする。

(公認会計士の職責)
第一条の二　公認会計士は、常に品位を保持し、その知識及び技能の修得に努め、独立した立場において公正かつ誠実にその業務を行わなければならない。

(定義)
第一条の三　この法律において「財務書類」とは、財産目録、貸借対照表、損益計算書その他財務に関する書類(これらの作成に代えて電磁的記録(電子的方式、磁気的方式その他の人の知覚によつては認識することができない方式で作られる記録であつて、電子計算機による情報処理の用に供されるもので内閣府令で定めるものをいう。以下同じ。)を作成する場合における当該電磁的記録を含む。)をいう。
2　この法律において「公表する」とは、公告をすることその他株主、債権者その他多数の者の知り得る状態に置くことをいう。
3　この法律において「監査法人」とは、次条第一項の業務を組織的に行うことを目的として、この法律に基づき設立された法人をいう。
4　この法律において「有限責任監査法人」とは、その社員の全部を有限責任社員とする定款の定めのある監査法人をいう。
5　この法律において「無限責任監査法人」とは、その社員の全部を無限責任社員とする定款の定めのある監査法人をいう。
6　この法律において「特定社員」とは、監査法人の社員のうち、公認会計士及び外国公認会計士(第十六条の二第五項に規定する外国公認会計士をいう。)以外の者をいう。
7　この法律において「外国監査法人等」とは、第三十四条の三十五第一項の規定による届出をした者をいう。

(公認会計士の業務)
第二条　公認会計士は、他人の求めに応じ報酬を得て、財務書類の監査又は証明をすることを業とする。
2　公認会計士は、前項に規定する業務のほか、公認会計士の名称を用いて、他人の求めに応じ報酬を得て、財務書類の調製をし、財務に関する調査若しくは立案をし、又は財務に関する相談に応ずることを業とすることができる。ただし、他の法律においてその業務を行うことが制限されている事項については、この限りでない。
3　第一項の規定は、公認会計士が他の公認会計士又は監査法人の補助者として同項の業務に従事することを妨げない。

(公認会計士の資格)
第三条　公認会計士試験に合格した者(同一の回の公認会計士試験において、第八条に規定する短答式による試験及び論文式による試験の試験科目の全部について、第九条及び第十条の規定により短答式による試験及び論文式による試験を免除された者を含む。第十二条を除き、以下同じ。)であつて、第十五条第一項に規定する業務補助等の期間が二年以上であり、かつ、第十六条第一項に規定する実務補習を修了し同条第七項の規定による内閣総理大臣の確認を受けた者は、公認会計士となる資格を有する。

(欠格条項)
第四条　次の各号のいずれかに該当する者は、公認会計士となることができない。
一　未成年者、成年被後見人又は被保佐人
二　この法律若しくは金融商品取引法(昭和二十三年法律第二十五号)第百九十七条から第百九十八条までの規定に違反し、又は投資信託及び投資法人に関する法律(昭和二十六年法律第百九十八号)第二百三十三条第一項(第三号に係る部分に限る。)の罪、保険業法(平成七年法律第百五号)第三百二十八条第一項(第三号に係る部分に限る。)の罪、資産の流動化に関する法律(平成十年法律第百五号)第三百八条第一項(第三号に係る部分に限る。)の罪若しくは会社法(平成十七年法律第八十六号)第九百六十七条第一項(第三号に係る部分に限る。)の罪を犯し、禁錮以上の刑に処せられた者であつて、その執行を終わり、又は執行を受けることがなくなつてから五年を経過しないもの
三　禁錮以上の刑に処せられた者であつて、その執行を終わり、又は執行を受けることがなくなつてから三年を経過しないもの
四　破産者であつて復権を得ない者
五　国家公務員法(昭和二十二年法律第百二十号)、国会職員法(昭和二十二年法律第八十五号)又は地方公務員法(昭和二十五年法律第二百六十一号)の規定により懲戒免職の処分を受け、当該処分の日から三年を経過しない者
六　第三十条又は第三十一条の規定により登録の抹消の処分を受け、当該処分の日から五年を経過しない者
七　第三十条又は第三十一条の規定により業務の停止の処分を受け、当該業務の停止の期間中にその登録が抹消され、いまだ当該期間を経過しない者
八　第三十四条の十の十七第二項の規定により特定社員の登録の抹消の処分を受け、当該処分の日から五年を経過しない者
九　第三十四条の十の十七第二項の規定により、監査法人の第三十四条の五各号に

掲げる業務を執行し、監査法人の意思決定に関与し、又は補助者として監査法人の業務に従事することの禁止の処分を受け、当該禁止の期間を経過しない者
十　税理士法（昭和二十六年法律第二百三十七号）、弁護士法（昭和二十四年法律第二百五号）若しくは外国弁護士による法律事務の取扱いに関する特別措置法（昭和六十一年法律第六十六号）又は弁理士法（平成十二年法律第四十九号）により業務の禁止又は除名の処分を受けた者。ただし、これらの法律により再び業務を営むことができるようになつた者を除く。

第二章　公認会計士試験等

（公認会計士試験の目的及び方法）
第五条　公認会計士試験は、公認会計士になろうとする者に必要な学識及びその応用能力を有するかどうかを判定することをその目的とし、第八条に定めるところによつて、短答式（択一式を含む。第八条及び第九条において同じ。）及び論文式による筆記の方法により行う。

第六条　削除

第七条　削除

（公認会計士試験の試験科目等）
第八条　短答式による試験は、次に掲げる科目について行う。
　一　財務会計論（簿記、財務諸表論その他の内閣府令で定める分野の科目をいう。以下同じ。）
　二　管理会計論（原価計算その他の内閣府令で定める分野の科目をいう。以下同じ。）
　三　監査論
　四　企業法（会社法その他の内閣府令で定める分野の科目をいう。以下同じ。）
2　論文式による試験は、短答式による試験に合格した者及び次条の規定により短答式による試験を免除された者（試験科目の全部について試験を免除された者を含む。）につき、次に掲げる科目について行う。
　一　会計学（財務会計論及び管理会計論をいう。以下同じ。）
　二　監査論
　三　企業法
　四　租税法（法人税法その他の内閣府令で定める分野の科目をいう。以下同じ。）

五　次の科目のうち受験者のあらかじめ選択する一科目
　イ　経営学
　ロ　経済学
　ハ　民法
　ニ　統計学
3　前二項に規定する試験科目については、内閣府令で定めるところにより、その全部又は一部について範囲を定めることができる。
4　公認会計士試験においては、その受験者が公認会計士となろうとする者に必要な学識及び応用能力を備えているかどうかを適確に評価するため、知識を有するかどうかの判定に偏することなく、実践的な思考力、判断力等の判定に意を用いなければならない。

（短答式による試験科目の一部免除等）
第九条　次の各号のいずれかに該当する者に対しては、その申請により、短答式による試験を免除する。
　一　学校教育法（昭和二十二年法律第二十六号）による大学若しくは高等専門学校、旧大学令（大正七年勅令第三百八十八号）による大学（予科を含む。以下同じ。）、旧高等学校令（大正七年勅令第三百八十九号）による高等学校高等科若しくは旧専門学校令（明治三十六年勅令第六十一号）による専門学校において三年以上商学に属する科目の教授若しくは准教授の職にあつた者又は商学に属する科目に関する研究により博士の学位を授与された者
　二　学校教育法による大学若しくは高等専門学校、旧大学令による大学、旧高等学校令による高等学校高等科若しくは旧専門学校令による専門学校において三年以上法律学に属する科目の教授若しくは准教授の職にあつた者又は法律学に属する科目に関する研究により博士の学位を授与された者
　三　高等試験本試験に合格した者
　四　司法試験に合格した者
2　前項各号に定めるもののほか、次の各号のいずれかに該当する者に対しては、その申請により、当該各号に定める科目について、短答式による試験を免除する。
　一　税理士法第三条第一項第一号若しくは第二号の規定により税理士となる資格を有する者又は税理士試験の試験科目のうち簿記論及び財務諸表論の二科目について同法第七条第一項に規定する政令で定める基準以上の成績を得た者（同条第三項の規定により、同条第一項に規定する政令で定める基準以上の成績を得たものとみなされる者を含む。）　財務会計論

二　商学に属する科目その他内閣府令で定めるものに関する研究により学校教育法第百四条第一項に規定する文部科学大臣の定める学位で内閣府令で定めるものを授与された者　政令で定める科目
三　前条第一項各号に掲げる科目の全部又は一部に関連する事務又は業務に従事した期間が通算して七年以上である者として政令で定める者　政令で定める科目
3　短答式による試験に合格した者に対しては、その申請により、当該短答式による試験に係る合格発表の日から起算して二年を経過する日までに行われる短答式による試験を免除する。
4　前三項の申請の手続は、内閣府令で定める。

（論文式による試験科目の一部免除）
第十条　次の各号のいずれかに該当する者に対しては、その申請により、当該各号に定める科目について、論文式による試験を免除する。
一　前条第一項第一号に掲げる者　会計学及び経営学
二　前条第一項第二号又は第四号に掲げる者　企業法及び民法
三　前条第一項第三号に掲げる者　高等試験本試験において受験した科目（当該科目が商法である場合にあつては、企業法）
四　学校教育法による大学若しくは高等専門学校、旧大学令による大学、旧高等学校令による高等学校高等科若しくは旧専門学校令による専門学校において三年以上経済学に属する科目の教授若しくは准教授の職にあつた者又は経済学に属する科目に関する研究により博士の学位を授与された者　経済学
五　不動産鑑定士試験に合格した者　経済学又は民法
六　税理士法第三条第一項第一号又は第二号の規定により税理士となる資格を有する者　租税法
七　第八条第二項各号に掲げる科目の全部又は一部について、公認会計士となろうとする者に必要な学識及び応用能力を有するものとして政令で定める者　政令で定める科目
2　論文式による試験において、試験科目のうちの一部の科目について公認会計士・監査審査会が相当と認める成績を得た者については、その申請により、当該論文式による試験に係る合格発表の日から起算して二年を経過する日までに行われる論文式による当該科目についての試験を免除する。
3　前二項の申請の手続は、内閣府令で定める。

（受験手数料）
第十一条　公認会計士試験を受けようとする者は、実費を勘案して政令で定める額の受験手数料を納付しなければならない。
2　前項の規定により納付した受験手数料は、公認会計士試験を受けなかつた場合においても、これを還付しない。

（合格証書）
第十二条　公認会計士試験に合格した者には、当該試験に合格したことを証する証書を授与する。

（試験の執行）
第十三条　公認会計士試験は、公認会計士・監査審査会が、これを行う。
2　公認会計士試験は、毎年一回以上、これを行う。

（合格の取消等）
第十三条の二　公認会計士・監査審査会は、不正の手段によつて公認会計士試験を受け、又は受けようとした者に対しては、合格の決定を取り消し、又はその試験を受けることを禁止することができる。
2　公認会計士・監査審査会は、前項の規定による処分を受けた者に対し、情状により三年以内の期間を定めて公認会計士試験を受けることができないものとすることができる。

（試験の細目）
第十四条　この法律に定めるもののほか、公認会計士試験に関し必要な事項は、内閣府令で定める。

（業務補助等）
第十五条　業務補助等の期間は、公認会計士試験の合格の前後を問わず、次に掲げる期間を通算した期間とする。
　一　第二条第一項の業務について公認会計士又は監査法人を補助した期間
　二　財務に関する監査、分析その他の実務で政令で定めるものに従事した期間
2　この法律に定めるもののほか、業務補助等について必要な事項は、内閣府令で定める。

(実務補習)
第十六条　実務補習は、公認会計士試験に合格した者に対して、公認会計士となるのに必要な技能を修習させるため、公認会計士の組織する団体その他の内閣総理大臣の認定する機関（以下この条において「実務補習団体等」という。）において行う。
2　前項の認定を申請しようとする者は、内閣府令で定める事項を記載した申請書に内閣府令で定める書類を添付して、これを内閣総理大臣に提出しなければならない。
3　内閣総理大臣は、前項の認定の申請があつた場合において、実務補習の内容、方法その他の事項に関し内閣府令で定める基準に適合するものであると認めるときは、その認定を行うものとする。
4　内閣総理大臣は、実務補習団体等が行う実務補習の内容、方法その他の事項が前項に規定する内閣府令で定める基準に照らして適当でないと認めるときは、当該実務補習団体等に対し、必要な指示をすることができる。
5　内閣総理大臣は、実務補習団体等が第三項に規定する内閣府令で定める基準に適合しなくなつたと認めるとき、若しくは前項の規定による指示に従わないとき、又は当該実務補習団体等から実務補習団体等としての認定の取消しの申請があつたときは、第一項の認定を取り消すことができる。
6　実務補習団体等は、公認会計士試験に合格した者で当該実務補習団体等において実務補習を受けている者（次項において「受講者」という。）がすべての実務補習の課程を終えたときは、遅滞なく、内閣府令で定めるところにより、当該実務補習の状況を書面で内閣総理大臣に報告しなければならない。
7　内閣総理大臣は、前項の規定による報告に基づき、受講者が実務補習のすべての課程を修了したと認めるときは、当該受講者について実務補習の修了したことの確認を行わなければならない。
8　この法律に定めるもののほか、実務補習について必要な事項は、内閣府令で定める。

(外国で資格を有する者の特例)
第十六条の二　外国において公認会計士の資格に相当する資格を有し、かつ、会計に関連する日本国の法令について相当の知識を有する者は、内閣総理大臣による資格の承認を受け、かつ、日本公認会計士協会による外国公認会計士名簿への登録を受けて、第二条に規定する業務を行うことができる。ただし、第四条各号のいずれかに該当する者については、この限りでない。
2　内閣総理大臣は、前項の資格の承認をする場合には、内閣府令で定めるところにより、公認会計士・監査審査会をして試験又は選考を行わせるものとする。

3 前項の試験又は選考を受けようとする者は、実費を勘案して政令で定める額の手数料を納付しなければならない。
4 前項の規定により納付した手数料は、第二項の試験又は選考を受けなかつた場合においても、これを還付しない。
5 第一項の登録を受けた者（以下「外国公認会計士」という。）が次の各号のいずれかに該当する場合には、日本公認会計士協会は、同項の登録を抹消しなければならない。
　一　第二十一条第一項各号のいずれかに該当するとき。
　二　外国において公認会計士の資格に相当する資格を失つたとき。
6 第十八条の二から第二十条まで、第二十二条、第二十四条から第三十四条の二まで及び第四十九条の規定は、外国公認会計士について準用する。

第三章　公認会計士の登録

（登録の義務）
第十七条　公認会計士となる資格を有する者が、公認会計士となるには、公認会計士名簿に、氏名、生年月日、事務所その他内閣府令で定める事項の登録（以下この章において単に「登録」という。）を受けなければならない。

（名簿）
第十八条　公認会計士名簿及び外国公認会計士名簿は、日本公認会計士協会に、これを備える。

（登録拒否の事由）
第十八条の二　次の各号のいずれかに該当する者は、公認会計士の登録を受けることができない。
　一　懲戒処分により、税理士、弁護士、外国法事務弁護士又は弁理士の業務を停止された者で、現にその処分を受けているもの
　二　心身の故障により公認会計士の業務を行わせることがその適正を欠くおそれがある者又は公認会計士の信用を害するおそれがある者

（登録の手続）
第十九条　登録を受けようとする者は、登録申請書を日本公認会計士協会に提出しなければならない。

2 前項の登録申請書には、公認会計士となる資格を有することを証する書類を添付しなければならない。
3 日本公認会計士協会は、第一項の規定により登録申請書の提出があつた場合において、登録を受けようとする者が公認会計士となることができる者であり、かつ、登録を受けることができる者であると認めたときは、遅滞なく登録を行い、登録を受けようとする者が公認会計士となることができない者又は登録を受けることができない者であると認めたときは、資格審査会（第四十六条の十一に規定する資格審査会をいう。第二十一条第二項、第三十四条の十の十一第二項及び第三十四条の十の十四第二項において同じ。）の議決に基づいて、登録を拒否しなければならない。
4 日本公認会計士協会は、前項の規定により登録を拒否するときは、その理由を付記した書面によりその旨を当該申請者に通知しなければならない。

（登録を拒否された場合の審査請求）
第十九条の二　前条第三項の規定により登録を拒否された者は、当該処分に不服があるときは、内閣総理大臣に対して、行政不服審査法（昭和三十七年法律第百六十号）による審査請求をすることができる。
2 前条第一項の規定により登録申請書を提出した者は、当該申請書を提出した日から三月を経過しても当該申請に対してなんらの処分がされない場合には、当該登録を拒否されたものとして、内閣総理大臣に対して、前項の審査請求をすることができる。
3 前二項の規定による審査請求が理由があるときは、内閣総理大臣は、日本公認会計士協会に対し、相当の処分をすべき旨を命じなければならない。

（変更登録）
第二十条　公認会計士は、登録を受けた事項に変更を生じたときは、直ちに変更の登録を申請しなければならない。

（登録の抹消）
第二十一条　次の各号のいずれかに該当する場合には、日本公認会計士協会は、公認会計士の登録を抹消しなければならない。
一　公認会計士がその業務を廃止したとき。
二　公認会計士が死亡したとき。
三　公認会計士が第四条各号のいずれかに該当するに至つたとき。
四　公認会計士が心身の故障により公認会計士の業務を行わせることがその適正を

欠くおそれがあるとき。
2 日本公認会計士協会は、前項第四号の規定により登録を抹消するときは、資格審査会の議決に基づいて行わなければならない。
3 第十九条第四項並びに第十九条の二第一項及び第三項の規定は、第一項第四号の規定による登録の抹消について準用する。

(登録及び登録の抹消の公告)
第二十一条の二　日本公認会計士協会は、公認会計士又は外国公認会計士の登録をしたとき及び当該登録を抹消したときは、遅滞なく、その旨を官報をもつて公告しなければならない。

(登録抹消の制限)
第二十一条の三　日本公認会計士協会は、公認会計士又は外国公認会計士が懲戒の手続に付された場合においては、その手続が結了するまでは、第二十一条第一項第一号又は第十六条の二第五項第一号（第二十一条第一項第一号の規定に係る場合に限る。）の規定による当該公認会計士又は外国公認会計士の登録の抹消をすることができない。

(登録の細目)
第二十二条　この章に定めるもののほか、登録の手続、登録の抹消、公認会計士名簿その他登録に関して必要な事項は、内閣府令で定める。

第二十三条　削除

第四章　公認会計士の義務

(特定の事項についての業務の制限)
第二十四条　公認会計士は、財務書類のうち、次の各号の一に該当するものについては、第二条第一項の業務を行なつてはならない。
　一　公認会計士又はその配偶者が、役員、これに準ずるもの若しくは財務に関する事務の責任ある担当者であり、又は過去一年以内にこれらの者であつた会社その他の者の財務書類
　二　公認会計士がその使用人であり、又は過去一年以内に使用人であつた会社その他の者の財務書類

三　前二号に定めるもののほか、公認会計士が著しい利害関係を有する会社その他の者の財務書類
2　前項第三号の著しい利害関係とは、公認会計士又はその配偶者が会社その他の者との間にその者の営業、経理その他に関して有する関係で、公認会計士の行なう第二条第一項の業務の公正を確保するため業務の制限をすることが必要かつ適当であるとして政令で定めるものをいう。
3　国家公務員若しくは地方公務員又はこれらの職にあつた者は、その在職中又は退職後二年間は、その在職し、又は退職前二年間に在職していた職と職務上密接な関係にある営利企業の財務について、第二条第一項の業務を行つてはならない。

（大会社等に係る業務の制限の特例）
第二十四条の二　公認会計士は、当該公認会計士、その配偶者又は当該公認会計士若しくはその配偶者が実質的に支配していると認められるものとして内閣府令で定める関係を有する法人その他の団体が、次の各号のいずれかに該当する者（以下「大会社等」という。）から第二条第二項の業務（内閣府令で定めるものに限る。）により継続的な報酬を受けている場合には、当該大会社等の財務書類について、同条第一項の業務を行つてはならない。
一　会計監査人設置会社（資本金の額、最終事業年度に係る貸借対照表の負債の部に計上した額の合計額その他の事項を勘案して政令で定める者を除く。）
二　金融商品取引法第百九十三条の二第一項又は第二項の規定により監査証明を受けなければならない者（政令で定める者を除く。）
三　銀行法（昭和五十六年法律第五十九号）第二条第一項に規定する銀行
四　長期信用銀行法（昭和二十七年法律第百八十七号）第二条に規定する長期信用銀行
五　保険業法第二条第二項に規定する保険会社
六　前各号に掲げる者に準ずる者として政令で定める者

第二十四条の三　公認会計士は、大会社等の七会計期間（事業年度その他これらに準ずる期間をいう。以下同じ。）の範囲内で政令で定める連続する会計期間（当該連続する会計期間に準ずるものとして内閣府令で定める会計期間にあつては、当該会計期間。以下この項、第三十四条の十一の三及び第三十四条の十一の四第一項において「連続会計期間」という。）のすべての会計期間に係る財務書類について監査関連業務を行つた場合には、当該連続会計期間の翌会計期間以後の政令で定める会計期間に係る当該大会社等の財務書類について監査関連業務を行つてはならない。ただし、当該公認会計士（監査法人の社員である者を除く。）が当該連続会計期間

の翌会計期間以後の会計期間に係る当該大会社等の財務書類について監査関連業務を行うことにつき、内閣府令で定めるやむを得ない事情があると認められる場合において、内閣府令で定めるところにより、会計期間ごとに内閣総理大臣の承認を得たときは、この限りでない。
2　金融商品取引所(金融商品取引法第二条第十六項に規定する金融商品取引所をいう。以下同じ。)にその発行する有価証券を上場しようとする者その他の政令で定める者(大会社等を除く。)の発行する当該有価証券が上場される日その他の政令で定める日の属する会計期間前の三会計期間の範囲内で内閣府令で定める会計期間に係るその者の財務書類について公認会計士が監査関連業務を行つた場合には、その者を大会社等とみなして、前項の規定を適用する。この場合において、同項中「公認会計士は」とあるのは、「次項の監査関連業務を行つた公認会計士は」とする。
3　第一項(前項の規定により読み替えて適用する場合を含む。)及び前項の監査関連業務とは、第二条第一項の業務、監査法人の行う同項の業務にその社員として関与すること及びこれらに準ずる業務として内閣府令で定めるものをいう。

第二十四条の四　公認会計士は、大会社等の財務書類について第二条第一項の業務を行うときは、他の公認会計士若しくは監査法人と共同し、又は他の公認会計士を補助者として使用して行わなければならない。ただし、他の公認会計士若しくは監査法人と共同せず、又は他の公認会計士を補助者として使用しないことにつき内閣府令で定めるやむを得ない事情がある場合は、この限りでない。

(証明の範囲及び証明者の利害関係の明示)
第二十五条　公認会計士は、会社その他の者の財務書類について証明をする場合には、いかなる範囲について証明をするかを明示しなければならない。
2　公認会計士は、会社その他の者の財務書類について証明をする場合には、当該会社その他の者と利害関係を有するか否か、及び利害関係を有するときはその内容その他の内閣府令で定める事項を証明書に明示しなければならない。

(信用失墜行為の禁止)
第二十六条　公認会計士は、公認会計士の信用を傷つけ、又は公認会計士全体の不名誉となるような行為をしてはならない。

(秘密を守る義務)
第二十七条　公認会計士は、正当な理由がなく、その業務上取り扱つたことについて

知り得た秘密を他に漏らし、又は盗用してはならない。公認会計士でなくなつた後であつても、同様とする。

(研修)
第二十八条　公認会計士は、内閣府令で定めるところにより、日本公認会計士協会が行う資質の向上を図るための研修を受けるものとする。

(公認会計士の就職の制限)
第二十八条の二　公認会計士が会社その他の者の財務書類について第二条第一項の業務を行つた場合には、当該公認会計士（公認会計士であつた者を含む。）は、当該財務書類に係る会計期間の翌会計期間の終了の日までの間は、当該会社その他の者又はその連結会社等（当該会社その他の者と連結して財務書類を作成するものとされる者として内閣府令で定めるものをいう。以下この条及び第三十四条の十一第一項第三号において同じ。）の役員又はこれに準ずるものに就いてはならない。ただし、当該会社その他の者又はその連結会社等の役員又はこれに準ずるものに就くことにつきやむを得ない事情があると認められるときその他の内閣府令で定める場合において、内閣総理大臣の承認を得たときは、この限りでない。

(使用人等に対する監督義務)
第二十八条の三　公認会計士は、第二条第一項又は第二項の業務を行うため使用人その他の従業者を使用するときは、当該業務を適正に遂行するよう当該使用人その他の従業者を監督しなければならない。

(業務の状況に関する説明書類の縦覧等)
第二十八条の四　公認会計士は、年度（毎年四月一日から翌年三月三十一日までをいい、大会社等の財務書類について第二条第一項の業務を行つたものに限る。）ごとに、業務の状況に関する事項として内閣府令で定めるものを記載した説明書類を作成し、当該公認会計士の事務所に備え置き、公衆の縦覧に供しなければならない。
2　前項に規定する説明書類は、電磁的記録をもつて作成することができる。
3　第一項に規定する説明書類が電磁的記録をもつて作成されているときは、公認会計士の事務所において当該説明書類の内容である情報を電磁的方法（電子情報処理組織を使用する方法であつて内閣府令で定めるものをいう。以下同じ。）により不特定多数の者が提供を受けることができる状態に置く措置として内閣府令で定めるものをとることができる。この場合においては、同項の説明書類を、同項の規定に

より備え置き、公衆の縦覧に供したものとみなす。
4　前三項に定めるもののほか、第一項に規定する説明書類を公衆の縦覧に供する期間その他前三項の規定の適用に関し必要な事項は、内閣府令で定める。

第五章　公認会計士の責任

(懲戒の種類)
第二十九条　公認会計士に対する懲戒処分は、次の三種とする。
　一　戒告
　二　二年以内の業務の停止
　三　登録の抹消

(虚偽又は不当の証明についての懲戒)
第三十条　公認会計士が、故意に、虚偽、錯誤又は脱漏のある財務書類を虚偽、錯誤及び脱漏のないものとして証明した場合には、内閣総理大臣は、前条第二号又は第三号に掲げる懲戒の処分をすることができる。
2　公認会計士が、相当の注意を怠り、重大な虚偽、錯誤又は脱漏のある財務書類を重大な虚偽、錯誤及び脱漏のないものとして証明した場合には、内閣総理大臣は、前条第一号又は第二号に掲げる懲戒の処分をすることができる。
3　監査法人が虚偽、錯誤又は脱漏のある財務書類を虚偽、錯誤及び脱漏のないものとして証明した場合において、当該証明に係る業務を執行した社員である公認会計士に故意又は相当の注意を怠つた事実があるときは、当該公認会計士について前二項の規定を準用する。

(一般の懲戒)
第三十一条　公認会計士がこの法律若しくはこの法律に基づく命令に違反した場合又は第三十四条の二の規定による指示に従わない場合には、内閣総理大臣は、第二十九条各号に掲げる懲戒の処分をすることができる。
2　公認会計士が、著しく不当と認められる業務の運営を行つた場合には、内閣総理大臣は、第二十九条第一号又は第二号に掲げる懲戒の処分をすることができる。

(課徴金納付命令)
第三十一条の二　公認会計士が会社その他の者の財務書類について証明をした場合において、第三十条第一項又は第二項に規定する場合に該当する事実があるときは、

内閣総理大臣は、第三十四条の四十から第三十四条の六十二までに定める手続に従い、当該公認会計士に対し、次の各号に掲げる場合の区分に応じ、当該各号に定める額の課徴金を国庫に納付することを命じなければならない。
一 当該証明について第三十条第一項に規定する場合に該当する事実がある場合 当該証明を受けた当該会社その他の者の財務書類に係る会計期間における報酬その他の対価として政令で定める額（次号において「監査報酬相当額」という。）の一・五倍に相当する額
二 当該証明について第三十条第二項に規定する場合に該当する事実がある場合 監査報酬相当額
2 前項の規定にかかわらず、内閣総理大臣は、次に掲げる場合には、同項の公認会計士に対して、同項の課徴金を納付させることを命じないことができる。
一 第三十条第一項に規定する場合に該当する事実がある場合において、当該公認会計士に対して同項の処分をする場合（同項の財務書類に係る虚偽、錯誤又は脱漏が当該財務書類全体の信頼性に与える影響が比較的軽微であると認められる場合として内閣府令で定める場合に限る。）
二 第三十条第二項に規定する場合に該当する事実がある場合において、当該公認会計士に対して同項の処分をする場合（同項の相当の注意を著しく怠つた場合として内閣府令で定める場合を除く。）
三 当該公認会計士に対して第二十九条第二号に掲げる処分をする場合（第三十四条の十の四第四項に規定する被監査会社等との間で既に締結されている契約に基づく第二条第一項の業務として内閣府令で定めるものの停止を命ずる場合に限る。）
四 当該公認会計士に対して第二十九条第三号に掲げる処分をする場合
3 第一項の規定により計算した課徴金の額が一万円未満であるときは、課徴金の納付を命ずることができない。
4 第一項の規定により計算した課徴金の額に一万円未満の端数があるときは、その端数は、切り捨てる。
5 第一項の規定による命令を受けた者は、同項の規定による課徴金を納付しなければならない。

（処分の手続）
第三十二条 何人も、公認会計士に第三十条又は第三十一条に規定する場合に該当する事実があると思料するときは、内閣総理大臣に対し、その事実を報告し、適当な措置をとるべきことを求めることができる。

2　前項に規定する報告があつたときは、内閣総理大臣は、事件について必要な調査をしなければならない。
3　内閣総理大臣は、公認会計士に第三十条又は第三十一条に規定する場合に該当する事実があると思料するときは、職権をもつて、必要な調査をすることができる。
4　内閣総理大臣は、第三十条又は第三十一条の規定により第二十九条第一号又は第二号に掲げる懲戒の処分をしようとするときは、行政手続法（平成五年法律第八十八号）第十三条第一項の規定による意見陳述のための手続の区分にかかわらず、聴聞を行わなければならない。
5　第三十条又は第三十一条の規定による懲戒の処分は、聴聞を行つた後、相当な証拠により第三十条又は第三十一条に規定する場合に該当する事実があると認めたときにおいて、公認会計士・監査審査会の意見を聴いて行う。ただし、懲戒の処分が第四十一条の二の規定による勧告に基づくものである場合は、公認会計士・監査審査会の意見を聴くことを要しないものとする。

（調査のための権限）
第三十三条　内閣総理大臣は、前条第二項（第四十六条の十第二項において準用する場合を含む。）又は第三項の規定により事件について必要な調査をするため、当該職員に次に掲げる処分をさせることができる。
　一　事件関係人若しくは参考人に出頭を命じて審問し、又はこれらの者から意見若しくは報告を徴すること。
　二　鑑定人に出頭を命じて鑑定させること。
　三　帳簿書類その他の物件の所有者に対し、当該物件の提出を命じ、又は提出物件を留めて置くこと。
　四　事件に関係のある事務所その他の場所に立ち入り、事件に関係のある帳簿書類その他の物件を検査すること。
2　前項の規定により出頭又は鑑定を命ぜられた参考人又は鑑定人は、政令の定めるところにより、旅費、日当その他の費用を請求することができる。

（調書の作成及び公開並びに懲戒処分の公告）
第三十四条　内閣総理大臣は、事件について必要な調査をしたときは、その要旨を調書に記載し、かつ、前条に規定する処分があつたときは、特にその結果を明らかにしておかなければならない。
2　利害関係人は、内閣総理大臣に対し、前項の調書の縦覧を求め、又は内閣府令で定めるところにより実費を支弁して、その謄本若しくは抄本の交付を求めることが

できる。ただし、当該公認会計士又はその代理人以外の者は、事件について懲戒処分若しくは第三十四条の五十三第一項から第三項までの規定による決定がされ、又は懲戒処分をしない旨の決定若しくは同条第六項の規定による決定があつた後でなければ、前項の調書の縦覧を求め、又はその謄本若しくは抄本の交付を求めることができない。
3　内閣総理大臣は、第三十条又は第三十一条の規定により懲戒の処分をしたときは、その旨を公告しなければならない。

(指示)
第三十四条の二　内閣総理大臣は、公認会計士がこの法律若しくはこの法律に基づく命令に違反したとき、又は公認会計士が行う第二条第一項の業務が著しく不当と認められる場合において、当該公認会計士が行う同項の業務の適正な運営を確保するために必要であると認められるときは、当該公認会計士に対し、必要な指示をすることができる。

第五章の二　監査法人
第一節　通則

(設立等)
第三十四条の二の二　公認会計士（外国公認会計士を含む。以下この章、次章及び第六章の二において同じ。）及び第三十四条の十の八の登録を受けた者は、この章の定めるところにより、監査法人を設立することができる。
2　第一条及び第一条の二の規定は、監査法人について準用する。

(名称)
第三十四条の三　監査法人は、その名称中に監査法人という文字を使用しなければならない。
2　有限責任監査法人は、その名称中に社員の全部が有限責任社員であることを示す文字として内閣府令で定めるものを使用しなければならない。

(社員)
第三十四条の四　監査法人の社員は、公認会計士又は第三十四条の十の八の登録を受けた者でなければならない。
2　次に掲げる者は、監査法人の社員となることができない。

一　第三十条又は第三十一条の規定により業務の停止の処分を受け、当該業務の停止の期間を経過しない者
二　他の監査法人において、第三十四条の十の十七第二項の規定により、監査法人の次条各号に掲げる業務を執行し、監査法人の意思決定に関与し、又は補助者として監査法人の業務に従事することの禁止の処分を受け、当該禁止の期間を経過しない者
三　第三十四条の二十一第二項の規定により他の監査法人が解散又は業務の停止を命ぜられた場合において、その処分の日以前三十日内に当該他の監査法人の社員であつた者でその処分の日から三年（業務の停止を命ぜられた場合にあつては、当該業務の停止の期間）を経過しないもの
3　監査法人の社員のうちに公認会計士である社員の占める割合は、百分の五十を下らない内閣府令で定める割合以上でなければならない。

（業務の範囲）
第三十四条の五　監査法人は、第二条第一項の業務を行うほか、その業務に支障のない限り、定款で定めるところにより、次に掲げる業務の全部又は一部を行うことができる。
一　第二条第二項の業務
二　公認会計士試験に合格した者に対する実務補習

（登記）
第三十四条の六　監査法人は、政令で定めるところにより、登記をしなければならない。
2　前項の規定により登記をしなければならない事項は、登記の後でなければ、これをもつて第三者に対抗することができない。

（設立の手続）
第三十四条の七　監査法人を設立するには、その社員になろうとする者が、共同して定款を定めなければならない。この場合において、その社員になろうとする者のうちには、五人以上の公認会計士である者を含まなければならない。
2　会社法第三十条第一項の規定は、監査法人の定款について準用する。
3　定款には、少なくとも次に掲げる事項を記載しなければならない。
　一　目的
　二　名称

三　事務所の所在地
四　社員の氏名及び住所
五　社員の全部が無限責任社員又は有限責任社員のいずれであるかの別
六　社員の出資の目的（有限責任社員にあつては、金銭その他の財産に限る。）及びその価額又は評価の標準
七　業務の執行に関する事項

4　無限責任監査法人を設立しようとする場合には、前項第五号に掲げる事項として、その社員の全部を無限責任社員とする旨を記載しなければならない。

5　有限責任監査法人を設立しようとする場合には、第三項第五号に掲げる事項として、その社員の全部を有限責任社員とする旨を記載しなければならない。

第三十四条の八　削除

（成立の時期）
第三十四条の九　監査法人は、その主たる事務所の所在地において設立の登記をすることによつて成立する。

（成立の届出）
第三十四条の九の二　監査法人は、成立したときは、成立の日から二週間以内に、登記事項証明書及び定款の写しを添えて、その旨を内閣総理大臣に届け出なければならない。

（定款の変更）
第三十四条の十　監査法人は、定款に別段の定めがある場合を除き、総社員の同意によつて、定款の変更をすることができる。

2　監査法人は、定款の変更をしたときは、変更の日から二週間以内に、変更に係る事項を内閣総理大臣に届け出なければならない。

第二節　社員

（業務の執行等）
第三十四条の十の二　監査法人の行う第二条第一項の業務については、公認会計士である社員のみが業務を執行する権利を有し、義務を負う。

2　監査法人の行う業務であつて第三十四条の五各号に掲げるものについては、監査法人のすべての社員が業務を執行する権利を有し、義務を負う。

3　前二項に規定するもののほか、公認会計士である社員は、定款の定めにより監査法人の意思決定に関与し、又は補助者として監査法人の業務に従事することができる。
4　第二項に規定するもののほか、特定社員は、定款の定めにより監査法人の意思決定に関与し、又は補助者として監査法人の業務に従事することができる。

(法人の代表)
第三十四条の十の三　第二条第一項の業務については、公認会計士である社員のみが各自監査法人を代表する。ただし、公認会計士である社員の全員の同意によつて、公認会計士である社員のうち同項の業務について特に監査法人を代表すべき社員を定めることを妨げない。
2　第三十四条の五各号に掲げる業務については、監査法人のすべての社員が、各自監査法人を代表する。ただし、定款又は総社員の同意によつて、社員のうち当該各号に掲げる業務について特に監査法人を代表すべき社員を定めることを妨げない。
3　監査法人を代表する社員は、監査法人の業務(特定社員にあつては、第二条第一項の業務を除く。)に関する一切の裁判上又は裁判外の行為をする権限を有する。
4　前項の権限に加えた制限は、善意の第三者に対抗することができない。
5　監査法人を代表する社員は、定款によつて禁止されていないときに限り、特定の行為の代理を他人に委任することができる。

(指定社員)
第三十四条の十の四　無限責任監査法人は、特定の証明について、一人又は数人の業務を担当する社員(特定社員を除く。次項及び第六項において同じ。)を指定することができる。
2　前項の規定による指定がされた証明(以下この条及び第三十四条の十の六において「指定証明」という。)については、指定を受けた社員(以下この条及び第三十四条の十の六において「指定社員」という。)のみが業務を執行する権利を有し、義務を負う。
3　指定証明については、前条の規定にかかわらず、指定社員のみが無限責任監査法人を代表する。
4　無限責任監査法人は、第一項の規定による指定をしたときは、証明を受けようとする者(以下この条及び第三十四条の十の六において「被監査会社等」という。)に対し、その旨を書面により通知しなければならない。
5　被監査会社等は、その受けようとする証明について、無限責任監査法人に対して、

相当の期間を定め、その期間内に第一項の規定による指定をするかどうかを明らかにすることを求めることができる。この場合において、無限責任監査法人が、その期間内に前項の通知をしないときは、無限責任監査法人はその後において、指定をすることができない。ただし、被監査会社等の同意を得て指定をすることを妨げない。

6 　指定証明について、当該証明に係る業務の結了前に指定社員が欠けたときは、無限責任監査法人は、新たな指定をしなければならない。その指定がされなかつたときは、全社員を指定したものとみなす。

（指定有限責任社員）
第三十四条の十の五　有限責任監査法人は、当該有限責任監査法人の行うすべての証明について、各証明ごとに一人又は数人の業務を担当する社員（特定社員を除く。次項、第五項及び第六項において同じ。）を指定しなければならない。

2 　前項の規定による指定がされた証明（以下この条及び次条において「特定証明」という。）については、指定を受けた社員（以下この条及び次条において「指定有限責任社員」という。）のみが業務を執行する権利を有し、義務を負う。

3 　特定証明については、第三十四条の十の三の規定にかかわらず、指定有限責任社員のみが有限責任監査法人を代表する。

4 　有限責任監査法人は、第一項の規定による指定をしたときは、証明を受けようとする者に対し、その旨を書面その他の内閣府令で定める方法により通知しなければならない。

5 　第一項の規定による指定がされない証明があつたときは、当該証明については、全社員を指定したものとみなす。

6 　特定証明について、当該証明に係る業務の結了前に指定有限責任社員が欠けたときは、有限責任監査法人は、新たな指定をしなければならない。その指定がされなかつたときは、全社員を指定したものとみなす。

（社員の責任）
第三十四条の十の六　監査法人の財産をもつてその債務を完済することができないときは、各社員は、連帯してその弁済の責任を負う。

2 　監査法人の財産に対する強制執行がその効を奏しなかつたときも、前項と同様とする。

3 　前項の規定は、社員が監査法人に資力があり、かつ、執行が容易であることを証明したときは、適用しない。

4　第三十四条の十の四第一項の規定による指定がされ、同条第四項の規定による通知がされている場合（同条第六項の規定により指定したものとみなされる場合を含む。次項及び第六項において同じ。）において、指定証明に関し被監査会社等に対して負担することとなつた無限責任監査法人の債務をその無限責任監査法人の財産をもつて完済することができないときは、第一項の規定にかかわらず、指定社員（指定社員であつた者を含む。以下この条において同じ。）が、連帯してその弁済の責任を負う。ただし、脱退した指定社員が脱退後の事由により生じた債務であることを証明した場合は、この限りでない。

5　第三十四条の十の四第一項の規定による指定がされ、同条第四項の規定による通知がされている場合において、指定証明に関し被監査会社等に生じた債権に基づく無限責任監査法人の財産に対する強制執行がその効を奏しなかつたときは、指定社員が、無限責任監査法人に資力があり、かつ、執行が容易であることを証明した場合を除き、前項と同様とする。

6　第三十四条の十の四第一項の規定による指定がされ、同条第四項の規定による通知がされている場合において、指定を受けていない社員が指定の前後を問わず指定証明に係る業務に関与したときは、当該社員は、その関与に当たり注意を怠らなかつたことを証明した場合を除き、指定社員が前二項の規定により負う責任と同一の責任を負う。無限責任監査法人を脱退した後も、同様とする。

7　有限責任監査法人の社員は、その出資の価額（既に有限責任監査法人に対し履行した出資の価額を除く。）を限度として、有限責任監査法人の債務を弁済する責任を負う。

8　前項の規定にかかわらず、前条第一項の規定による指定がされ、同条第四項の規定による通知がされている場合（同条第五項又は第六項の規定により指定したものとみなされる場合を含む。次項及び第十項において同じ。）において、特定証明に関して負担することとなつた有限責任監査法人の債務をその有限責任監査法人の財産をもつて完済することができないときは、指定有限責任社員（指定有限責任社員であつた者を含む。以下この条において同じ。）が、連帯してその弁済の責任を負う。ただし、脱退した指定有限責任社員が脱退後の事由により生じた債務であることを証明した場合は、この限りでない。

9　前条第一項の規定による指定がされ、同条第四項の規定による通知がされている場合において、特定証明に関し生じた債権に基づく有限責任監査法人の財産に対する強制執行がその効を奏しなかつたときは、指定有限責任社員が、有限責任監査法人に資力があり、かつ、執行が容易であることを証明した場合を除き、前項と同様とする。

10 前条第一項の規定による指定がされ、同条第四項の規定による通知がされている場合において、指定を受けていない社員が指定の前後を問わず特定証明に係る業務に関与したときは、当該社員は、その関与に当たり注意を怠らなかつたことを証明した場合を除き、指定有限責任社員が前二項の規定により負う責任と同一の責任を負う。有限責任監査法人を脱退した後も、同様とする。
11 会社法第六百十二条の規定は、監査法人の社員の脱退について準用する。ただし、第四項又は第八項の場合において、指定証明に関し被監査会社等に対して負担することとなつた無限責任監査法人の債務又は特定証明に関し負担することとなつた有限責任監査法人の債務については、この限りでない。

(社員であると誤認させる行為をした者の責任)
第三十四条の十の七　無限責任監査法人の社員でない者が自己を無限責任監査法人の社員であると誤認させる行為をしたときは、当該無限責任監査法人の社員でない者は、その誤認に基づいて無限責任監査法人と取引をした者に対し、無限責任監査法人の社員と同一の責任を負う。
2　有限責任監査法人の社員でない者が自己を有限責任監査法人の社員であると誤認させる行為をしたときは、当該有限責任監査法人の社員でない者は、その誤認に基づいて有限責任監査法人と取引をした者に対し、その誤認させた責任の範囲内で当該有限責任監査法人の債務を弁済する責任を負う。
3　有限責任監査法人の社員がその責任の限度を誤認させる行為をしたときは、当該有限責任監査法人の社員は、その誤認に基づいて有限責任監査法人と取引をした者に対し、その誤認させた責任の範囲内で当該有限責任監査法人の債務を弁済する責任を負う。

(特定社員の登録義務)
第三十四条の十の八　特定社員となろうとする者は、特定社員の名簿（以下この節において「特定社員名簿」という。）に、氏名、生年月日、所属する監査法人その他の内閣府令で定める事項の登録（以下この節（第三十四条の十の十第七号及び第八号を除く。）において単に「登録」という。）を受けなければならない。

(特定社員名簿)
第三十四条の十の九　特定社員名簿は、日本公認会計士協会に、これを備える。

(登録拒否の事由)
第三十四条の十の十　次の各号のいずれかに該当する者は、特定社員の登録を受けることができない。
一　公認会計士
二　未成年者、成年被後見人又は被保佐人
三　この法律若しくは金融商品取引法第百九十七条から第百九十八条までの規定に違反し、又は投資信託及び投資法人に関する法律第二百三十三条第一項（第三号に係る部分に限る。）の罪、保険業法第三百二十八条第一項（第三号に係る部分に限る。）の罪、資産の流動化に関する法律第三百八条第一項（第三号に係る部分に限る。）の罪若しくは会社法第九百六十七条第一項（第三号に係る部分に限る。）の罪を犯し、禁錮以上の刑に処せられた者であつて、その執行を終わり、又は執行を受けることがなくなつてから五年を経過しないもの
四　禁錮以上の刑に処せられた者であつて、その執行を終わり、又は執行を受けることがなくなつてから三年を経過しないもの
五　破産者であつて復権を得ない者
六　国家公務員法、国会職員法又は地方公務員法の規定により懲戒免職の処分を受け、当該処分の日から三年を経過しない者
七　第三十条又は第三十一条の規定により公認会計士の登録の抹消の処分を受け、当該処分の日から五年を経過しない者
八　第三十条又は第三十一条の規定により業務の停止の処分を受け、当該業務の停止の期間中に公認会計士の登録が抹消され、いまだ当該期間を経過しない者
九　第三十四条の十の十七第二項の規定により登録の抹消の処分を受け、当該処分の日から五年を経過しない者
十　第三十四条の十の十七第二項の規定により、監査法人の第三十四条の五各号に掲げる業務を執行し、監査法人の意思決定に関与し、又は補助者として監査法人の業務に従事することの禁止の処分を受け、当該禁止の期間中に第三十四条の十の十四第一項（第一号又は第三号に係る部分に限る。）の規定により特定社員の登録が抹消され、いまだ当該期間を経過しない者
十一　税理士法、弁護士法若しくは外国弁護士による法律事務の取扱いに関する特別措置法又は弁理士法により業務の禁止又は除名の処分を受けた者。ただし、これらの法律により再び業務を営むことができるようになつた者を除く。
十二　心身の故障により監査法人の業務の執行に支障があり、又はこれに堪えない者

（登録の手続）

第三十四条の十の十一 登録を受けようとする者は、登録申請書を日本公認会計士協会に提出しなければならない。

2 日本公認会計士協会は、前項の規定により登録申請書の提出があつた場合において、登録を受けようとする者が登録を受けることができる者であると認めたときは、遅滞なく登録を行い、登録を受けようとする者が登録を受けることができない者であると認めたときは、資格審査会の議決に基づいて登録を拒否しなければならない。

3 日本公認会計士協会は、前項の規定により登録を拒否するときは、その理由を付記した書面によりその旨を当該申請者に通知しなければならない。

（登録を拒否された場合の審査請求）

第三十四条の十の十二 前条第二項の規定により登録を拒否された者は、当該処分に不服があるときは、内閣総理大臣に対して、行政不服審査法による審査請求をすることができる。

2 前条第一項の規定により登録申請書を提出した者は、当該申請書を提出した日から三月を経過しても当該申請に対して何らの処分がされない場合には、当該登録を拒否されたものとして、内閣総理大臣に対して、前項の審査請求をすることができる。

3 前二項の規定による審査請求が理由があるときは、内閣総理大臣は、日本公認会計士協会に対し、相当の処分をすべき旨を命じなければならない。

（変更登録）

第三十四条の十の十三 登録を受けた者は、登録を受けた事項に変更を生じたときは、直ちに変更の登録を申請しなければならない。

（登録の抹消）

第三十四条の十の十四 次の各号のいずれかに該当する場合には、日本公認会計士協会は、登録を抹消しなければならない。

一 特定社員が監査法人の社員でなくなつたとき。
二 特定社員が死亡したとき。
三 特定社員が第三十四条の十の十各号に掲げる者のいずれかに該当するに至つたとき。

2 日本公認会計士協会は、前項第三号の規定により登録の抹消（第三十四条の十の十第十二号に掲げる者に該当する場合における登録の抹消に限る。次項において同

じ。)をするときは、資格審査会の議決に基づいて行わなければならない。
3　第三十四条の十の十一第三項並びに第三十四条の十の十二第一項及び第三項の規定は、前項の規定による登録の抹消について準用する。
4　日本公認会計士協会は、特定社員が第三十四条の十の十七第二項の処分の手続に付された場合においては、その手続が結了するまでは、第一項第一号の規定による当該特定社員の登録の抹消をすることができない。

(登録の細目)
第三十四条の十の十五　この節に定めるもののほか、登録の手続、登録の抹消、特定社員名簿その他登録に関して必要な事項は、内閣府令で定める。

(秘密を守る義務)
第三十四条の十の十六　特定社員は、正当な理由がなく、その業務上取り扱つたことについて知り得た秘密を他に漏らし、又は盗用してはならない。特定社員でなくなつた後であつても、同様とする。

(特定社員に対する処分)
第三十四条の十の十七　特定社員に対する処分は、次の三種とする。
　一　戒告
　二　監査法人の第三十四条の五各号に掲げる業務を執行し、監査法人の意思決定に関与し、又は補助者として監査法人の業務に従事することの二年以内の禁止
　三　登録の抹消
2　特定社員がこの法律又はこの法律に基づく命令に違反した場合には、内閣総理大臣は、前項各号に掲げる処分をすることができる。
3　第三十二条から第三十四条までの規定は、前項の処分について準用する。

第三節　業務

(特定の事項についての業務の制限)
第三十四条の十一　監査法人は、財務書類のうち、次の各号のいずれかに該当するものについては、第二条第一項の業務を行つてはならない。
　一　監査法人が株式を所有し、又は出資している会社その他の者の財務書類
　二　監査法人の社員のうちに会社その他の者と第二十四条第一項第一号に規定する関係を有する者がある場合における当該会社その他の者の財務書類

三　会社その他の者の財務書類について監査法人の行う第二条第一項の業務にその社員として関与した者が、当該財務書類に係る会計期間又はその翌会計期間（以下この号において「関与社員会計期間」という。）内に当該会社その他の者又はその連結会社等の役員又はこれに準ずる者となつた場合における当該関与社員会計期間に係る当該会社その他の者又はその連結会社等の財務書類
　四　前三号に定めるもののほか、監査法人が著しい利害関係を有する会社その他の者の財務書類
2　前項第四号の著しい利害関係とは、監査法人又はその社員が会社その他の者との間にその者の営業、経理その他に関して有する関係で、監査法人の行う第二条第一項の業務の公正を確保するため業務の制限をすることが必要かつ適当であるとして政令で定めるものをいう。
3　監査法人の社員のうち会社その他の者と第二十四条第一項又は第三項に規定する関係を有する者は、当該監査法人が行う第二条第一項の業務で当該会社その他の者の財務書類に係るものには関与してはならない。

（大会社等に係る業務の制限の特例）
第三十四条の十一の二　監査法人は、当該監査法人又は当該監査法人が実質的に支配していると認められるものとして内閣府令で定める関係を有する法人その他の団体が、大会社等から第二条第二項の業務（財務書類の調製に関する業務その他の内閣府令で定めるものに限る。次項において同じ。）により継続的な報酬を受けている場合には、当該大会社等の財務書類について、同条第一項の業務を行つてはならない。
2　監査法人は、その社員が大会社等から第二条第二項の業務により、継続的な報酬を受けている場合には、当該大会社等の財務書類について、同条第一項の業務を行つてはならない。

第三十四条の十一の三　監査法人は、大会社等の財務書類について第二条第一項の業務を行う場合において、当該監査法人の社員が当該大会社等の七会計期間の範囲内で政令で定める連続会計期間のすべての会計期間に係る財務書類について当該社員が監査関連業務（第二十四条の三第三項に規定する監査関連業務をいう。以下この条から第三十四条の十一の五までにおいて同じ。）を行つた場合には、当該政令で定める連続会計期間の翌会計期間以後の政令で定める会計期間に係る当該大会社等の財務書類について当該社員に監査関連業務を行わせてはならない。

(大規模監査法人の業務の制限の特例)
第三十四条の十一の四　大規模監査法人は、金融商品取引所に上場されている有価証券の発行者その他の政令で定める者(以下この項において「上場有価証券発行者等」という。)の財務書類について第二条第一項の業務を行う場合において、当該業務を執行する社員のうちその事務を統括する者その他の内閣府令で定める者(以下この項において「筆頭業務執行社員等」という。)が上場有価証券発行者等の五会計期間の範囲内で政令で定める連続会計期間のすべての会計期間に係る財務書類について監査関連業務を行つた場合には、当該政令で定める連続会計期間の翌会計期間以後の政令で定める会計期間に係る当該上場有価証券発行者等の財務書類について当該筆頭業務執行社員等に監査関連業務を行わせてはならない。
2　前項(次条第二項の規定により読み替えて適用する場合を含む。)の大規模監査法人とは、その規模が大きい監査法人として内閣府令で定めるものをいう。

(新規上場企業等に係る業務の制限)
第三十四条の十一の五　金融商品取引所にその発行する有価証券を上場しようとする者その他の政令で定める者(大会社等を除く。)の発行する当該有価証券が上場される日その他の政令で定める日の属する会計期間前の三会計期間の範囲内で内閣府令で定める会計期間に係る財務書類について監査法人が監査関連業務を行つた場合には、その者を大会社等とみなして、第三十四条の十一の三の規定を適用する。この場合において、同条中「監査法人は」とあるのは、「第三十四条の十一の五第一項の監査関連業務を行つた監査法人は」とする。
2　金融商品取引所にその発行する有価証券を上場しようとする者その他の政令で定める者の発行する有価証券が上場される日その他の政令で定める日の属する会計期間前の三会計期間の範囲内で内閣府令で定める会計期間に係る財務書類について前条第二項に規定する大規模監査法人が監査関連業務を行つた場合には、その者を同条第一項に規定する上場有価証券発行者等とみなして、同項の規定を適用する。この場合において、同項中「大規模監査法人」とあるのは、「次条第二項の監査関連業務を行つた大規模監査法人」とする。

(監査又は証明の業務の執行方法)
第三十四条の十二　監査法人は、その公認会計士である社員以外の者に第二条第一項の業務を行わせてはならない。
2　監査法人が会社その他の者の財務書類について証明をする場合には、当該証明に係る業務を執行した社員は、当該証明書にその資格を表示して自署し、かつ、自己

の印を押さなければならない。
3 　第二十五条の規定は、監査法人が会社その他の者の財務書類について証明をする場合に準用する。

（業務管理体制の整備）
第三十四条の十三　監査法人は、業務を公正かつ的確に遂行するため、内閣府令で定めるところにより、業務管理体制を整備しなければならない。
2 　前項に規定する業務管理体制は、次に掲げる事項（第四十四条第一項第十二号、第四十六条の九の二第一項及び第四十九条の四第二項第二号において「業務の運営の状況」という。）を含むものでなければならない。
　一　業務の執行の適正を確保するための措置
　二　業務の品質の管理の方針の策定及びその実施
　三　公認会計士である社員以外の者が公認会計士である社員の第二条第一項の業務の執行に不当な影響を及ぼすことを排除するための措置
3 　前項第二号の業務の品質の管理とは、業務に係る契約の締結及び更新、業務を担当する社員その他の者の選任、業務の実施及びその審査その他の内閣府令で定める業務の遂行に関する事項について、それぞれの性質に応じて業務の妥当性、適正性又は信頼性を損なう事態の発生を防止するために必要な措置を講ずることをいう。
4 　監査法人がその活動に係る重要な事項として内閣府令で定めるものに関する意思決定をその社員の一部をもつて構成される合議体で行う場合には、当該合議体を構成する社員のうちに公認会計士である社員の占める割合は、百分の五十を下らない内閣府令で定める割合以上でなければならない。
5 　監査法人又はその特定社員は、監査法人に対する国民の信頼を失墜させる行為をしてはならない。

（社員の競業の禁止）
第三十四条の十四　監査法人の社員は、他の監査法人の社員となつてはならない。
2 　監査法人の社員は、自己又は第三者のためにその監査法人の業務の範囲に属する業務を行つてはならない。ただし、当該範囲に属する業務が第二条第二項の業務である場合において、当該範囲に属する業務を行うことにつき、当該社員以外の社員の全員の承認を受けたときは、この限りでない。
3 　監査法人の社員が前項の規定に違反して自己又は第三者のためにその監査法人の業務の範囲に属する業務を行つたときは、当該業務によつて当該社員又は第三者が得た利益の額は、監査法人に生じた損害の額と推定する。

(関与社員の就職の制限)
第三十四条の十四の二　第二十八条の二の規定は、監査法人が会社その他の者の財務書類について第二条第一項の業務を行つた場合における当該業務を執行した社員について準用する。

(使用人等に対する監督義務の規定の準用)
第三十四条の十四の三　第二十八条の三の規定は、監査法人について準用する。

第四節　会計帳簿等

(会計年度)
第三十四条の十五　監査法人の会計年度は、毎年四月一日に始まり、翌年三月三十一日に終わるものとする。ただし、定款に別段の定めがある場合は、この限りでない。

(会計の原則)
第三十四条の十五の二　監査法人の会計は、一般に公正妥当と認められる企業会計の慣行に従うものとする。

(会計帳簿の作成及び保存)
第三十四条の十五の三　監査法人は、内閣府令で定めるところにより、適時に、正確な会計帳簿を作成しなければならない。
2　監査法人は、会計帳簿の閉鎖の時から十年間、その会計帳簿及びその業務に関する重要な資料を保存しなければならない。

(会計帳簿の提出命令)
第三十四条の十五の四　裁判所は、申立てにより又は職権で、訴訟の当事者に対し、会計帳簿の全部又は一部の提出を命ずることができる。

(計算書類の作成等)
第三十四条の十六　監査法人は、内閣府令で定めるところにより、その成立の日における貸借対照表を作成しなければならない。
2　監査法人は、毎会計年度経過後二月以内に、計算書類(貸借対照表、損益計算書その他監査法人の財産及び損益の状況を示すために必要かつ適当な書類として内閣府令で定めるものをいう。次条及び第三十四条の三十二第一項において同じ。)及び業務の概況その他内閣府令で定める事項を記載した業務報告書を作成し、これら

の書類を内閣総理大臣に提出しなければならない。
3　前項の書類は、電磁的記録をもつて作成し、又は提出することができる。
4　監査法人は、第二項の書類を作成したときから十年間、これを保存しなければならない。

（貸借対照表等の提出命令）
第三十四条の十六の二　裁判所は、申立てにより又は職権で、訴訟の当事者に対し、計算書類の全部又は一部の提出を命ずることができる。

（業務及び財産の状況に関する説明書類の縦覧等）
第三十四条の十六の三　監査法人は、会計年度ごとに、業務及び財産の状況に関する事項として内閣府令で定めるものを記載した説明書類を作成し、当該監査法人の事務所に備え置き、公衆の縦覧に供しなければならない。
2　前項に規定する説明書類は、電磁的記録をもつて作成することができる。
3　第一項に規定する説明書類が電磁的記録をもつて作成されているときは、監査法人の事務所において当該説明書類の内容である情報を電磁的方法により不特定多数の者が提供を受けることができる状態に置く措置として内閣府令で定めるものをとることができる。この場合においては、同項の説明書類を、同項の規定により備え置き、公衆の縦覧に供したものとみなす。
4　前三項に定めるもののほか、第一項に規定する説明書類を公衆の縦覧に供する期間その他前三項の規定の適用に関し必要な事項は、内閣府令で定める。

第五節　法定脱退

第三十四条の十七　監査法人の社員は、次に掲げる理由によつて脱退する。
一　公認会計士である社員にあつては、公認会計士の登録の抹消
二　特定社員にあつては、特定社員の登録の抹消
三　定款に定める理由の発生
四　総社員の同意
五　除名

第六節　解散及び合併

(解散)
第三十四条の十八　監査法人は、次に掲げる理由によつて解散する。
　一　定款に定める理由の発生
　二　総社員の同意
　三　合併（合併により当該監査法人が消滅する場合に限る。）
　四　破産手続開始の決定
　五　解散を命ずる裁判
　六　第三十四条の二十一第二項の規定による解散の命令
2　監査法人は、前項の規定による場合のほか、公認会計士である社員が四人以下になり、そのなつた日から引き続き六月間その公認会計士である社員が五人以上にならなかつた場合においても、その六月を経過した時に解散する。
3　監査法人は、第一項第三号及び第六号の事由以外の事由により解散したときは、解散の日から二週間以内に、その旨を内閣総理大臣に届け出なければならない。

(合併)
第三十四条の十九　監査法人は、総社員の同意があるときは、他の監査法人と合併することができる。
2　合併は、合併後存続する監査法人又は合併により設立する監査法人が、その主たる事務所の所在地において登記をすることによつて、その効力を生ずる。
3　監査法人は、合併したときは、合併の日から二週間以内に、登記事項証明書（合併により設立する監査法人にあつては、登記事項証明書及び定款の写し）を添えて、その旨を内閣総理大臣に届け出なければならない。
4　合併後存続する監査法人又は合併により設立する監査法人は、当該合併により消滅した監査法人の権利義務（当該監査法人が行うその業務に関し、行政庁の処分に基づいて有する権利義務を含む。）を承継する。

(債権者の異議等)
第三十四条の二十　合併をする監査法人の債権者は、当該監査法人に対し、合併について異議を述べることができる。
2　合併をする監査法人は、次に掲げる事項を官報に公告し、かつ、知れている債権者には、各別にこれを催告しなければならない。ただし、第三号の期間は、一月を

下ることができない。
一　合併をする旨
二　合併により消滅する監査法人及び合併後存続する監査法人又は合併により設立する監査法人の名称及び主たる事務所の所在地
三　債権者が一定の期間内に異議を述べることができる旨
3　前項の規定にかかわらず、合併をする監査法人が同項の規定による公告を、官報のほか、第六項において準用する会社法第九百三十九条第一項の規定による定款の定めに従い、同項第二号又は第三号に掲げる方法によりするときは、前項の規定による各別の催告は、することを要しない。ただし、合併後存続する監査法人又は合併により設立する監査法人が有限責任監査法人である場合において、合併により消滅する監査法人が無限責任監査法人であるときにおける当該消滅する無限責任監査法人については、この限りでない。
4　債権者が第二項第三号の期間内に異議を述べなかつたときは、当該債権者は、当該合併について承認をしたものとみなす。
5　債権者が第二項第三号の期間内に異議を述べたときは、合併をする監査法人は、当該債権者に対し、弁済し、若しくは相当の担保を提供し、又は当該債権者に弁済を受けさせることを目的として信託会社等（信託会社及び信託業務を営む金融機関（金融機関の信託業務の兼営等に関する法律（昭和十八年法律第四十三号）第一条第一項の認可を受けた金融機関をいう。）をいう。）に相当の財産を信託しなければならない。ただし、当該合併をしても当該債権者を害するおそれがないときは、この限りでない。
6　会社法第九百三十九条第一項（第二号及び第三号に係る部分に限る。）及び第三項、第九百四十条第一項（第三号に係る部分に限る。）及び第三項、第九百四十一条、第九百四十六条、第九百四十七条、第九百五十一条第二項、第九百五十三条並びに第九百五十五条の規定は、監査法人が第二項の規定による公告をする場合について準用する。この場合において、同法第九百三十九条第一項及び第三項中「公告方法」とあるのは「合併の公告の方法」と、同法第九百四十六条第三項中「商号」とあるのは「名称」と読み替えるものとする。

（合併の無効の訴え）
第三十四条の二十の二　会社法第八百二十八条第一項（第七号及び第八号に係る部分に限る。）及び第二項（第七号及び第八号に係る部分に限る。）、第八百三十四条（第七号及び第八号に係る部分に限る。）、第八百三十五条第一項、第八百三十六条第二項及び第三項、第八百三十七条から第八百三十九条まで、第八百四十三条（第一項

第三号及び第四号並びに第二項ただし書を除く。）並びに第八百四十六条の規定は監査法人の合併の無効の訴えについて、同法第八百六十八条第五項、第八百七十条（第十五号に係る部分に限る。）、第八百七十一条本文、第八百七十二条（第四号に係る部分に限る。）、第八百七十三条本文、第八百七十五条及び第八百七十六条の規定はこの条において準用する同法第八百四十三条第四項の申立てについて、それぞれ準用する。

第七節　処分等

（虚偽又は不当の証明等についての処分等）
第三十四条の二十一　内閣総理大臣は、監査法人がこの法律（第三十四条の十の五及び次章を除く。以下この項及び次項第三号において同じ。）若しくはこの法律に基づく命令に違反したとき、又は監査法人の行う第二条第一項の業務の運営が著しく不当と認められる場合において、同項の業務の適正な運営を確保するために必要であると認めるときは、当該監査法人に対し、必要な指示をすること（同号に該当した場合において、次項の規定により業務管理体制の改善を命ずること及び第三項の規定により社員が監査法人の業務又は意思決定の全部又は一部に関与することを禁止することを除く。）ができる。
2　内閣総理大臣は、監査法人が次の各号のいずれかに該当するときは、その監査法人に対し、戒告し、第三十四条の十三第一項に規定する業務管理体制の改善を命じ、二年以内の期間を定めて業務の全部若しくは一部の停止を命じ、又は解散を命ずることができる。
　一　社員の故意により、虚偽、錯誤又は脱漏のある財務書類を虚偽、錯誤及び脱漏のないものとして証明したとき。
　二　社員が相当の注意を怠つたことにより、重大な虚偽、錯誤又は脱漏のある財務書類を重大な虚偽、錯誤及び脱漏のないものとして証明したとき。
　三　この法律若しくはこの法律に基づく命令に違反し、又は運営が著しく不当と認められるとき。
　四　前項の規定による指示に従わないとき。
3　内閣総理大臣は、監査法人が前項各号のいずれかに該当するときは、その監査法人に対し、二年以内の期間を定めて、当該各号に該当することとなつたことに重大な責任を有すると認められる社員が当該監査法人の業務又は意思決定の全部又は一部に関与することを禁止することができる。
4　第三十二条から第三十四条までの規定は、前二項の処分について準用する。

5　第二項及び第三項の規定による処分の手続に付された監査法人は、清算が結了した後においても、この条の規定の適用については、当該手続が結了するまで、なお存続するものとみなす。
6　第二項及び第三項の規定は、これらの規定により監査法人を処分する場合において、当該監査法人の社員である公認会計士につき第三十条又は第三十一条に該当する事実があるときは、その社員である公認会計士に対し、懲戒の処分を併せて行うことを妨げるものと解してはならない。
7　第二項及び第三項の規定は、これらの規定により監査法人を処分する場合において、当該監査法人の特定社員につき第三十四条の十の十七第二項に該当する事実があるときは、当該特定社員に対し、同項の処分を併せて行うことを妨げるものと解してはならない。

（課徴金納付命令）
第三十四条の二十一の二　監査法人が会社その他の者の財務書類について証明をした場合において、当該監査法人が前条第二項第一号又は第二号に該当する事実があるときは、内閣総理大臣は、第三十四条の四十から第三十四条の六十二までに定める手続に従い、当該監査法人に対し、次の各号に掲げる場合の区分に応じ、当該各号に定める額の課徴金を国庫に納付することを命じなければならない。
　一　当該証明について監査法人が前条第二項第一号に該当する事実がある場合　当該証明を受けた当該会社その他の者の財務書類に係る会計期間における報酬その他の対価として政令で定める額（次号において「監査報酬相当額」という。）の一・五倍に相当する額
　二　当該証明について監査法人が前条第二項第二号に該当する事実がある場合　監査報酬相当額
2　前項の規定にかかわらず、内閣総理大臣は、次に掲げる場合には、同項の監査法人に対して、同項の課徴金を納付させることを命じないことができる。
　一　前条第二項第一号に該当する事実がある場合において、当該監査法人に対して同項の処分をする場合（同号の財務書類に係る虚偽、錯誤又は脱漏が当該財務書類全体の信頼性に与える影響が比較的軽微であると認められる場合として内閣府令で定める場合に限る。）
　二　前条第二項第二号に該当する事実がある場合において、当該監査法人に対して同項の処分をする場合（同号の相当の注意を著しく怠つた場合として内閣府令で定める場合を除く。）
　三　第三十四条の十の四第四項に規定する被監査会社等との間で既に締結されてい

る契約に基づく第二条第一項の業務として内閣府令で定めるものの停止を命ずる場合
　四　解散を命ずる場合
3　第一項の規定により計算した課徴金の額が一万円未満であるときは、課徴金の納付を命ずることができない。
4　第一項の規定により計算した課徴金の額に一万円未満の端数があるときは、その端数は、切り捨てる。
5　第一項の規定による命令を受けた者は、同項の規定による課徴金を納付しなければならない。
6　監査法人が合併により消滅したときは、当該監査法人がした行為は、合併後存続し、又は合併により設立された監査法人がした行為とみなして、この条の規定を適用する。
7　第三十二条第一項から第三項まで、第三十三条、第三十四条及び前条第五項から第七項までの規定は、第一項の規定による命令について準用する。この場合において、同条第五項から第七項までの規定中「第二項及び第三項」とあるのは、「次条第一項」と読み替えるものとする。

（裁判所による監督）
第三十四条の二十一の三　監査法人の解散及び清算は、裁判所の監督に属する。
2　裁判所は、職権で、いつでも前項の監督に必要な検査をすることができる。
3　監査法人の解散及び清算を監督する裁判所は、内閣総理大臣に対し、意見を求め、又は調査を嘱託することができる。
4　内閣総理大臣は、前項に規定する裁判所に対し、意見を述べることができる。
（清算結了の届出）
第三十四条の二十一の四　清算が結了したときは、清算人は、その旨を内閣総理大臣に届け出なければならない。

（解散及び清算の監督に関する事件の管轄）
第三十四条の二十一の五　監査法人の解散及び清算の監督に関する事件は、その主たる事務所の所在地を管轄する地方裁判所の管轄に属する。

（検査役の選任）
第三十四条の二十一の六　裁判所は、監査法人の解散及び清算の監督に必要な調査をさせるため、検査役を選任することができる。

2 前項の検査役の選任の裁判に対しては、不服を申し立てることができない。
3 裁判所は、第一項の検査役を選任した場合には、監査法人が当該検査役に対して支払う報酬の額を定めることができる。この場合においては、裁判所は、当該監査法人及び検査役の陳述を聴かなければならない。
4 前項の規定による裁判に対しては、即時抗告をすることができる。

第八節 雑則

(監査法人についての一般社団法人及び一般財団法人に関する法律及び会社法の準用等)

第三十四条の二十二 一般社団法人及び一般財団法人に関する法律(平成十八年法律第四十八号)第四条並びに会社法第六百条、第六百四条第一項及び第二項、第六百十八条、第六百二十一条、第六百二十二条並びに第六百二十四条の規定は監査法人について、同法第五百八十一条、第五百八十二条、第五百八十五条第一項及び第四項、第五百八十六条、第五百九十三条、第五百九十五条、第五百九十六条、第六百一条、第六百五条、第六百六条、第六百九条第一項及び第二項、第六百十一条(第一項ただし書を除く。)並びに第六百十三条の規定は監査法人の社員について、同法第八百五十九条から第八百六十二条まで及び第九百三十七条第一項(第一号ル及びヲに係る部分に限る。)の規定は監査法人の社員の除名並びに業務を執行する権利及び代表権の消滅の訴えについて、それぞれ準用する。この場合において、同法第六百十三条中「商号」とあるのは「名称」と、同法第六百十八条第一項第二号中「法務省令」とあるのは「内閣府令」と、同法第八百五十九条第二号中「第五百九十四条第一項(第五百九十八条第二項において準用する場合を含む。)」とあるのは「公認会計士法第三十四条の十四第一項又は第二項」と読み替えるものとする。

2 会社法第六百四十四条(第三号を除く。)、第六百四十五条から第六百四十九条まで、第六百五十条第一項及び第二項、第六百五十一条第一項及び第二項(同法第五百九十四条の準用に係る部分を除く。)、第六百五十二条、第六百五十三条、第六百五十五条から第六百五十九条まで、第六百六十二条から第六百六十四条まで、第六百六十六条、第六百六十七条、第六百七十二条、第六百七十三条、第六百七十五条、第八百六十三条、第八百六十四条、第八百六十八条第一項、第八百六十九条、第八百七十条(第二号及び第三号に係る部分に限る。)、第八百七十一条、第八百七十二条(第四号に係る部分に限る。)、第八百七十四条(第一号及び第四号に係る部分に限る。)、第八百七十五条並びに第八百七十六条の規定は、監査法人の解散及び清算について準用する。この場合において、同法第六百四十四条第一号中「第六百四十

一条第五号」とあるのは「公認会計士法第三十四条の十八第一項第三号」と、同法第六百四十七条第三項中「第六百四十一条第四号又は第七号」とあるのは「公認会計士法第三十四条の十八第一項第五号若しくは第六号又は第二項」と、同法第六百五十八条第一項中「法務省令」とあるのは「内閣府令」と、同法第六百七十三条第一項中「第五百八十条」とあるのは「公認会計士法第三十四条の十の六」と読み替えるものとする。

3　会社法第六百六十八条から第六百七十一条までの規定は、無限責任監査法人の任意清算について準用する。この場合において、同法第六百六十八条第一項及び第六百六十九条中「第六百四十一条第一号から第三号まで」とあるのは「公認会計士法第三十四条の十八第一項第一号又は第二号」と、同条中「法務省令」とあるのは「内閣府令」と、同条第二項中「同項」とあるのは「前条第一項」と、同法第六百七十条第三項中「第九百三十九条第一項」とあるのは「公認会計士法第三十四条の二十第六項において準用する第九百三十九条第一項」と読み替えるものとする。

4　会社法第八百二十四条、第八百二十六条、第八百六十八条第一項、第八百七十条（第十三号に係る部分に限る。）、第八百七十一条本文、第八百七十二条（第四号に係る部分に限る。）、第八百七十三条本文、第八百七十五条、第八百七十六条、第九百四条及び第九百三十七条第一項（第三号ロに係る部分に限る。）の規定は監査法人の解散の命令について、同法第八百二十五条、第八百六十八条第一項、第八百七十条（第二号に係る部分に限る。）、第八百七十一条、第八百七十二条（第一号及び第四号に係る部分に限る。）、第八百七十三条、第八百七十四条（第二号及び第三号に係る部分に限る。）、第八百七十五条、第八百七十六条、第九百五条及び第九百六条の規定はこの項において準用する同法第八百二十四条第一項の申立てがあつた場合における監査法人の財産の保全について、それぞれ準用する。

5　会社法第八百二十八条第一項（第一号に係る部分に限る。）及び第二項（第一号に係る部分に限る。）、第八百三十四条（第一号に係る部分に限る。）、第八百三十五条第一項、第八百三十七条から第八百三十九条まで並びに第八百四十六条の規定は、監査法人の設立の無効の訴えについて準用する。

6　会社法第八百三十三条第二項、第八百三十四条（第二十一号に係る部分に限る。）、第八百三十五条第一項、第八百三十七条、第八百三十八条、第八百四十六条及び第九百三十七条第一項（第一号リに係る部分に限る。）の規定は、監査法人の解散の訴えについて準用する。

7　破産法（平成十六年法律第七十五号）第十六条の規定の適用については、無限責任監査法人は、合名会社とみなす。

8　無限責任監査法人は、その社員の全部を有限責任社員とする定款の変更をするこ

とにより、有限責任監査法人となる。
9 　有限責任監査法人は、その社員の全部を無限責任社員とする定款の変更をすることにより、無限責任監査法人となる。
10 　監査法人は、前二項の定款の変更を行つたときは、その変更の日から二週間以内に、その旨を内閣総理大臣に届け出なければならない。
11 　第八項の定款の変更をする場合において、当該定款の変更をする無限責任監査法人の社員が当該定款の変更後の有限責任監査法人に対する出資に係る払込み又は給付の全部又は一部を履行していないときは、当該定款の変更は、当該払込み及び給付が完了した日に、その効力を生ずる。
12 　第三十四条の十四第一項、第三十四条の十七（第三号から第五号までに係る部分に限る。）、第一項において準用する会社法第六百四条第一項及び第二項、第六百六条、第六百九条第一項及び第二項、第六百二十一条、第六百二十二条並びに第六百二十四条並びに第八項の規定は、第二項において準用する同法第六百四十四条（第三号を除く。）の規定により清算をする監査法人については、適用しない。

（有限責任監査法人についての会社法の準用等）
第三十四条の二十三　会社法第二百七条（第九項第一号を除く。）、第六百四条第三項、第六百二十条、第六百二十三条第一項、第六百二十五条から第六百三十六条まで、第六百六十条、第六百六十一条及び第六百六十五条の規定は、有限責任監査法人について準用する。この場合において、これらの規定中「法務省令」とあるのは「内閣府令」と、同法第二百七条第一項中「第百九十九条第一項第三号に掲げる事項を」とあるのは「金銭以外の財産を出資の目的として」と、「同号」とあるのは「当該金銭以外」と、同条第七項及び第九項第二号から第五号までの規定中「第百九十九条第一項第三号」とあるのは「金銭以外の財産」と、同条第八項中「募集株式の引受人」とあるのは「社員になろうとする者」と、「その募集株式の引受けの申込み又は第二百五条の契約に係る意思表示」とあるのは「出資の申込み」と、同条第十項第一号中「取締役、会計参与、監査役若しくは執行役」とあるのは「社員」と、「支配人その他の使用人」とあるのは「使用人」と、同項第二号中「募集株式の引受人」とあるのは「社員になろうとする者」と、同法第六百四条第三項中「前項」とあるのは「公認会計士法第三十四条の二十二第一項において準用する前項」と、同法第六百三十一条第一項中「事業年度」とあるのは「会計年度」と、同法第六百三十二条第一項中「第六百二十四条第一項」とあるのは「公認会計士法第三十四条の二十二第一項において準用する第六百二十四条第一項」と、同条第二項中「が、第六百二十四条第一項前段」とあるのは「が、公認会計士法第三十四条の二十二第一項に

おいて準用する第六百二十四条第一項前段」と、「は、第六百二十四条第一項前段」とあるのは「は、同法第三十四条の二十二第一項において準用する第六百二十四条第一項前段」と読み替えるものとするほか、必要な技術的読替えは、政令で定める。

2 会社法第三十三条（第十一項第二号を除く。）、第五十二条、第二百十二条（第一項第一号を除く。）及び第五百七十八条の規定は、有限責任監査法人の社員になろうとする者について準用する。この場合において、同法第三十三条第一項中「第二十八条各号に掲げる事項についての」とあるのは「金銭以外の財産を出資の目的とする」と、「第三十条第一項」とあるのは「公認会計士法第三十四条の七第二項において準用する第三十条第一項」と、同条第四項、第六項及び第十項第二号中「法務省令」とあるのは「内閣府令」と、同条第七項及び第八項中「第二十八条各号に掲げる事項」とあるのは「金銭以外の財産の価額」と、同条第十項第一号中「第二十八条第一号及び第二号」とあるのは「金銭以外」と、「同条第一号及び第二号に掲げる事項」とあるのは「当該金銭以外の財産の価額」と、同項第二号中「第二十八条第一号又は第二号に掲げる事項」とあるのは「価額」と、同項第三号中「第二十八条第一号又は第二号に掲げる事項」とあるのは「当該金銭以外の財産の価額」と、同条第十一項第一号中「発起人」とあるのは「有限責任監査法人の社員になろうとする者」と、同項第三号中「設立時取締役（第三十八条第一項に規定する設立時取締役をいう。）又は設立時監査役（同条第二項第二号に規定する設立時監査役をいう。）」とあるのは「有限責任監査法人の社員」と、同法第五十二条第一項中「現物出資財産等の価額が当該現物出資財産等」とあるのは「出資の目的とされた金銭以外の財産の価額が当該金銭以外の財産」と、同項及び同条第二項中「設立時取締役」とあるのは「有限責任監査法人の社員」と、同項中「現物出資財産等」とあるのは「金銭以外の財産」と、同項第一号中「第二十八条第一号又は第二号に掲げる事項」とあるのは「金銭以外の財産」と、同条第三項中「第三十三条第十項第三号」とあるのは「公認会計士法第三十四条の二十三第二項において準用する第三十三条第十項第三号」と、同法第二百十二条中「現物出資財産」とあるのは「金銭以外の財産」と、同条第一項第二号中「第二百九条の規定により募集株式の株主」とあるのは「社員」と、「第百九十九条第一項第三号」とあるのは「金銭以外の財産」と、同条第二項中「第百九十九条第一項第三号」とあるのは「金銭以外の財産」と、「募集株式の引受けの申込み又は第二百五条の契約に係る意思表示」とあるのは「出資」と、同法第五百七十八条中「設立しようとする持分会社が合同会社である場合」とあるのは「有限責任監査法人を設立しようとする場合」と読み替えるものとするほか、必要な技術的読替えは、政令で定める。

3 会社法第二百十三条（第一項第二号及び第三号を除く。）、第五百八十三条（第二

項を除く。）及び第五百九十七条の規定は、有限責任監査法人の社員について準用する。この場合において、同法第二百十三条第一項第一号中「法務省令」とあるのは「内閣府令」と、同条第二項第一号中「第二百七条第二項」とあるのは「公認会計士法第三十四条の二十三第一項において準用する第二百七条第二項」と、同項及び同条第四項中「現物出資財産」とあるのは「金銭以外の財産」と、同項第一号中「取締役等」とあるのは「有限責任監査法人の社員」と読み替えるものとするほか、必要な技術的読替えは、政令で定める。

4 会社法第九百三十九条第一項（第二号及び第三号に係る部分に限る。）及び第三項、第九百四十条第一項（第三号に係る部分に限る。）及び第三項、第九百四十一条、第九百四十六条、第九百四十七条、第九百五十一条第二項、第九百五十三条並びに第九百五十五条の規定は、有限責任監査法人が第一項において準用する同法第六百二十七条第三項又は第六百三十五条第三項の規定による公告をする場合について準用する。この場合において、同法第九百四十六条第三項中「商号」とあるのは、「名称」と読み替えるものとするほか、必要な技術的読替えは、政令で定める。

5 会社法第八百六十八条第一項、第八百六十九条、第八百七十条（第二号、第五号及び第七号に係る部分に限る。）、第八百七十一条、第八百七十二条（第四号に係る部分に限る。）、第八百七十四条（第一号及び第四号に係る部分に限る。）、第八百七十五条及び第八百七十六条の規定は、第一項において準用する同法第二百七条又は第二項において準用する同法第三十三条の規定による検査役の選任及び有限責任監査法人が第一項において準用する同法第六百六十一条第二項の規定による許可の申立てをする場合について準用する。この場合において、同法第八百七十条第五号中「設立時取締役、第二十八条第一号の金銭以外の財産を出資する者及び同条第二号の譲渡人」とあるのは「有限責任監査法人の社員又は有限責任監査法人の社員になろうとする者」と、同条第七号中「第百九十九条第一項第三号又は第二百三十六条第一項第三号の規定により金銭以外の財産」とあるのは「金銭以外の財産」と読み替えるものとするほか、必要な技術的読替えは、政令で定める。

6 第一項において準用する会社法第六百二十条、第六百二十三条第一項、第六百二十六条及び第六百二十七条の規定は、前条第二項において準用する同法第六百四十四条（第三号を除く。）の規定により清算をする有限責任監査法人については、適用しない。

第五章の三　有限責任監査法人の登録に関する特則

(登録)
第三十四条の二十四　有限責任監査法人は、内閣総理大臣の登録(次条から第三十四条の三十一までにおいて単に「登録」という。)を受けなければ、第二条第一項の業務又は第三十四条の五各号に掲げる業務を行つてはならない。

(登録の申請)
第三十四条の二十五　登録を受けようとする有限責任監査法人(第三十四条の二十二第八項の規定による定款の変更をしようとする無限責任監査法人を含む。第三十四条の二十七第一項第二号ロにおいて同じ。)は、次に掲げる事項を記載した申請書を内閣総理大臣に提出しなければならない。
　一　名称
　二　事務所の所在地
　三　社員の氏名及び住所
　四　資本金の額
　五　その他内閣府令で定める事項
2　前項の申請書には、定款その他の内閣府令で定める事項を記載した書類を添付しなければならない。

(登録の実施)
第三十四条の二十六　内閣総理大臣は、登録の申請があつた場合においては、次条第一項の規定により登録を拒否する場合を除くほか、次に掲げる事項を有限責任監査法人登録簿に登録しなければならない。
　一　前条第一項各号に掲げる事項
　二　登録年月日及び登録番号
2　内閣総理大臣は、前項の規定により登録をした場合においては、遅滞なく、その旨を登録の申請者に通知しなければならない。
3　内閣総理大臣は、有限責任監査法人登録簿を公衆の縦覧に供しなければならない。

(登録の拒否)
第三十四条の二十七　内閣総理大臣は、登録の申請者が次の各号のいずれかに該当する場合には、その登録を拒否しなければならない。

一 第三十四条の二十九第二項の規定により申請者が登録を取り消され、その取消しの日から三年を経過しない場合
二 社員のうちに次のいずれかに該当する者がいる場合
イ 第三十四条の四第二項各号のいずれかに該当する者
ロ 第三十四条の二十九第二項の規定により他の登録を受けた有限責任監査法人(以下「登録有限責任監査法人」という。)が登録を取り消された場合において、その取消しの日前三十日以内に当該他の登録有限責任監査法人の社員であつた者でその処分の日から三年を経過しないもの
三 資本金の額が公益又は投資者保護のため必要かつ適当なものとして政令で定める金額に満たない場合
四 申請者の社員のうちに公認会計士である社員の占める割合が百分の五十を下らない内閣府令で定める割合を下回る場合
2 内閣総理大臣は、前項の規定により登録の拒否をした場合においては、遅滞なく、理由を付して、その旨を申請者に通知しなければならない。

(変更登録等)
第三十四条の二十八 登録有限責任監査法人は、登録を受けた事項に変更を生じたときは、直ちに変更の登録を申請しなければならない。
2 登録有限責任監査法人が、第三十四条の十八第一項若しくは第二項の規定により解散したとき、第三十四条の二十二第八項の規定による定款の変更をしようとする場合において、登録を受けた後、二週間以内に、その定款の変更の効力が生じないとき、又は同条第九項に規定する定款の変更をしたときは、当該登録有限責任監査法人の登録は、その効力を失う。

(登録有限責任監査法人に対する処分等)
第三十四条の二十九 内閣総理大臣は、登録有限責任監査法人が第三十四条の十の五若しくはこの章の規定又はこれらの規定に基づく命令に違反したときは、当該登録有限責任監査法人に対し、必要な指示をすること(次項第三号に該当した場合において、同項の規定により業務管理体制の改善を命ずること及び第三項の規定により社員が監査法人の業務又は意思決定の全部又は一部に関与することを禁止することを除く。)ができる。
2 内閣総理大臣は、登録有限責任監査法人が次の各号のいずれかに該当する場合には、その登録有限責任監査法人に対し、戒告し、第三十四条の十三第一項に規定する業務管理体制の改善を命じ、二年以内の期間を定めて業務の全部若しくは一部の

停止を命じ、又は登録を取り消すことができる。
一 第三十四条の二十七第一項各号（第一号を除く。）のいずれかに該当することとなつたとき。
二 不正の手段により登録を受けたとき。
三 第三十四条の十の五若しくはこの章の規定又はこれらの規定に基づく命令に違反したとき。
四 前項の規定による指示に従わないとき。
3 内閣総理大臣は、登録有限責任監査法人が前項第三号又は第四号に該当するときは、その登録有限責任監査法人に対し、二年以内の期間を定めて、同項第三号又は第四号に該当することとなつたことに重大な責任を有すると認められる社員が当該登録有限責任監査法人の業務又は意思決定の全部又は一部に関与することを禁止することができる。
4 第三十二条から第三十四条までの規定は、前二項の処分について準用する。
5 第二項及び第三項の規定による処分の手続に付された登録有限責任監査法人は、清算が結了した後においても、この条の規定の適用については、当該手続が結了するまで、なお存続するものとみなす。
6 第二項及び第三項の規定は、これらの規定により登録有限責任監査法人を処分する場合において、当該監査法人の社員である公認会計士につき第三十条又は第三十一条に該当する事実があるときは、その社員である公認会計士に対し、懲戒の処分を併せて行うことを妨げるものと解してはならない。
7 第二項及び第三項の規定は、これらの規定により登録有限責任監査法人を処分する場合において、当該監査法人の特定社員につき第三十四条の十の十七第二項に該当する事実があるときは、当該特定社員に対し、同項の処分を併せて行うことを妨げるものと解してはならない。

（登録の抹消）
第三十四条の三十 内閣総理大臣は、第三十四条の二十八第二項の規定により登録がその効力を失つたとき、又は前条第二項の規定により登録を取り消したときは、当該登録を抹消しなければならない。

（登録の細目）
第三十四条の三十一 この章に定めるもののほか、登録の手続、登録の抹消、有限責任監査法人登録簿その他登録に関して必要な事項は、内閣府令で定める。

(計算書類の作成に関する特則)
第三十四条の三十二　登録有限責任監査法人は、その計算書類について、内閣府令で定めるところにより、当該登録有限責任監査法人と政令で定める特別の利害関係のない公認会計士又は監査法人の監査報告書を添付しなければならない。ただし、当該計算書類に係る会計年度における当該登録有限責任監査法人の収益の額その他の政令で定める勘定の額が政令で定める基準に達しない場合は、この限りでない。
2　前項の監査報告書については、これに記載すべき事項を記録した電磁的記録の添付をもつて、監査報告書の添付に代えることができる。

(供託に関する特則)
第三十四条の三十三　登録有限責任監査法人は、第三十四条の二十一第二項第一号又は第二号に該当することによつて生ずる損害の賠償を請求する権利(以下この条において「優先還付対象債権」という。)を有する者(以下この条及び次条において「優先還付対象債権者」という。)に対する債務の履行を確保するため必要かつ適当なものとして政令で定める額の金銭を、主たる事務所の最寄りの供託所に供託しなければならない。
2　内閣総理大臣は、優先還付対象債権者に対する債務の履行を確保するため必要があると認めるときは、登録有限責任監査法人に対し、その業務を開始する前に、前項の政令で定める額のほか、相当と認める額の金銭の供託を命ずることができる。
3　登録有限責任監査法人は、政令で定めるところにより、当該登録有限責任監査法人のために所要の供託金が内閣総理大臣の命令に応じて供託される旨の契約を締結し、その旨を内閣総理大臣に届け出たときは、当該契約の効力の存する間、当該契約において供託されることとなつている金額(以下この条において「契約金額」という。)につき前二項の規定により供託する供託金の全部又は一部を供託しないことができる。
4　内閣総理大臣は、優先還付対象債権者に対する債務の履行を確保するため必要があると認めるときは、登録有限責任監査法人と前項の契約を締結した者又は当該登録有限責任監査法人に対し、契約金額に相当する金額の全部又は一部を供託すべき旨を命ずることができる。
5　登録有限責任監査法人(第三十四条の二十二第八項の規定による定款の変更の効力が生じていないものを除く。)は、第一項の規定により供託する供託金(第二項の規定により同項の金銭の供託を命ぜられた場合には、その供託金を含む。)につき供託又は第三項の契約の締結を行い、その旨を内閣総理大臣に届け出た後でなければ、その業務を行つてはならない。

6 優先還付対象債権者は、優先還付対象債権に関し、当該登録有限責任監査法人に係る供託金について、他の債権者に先立ち弁済を受ける権利を有する。
7 前項の権利の実行に関し必要な事項は、政令で定める。
8 登録有限責任監査法人は、第六項の権利の実行その他の理由により、供託金の額（契約金額を含む。）が第一項の政令で定める額に不足することとなつたときは、内閣府令で定める日から政令で定める期間以内にその不足額につき供託又は第三項の契約の締結（第五十二条の四において単に「供託」という。）を行い、遅滞なく、その旨を内閣総理大臣に届け出なければならない。
9 第一項、第二項又は前項の規定により供託する供託金は、国債証券、地方債証券その他の内閣府令で定める有価証券をもつてこれに充てることができる。
10 第一項、第二項、第四項又は第八項の規定により供託した供託金は、次の各号のいずれかに該当することとなつたときは、内閣総理大臣の承認を受けて、その全部又は一部を取り戻すことができる。
　一　第三十四条の十八第一項各号のいずれかに該当することとなつたとき。
　二　第三十四条の十八第二項に該当することとなつたとき。
　三　第三十四条の二十二第九項に規定する定款の変更を行い、同条第十項の規定によりその旨を内閣総理大臣に届け出たとき。
　四　業務の状況の変化その他の理由により供託金の額が第一項の政令で定める額を超えることとなつたとき。
11 内閣総理大臣は、前項の承認をするときは、優先還付対象債権の弁済を確保するために必要と認める限度において、取り戻すことができる時期及び取り戻すことができる供託金の額を指定することができる。
12 前各項に定めるもののほか、供託金に関し必要な事項は、内閣府令・法務省令で定める。

（有限責任監査法人責任保険契約に関する特則）
第三十四条の三十四　登録有限責任監査法人は、政令で定めるところにより、その業務を行うに当たり生ずる責任に関する保険契約（次項及び第三項において「有限責任監査法人責任保険契約」という。）を締結し、内閣総理大臣の承認を受けたときは、当該契約の効力の存する間、当該契約の保険金の額に応じて前条第一項、第二項若しくは第八項の規定により供託する供託金の全部若しくは一部の供託又は同条第三項の契約の締結をしないことができる。
2 内閣総理大臣は、優先還付対象債権者に対する債務の履行を確保するため必要があると認めるときは、有限責任監査法人責任保険契約を締結した登録有限責任監査

法人に対し、前条第一項、第二項又は第八項の規定により供託する供託金につき供託又は同条第三項の契約の締結をしないことができるとされた金額の全部又は一部を供託すべき旨を命ずることができる。
3　前二項に定めるもののほか、有限責任監査法人責任保険契約に関し必要な事項は、内閣府令で定める。

第五章の四　外国監査法人等

（届出）
第三十四条の三十五　外国の法令に準拠し、外国において、他人の求めに応じ報酬を得て、財務書類の監査又は証明をすることを業とする者は、金融商品取引法第二条第一項第十七号に掲げる有価証券で同項第九号に掲げる有価証券の性質を有するものその他の政令で定める有価証券の発行者その他内閣府令で定める者が同法の規定により提出する財務書類（以下「外国会社等財務書類」という。）について第二条第一項の業務に相当すると認められる業務を行うときは、あらかじめ、内閣府令で定めるところにより、内閣総理大臣に届け出なければならない。ただし、外国会社等財務書類について同項の業務に相当すると認められる業務を行う者に対する監督を行う外国の行政機関その他これに準ずるものの適切な監督を受けると認められる者として内閣府令で定めるものについては、この限りでない。
2　内閣総理大臣は、前項の規定による届出があつたときは、その旨を官報で公示しなければならない。

（届出事項）
第三十四条の三十六　前条第一項の規定による届出を行う者は、次に掲げる事項を記載した届出書を内閣総理大臣に提出しなければならない。
一　名称又は氏名
二　主たる事務所の所在地
三　法人にあつては、役員の氏名
四　法人にあつては、資本金の額又は出資の総額
五　その他内閣府令で定める事項
2　前項の規定による届出書には、定款その他の内閣府令で定める事項を記載した書類を添付しなければならない。

(届出事項の変更)
第三十四条の三十七　外国監査法人等は、前条第一項各号に掲げる事項について変更があつた場合においては、内閣府令で定めるところにより、二週間以内に、その旨を内閣総理大臣に届け出なければならない。
2　内閣総理大臣は、前項の規定による届出があつたときは、その旨を官報で公示しなければならない。

(外国監査法人等に対する指示等)
第三十四条の三十八　内閣総理大臣は、外国監査法人等がこの法律若しくはこの法律に基づく命令に違反したとき、又は外国監査法人等の行う外国会社等財務書類についての第二条第一項の業務に相当すると認められる業務の運営が著しく不当と認められる場合において、その業務の適正な運営を確保するために必要であると認めるときは、当該外国監査法人等に対し、必要な指示をすることができる。
2　内閣総理大臣は、前項の規定による指示をした場合において、その指示を受けた外国監査法人等が、その指示に従わないときは、その旨及びその指示の内容を公表することができる。
3　内閣総理大臣は、前項の規定による公表後、同項の外国監査法人等について、第一項の指示に係る事項につき是正が図られたと認める場合には、その旨その他の内閣府令で定める事項を公表しなければならない。

(廃業等の届出)
第三十四条の三十九　外国監査法人等は、次の各号のいずれかに該当することとなつたときは、その旨を内閣総理大臣に届け出なければならない。
　一　外国会社等財務書類についての第二条第一項の業務に相当すると認められる業務を廃止したとき。
　二　主たる事務所の所在する国において当該国の法令に基づき、破産手続開始、再生手続開始、更生手続開始又は清算開始と同種類の申立てを行つたとき。
2　内閣総理大臣は、前項の規定による届出があつたときは、その旨を公表しなければならない。

第五章の五　審判手続等

(審判手続開始の決定)
第三十四条の四十　内閣総理大臣は、第三十一条の二第一項に規定する事実があると

認める場合（同条第二項の規定により課徴金を納付させることを命じない場合を除く。）又は第三十四条の二十一の二第一項に規定する事実があると認める場合（同条第二項の規定により課徴金を納付させることを命じない場合を除く。）には、当該事実に係る事件について審判手続開始の決定をしなければならない。

2 　第三十条第一項若しくは第二項又は第三十四条の二十一第二項第一号若しくは第二号に規定する証明をした財務書類に係る会社その他の者の会計期間の末日から七年を経過したときは、内閣総理大臣は、当該証明に係る事件について審判手続開始の決定をすることができない。

（審判手続開始決定書）
第三十四条の四十一　審判手続開始の決定は、文書によつて行わなければならない。
2 　審判手続開始の決定に係る決定書（次項及び第三十四条の四十五において「審判手続開始決定書」という。）には、審判の期日及び場所、課徴金に係る第三十一条の二第一項又は第三十四条の二十一の二第一項に規定する事実並びに納付すべき課徴金の額及びその計算の基礎を記載しなければならない。
3 　審判手続は、課徴金の納付を命じようとする者（以下この章において「被審人」という。）に審判手続開始決定書の謄本を送達することにより、開始する。
4 　被審人には、審判の期日に出頭すべき旨を命じなければならない。

（審判手続を行うべき者）
第三十四条の四十二　審判手続（審判手続開始の決定及び第三十四条の五十三第七項に規定する決定を除く。）は、三人の審判官をもつて構成する合議体が行う。ただし、簡易な事件については、一人の審判官が行う。
2 　内閣総理大臣は、各審判事件について、前項本文の合議体を構成する審判官又は同項ただし書の一人の審判官を指定しなければならない。
3 　内閣総理大臣は、合議体に審判手続を行わせることとしたときは、前項の規定により指定した審判官のうち一人を審判長として指定しなければならない。
4 　内閣総理大臣は、当該事件について調査に関与したことのある者を審判官として指定することはできない。

（被審人の代理人及び指定職員）
第三十四条の四十三　被審人は、弁護士、弁護士法人又は内閣総理大臣の承認を得た適当な者を代理人とすることができる。
2 　内閣総理大臣は、当該職員でその指定するもの（次項において「指定職員」とい

う。）を審判手続に参加させることができる。
3　指定職員は、審判に立ち会い、証拠の申出その他必要な行為をすることができる。

（審判の公開）
第三十四条の四十四　審判は、公開して行う。ただし、公益上必要があると認めるときは、この限りでない。

（被審人による答弁書の提出）
第三十四条の四十五　被審人は、審判手続開始決定書の謄本の送達を受けたときは、これに対する答弁書を、遅滞なく、審判官に提出しなければならない。
2　被審人が、審判手続開始決定書に記載された審判の期日前に、課徴金に係る第三十一条の二第一項又は第三十四条の二十一の二第一項に規定する事実及び納付すべき課徴金の額を認める旨の答弁書を提出したときは、審判の期日を開くことを要しない。

（被審人の意見陳述）
第三十四条の四十六　被審人は、審判の期日に出頭して、意見を述べることができる。
2　審判官は、必要があると認めるときは、被審人に対して、意見の陳述を求めることができる。

（参考人に対する審問等）
第三十四条の四十七　審判官は、被審人の申立てにより又は職権で、参考人に出頭を求めて審問することができる。この場合においては、被審人も、その参考人に質問することができる。
2　民事訴訟法（平成八年法律第百九号）第百九十条、第百九十一条、第百九十六条、第百九十七条及び第二百一条第一項から第四項までの規定は、前項の規定により参考人を審問する手続について準用する。

（被審人に対する審問）
第三十四条の四十八　審判官は、被審人の申立てにより又は職権で、被審人を審問することができる。

（証拠書類の提出等）
第三十四条の四十九　被審人は、審判に際し、証拠書類又は証拠物を提出することが

できる。ただし、審判官が証拠書類又は証拠物を提出すべき相当の期間を定めたときは、その期間内に提出しなければならない。
2　審判官は、被審人の申立てにより又は職権で、書類その他の物件の所持人に対し、その物件の提出を求め、かつ、その提出された物件を留め置くことができる。

（学識経験者に対する鑑定命令）
第三十四条の五十　審判官は、被審人の申立てにより又は職権で、学識経験を有する者に鑑定を命ずることができる。
2　審判官が鑑定人に出頭を求めて審問する場合においては、被審人も、その鑑定人に質問することができる。
3　民事訴訟法第百九十一条、第百九十七条、第二百一条第一項及び第二百十二条の規定は、第一項の規定により鑑定人に鑑定を命ずる手続について準用する。

（立入検査）
第三十四条の五十一　審判官は、被審人の申立てにより又は職権で、事件関係人の事務所その他必要な場所に立ち入り、帳簿書類その他の物件を検査することができる。
2　前項の規定により立入検査をしようとする審判官は、その身分を示す証票を携帯し、事件関係人の請求があつたときは、これを提示しなければならない。
3　第一項の規定による立入検査の権限は、犯罪捜査のために認められたものと解してはならない。

（決定案の提出）
第三十四条の五十二　審判官は、審判手続を経た後、審判事件についての決定案を作成し、内閣総理大臣に提出しなければならない。

（審判手続終了後の決定等）
第三十四条の五十三　内閣総理大臣は、前条の規定による決定案の提出を受けた場合において、第三十一条の二第一項又は第三十四条の二十一の二第一項に規定する事実があると認めるときは、被審人に対し、第三十一条の二第一項又は第三十四条の二十一の二第一項の規定による課徴金を国庫に納付することを命ずる旨の決定をしなければならない。
2　内閣総理大臣は、会社その他の者の同一の会計期間に係る財務書類の二以上の証明について前項の決定（第三十一条の二第一項の規定に係るものに限る。以下この項において同じ。）をしなければならない場合には、同条第一項の規定による額に

代えて、それぞれの決定に係る事実について同項の規定により計算した額（以下この項及び次項において「個別決定ごとの算出額」という。）のうち最も高い額を内閣府令で定めるところにより当該個別決定ごとの算出額に応じてあん分して得た額に相当する額の課徴金を国庫に納付することを命ずる旨の決定をしなければならない。

3　内閣総理大臣は、第一項の決定（第三十一条の二第一項の規定に係るものに限る。以下この項において同じ。）又は前項の決定をしなければならない場合において、既に第一項又は前項の規定によりされた一以上の決定（以下この項において「既決定」という。）に係る会社その他の者の財務書類の証明と同一の会計期間に係る当該会社その他の者の他の財務書類の証明について一以上の決定（以下この項において「新決定」という。）をしなければならないときは、当該新決定について、同条第一項又は前項の規定による額に代えて、第一号に掲げる額から第二号に掲げる額を控除した額を内閣府令で定めるところによりそれぞれの新決定に係る事実について個別決定ごとの算出額に応じてあん分して得た額に相当する額の課徴金を国庫に納付することを命ずる旨の決定をしなければならない。ただし、第一号に掲げる額が第二号に掲げる額を超えないときは、同条第一項又は前項の規定による課徴金の納付を命ずることができない。
　一　新決定に係る個別決定ごとの算出額のうち最も高い額
　二　既決定に係る第三十一条の二第一項又は前項の規定による課徴金の額を合計した額

4　内閣総理大臣は、会社その他の者の同一の会計期間に係る財務書類の二以上の証明について第一項の決定（第三十四条の二十一の二第一項の規定に係るものに限る。以下この項において同じ。）をしなければならない場合には、同条第一項の規定による額に代えて、それぞれの決定に係る事実について同項の規定により計算した額（以下この項及び次項において「個別決定ごとの算出額」という。）のうち最も高い額を内閣府令で定めるところにより当該個別決定ごとの算出額に応じてあん分して得た額に相当する額の課徴金を国庫に納付することを命ずる旨の決定をしなければならない。

5　内閣総理大臣は、第一項の決定（第三十四条の二十一の二第一項の規定に係るものに限る。以下この項において同じ。）又は前項の決定をしなければならない場合において、既に第一項又は前項の規定によりされた一以上の決定（以下この項において「既決定」という。）に係る会社その他の者の財務書類の証明と同一の会計期間に係る当該会社その他の者の他の財務書類の証明について一以上の決定（以下この項において「新決定」という。）をしなければならないときは、当該新決定につ

いて、同条第一項又は前項の規定による額に代えて、第一号に掲げる額から第二号に掲げる額を控除した額を内閣府令で定めるところによりそれぞれの新決定に係る事実について個別決定ごとの算出額に応じてあん分して得た額に相当する額の課徴金を国庫に納付することを命ずる旨の決定をしなければならない。ただし、第一号に掲げる額が第二号に掲げる額を超えないときは、同条第一項又は前項の規定による課徴金の納付を命ずることができない。
一　新決定に係る個別決定ごとの算出額のうち最も高い額
二　既決定に係る第三十四条の二十一の二第一項又は前項の規定による課徴金の額を合計した額
6　内閣総理大臣は、前条の規定による決定案の提出を受けた場合において、第三十一条の二第一項又は第三十四条の二十一の二第一項に規定する事実がないと認めるときは、その旨を明らかにする決定をしなければならない。
7　前各項の決定は、文書によつて、前条の規定により審判官が提出した決定案に基づいて行わなければならない。
8　前項に規定する決定に係る決定書には、内閣総理大臣が認定した事実及びこれに対する法令の適用（第一項から第五項までの決定にあつては、課徴金の計算の基礎及び納付期限を含む。）を記載しなければならない。
9　前項の納付期限は、同項に規定する決定書（第一項から第五項までの決定に係るものに限る。）の謄本を発した日から二月を経過した日とする。
10　第七項に規定する決定は、被審人に当該決定に係る決定書の謄本を送達することによつて、その効力を生ずる。

（送達書類）
第三十四条の五十四　送達すべき書類は、この法律に規定するもののほか、内閣府令で定める。

（民事訴訟法の準用）
第三十四条の五十五　書類の送達については、民事訴訟法第九十九条、第百一条から第百三条まで、第百五条、第百六条、第百七条第一項（第二号及び第三号を除く。）及び第三項、第百八条並びに第百九条の規定を準用する。この場合において、同法第九十九条第一項中「執行官」とあり、及び同法第百七条第一項中「裁判所書記官」とあるのは「金融庁の職員」と、同法第百八条中「裁判長」とあるのは「内閣総理大臣又は審判長（公認会計士法第三十四条の四十二第一項ただし書の場合にあつては、審判官）」と、同法第百九条中「裁判所」とあるのは「内閣総理大臣又は審判官」

と読み替えるものとする。

(公示送達)
第三十四条の五十六　内閣総理大臣又は審判官は、次に掲げる場合には、公示送達をすることができる。
　一　送達を受けるべき者の住所、居所その他送達をすべき場所が知れない場合
　二　前条において準用する民事訴訟法第百七条第一項（第二号及び第三号を除く。）の規定により送達をすることができない場合
　三　外国においてすべき送達について、前条において準用する民事訴訟法第百八条の規定によることができず、又はこれによつても送達をすることができないと認めるべき場合
　四　前条において準用する民事訴訟法第百八条の規定により外国の管轄官庁に嘱託を発した後六月を経過してもその送達を証する書面の送付がない場合
2　公示送達は、送達すべき書類を送達を受けるべき者にいつでも交付すべき旨を金融庁の掲示場に掲示することにより行う。
3　公示送達は、前項の規定による掲示を始めた日から二週間を経過することによつて、その効力を生ずる。
4　外国においてすべき送達についてした公示送達にあつては、前項の期間は、六週間とする。

(処分通知等に係る電子情報処理組織の使用)
第三十四条の五十七　行政手続等における情報通信の技術の利用に関する法律（平成十四年法律第百五十一号）第二条第七号に規定する処分通知等であつて、この章又は内閣府令の規定により書類の送達により行うこととしているものについては、同法第四条第一項の規定にかかわらず、当該処分通知等の相手方が送達を受ける旨の内閣府令で定める方式による表示をしないときは、電子情報処理組織を使用して行うことができない。
2　前項に規定する相手方が同項の表示をした場合において、金融庁の職員が同項の処分通知等を電子情報処理組織を使用して行つたときは、第三十四条の五十五において準用する民事訴訟法第百九条の規定にかかわらず、当該処分通知等の内容を電子情報処理組織を使用して金融庁の使用に係る電子計算機（入出力装置を含む。）に備えられたファイルに記録することをもつて、同条に規定する書面の作成及び提出に代えることができる。

(事件記録の閲覧等)
第三十四条の五十八　利害関係人は、内閣総理大臣に対し、審判手続開始の決定後、事件記録の閲覧若しくは謄写又は第三十四条の五十三第七項に規定する決定に係る決定書の謄本若しくは抄本の交付を求めることができる。

(納付の督促)
第三十四条の五十九　内閣総理大臣は、課徴金をその納付期限までに納付しない者があるときは、督促状により期限を指定してその納付を督促しなければならない。
2　内閣総理大臣は、前項の規定による督促をしたときは、同項の課徴金の額につき年十四・五パーセントの割合で、納付期限の翌日からその納付の日までの日数により計算した延滞金を徴収することができる。ただし、延滞金の額が千円未満であるときは、この限りでない。
3　前項の規定により計算した延滞金の額に百円未満の端数があるときは、その端数は、切り捨てる。

(課徴金納付命令の執行)
第三十四条の六十　前条第一項の規定により督促を受けた者がその指定する期限までにその納付すべき金額を納付しないときは、内閣総理大臣の命令で、第三十四条の五十三第一項から第五項までの決定(以下この条及び次条において「課徴金納付命令」という。)を執行する。この命令は、執行力のある債務名義と同一の効力を有する。
2　課徴金納付命令の執行は、民事執行法(昭和五十四年法律第四号)その他強制執行の手続に関する法令の規定に従つてする。
3　内閣総理大臣は、課徴金納付命令の執行に関して必要があると認めるときは、公務所又は公私の団体に照会して必要な事項の報告を求めることができる。

(課徴金等の請求権)
第三十四条の六十一　破産法及び民事再生法(平成十一年法律第二百二十五号)の規定の適用については、課徴金納付命令に係る課徴金の請求権及び第三十四条の五十九第二項の規定による延滞金の請求権は、過料の請求権とみなす。

(内閣府令への委任)
第三十四条の六十二　この章に規定するもののほか、審判手続に関し必要な事項は、内閣府令で定める。

(取消しの訴え)
第三十四条の六十三　第三十四条の五十三第一項から第五項までの決定の取消しの訴えは、決定がその効力を生じた日から三十日以内に提起しなければならない。
2　前項の期間は、不変期間とする。

(参考人等の旅費等の請求)
第三十四条の六十四　第三十四条の四十七第一項又は第三十四条の五十第一項の規定により出頭又は鑑定を命ぜられた参考人又は鑑定人は、政令で定めるところにより、旅費及び手当を請求することができる。

(行政手続法の適用除外)
第三十四条の六十五　内閣総理大臣が第三十一条の二、第三十四条の二十一の二及び第三十四条の四十から第三十四条の六十二までの規定によつてする決定その他の処分（これらの規定によつて審判官がする処分を含む。）については、行政手続法第二章及び第三章の規定は、適用しない。ただし、第三十一条の二及び第三十四条の二十一の二の規定に係る同法第十二条の規定の適用については、この限りでない。

(不服申立て)
第三十四条の六十六　内閣総理大臣が第三十一条の二、第三十四条の二十一の二及び第三十四条の四十から第三十四条の六十二までの規定によつてした決定その他の処分（これらの規定によつて審判官がした処分を含む。）については、行政不服審査法による不服申立てをすることができない。

第六章　公認会計士・監査審査会

(設置)
第三十五条　金融庁に、公認会計士・監査審査会（以下「審査会」という。）を置く。
2　審査会は、次に掲げる事務をつかさどる。
　一　公認会計士及び外国公認会計士に対する懲戒処分並びに監査法人に対する処分（監査法人に対する第三十四条の二十一の二第一項の規定による命令を除く。）に関する事項を調査審議すること。
　二　公認会計士、外国公認会計士及び監査法人の第二条第一項の業務、外国監査法人等の同項の業務に相当すると認められる業務並びに日本公認会計士協会の事務の適正な運営を確保するため行うべき行政処分その他の措置について内閣総理大

臣に勧告すること。
　三　公認会計士試験を行うこと。
　四　前三号に掲げるもののほか、この法律の規定によりその権限に属させられた事項を処理すること。

（職権の行使）
第三十五条の二　審査会の会長及び委員は、独立してその職権を行う。

（組織）
第三十六条　審査会は、会長及び委員九人以内をもつて組織する。
２　委員は、非常勤とする。ただし、そのうち一人は、常勤とすることができる。

（会長）
第三十七条　会長は、会務を総理し、審査会を代表する。
２　会長に事故があるときは、あらかじめその指名する委員が、その職務を代理する。

（会長及び委員の任命）
第三十七条の二　会長及び委員は、公認会計士に関する事項について理解と識見とを有する者のうちから、両議院の同意を得て、内閣総理大臣が任命する。
２　会長又は委員の任期が満了し、又は欠員が生じた場合において、国会の閉会又は衆議院の解散のために両議院の同意を得ることができないときは、内閣総理大臣は、前項の規定にかかわらず、同項に定める資格を有する者のうちから、会長又は委員を任命することができる。
３　前項の場合においては、任命後最初の国会において両議院の事後の承認を得なければならない。この場合において、両議院の事後の承認が得られないときは、内閣総理大臣は、直ちにその会長又は委員を罷免しなければならない。

（会長及び委員の任期）
第三十七条の三　会長及び委員の任期は、三年とする。ただし、補欠の会長又は委員の任期は、前任者の残任期間とする。
２　会長及び委員は、再任されることができる。
３　会長及び委員の任期が満了したときは、当該会長及び委員は、後任者が任命されるまで引き続きその職務を行うものとする。

（会長及び委員の身分保障）
第三十七条の四　会長及び委員は、審査会により、心身の故障のため職務の遂行ができないと認められた場合又は職務上の義務違反その他会長若しくは委員たるに適しない非行があると認められた場合を除いては、在任中、その意に反して罷免されることがない。

（会長及び委員の罷免）
第三十七条の五　内閣総理大臣は、会長又は委員が前条に該当する場合は、その会長又は委員を罷免しなければならない。

（会長及び委員の服務等）
第三十七条の六　会長及び委員は、職務上知ることのできた秘密を漏らしてはならない。その職を退いた後も同様とする。
2　会長及び委員は、在任中、政党その他の政治的団体の役員となり、又は積極的に政治運動をしてはならない。
3　会長及び常勤の委員は、在任中、内閣総理大臣の許可のある場合を除くほか、報酬を得て他の職務に従事し、又は営利事業を営み、その他金銭上の利益を目的とする業務を行つてはならない。

（会長及び委員の給与）
第三十七条の七　会長及び委員の給与は、別に法律で定める。

（試験委員）
第三十八条　審査会に、公認会計士試験の問題の作成及び採点を行わせるため、試験委員を置く。
2　試験委員は、前項の試験を行うについて必要な学識経験を有する者のうちから、試験の執行ごとに、審査会の推薦に基づき、内閣総理大臣が任命し、その試験が終わつたときは退任する。
3　試験委員は、非常勤とする。

第三十九条　削除

（議事及び議決の方法）
第四十条　審査会は、委員の過半数の出席がなければ、会議を開くことができない。

2　審査会の議事は、出席者の過半数をもつて決する。
3　委員は、自己に関係のある議事については、議決に加わることができない。

(事務局)
第四十一条　審査会の事務を処理させるため、審査会に事務局を置く。
2　事務局に、事務局長及び所要の職員を置く。
3　事務局長は、会長の命を受けて、局務を掌理する。

(勧告)
第四十一条の二　審査会は、第四十九条の四第二項又は第三項の規定に基づき第四十六条の十二第一項、第四十九条の三第一項若しくは第二項又は第四十九条の三の二第一項若しくは第二項の規定による権限を行使した場合において、必要があると認めるときは、その結果に基づき、公認会計士、外国公認会計士若しくは監査法人の第二条第一項の業務、外国監査法人等の同項の業務に相当すると認められる業務又は日本公認会計士協会の事務の適正な運営を確保するため行うべき行政処分その他の措置について内閣総理大臣に勧告することができる。

(政令への委任)
第四十二条　第三十五条から前条までに規定するもののほか、審査会の所掌事務及び委員その他の職員その他審査会に関し必要な事項は、政令で定める。
第六章の二　日本公認会計士協会

(設立、目的及び法人格)
第四十三条　公認会計士は、この法律の定めるところにより、全国を通じて一箇の日本公認会計士協会(以下「協会」という。)を設立しなければならない。
2　協会は、公認会計士の品位を保持し、第二条第一項の業務の改善進歩を図るため、会員の指導、連絡及び監督に関する事務を行い、並びに公認会計士及び特定社員の登録に関する事務を行うことを目的とする。
3　協会は、法人とする。

(会則)
第四十四条　協会は、会則を定め、これに次に掲げる事項を記載しなければならない。
　一　名称及び事務所の所在地
　二　入会及び退会に関する規定

三　会員の種別及びその権利義務に関する規定
　四　役員に関する規定
　五　会議に関する規定
　六　支部に関する規定
　七　公認会計士及び特定社員の登録に関する規定
　八　資格審査会に関する規定
　九　会員の品位保持に関する規定
　十　会員の研修に関する規定
　十一　公認会計士試験に合格した者の実務補習に関する規定
　十二　会員の第二条第一項の業務の運営の状況の調査に関する規定
　十三　会員の業務に関する紛議の調停に関する規定
　十四　会費に関する規定
　十五　会計及び資産に関する規定
　十六　事務局に関する規定
2　会則の変更は、内閣総理大臣の認可を受けなければ、その効力を生じない。

（支部）
第四十五条　協会は、その目的を達成するため必要があるときは、支部を設けることができる。

（登記）
第四十六条　協会は、政令で定めるところにより、登記をしなければならない。
　2　前項の規定により登記をしなければならない事項は、登記の後でなければ、これをもって第三者に対抗することができない。

（入会及び退会）
第四十六条の二　公認会計士及び監査法人は、当然、協会の会員となり、公認会計士がその登録を抹消されたとき及び監査法人が解散したときは、当然、協会を退会する。

（会則を守る義務）
第四十六条の三　会員は、協会の会則を守らなければならない。

(役員)
第四十六条の四　協会に、会長、副会長その他会則で定める役員を置く。
2　会長は、協会を代表し、その会務を総理する。
3　副会長は、会長の定めるところにより、会長を補佐し、会長に事故があるときはその職務を代理し、会長が欠けたときはその職務を行なう。
4　会長は、会則又は総会の決議によつて禁止されていないときに限り、特定の行為の代理を他人に委任することができる。

(総会)
第四十六条の五　協会は、毎年、定期総会を開かなければならない。
2　協会は、必要と認める場合には、臨時総会を開くことができる。

(総会の決議を必要とする事項)
第四十六条の六　協会の会則の変更、予算及び決算は、総会の決議を経なければならない。

(総会の決議等の報告)
第四十六条の七　協会は、総会の決議並びに役員の就任及び退任を内閣総理大臣に報告しなければならない。

(紛議の調停)
第四十六条の八　協会は、会員の業務に関する紛議につき、会員又は当事者その他関係人の請求により調停をすることができる。

(建議及び答申)
第四十六条の九　協会は、公認会計士に係る業務又は制度について、官公署に建議し、又はその諮問に答申することができる。

(監査又は証明の業務の調査)
第四十六条の九の二　協会は、会員の第二条第一項の業務の運営の状況（当該会員が公認会計士である場合にあつては、第三十四条の十三第二項第一号及び第二号に掲げる事項に限る。第四十九条の四第二項第二号において同じ。）の調査を行うものとする。
2　協会は、定期的に、又は必要に応じて、前項の調査の結果を内閣総理大臣に報告

するものとする。

（懲戒事由に該当する事実の報告）
第四十六条の十　協会は、その会員に第三十条、第三十一条、第三十一条の二第一項、第三十四条の二十一第二項若しくは第三項、第三十四条の二十一の二第一項又は第三十四条の二十九第二項若しくは第三項の規定に該当する事実があると認めたときは、内閣総理大臣に対し、その事実を報告するものとする。
2　第三十二条第二項の規定は、前項の報告があつた場合について準用する。

（資格審査会）
第四十六条の十一　協会に、資格審査会を置く。
2　資格審査会は、協会の請求により、第十九条第三項及び第三十四条の十の十一第二項の規定による登録の拒否並びに第二十一条第一項第四号の規定による登録の抹消及び第三十四条の十の十四第一項第三号の規定による同条第二項に規定する登録の抹消につき必要な審査を行うものとする。
3　資格審査会は、会長及び委員四人をもつて組織する。
4　会長は、協会の会長をもつてこれに充てる。
5　委員は、会長が、内閣総理大臣の承認を受けて、公認会計士、公認会計士に係る行政事務に従事する金融庁の職員及び学識経験者のうちから委嘱する。
6　委員の任期は、二年とする。ただし、欠員が生じた場合の補欠の委員の任期は、前任者の残任期間とする。
7　前各項に規定するもののほか、資格審査会の組織及び運営に関し必要な事項は、政令で定める。

（貸借対照表等）
第四十六条の十一の二　協会は、毎事業年度、第四十六条の六に規定する総会の決議を経た後、遅滞なく、貸借対照表及び収支計算書を官報に公告し、かつ、貸借対照表、収支計算書、附属明細書、事業報告書及び監事の意見書を、事務所に備えて置き、内閣府令で定める期間、一般の閲覧に供しなければならない。

（報告及び検査）
第四十六条の十二　内閣総理大臣は、協会の適正な運営を確保するため必要があると認めるときは、協会に対し、報告若しくは資料の提出を求め、又は当該職員に協会の事務所に立ち入り、帳簿書類その他の物件を検査させることができる。

2 　前項の規定により立入検査をしようとする職員は、その身分を示す証票を携帯し、関係人の請求があつたときは、これを提示しなければならない。
3 　第一項の規定による立入検査の権限は、犯罪捜査のために認められたものと解してはならない。

(監督上の命令)
第四十六条の十二の二　内閣総理大臣は、協会が法令、法令に基づく行政官庁の処分若しくは協会の会則その他の規則（以下この条において「法令等」という。）に違反した場合又は会員が法令等に違反する行為をしたにもかかわらず、当該会員に対し法令等を遵守させるために協会がこの法律、この法律に基づく命令若しくは当該会則その他の規則により認められた権能を行使せずその他必要な措置をすることを怠つた場合において、協会の適正な運営を確保するため必要があると認めるときは、その事務の方法の変更を命じ、又は会則その他の規則に定める必要な措置をすることを命ずることができる。

(総会の決議の取消し)
第四十六条の十三　内閣総理大臣は、協会の総会の決議が法令又は協会の会則に違反し、その他公益を害するときは、その決議の取消しを命ずることができる。

(一般社団法人及び一般財団法人に関する法律の準用)
第四十六条の十四　一般社団法人及び一般財団法人に関する法律第四条及び第七十八条の規定は、協会について準用する。

第七章　雑則

(監査及び証明を受けた旨の公表の禁止)
第四十七条　公認会計士、外国公認会計士又は監査法人の監査又は証明を受けた場合を除くほか、何人も、その公表する財務書類の全部又は一部が公認会計士、外国公認会計士又は監査法人の監査又は証明を受けたものである旨を公表してはならない。

(公認会計士又は監査法人でない者の業務の制限)
第四十七条の二　公認会計士又は監査法人でない者は、法律に定のある場合を除くほか、他人の求めに応じ報酬を得て第二条第一項に規定する業務を営んではならない。

(名称の使用制限)
第四十八条　公認会計士でない者は、公認会計士の名称又は公認会計士と誤認させるような名称を使用してはならない。
2　前項の規定は、法律の規定により定められた名称を使用すること又は外国公認会計士がその資格を示す適当な名称を使用することを妨げない。
第四十八条の二　監査法人でない者は、その名称中に監査法人又は監査法人と誤認させるような文字を使用してはならない。
2　無限責任監査法人は、その名称中に有限責任監査法人又は有限責任監査法人と誤認させるような文字を使用してはならない。
3　協会でない者は、協会の名称又は協会と誤認させるような名称を使用してはならない。

(公認会計士又は監査法人の業務上調製した書類)
第四十九条　公認会計士又は監査法人が他人の求めに応じて監査又は証明を行うに際して調製した資料その他の書類は、特約のある場合を除くほか、公認会計士又は監査法人の所有に属するものとする。

(公認会計士の使用人等の秘密を守る義務)
第四十九条の二　公認会計士、外国公認会計士若しくは監査法人の使用人その他の従業者又はこれらの者であつた者は、正当な理由がなく、第二条第一項又は第二項の業務を補助したことについて知り得た秘密を他に漏らし、又は盗用してはならない。

(公認会計士、外国公認会計士又は監査法人に対する報告徴収及び立入検査)
第四十九条の三　内閣総理大臣は、公益又は投資者保護のため必要かつ適当であると認めるときは、第二条第一項又は第二項の業務に関し、公認会計士、外国公認会計士又は監査法人に対し、報告又は資料の提出を求めることができる。
2　内閣総理大臣は、公益又は投資者保護のため必要かつ適当であると認めるときは、第二条第一項の業務に関し、当該職員に公認会計士、外国公認会計士又は監査法人の事務所その他その業務に関係のある場所に立ち入り、その業務に関係のある帳簿書類その他の物件を検査させることができる。
3　前項の規定により立入検査をしようとする職員は、その身分を示す証票を携帯し、関係人の請求があつたときは、これを提示しなければならない。
4　第二項の規定による立入検査の権限は、犯罪捜査のために認められたものと解してはならない。

(外国監査法人等に対する報告徴収及び立入検査)
第四十九条の三の二　内閣総理大臣は、公益又は投資者保護のため必要かつ適当であると認めるときは、外国監査法人等の行う外国会社等財務書類についての第二条第一項の業務に相当すると認められる業務に関し、外国監査法人等に対し、報告又は資料の提出を求めることができる。
2　内閣総理大臣は、公益又は投資者保護のため必要かつ適当であると認めるときは、外国監査法人等の行う外国会社等財務書類についての第二条第一項の業務に相当すると認められる業務に関し、当該職員に外国監査法人等の事務所その他その業務に関係のある場所に立ち入り、その業務に関係のある帳簿書類その他の物件を検査させることができる。
3　前条第三項及び第四項の規定は、前項の規定による立入検査について準用する。

(権限の委任)
第四十九条の四　内閣総理大臣は、この法律による権限（政令で定めるものを除く。）を金融庁長官に委任する。
2　金融庁長官は、前項の規定により委任された権限のうち、第四十六条の九の二第二項の規定による報告の受理に関する事務並びに第四十六条の十二第一項並びに第四十九条の三第一項及び第二項の規定による権限（次に掲げるものに限る。）を審査会に委任する。
　一　第四十六条の九の二第二項の報告に関して行われるもの
　二　公認会計士、外国公認会計士又は監査法人（以下この号において「公認会計士等」という。）が、第四十六条の九の二第一項の調査を受けていないこと、同項の調査に協力することを拒否していることその他の内閣府令で定める事由があることにより日本公認会計士協会が当該公認会計士等に係る同条第二項の報告を行つていない場合において、当該公認会計士等の業務の運営の状況に関して行われるもの
3　金融庁長官は、政令で定めるところにより、第一項の規定により委任された権限のうち、前条第一項及び第二項の規定による権限を審査会に委任することができる。
4　金融庁長官は、政令で定めるところにより、第一項の規定により委任された権限（前二項の規定により審査会に委任されたものを除く。）の一部を財務局長又は財務支局長に委任することができる。
5　審査会は、政令で定めるところにより、公認会計士試験の実施に関する事務の一部を財務局長又は財務支局長に委任することができる。

(内閣府令への委任)
第四十九条の五　この法律に定めるもののほか、この法律の実施に関し必要な事項は、内閣府令で定める。

(経過措置)
第四十九条の六　この法律の規定に基づき命令を制定し、又は改廃する場合においては、その命令で、その制定又は改廃に伴い合理的に必要と判断される範囲内において、所要の経過措置（罰則に関する経過措置を含む。）を定めることができる。

第八章　罰則

第五十条　第四十七条の規定に違反した者又は公認会計士若しくは外国公認会計士となる資格を有しない者（公認会計士又は外国公認会計士となる資格を有する者で第四条各号のいずれかに該当するものを含む。）で第四十七条の二の規定に違反したものは、二年以下の懲役又は二百万円以下の罰金に処する。

第五十一条　偽りその他不正の手段により公認会計士、外国公認会計士又は特定社員の登録を受けた者は、六月以下の懲役又は百万円以下の罰金に処する。

第五十二条　第二十七条（第十六条の二第六項において準用する場合を含む。）、第三十四条の十の十六又は第四十九条の二の規定に違反した者は、二年以下の懲役又は百万円以下の罰金に処する。
2　前項の罪は、告訴がなければ公訴を提起することができない。

第五十二条の二　次の各号のいずれかに該当する者は、一年以下の懲役又は百万円以下の罰金に処する。
一　第二十八条の四第一項若しくは第三十四条の十六の三第一項の規定に違反して、これらの規定に規定する書類を公衆の縦覧に供せず、若しくは第二十八条の四第三項若しくは第三十四条の十六の三第三項の規定に違反して、第二十八条の四第二項若しくは第三十四条の十六の三第二項に規定する電磁的記録に記録された情報を電磁的方法により不特定多数の者が提供を受けることができる状態に置く措置として内閣府令で定めるものをとらず、又はこれらの規定に違反して、これらの書類に記載すべき事項を記載せず、若しくは虚偽の記載をして、公衆の縦覧に供し、若しくは電磁的記録に記録すべき事項を記録せず、若しくは虚偽の記

録をして、電磁的記録に記録された情報を電磁的方法により不特定多数の者が提供を受けることができる状態に置く措置をとつた者
二　不正の手段により第三十四条の二十四の登録を受けた者
三　第三十四条の二十四又は第三十四条の三十三第五項の規定に違反して業務を行つた者

第五十二条の三　第三十四条の四十七第二項又は第三十四条の五十第三項において準用する民事訴訟法第二百一条第一項の規定により宣誓した参考人又は鑑定人が虚偽の陳述又は鑑定をしたときは、三月以上十年以下の懲役に処する。
2　前項の罪を犯した者が、審判手続終了前であつて、かつ、犯罪の発覚する前に自白したときは、その刑を減軽又は免除することができる。

第五十二条の四　第三十四条の三十三第八項の規定に違反して、同項の不足額につき供託を行わなかつた者は、六月以下の懲役又は五十万円以下の罰金に処する。

第五十三条　次の各号のいずれかに該当する者は、百万円以下の罰金に処する。
一　第三十四条の二十五第一項の登録申請書又は同条第二項の書類に虚偽の記載をして提出した者
二　第四十六条の十二第一項又は第四十九条の三第一項の規定による報告若しくは資料の提出をせず、又は虚偽の報告若しくは資料の提出をした者
三　第三十四条の五十一第一項、第四十六条の十二第一項又は第四十九条の三第二項の規定による立入検査を拒み、妨げ、又は忌避した者
四　第四十八条第一項の規定に違反した者
五　第四十八条の二第一項から第三項までの規定のいずれかに違反した者
2　第五十四条第三号に該当する者については、前項第四号の規定を適用しない。

第五十三条の二　第三十四条の二十第六項又は第三十四条の二十三第四項において準用する会社法第九百五十五条第一項の規定に違反して、同項に規定する調査記録簿等に同項に規定する電子公告調査に関し法務省令で定めるものを記載せず、若しくは記録せず、若しくは虚偽の記載若しくは記録をし、又は当該調査記録簿等を保存しなかつた者は、三十万円以下の罰金に処する。

第五十三条の三　次の各号のいずれかに該当する者は、二十万円以下の罰金に処する。
一　第三十四条の四十七第一項の規定による参考人に対する処分に違反して出頭せ

ず、陳述をせず、又は虚偽の陳述をした者
　二　第三十四条の四十七第二項又は第三十四条の五十第三項において準用する民事訴訟法第二百一条第一項の規定による参考人又は鑑定人に対する命令に違反して宣誓をしない者
　三　第三十四条の四十九第二項の規定による物件の所持人に対する処分に違反して物件を提出しない者
　四　第三十四条の五十第一項の規定による鑑定人に対する処分に違反して鑑定をせず、又は虚偽の鑑定をした者

第五十三条の四　法人の代表者又は法人若しくは人の代理人、使用人その他の従業者が、その法人又は人の業務に関して、第五十条、第五十二条の二、第五十二条の四、第五十三条第一項第一号から第三号まで若しくは第五号又は第五十三条の二の違反行為をしたときは、その行為者を罰するほか、その法人又は人に対し、各本条の罰金刑を科する。

第五十四条　次の各号のいずれかに該当する者は、百万円以下の過料に処する。
　一　第二十八条の二又は第三十四条の十四の二の規定に違反したもの
　二　公認会計士又は外国公認会計士となる資格を有する者（第四条各号のいずれかに該当する者を除く。次号において同じ。）で第四十七条の二の規定に違反したもの
　三　公認会計士又は外国公認会計士となる資格を有する者で第四十八条第一項の規定に違反したもの

第五十五条　次の各号のいずれかに該当する者は、三十万円以下の過料に処する。
　一　第三十三条第一項第一号の規定（第十六条の二第六項、第三十四条の十の十七第三項、第三十四条の二十一第四項、第三十四条の二十一の二第七項及び第三十四条の二十九第四項において準用する場合を含む。）による事件関係人又は参考人に対する処分に違反して出頭せず、陳述をせず、虚偽の陳述をし、報告をせず、又は虚偽の報告をした者
　二　第三十三条第一項第二号の規定（第十六条の二第六項、第三十四条の十の十七第三項、第三十四条の二十一第四項、第三十四条の二十一の二第七項及び第三十四条の二十九第四項において準用する場合を含む。）による鑑定人に対する処分に違反して、出頭せず、鑑定をせず、又は虚偽の鑑定をした者
　三　第三十三条第一項第三号の規定（第十六条の二第六項、第三十四条の十の十七

第三項、第三十四条の二十一第四項、第三十四条の二十一の二第七項及び第三十四条の二十九第四項において準用する場合を含む。）による物件の所持者に対する処分に違反して物件を提出しない者
　四　第三十三条第一項第四号の規定（第十六条の二第六項、第三十四条の十の十七第三項、第三十四条の二十一第四項、第三十四条の二十一の二第七項及び第三十四条の二十九第四項において準用する場合を含む。）による立入検査を拒み、妨げ、又は忌避した者

第五十五条の二　次の各号のいずれかに該当する者は、百万円以下の過料に処する。
　一　第三十四条の二十第六項又は第三十四条の二十三第四項において準用する会社法第九百四十六条第三項の規定に違反して、報告をせず、又は虚偽の報告をした者
　二　正当な理由がないのに、第三十四条の二十第六項又は第三十四条の二十三第四項において準用する会社法第九百五十一条第二項各号又は第九百五十五条第二項各号に掲げる請求を拒んだ者

第五十五条の三　次の各号のいずれかに該当する場合には、監査法人の社員、監査法人と第三十四条の三十三第三項の契約を締結した者又は検査役は、百万円以下の過料に処する。
　一　第三十四条の二十三第一項において準用する会社法第二百七条第四項又は第三十四条の二十三第二項において準用する同法第三十三条第四項に規定する報告について、裁判所に対し、虚偽の申述を行い、又は事実を隠ぺいしたとき。
　二　第三十四条の三十三第四項の規定による命令に違反したとき。

第五十五条の四　次の各号のいずれかに該当する場合には、監査法人の社員若しくは清算人又は協会の役員は、三十万円以下の過料に処する。
　一　この法律に基づく政令の規定に違反して登記をすることを怠つたとき。
　二　定款又は第三十四条の十五の三第一項の会計帳簿若しくは第三十四条の十六第一項の貸借対照表に記載し、若しくは記録すべき事項を記載せず、若しくは記録せず、又は虚偽の記載若しくは記録をしたとき。
　三　第三十四条の十六第二項又は第三項の規定に違反して書類若しくは電磁的記録の提出を怠り、又はこれに虚偽の記載若しくは記録をして提出したとき。
　四　第三十四条の二十第二項又は第五項の規定に違反して合併をしたとき。
　五　第三十四条の二十第六項又は第三十四条の二十三第四項において準用する会社

法第九百四十一条の規定に違反して同条の調査を求めなかつたとき。
六　第三十四条の二十二第二項において準用する会社法第六百五十六条第一項の規定に違反して破産手続開始の申立てを怠つたとき。
七　第三十四条の二十二第二項において準用する会社法第六百六十四条の規定に違反して財産を分配したとき。
八　第三十四条の二十二第三項において準用する会社法第六百七十条第二項若しくは第五項又は第三十四条の二十三第一項において準用する同法第六百二十七条第二項若しくは第五項、第六百三十五条第二項若しくは第五項若しくは第六百六十一条第一項の規定に違反して、財産の処分、資本金の額の減少、持分の払戻し又は債務の弁済をしたとき。
九　第三十四条の二十八第一項の規定による申請をせず、又は虚偽の申請をしたとき。

○公認会計士法施行令

平成二十年十二月十二日時点

(特定の学位による短答式試験科目の免除)
第一条　公認会計士法(以下「法」という。)第九条第二項第二号に規定する政令で定める科目は、財務会計論(法第八条第一項第一号に規定する科目をいう。次条において同じ。)、管理会計論(法第八条第一項第二号に規定する科目をいう。)及び監査論とする。

(実務経験による短答式試験科目の免除)
第一条の二　法第九条第二項第三号に規定する政令で定める者は、上場会社等(金融商品取引法施行令(昭和四十年政令第三百二十一号)第二十七条の二各号に掲げる有価証券(金融商品取引法(昭和二十三年法律第二十五号)第六十七条の十八第四号に規定する取扱有価証券に該当するものを除く。)の発行者をいう。)、会社法(平成十七年法律第八十六号)第二条第六号に規定する大会社、国、地方公共団体その他の内閣府令で定める法人において会計又は監査に関する事務又は業務のうち内閣府令で定めるものに従事した期間が通算して七年以上である者とし、法第九条第二項第三号に規定する政令で定める科目は、財務会計論とする。

(論文式試験科目の免除)
第一条の三　法第十条第一項第七号に規定する政令で定める者は、次の各号に掲げる者とし、同項第七号に規定する政令で定める科目は、当該各号に掲げる者の区分に応じ当該各号に定める科目とする。
　一　企業会計の基準の設定、原価計算の統一その他の企業会計制度の整備改善に関する事務又は業務に従事した者で会計学に関し公認会計士となろうとする者に必要な学識及び応用能力を有すると公認会計士・監査審査会(以下「審査会」という。)が認定した者　会計学(法第八条第二項第一号に規定する科目をいう。)
　二　監査基準の設定その他の監査制度の整備改善に関する事務又は業務に従事した者で監査論に関し公認会計士となろうとする者に必要な学識及び応用能力を有すると審査会が認定した者　監査論

(財務に関する監査、分析その他の実務)
第二条　法第十五条第一項第二号に規定する財務に関する監査、分析その他の実務は、次に掲げるものとする。

一　国又は地方公共団体の機関において、国若しくは地方公共団体の機関又は国及び地方公共団体以外の法人（当該法人が特別の法律により設立された法人以外の法人であるときは、資本金額（資本金の額、出資の総額又は基金の総額をいう。）五億円以上のものに限る。第三号において同じ。）の会計に関する検査若しくは監査又は国税に関する調査若しくは検査の事務を直接担当すること。

二　預金保険法（昭和四十六年法律第三十四号）第二条第一項に規定する金融機関、保険会社、無尽会社又は特別の法律により設立された法人であつてこれらに準ずるものにおいて、貸付け、債務の保証その他これらに準ずる資金の運用に関する事務を直接担当すること。

三　前号に掲げるものを除くほか、国及び地方公共団体以外の法人において、原価計算その他の財務分析に関する事務を直接担当すること。

(旅費及び日当)
第三条　法第三十三条第一項第一号又は第二号の規定による命令に基づいて出頭した参考人又は鑑定人が同条第二項の規定に基づき請求することができる旅費及び日当の額は、国家公務員等の旅費に関する法律（昭和二十五年法律第百十四号）の規定により一般職の職員の給与に関する法律（昭和二十五年法律第九十五号）第六条第一項第一号イに規定する行政職俸給表(一)の二級の職員が受ける鉄道賃、船賃、車賃、宿泊料及び日当に相当する額とする。

(その他の費用)
第四条　金融庁長官は、前条の参考人又は鑑定人に意見書、報告書又は鑑定書の作成を求めた場合において、必要と認めるときは、同条に規定する旅費及び日当のほか、相当額の費用を支給することができる。

第五条　削除

(受験手数料)
第六条　法第十一条第一項に規定する政令で定める額は、一万九千五百円とする。

(公認会計士に係る著しい利害関係)
第七条　法第二十四条第二項（法第十六条の二第六項において準用する場合を含む。）に規定する政令で定める関係は、次の各号に掲げる場合における当該各号に規定する公認会計士又はその配偶者と被監査会社等との間の関係とする。

一　公認会計士又はその配偶者が、監査又は証明（法第二条第一項の業務として

行う監査又は証明をいう。以下同じ。）をしようとする財務書類（法第一条の三第一項 に規定する財務書類をいう。以下同じ。）に係る会計期間（法第二十四条の三 に規定する会計期間をいう。以下同じ。）の開始の日からその終了後三月を経過する日までの期間（以下「監査関係期間」という。）内に当該財務書類につき監査又は証明を受けようとする会社その他の者（以下「被監査会社等」という。）の役員、これに準ずるもの又は財務に関する事務の責任ある担当者（以下「役員等」という。）であつた場合

二　公認会計士の配偶者が、当該公認会計士に係る被監査会社等の使用人である場合又は過去一年以内にその使用人であつた場合

三　公認会計士の配偶者が、国家公務員若しくは地方公務員であり、又はこれらの職にあつた者でその退職後二年を経過していないものである場合において、その在職し、又は退職前二年以内に在職していた職と当該公認会計士に係る被監査会社等（営利企業に該当するものに限る。）とが職務上密接な関係にあるとき。

四　公認会計士又はその配偶者が、被監査会社等の株主、出資者、債権者又は債務者である場合。ただし、株主又は出資者にあつては相続又は遺贈により被監査会社等の株式又は出資を取得後一年を経過しない場合を、債権者又は債務者にあつてはその有する債権又は債務が被監査会社等との間の法第二条第一項 又は第二項 の業務に関する契約に基づく場合、その有する債権又は債務の額が百万円未満である場合、相続又は遺贈により被監査会社等の債権又は債務を取得後一年を経過しない場合その他内閣府令で定める特別の事情を有する債権又は債務である場合を除く。

五　公認会計士又はその配偶者が、被監査会社等から無償又は通常の取引価格より低い対価による事務所又は資金の提供その他の特別の経済上の利益の供与を受けている場合

六　公認会計士又はその配偶者が、被監査会社等から税理士業務（税理士法（昭和二十六年法律第二百三十七号）第二条 に規定する税理士業務をいう。以下同じ。）その他法第二条第一項 及び第二項 の業務以外の業務により継続的な報酬を受けている場合

七　公認会計士又はその配偶者が、被監査会社等の役員等又は過去一年以内若しくは監査関係期間内にこれらの者であつた者から第五号又は前号に規定する利益の供与又は報酬を受けている場合

八　公認会計士又はその配偶者が、被監査会社等の関係会社等の役員若しくはこれに準ずるものである場合又は過去一年以内若しくは監査関係期間内にこれらの者であつた場合

九　公認会計士が、被監査会社等の親会社等又は子会社等の使用人である場合
2　前項第八号に規定する関係会社等とは、次の各号のいずれかに該当する者をいう。
　一　被監査会社等（当該被監査会社等の子会社等を含む。）が他の会社等（会社その他の団体をいう。以下同じ。）の財務及び営業又は事業の方針の決定に対して重要な影響を与えることができる場合における当該他の会社等として内閣府令で定めるもの
　二　他の会社等（当該他の会社等の子会社等を含む。）が被監査会社等の財務及び営業又は事業の方針の決定に対して重要な影響を与えることができる場合における当該他の会社等として内閣府令で定めるもの
3　第一項第九号に規定する親会社等とは、他の会社等の財務及び営業又は事業の方針を決定する機関（株主総会その他これに準ずる機関をいう。以下この項において「意思決定機関」という。）を支配している会社等として内閣府令で定めるものをいい、同号及び前項各号に規定する子会社等とは、親会社等によりその意思決定機関を支配されている他の会社等をいう。この場合において、親会社等及び子会社等又は子会社等が他の会社等の意思決定機関を支配している場合における当該他の会社等は、その親会社等の子会社等とみなす。

（大会社等から除かれる者）
第八条　法第二十四条の二第一号（法第十六条の二第六項において準用する場合を含む。）に規定する政令で定める者は、最終事業年度に係る貸借対照表に資本金として計上した額が百億円未満であり、かつ、最終事業年度に係る貸借対照表の負債の部に計上した額の合計額が千億円未満の株式会社とする。

第九条　法第二十四条の二第二号（法第十六条の二第六項において準用する場合を含む。）に規定する政令で定める者は、次の各号のいずれかに該当する者とする。
　一　金融商品取引法第二十四条第一項第三号又は第四号（これらの規定を同法第二十七条において準用する場合を含む。）に該当することにより有価証券報告書（同法第二十四条第一項に規定する有価証券報告書をいう。）を提出しなければならない発行者（同法第二条第五項に規定する発行者をいう。次号において同じ。）であつて、次に掲げるすべての要件を満たす者
　　イ　最終事業年度に係る貸借対照表に資本金として計上した額（当該発行者が金融商品取引法第二条第二項の規定により有価証券とみなされる有価証券投資事業権利等（同法第三条第三号に規定する有価証券投資事業権利等をいう。）又は金融商品取引法施行令第一条第二号に掲げるもの若しくは同令第二条の八に定め

るものの発行者である場合にあつては、その貸借対照表上の純資産額）が五億円未満であること又は最終事業年度に係る損益計算書による売上高（これに準ずるものとして内閣府令で定めるものを含む。以下この号において同じ。）の額若しくは直近三年間に終了した各事業年度に係る損益計算書による売上高の額の合計額を三で除して得た額のうちいずれか大きい方の額が十億円未満であること。
　ロ　最終事業年度に係る貸借対照表の負債の部に計上した額の合計額が二百億円未満であること。
二　金融商品取引法第五条第一項（同法第二十七条において準用する場合を含む。）に規定する特定有価証券（同法第六条各号に掲げるものを除く。以下この号において「特定有価証券」という。）の発行者であつて、次の各号のいずれにも該当しない者
　イ　特定有価証券以外の有価証券に関して金融商品取引法第四条第一項から第三項までの規定による届出をしようとする者
　ロ　特定有価証券以外の有価証券に関して金融商品取引法第二十四条第一項（同法第二十七条において準用する場合を含む。）の規定により同項に規定する有価証券報告書を提出しなければならない者

（大会社等の範囲）
第十条　法第二十四条の二第六号（法第十六条の二第六項において準用する場合を含む。）に規定する政令で定める者は、次に掲げる者とする。
一　全国を地区とする信用金庫連合会
二　全国を地区とする労働金庫連合会
三　全国を地区とする信用協同組合連合会
四　農林中央金庫
五　独立行政法人通則法（平成十一年法律第百三号）第三十九条の規定により会計監査人の監査を受けなければならない独立行政法人
六　国立大学法人及び大学共同利用機関法人
七　地方独立行政法人法（平成十五年法律第百十八号）第三十五条の規定により会計監査人の監査を受けなければならない地方独立行政法人

（監査関連業務の禁止における連続する会計期間）
第十一条　法第二十四条の三第一項（法第十六条の二第六項において準用する場合を含む。）に規定する七会計期間の範囲内で政令で定める連続する会計期間は、七会計期間とする。

(監査関連業務の禁止期間)
第十二条　法第二十四条の三第一項（法第十六条の二第六項において準用する場合を含む。）に規定する連続会計期間の翌会計期間以後の政令で定める会計期間は、二会計期間とする。

(大会社等とみなされる者等)
第十三条　法第二十四条の三第二項（法第十六条の二第六項において準用する場合を含む。）並びに第三十四条の十一の五第一項及び第二項に規定する政令で定める者は次に掲げる者とし、これらの規定に規定する政令で定める日は次の各号に掲げる者の区分に応じ当該各号に定める日とする。
　一　金融商品取引所（金融商品取引法第二条第十六項に規定する金融商品取引所をいう。以下同じ。）にその発行する有価証券を上場しようとする者　当該有価証券が金融商品取引所に上場される日
　二　金融商品取引法第六十七条の十一第一項の規定によりその発行する有価証券について認可金融商品取引業協会（同法第二条第十三項に規定する認可金融商品取引業協会をいう。以下同じ。）の登録を受けようとする者　当該有価証券が同法第六十七条の十一第一項の規定により認可金融商品取引業協会の登録を受ける日

(監査報酬相当額)
第十四条　法第三十一条の二第一項第一号（法第十六条の二第六項において準用する場合を含む。）及び第三十四条の二十一の二第一項第一号に規定する政令で定める額は、公認会計士（法第十六条の二第五項に規定する外国公認会計士を含む。）又は監査法人がこれらの規定に規定する会計期間においてこれらの規定に規定する会社その他の者の財務書類について行つた法第二条第一項の業務の対価として支払われ、又は支払われるべき金銭その他の財産の価額の総額とする。

(監査法人に係る著しい利害関係)
第十五条　法第三十四条の十一第二項に規定する政令で定める関係は、次の各号に掲げる場合における当該各号に規定する監査法人又はその社員と被監査会社等との間の関係とする。
　一　監査法人が、被監査会社等の債権者又は債務者である場合。ただし、当該監査法人の有する債権又は債務が被監査会社等との間の法第二条第一項又は第二項の業務に関する契約に基づく債権又は債務その他内閣府令で定める特別の事情を

有する債権又は債務である場合を除く。
二　監査法人が、被監査会社等から第七条第一項第五号に規定する利益の供与を受けている場合
三　監査法人が、被監査会社等の役員等又は過去一年以内若しくは監査関係期間内にこれらの者であつた者から第七条第一項第五号に規定する利益の供与を受けている場合
四　監査法人の社員のうちに被監査会社等の使用人である者がある場合
四の二　監査法人の社員のうちに被監査会社等の親会社等（第七条第三項に規定する親会社等をいう。）又は子会社等（同項に規定する子会社等をいう。）の役員等又は使用人である者がある場合
五　監査法人の社員のうちに被監査会社等から税理士業務により継続的な報酬を受けている者がある場合
六　前三号に該当する場合を除き、被監査会社等の財務書類について監査法人の行う法第二条第一項の業務にその社員として関与した者若しくは被監査会社等の財務書類の証明について法第三十四条の十の四第一項の規定による指定を受けた社員若しくは法第三十四条の十の五第一項の規定による指定を受けた社員（同条第五項又は第六項の規定により指定を受けたとみなされる者を除く。）又はこれらの者の配偶者が被監査会社等と次のいずれかの関係を有する場合
イ　法第二十四条第一項第二号又は第三項に規定する関係
ロ　第七条第一項第一号から第八号までに規定する関係
七　第四号から前号までに該当する場合を除き、監査法人の社員の半数以上の者が、本人又はその配偶者につき、被監査会社等と同号イ又はロのいずれかの関係を有する場合

（監査法人に係る監査関連業務の禁止における連続する会計期間）
第十六条　法第三十四条の十一の三に規定する七会計期間の範囲内で政令で定める連続会計期間は、七会計期間とする。

（監査法人に係る監査関連業務の禁止期間）
第十七条　法第三十四条の十一の三に規定する連続会計期間の翌会計期間以後の政令で定める会計期間は、二会計期間とする。

（上場有価証券等の発行者等）
第十八条　法第三十四条の十一の四第一項に規定する政令で定める者は、次に掲げ

る者とする。
一　金融商品取引所に上場されている有価証券の発行者
二　金融商品取引法第六十七条の十一第一項の規定により認可金融商品取引業協会の登録を受けた有価証券の発行者

（大規模監査法人の筆頭業務執行社員等に係る監査関連業務の禁止における連続する会計期間）
第十九条　法第三十四条の十一の四第一項に規定する五会計期間の範囲内で政令で定める連続会計期間は、五会計期間とする。

（大規模監査法人の筆頭業務執行社員等に係る監査関連業務の禁止期間）
第二十条　法第三十四条の十一の四第一項に規定する連続会計期間の翌会計期間以後の政令で定める会計期間は、五会計期間とする。

（有限責任監査法人に関する読替え）
第二十一条　法第三十四条の二十三第一項の規定により有限責任監査法人（法第一条の三第四項に規定する有限責任監査法人をいう。）について会社法の規定を準用する場合においては、会社法第二百七条第一項中「募集事項の決定の後遅滞なく」とあるのは、「遅滞なく」と読み替えるものとする。

（有限責任監査法人の最低資本金の金額）
第二十二条　法第三十四条の二十七第一項第三号に規定する政令で定める金額は、社員の総数に百万円を乗じて得た額に相当する金額とする。

（有限責任監査法人に係る特別の利害関係）
第二十三条　法第三十四条の三十二第一項に規定する政令で定める特別の利害関係は、次の各号に掲げる場合における当該各号に規定する公認会計士（法第十六条の二第五項に規定する外国公認会計士を含む。第一号において同じ。）又は監査法人と登録有限責任監査法人（法第三十四条の二十七第一項第二号ロに規定する登録有限責任監査法人をいう。以下同じ。）との間の関係とする。
一　公認会計士又はその配偶者が、当該登録有限責任監査法人の社員である場合又は過去一年以内に社員であつた場合
二　監査法人の社員のうちにその配偶者が当該登録有限責任監査法人の社員である者がいる場合

三　監査法人の社員又はその配偶者のうちに過去一年以内に当該登録有限責任監査法人の社員であつた者がいる場合
四　前三号に掲げる場合に準ずる場合として内閣府令で定める関係がある場合

(計算書類の作成の特則に係る事項)
第二十四条　法第三十四条の三十二第一項　ただし書の政令で定める勘定の額は収益の額とし、同項　ただし書の政令で定める基準は収益の額が十億円以上であることとする。

(供託すべき金銭の額)
第二十五条　法第三十四条の三十三第一項　に規定する政令で定める額は、社員の総数に二百万円を乗じて得た額とする。

(供託金の全部又は一部に代わる契約の内容)
第二十六条　登録有限責任監査法人は、法第三十四条の三十三第三項　の契約を締結する場合には、銀行その他内閣府令で定める金融機関を相手方とし、その内容を次に掲げる要件に適合するものとしなければならない。
一　法第三十四条の三十三第四項　の規定による内閣総理大臣の命令を受けたときは、当該登録有限責任監査法人のために当該命令に係る額の供託金が遅滞なく供託されるものであること。
二　一年以上の期間にわたつて有効な契約であること。
三　金融庁長官の承認を受けた場合を除き、契約を解除し、又は契約の内容を変更することができないものであること。

(権利の実行の手続)
第二十七条　法第三十四条の三十三第六項　の権利（以下この条において単に「権利」という。）を有する者は、金融庁長官に対し、その権利の実行の申立てをすることができる。
2　金融庁長官は、前項の申立てがあつた場合において、当該申立てを理由があると認めるときは、法第三十四条の三十三第一項　、第二項、第四項又は第八項の規定により供託された供託金につき権利を有する者に対し、六十日を下らない一定の期間内に権利の申出をすべきこと及びその期間内に申出をしないときは配当手続から除斥されるべきことを公示し、かつ、その旨を前項の申立てをした者（次項及び第四項において「申立人」という。）及び当該供託金に係る登録有限責任監査法人（当該登録有限責任監査法人が同条第三項　の契約を締結している場合においては、当

該契約の相手方を含む。第四項及び第五項において同じ。）に通知しなければならない。
3　前項の規定による公示があつた後は、申立人がその申立てを取り下げた場合においても、権利の実行の手続の進行は、妨げられない。
4　金融庁長官は、第二項の期間が経過した後、遅滞なく、権利の調査をしなければならない。この場合において、金融庁長官は、あらかじめ期日及び場所を公示し、かつ、当該登録有限責任監査法人に通知して、申立人、当該期間内に権利の申出をした者及び当該登録有限責任監査法人に対し、権利の存否及びその権利によって担保される債権の額について証拠を提示し、及び意見を述べる機会を与えなければならない。
5　金融庁長官は、前項の規定による調査の結果に基づき、遅滞なく配当表を作成し、これを公示し、かつ、当該登録有限責任監査法人に通知しなければならない。
6　配当は、前項の規定による公示をした日から八十日を経過した後、配当表に従い実施するものとする。
7　金融庁長官は、法第三十四条の三十三第九項の規定により有価証券が供託されている場合において、権利の実行に必要があるときは、当該有価証券を換価することができる。この場合において、換価の費用は、換価代金から控除する。

（追加供託をすべき期間）
第二十八条　法第三十四条の三十三第八項に規定する政令で定める期間は、一月とする。

（供託金の全部又は一部に代わる有限責任監査法人責任保険契約の内容等）
第二十九条　登録有限責任監査法人は、法第三十四条の三十四第一項に規定する有限責任監査法人責任保険契約（次項において「責任保険契約」という。）を締結する場合には、損害保険会社（保険業法（平成七年法律第百五号）第二条第四項に規定する損害保険会社をいい、外国損害保険会社等（同条第九項に規定する外国損害保険会社等をいう。）及び同法第二百十九条第五項の特定損害保険業免許を受けた者の引受社員（同条第一項に規定する引受社員をいう。）を含む。）その他内閣府令で定める者を相手方とし、その内容を次に掲げる要件に適合するものとしなければならない。
　一　法第三十四条の二十一第二項第一号又は第二号に該当することによつて生じた損害（以下この条において「てん補対象損害」という。）の賠償の責任が登録有限責任監査法人に発生した場合において、当該てん補対象損害を当該登録有限

責任監査法人が賠償することにより生ずる損失の全部又は一部がてん補されるものであること。
二　一年以上の期間にわたつて有効な契約であること。
三　金融庁長官の承認を受けた場合を除き、契約を解除し、又は契約の内容を変更することができないものであること。
四　その他内閣府令で定める要件
2　責任保険契約を締結した登録有限責任監査法人が法第三十四条の三十四第一項の供託金の一部の供託をしないことができる額として内閣総理大臣が承認することができる額は、当該供託金の額から社員の総数に百万円を乗じて得た額を控除した額に相当する金額を限度とする。ただし、当該責任保険契約がてん補対象損害を賠償することにより生ずる損失の全部をてん補する場合には、供託金の全部の供託を要しない旨の承認をすることができる。

（外国会社等財務書類の対象となる有価証券）
第三十条　法第三十四条の三十五第一項に規定する政令で定める有価証券は、次に掲げるものとする。
一　金融商品取引法第二条第一項第十号に規定する外国投資信託の受益証券
二　金融商品取引法第二条第一項第十一号に規定する外国投資証券
三　金融商品取引法第二条第一項第十七号に掲げる有価証券で同項第四号、第五号、第七号から第九号まで又は第十二号から第十六号までに掲げる有価証券の性質を有するもの
四　金融商品取引法第二条第一項第十八号に掲げる有価証券
五　金融商品取引法第二条第一項第十九号又は第二十号に掲げる有価証券（外国の者が発行者であるものに限る。）
六　金融商品取引法施行令第一条第一号に掲げる証券又は証書
七　金融商品取引法第二条第二項の規定により有価証券とみなされる同項第二号、第四号又は第六号に掲げる権利

（資格審査会の組織及び運営）
第三十一条　資格審査会の会長は、会務を総理する。
2　資格審査会は、委員の過半数の出席がなければ、会議を開き、議決をすることができない。
3　資格審査会の議事は、出席委員の過半数で決し、可否同数のときは、会長の決するところによる。

4　前三項に定めるもののほか、資格審査会の組織及び運営に関し必要な事項は、日本公認会計士協会の会則で定める。

(金融庁長官へ委任される権限から除かれる権限)
第三十二条　法第四十九条の四第一項に規定する政令で定めるものは、次に掲げるものとする。
　一　法第三十七条の二第一項及び第二項の規定による審査会の会長及び委員の任命
　二　法第三十七条の二第三項及び第三十七条の五の規定による審査会の会長又は委員の罷免
　三　法第三十七条の六第三項の規定による許可
　四　法第三十八条第二項の規定による試験委員の任命

(外国監査法人等に関する権限の審査会への委任)
第三十三条　法第四十九条の四第一項の規定により金融庁長官に委任された権限(以下「長官権限」という。)のうち、次に掲げるものは、審査会に委任する。ただし、金融庁長官がその権限を自ら行うことを妨げない。
　一　法第四十九条の三の二第一項の規定による報告及び資料の提出の命令
　二　法第四十九条の三の二第二項の規定による立入検査

(実務補習団体等に関する権限の財務局長等への委任)
第三十四条　長官権限のうち法第十六条第六項の規定による報告の受理の権限は、同条第一項に規定する実務補習団体等の主たる事務所の所在地を管轄する財務局長(当該所在地が福岡財務支局の管轄区域内にある場合にあつては、福岡財務支局長)に委任する。

(監査法人に関する権限の財務局長等への委任)
第三十五条　長官権限のうち次に掲げるものは、監査法人の主たる事務所の所在地を管轄する財務局長(当該所在地が福岡財務支局の管轄区域内にある場合にあつては、福岡財務支局長)に委任する。
　一　法第三十四条の九の二、第三十四条の十、第三十四条の十八第三項及び第三十四条の十九第三項の規定による届出の受理
　二　法第三十四条の十六の規定による業務報告書等の受理

(公認会計士試験の実施に関する事務の財務局長等への委任)
第三十六条　審査会は、次に掲げるものを除き、公認会計士試験の実施に関する事務を、公認会計士試験が行われる場所を管轄する財務局長(当該場所が福岡財務支局の管轄区域内にある場合にあつては、福岡財務支局長)に委任することができる。
　一　合格の決定
　二　法第十条第二項の認定
　三　法第十三条の二の規定による合格の決定の取消し及び受験の禁止
　四　法第三十八条第一項の問題の作成及び採点

○公認会計士法施行規則

平成二十年九月二十四日時点

公認会計士法（昭和二十三年法律第百三号）及び公認会計士法施行令（昭和二十七年政令第三百四十三号）の規定に基づき、並びに同法及び同令を実施するため、公認会計士法施行規則を次のように定める。

　第一章　総則（第一条）
　第二章　公認会計士（第二条～第十七条）
　第三章　監査法人（第十八条～第五十九条）
　第四章　有限責任監査法人の登録に関する特則（第六十条～第八十二条）
　第五章　雑則（第八十三条）
　附　則　（略）

第一章　総則

（電磁的記録）
第一条　公認会計士法（以下「法」という。）第一条の三第一項に規定する内閣府令で定める電磁的記録は、磁気ディスクその他これに準ずる方法により一定の情報を確実に記録しておくことができる物をもって調製するファイルに情報を記録したものとする。
2　前項に規定する電磁的記録は、作成者の署名又は記名押印に代わる措置として、作成者による電子署名（電子署名及び認証業務に関する法律（平成十二年法律第百二号）第二条第一項の電子署名をいう。）が行われているものでなければならない。

第二章　公認会計士

（特別の事情を有する債権又は債務）
第二条　公認会計士法施行令（以下「令」という。）第七条第一項第四号及び第十五条第一号に規定する内閣府令で定める特別の事情を有する債権又は債務は、第一号から第十二号までに掲げるものに係る債権（第十一号及び第十二号にあっては、当該各号に掲げる契約に基づく債権）又は第十三号から第十八号までに掲げるものに係る債務（第十七号にあっては、同号に掲げる契約に基づく債務）とする。
　一　預金（貯金を含む。）

二　銀行法（昭和五十六年法律第五十九号）第二条第四項に規定する定期積金等
三　無尽業法（昭和六年法律第四十二号）第一条に規定する掛金
四　特別の法令により設立された法人の発行する債券
五　長期信用銀行法（昭和二十七年法律第百八十七号）第八条に規定する長期信用銀行債
六　金融機関の合併及び転換に関する法律（昭和四十三年法律第八十六号）第八条第一項（同法第五十五条第四項において準用する場合を含む。）に規定する特定社債
七　その債務について政府が保証している社債
八　内国法人の発行する社債のうち、契約により、発行に際して応募額が総額に達しない場合に金融商品取引法（昭和二十三年法律第二十五号）第二条第九項に規定する金融商品取引業者（同法第二十八条第一項に規定する第一種金融商品取引業を行う者に限る。）がその残額を取得するものとされたもの
九　金銭信託のうち、共同しない多数の委託者の信託財産を合同して運用するもの（貸付信託法（昭和二十七年法律第百九十五号）第二条第一項に規定する貸付信託を含む。）
十　投資信託及び投資法人に関する法律（昭和二十六年法律第百九十八号）第二条第三項の投資信託
十一　生命保険契約
十二　損害保険契約
十三　自己の居住の用に供する住宅又は自己の業務の用に供する事務所の建築又は購入の費用（土地の所有権又は借地権の取得及び土地の造成に係る費用を含む。）の全部又は一部に充てるための金銭の借入れ（被監査会社等（令第七条第一項第一号に規定する被監査会社等をいう。以下同じ。）に係る監査証明業務（法第二条第一項の業務をいう。以下同じ。）を行う前にした借入れに限る。）であって、当該住宅若しくは事務所又はこれらに係る土地に設定されている抵当権によって担保されているもの
十四　自己の居住の用に供する住宅又は自己の業務の用に供する事務所（被監査会社等に係る監査証明業務を行う前から賃借しているものに限る。）に係る賃借料、管理費及び更新料
十五　自己の用に供する自動車又は自己の業務の用に供する自動車の購入費用の全部又は一部に充てるための金銭の借入れ（被監査会社等に係る監査証明業務を行う前にした借入れに限る。）
十六　電気、ガス、上下水道及び電話の使用料金

十七　法第三十四条の三十三第三項の契約（以下「保証委託契約」という。）
十八　第十三号から前号までに掲げるもののほか、被監査会社等による公認会計士（法第十六条の二第五項に規定する外国公認会計士を含む。以下同じ。）又は監査法人の業務の遂行に通常必要な物又は役務の提供

(関係会社等)
第三条　令第七条第二項第一号に規定する内閣府令で定めるものは、次に掲げる会社等（同号に規定する会社等をいう。以下同じ。）とする。
　一　被監査会社等の子会社等（令第七条第三項に規定する子会社等をいう。以下この条及び第五条において同じ。）
　二　被監査会社等の関連会社等
2　前項第二号に規定する関連会社等とは、被監査会社等（当該被監査会社等が子会社等を有する場合には、当該子会社等を含む。）が、出資、人事、資金、技術、取引等の関係を通じて、子会社等以外の他の会社等の財務及び営業又は事業の方針の決定に対して重要な影響を与えることができる場合における当該子会社等以外の他の会社等とする。
3　前項に規定する子会社等以外の他の会社等の財務及び営業又は事業の方針の決定に対して重要な影響を与えることができる場合とは、次に掲げる場合とする。ただし、財務上又は営業上若しくは事業上の関係からみて子会社等以外の他の会社等の財務及び営業又は事業の方針の決定に対して重要な影響を与えることができないことが明らかであると認められるときは、この限りでない。
　一　子会社等以外の他の会社等（民事再生法（平成十一年法律第二百二十五号）の規定による再生手続開始の決定を受けた会社等、会社更生法（平成十四年法律第百五十四号）の規定による更生手続開始の決定を受けた会社、破産法（平成十六年法律第七十五号）の規定による破産手続開始の決定を受けた会社等その他これらに準ずる会社等であって、かつ、当該会社等の財務及び営業又は事業の方針の決定に対して重要な影響を与えることができないと認められる会社等を除く。以下この項において同じ。）の議決権（株式会社にあっては、株主総会において決議することができる事項の全部につき議決権を行使することができない株式についての議決権を除き、会社法（平成十七年法律第八十六号）第八百七十九条第三項の規定により議決権を有するものとみなされる株式についての議決権を含む。以下同じ。）の百分の二十以上を自己の計算において所有している場合
　二　子会社等以外の他の会社等の議決権の百分の十五以上、百分の二十未満を自己の計算において所有している場合であって、かつ、次に掲げるいずれかの要件に

該当する場合
- イ 役員、業務を執行する社員若しくは使用人である者、又はこれらであった者で自己が子会社等以外の他の会社等の財務及び営業又は事業の方針の決定に関して影響を与えることができる者が、当該子会社等以外の他の会社等の代表取締役、取締役又はこれらに準ずる役職に就任していること。
- ロ 子会社等以外の他の会社等に対して重要な融資（債務の保証及び担保の提供を含む。次条第二号ニにおいて同じ。）を行っていること。
- ハ 子会社等以外の他の会社等に対して重要な技術を提供していること。
- ニ 子会社等以外の他の会社等との間に重要な販売、仕入れその他の営業上又は事業上の取引があること。
- ホ その他子会社等以外の他の会社等の財務及び営業又は事業の方針の決定に対して重要な影響を与えることができることが推測される事実が存在すること。

三 自己の計算において所有している議決権と自己と出資、人事、資金、技術、取引等において緊密な関係があることにより自己の意思と同一の内容の議決権を行使すると認められる者及び自己の意思と同一の内容の議決権を行使することに同意している者が所有している議決権とを合わせた場合（自己の計算において議決権を所有していない場合を含む。）に子会社等以外の他の会社等の議決権の百分の二十以上を占めているときであって、かつ、前号イからホまでに掲げるいずれかの要件に該当する場合

4 令第七条第二項第二号に規定する内閣府令で定めるものは、次に掲げる会社等とする。
- 一 被監査会社等の親会社等（令第七条第三項に規定する親会社等をいう。以下同じ。）
- 二 被監査会社等が他の会社等の関連会社（第二項に規定する関連会社等をいう。第五条において同じ。）である場合における当該他の会社等

（親会社等）
第四条 令第七条第三項に規定する内閣府令で定めるものは、次に掲げる会社等とする。ただし、財務上又は営業上若しくは事業上の関係からみて他の会社等の意思決定機関（同項に規定する意思決定機関をいう。以下この条において同じ。）を支配していないことが明らかであると認められる会社等は、この限りでない。
- 一 他の会社等（民事再生法の規定による再生手続開始の決定を受けた会社等、会社更生法の規定による更生手続開始の決定を受けた会社、破産法の規定による破産手続開始の決定を受けた会社等その他これらに準ずる会社等であって、かつ、

有効な支配従属関係が存在しないと認められる会社等を除く。以下この条において同じ。）の議決権の過半数を自己の計算において所有している会社等
二　他の会社等の議決権の百分の四十以上、百分の五十以下を自己の計算において所有している会社等であって、かつ、次に掲げるいずれかの要件に該当する会社等
イ　自己の計算において所有している議決権と自己と出資、人事、資金、技術、取引等において緊密な関係があることにより自己の意思と同一の内容の議決権を行使すると認められる者及び自己の意思と同一の内容の議決権を行使することに同意している者が所有している議決権とを合わせて、他の会社等の議決権の過半数を占めていること。
ロ　役員、業務を執行する社員若しくは使用人である者、又はこれらであった者で自己が他の会社等の財務及び営業又は事業の方針の決定に関して影響を与えることができる者が、当該他の会社等の取締役会その他これに準ずる機関の構成員の過半数を占めていること。
ハ　他の会社等の重要な財務及び営業又は事業の方針の決定を支配する契約等が存在すること。
ニ　他の会社等の資金調達額（貸借対照表の負債の部に計上されているものに限る。）の総額の過半について融資を行っていること（自己と出資、人事、資金、技術、取引等において緊密な関係のある者が行う融資の額を合わせて資金調達額の総額の過半となる場合を含む。）。
ホ　その他の会社等の意思決定機関を支配していることが推測される事実が存在すること。
三　自己の計算において所有している議決権と自己と出資、人事、資金、技術、取引等において緊密な関係があることにより自己の意思と同一の内容の議決権を行使すると認められる者及び自己の意思と同一の内容の議決権を行使することに同意している者が所有している議決権とを合わせた場合（自己の計算において議決権を所有していない場合を含む。）に他の会社等の議決権の過半数を占めている会社等であって、かつ、前号ロからホまでに掲げるいずれかの要件に該当する会社等

（実質的に支配していると認められる関係）
第五条　法第二十四条の二（法第十六条の二第六項において準用する場合を含む。次条において同じ。）及び法第三十四条の十一の二第一項に規定する内閣府令で定める関係は、当該公認会計士若しくはその配偶者又は当該監査法人と子会社等又は関

連会社等との関係とする。

(業務の制限)
第六条　法第二十四条の二及び法第三十四条の十一の二第一項に規定する内閣府令で定めるものは、次に掲げるものとする。
　一　会計帳簿の記帳の代行その他の財務書類（法第一条の三第一項に規定する財務書類をいう。以下同じ。）の調製に関する業務
　二　財務又は会計に係る情報システムの整備又は管理に関する業務
　三　現物出資財産（会社法第二百七条第一項に規定する現物出資財産をいう。）その他これに準ずる財産の証明又は鑑定評価に関する業務
　四　保険数理に関する業務
　五　内部監査の外部委託に関する業務
　六　前各号に掲げるもののほか、監査又は証明（監査証明業務として行う監査又は証明をいう。）をしようとする財務書類を自らが作成していると認められる業務又は被監査会社等の経営判断に関与すると認められる業務

(売上高に準ずるもの)
第七条　令第九条第一号イに規定する内閣府令で定めるものは、次に掲げるものとする。
　一　事業収益
　二　営業収益
　三　その他前二号に掲げる収益に準ずるもの

(連続する会計期間に準ずるもの)
第八条　次の各号に掲げる規定において連続する会計期間に準ずるものとして連続会計期間とされる会計期間（法第二十四条の三第一項に規定する会計期間をいう。以下同じ。）は、当該各号に定める会計期間とする。
　一　法第二十四条の三第一項（法第十六条の二第六項において準用する場合を含む。）　連続する会計期間において、監査関連業務（法第二十四条の三第三項に規定する監査関連業務をいう。以下同じ。）を行わない連続する会計期間が令第十二条に規定する会計期間未満である場合に、当該監査関連業務を行わない会計期間においても監査関連業務を行ったものとみなして計算した会計期間が七会計期間となる場合における当該七会計期間
　二　法第三十四条の十一の三　連続する会計期間において、監査関連業務を行わな

い連続する会計期間が令第十七条に規定する会計期間未満である場合に、当該監査関連業務を行わない会計期間においても監査関連業務を行ったものとみなして計算した会計期間が七会計期間となる場合における当該七会計期間
三　法第三十四条の十一の四第一項　連続する会計期間において、監査関連業務を行わない連続する会計期間が令第二十条に規定する会計期間未満である場合に、当該監査関連業務を行わない会計期間においても監査関連業務を行ったものとみなして計算した会計期間が五会計期間となる場合における当該五会計期間

（監査関連業務等）

第九条　法第二十四条の三第一項ただし書（法第十六条の二第六項において準用する場合を含む。次項において同じ。）に規定する内閣府令で定めるやむを得ない事情は、周辺地域において公認会計士が不足している等により、交替が著しく困難な状況にある場合とする。

2　法第二十四条の三第一項ただし書に規定する承認を受けようとする場合には、同項ただし書に規定するやむを得ない事情があると認められたときから承認を受けようとする会計期間が開始するまでの間に、当該会計期間ごとに別紙様式第一号により作成した承認申請書を、遅滞なく、金融庁長官に提出し、承認を受けなければならない。

3　法第二十四条の三第三項（法第十六条の二第六項において準用する場合を含む。）に規定する内閣府令で定めるものは、次に掲げるものとする。
一　他の公認会計士の監査証明業務に補助者として従事しているにもかかわらず、当該業務に当該他の公認会計士と同程度以上に実質的な関与をしていると認められる業務
二　他の公認会計士から委託を受け、監査証明業務に係る審査（被監査会社等の財務書類に係る意見又は結論を表明するに先立ち、意見又は結論の形成に至る一切の過程の妥当性について検討し、必要な措置を講じることをいう。第二十三条第二号及び第二十六条第四号において同じ。）を行う業務
三　監査法人の監査証明業務に補助者として従事しているにもかかわらず、当該業務に当該監査法人の法第三十四条の十二第二項に規定する社員と同程度以上に実質的な関与をしていると認められる業務

4　公認会計士・監査審査会は、第二項の承認を受けた被監査会社等の会計期間に係る監査関連業務につき、必要があると認められる場合には、法第四十一条の二の規定による権限又は法第四十九条の四第二項の規定により委任された法第四十九条の三第一項若しくは第二項の規定による権限を行使することができる。

(新規上場企業等に係る監査関連業務の禁止における会計期間)
第十条　法第二十四条の三第二項（法第十六条の二第六項において準用する場合を含む。）並びに法第三十四条の十一の五第一項及び第二項に規定する内閣府令で定める会計期間は、二会計期間とする。ただし、公認会計士又は監査法人が令第十三条各号に定める日以前に一会計期間に限り監査関連業務を行った場合には、一会計期間とする。

(単独監査を行うやむを得ない事情)
第十一条　法第二十四条の四ただし書（法第十六条の二第六項において準用する場合を含む。）に規定する内閣府令で定めるやむを得ない事情は、次に掲げる事情とする。
一　共同して監査証明業務を行う他の公認会計士又は補助者として使用する他の公認会計士が登録を抹消されたこと。
二　共同して監査証明業務を行う他の公認会計士又は補助者として使用する他の公認会計士が事故、病気その他これに準ずる事由により業務を行うことができなくなったこと。
三　共同して監査証明業務を行う他の公認会計士若しくは監査法人又は補助者として使用する他の公認会計士が移転したことにより共同で当該業務を行うことができなくなったこと。
四　共同して監査証明業務を行う監査法人が解散したこと。
五　前各号に準ずるやむを得ない事情であって、当該公認会計士の責めに帰すべき事由がないもの

(監査証明書の追加記載事項)
第十二条　法第二十五条第二項（法第十六条の二第六項及び法第三十四条の十二第三項において準用する場合を含む。）に規定する内閣府令で定める事項は、次に掲げる事項とする。
一　当該公認会計士又は当該監査法人の被監査会社等との利害関係の有無
二　当該公認会計士又は当該監査法人が被監査会社等と利害関係を有するときはその内容

(公認会計士等の就職の制限)
第十三条　法第二十八条の二本文（法第十六条の二第六項及び第三十四条の十四の二において準用する場合を含む。以下この条において同じ。）に規定する内閣府令で

定めるものは、次に掲げる会社等とする。
　一　被監査会社等の連結子会社等（連結財務諸表の用語、様式及び作成方法に関する規則（昭和五十一年大蔵省令第二十八号）第二条第四号に規定する連結子会社並びに持分法（同条第八号に規定する持分法をいう。）が適用される非連結子会社（同条第六号に規定する非連結子会社をいう。）及び関連会社（同条第七号に規定する関連会社をいう。）をいう。以下この項において同じ。）又は被監査会社等をその連結子会社等とする会社等
　二　被監査会社等をその連結子会社等とする会社等の連結子会社等（被監査会社等を除く。）
2　法第二十八条の二ただし書（法第十六条の二第六項において準用する場合を含む。）に規定する内閣府令で定める場合は、次に掲げる場合とする。
　一　公認会計士（公認会計士であった者を含む。）が法第二十八条の二本文の規定によりその役員又はこれに準ずるもの（以下この条において「役員等」という。）に就いてはならないとされる会社等（以下この条において「就職制限会社等」という。）以外の会社等の役員等に就いた後に、当該会社等が当該就職制限会社等と合併することとなった場合において、当該公認会計士が合併後存続する会社等の役員等に就くこととなった場合（当該公認会計士が、当該就職制限会社等以外の会社等の役員等に就く際に、当該合併について知っていた場合を除く。）
　二　その他前号に準ずるやむを得ない事由が認められる場合
3　法第三十四条の十四の二において準用する法第二十八条の二ただし書に規定する内閣府令で定める場合は、次に掲げる場合とする。
　一　監査法人が会社その他の者の財務書類について監査証明業務を行った場合における当該業務を執行した社員（社員であった者を含む。）が就職制限会社等以外の会社等の役員等に就いた後に、当該会社等が当該就職制限会社等と合併することとなった場合において、当該業務を執行した社員が合併後存続する会社等の役員等に就くこととなった場合（当該業務を執行した社員が、当該就職制限会社等以外の会社等の役員等に就く際に、当該合併について知っていた場合を除く。）
　二　その他前号に準ずるやむを得ない事由が認められる場合

（説明書類に記載する業務の状況に関する事項）
第十四条　法第二十八条の四第一項（法第十六条の二第六項において準用する場合を含む。第十七条第一項において同じ。）に規定する内閣府令で定めるものは、次に掲げる事項とする。
　一　業務の概況に関する次に掲げる事項

イ 業務の概要
ロ 業務の内容（被監査会社等の数を含む。）
ハ 業務の運営の状況（次に掲げる事項を含む。）
(1) 業務の執行の適正の確保に関する状況
(2) 業務の品質の管理（法第三十四条の十三第三項に規定する業務の品質の管理をいう。以下同じ。）の状況
(3) 直近において法第四十六条の九の二第一項の規定による日本公認会計士協会（以下「協会」という。）の調査を受けた年月
ニ 他の公認会計士（大会社等（法第二十四条の二に規定する大会社等をいう。以下同じ。）の財務書類について監査証明業務を行ったものに限る。）又は監査法人との業務上の提携に関する次に掲げる事項
(1) 提携を行う当該他の公認会計士又は監査法人の氏名又は名称
(2) 提携を開始した年月
(3) 業務上の提携の内容
二 事務所の概況に関する次に掲げる事項（事務所が二以上あるときは、各事務所ごとの次に掲げる事項を含む。）
イ 名称
ロ 所在地
ハ 当該事務所に勤務する公認会計士の数
三 被監査会社等（大会社等に限る。）の名称

(電磁的方法)
第十五条 法第二十八条の四第三項（法第十六条の二第六項において準用する場合を含む。次条において同じ。）に規定する電子情報処理組織を使用する方法であって内閣府令で定めるものは、次に掲げる方法とする。
一 送信者の使用に係る電子計算機と受信者の使用に係る電子計算機とを接続する電気通信回線を通じて送信し、受信者の使用に係る電子計算機に備えられたファイルに記録する方法
二 送信者の使用に係る電子計算機に備えられたファイルに記録された情報の内容を電気通信回線を通じて情報の提供を受ける者の閲覧に供し、当該情報の提供を受ける者の使用に係る電子計算機に備えられたファイルに当該情報を記録する方法
2 前項各号に掲げる方法は、受信者がファイルへの記録を出力することにより書面を作成することができるものでなければならない。

(不特定多数の者が提供を受けることができる状態に置く措置)
第十六条　法第二十八条の四第三項及び法第三十四条の十六の三第三項に規定する不特定多数の者が提供を受けることができる状態に置く措置として内閣府令で定めるものは、電磁的記録（法第一条の三第一項に規定する電磁的記録をいう。以下同じ。）に記録された事項を紙面又は映像面に表示する方法とする。

(縦覧期間等)
第十七条　公認会計士又は監査法人は、法第二十八条の四第一項又は法第三十四条の十六の三第一項の規定により作成した書面（法第二十八条の四第二項（法第十六条の二第六項において準用する場合を含む。）及び法第三十四条の十六の三第二項の規定により作成された電磁的記録を含む。以下この項及び次項において「縦覧書類」という。）の縦覧を、年度（法第二十八条の四第一項に規定する年度をいう。以下この項において同じ。）又は会計年度（法第三十四条の十五に規定する会計年度をいう。以下同じ。）経過後三月以内に開始し、当該年度又は当該会計年度の翌年度又は翌会計年度に係る縦覧書類の縦覧を開始するまでの間、公衆の縦覧に供しなければならない。
2　公認会計士又は監査法人は、やむを得ない理由により前項に規定する期間までに縦覧書類の縦覧を開始できない場合には、あらかじめ金融庁長官の承認を受けて、当該縦覧の開始を延期することができる。
3　公認会計士又は監査法人は、前項の規定による承認を受けようとするときは、承認申請書に理由書を添付して、金融庁長官に提出しなければならない。
4　金融庁長官は、前項の規定による承認の申請があったときは、当該申請をした公認会計士又は監査法人が第一項の規定による縦覧の開始を延期することについてやむを得ない理由があるかどうかを審査するものとする。

第三章　監査法人

(有限責任形態の監査法人の名称)
第十八条　法第三十四条の三第二項に規定する社員の全部が有限責任社員であることを示す文字として内閣府令で定めるものは、有限責任とする。

(公認会計士である社員の占める割合)
第十九条　法第三十四条の四第三項に規定する内閣府令で定める割合は、百分の七十

五とする。

(成立の届出)
第二十条　法第三十四条の九の二の規定による成立の届出は、次に掲げる事項を記載した届出書を提出してしなければならない。
　一　名称、主たる事務所の所在地及び電話番号
　二　成立の年月日
2　前項の届出書には、次に掲げる書類を添付しなければならない。
　一　登記事項証明書
　二　定款の写し
　三　社員である公認会計士及び特定社員(法第一条の三第六項に規定する特定社員をいう。以下同じ。)の登録年月日及び登録番号を記載した書類
　四　社員が法第三十四条の四第二項各号に該当しないことを当該社員が誓約する書類
　五　使用人の数を公認会計士及びその他の者に区分して記載した書類
　六　事務所が二以上あるときは、各事務所ごとに、その所在地、当該事務所で勤務する社員の数並びに公認会計士及びその他の者に区分した使用人の数を記載した書類
　七　成立の日の属する会計年度における監査証明業務の対象となる会社その他の者の名称を記載した業務計画書
　八　社員の経歴書
　九　業務の品質の管理の方針を記載した書類
　十　社員のうちに公認会計士である社員の占める割合が法第三十四条の四第三項に規定する内閣府令で定める割合を下回らないことを証する書類

(定款変更の届出)
第二十一条　法第三十四条の十第二項の規定による定款変更の届出は、次に掲げる事項を記載した届出書を提出してしなければならない。
　一　名称、主たる事務所の所在地及び電話番号
　二　定款変更の内容及び年月日
2　前項の届出書には、変更後の定款の写しを添付しなければならない。
3　定款の変更が社員の変更に係るものであるときは、前項の書類のほか、次の各号に掲げる場合の区分に応じ、当該各号に定める書類を第一項の届出書に添付しなければならない。

一　新たに社員が加入した場合　当該社員に係る前条第二項第三号、第四号及び第八号に掲げる書類
　二　社員の数が変動した場合　変更後の社員の数（公認会計士である社員及び特定社員の区分ごとの内訳を含む。）を記載した書類
4　定款の変更が事務所の新設、移転又は廃止に係るものであるときは、第二項の書類のほか、当該変更後の前条第二項第六号に掲げる書類を第一項の届出書に添付しなければならない。

（指定の通知の方法）
第二十二条　法第三十四条の十の五第四項に規定する内閣府令で定める方法は、書面又は電磁的方法（法第二十八条の四第三項に規定する電磁的方法をいう。第四十七条において同じ。）とする。

（筆頭業務執行社員等）
第二十三条　法第三十四条の十一の四第一項に規定する内閣府令で定める者は、次に掲げる者とする。
　一　監査証明業務を執行する社員のうちその事務を統括する者として監査報告書の筆頭に自署し、自己の印を押す社員一名
　二　監査証明業務に係る審査に関与し、当該審査に最も重要な責任を有する者一名

（大規模監査法人）
第二十四条　法第三十四条の十一の四第二項に規定する内閣府令で定めるものは、監査法人の直近の会計年度においてその財務書類について当該監査法人が監査証明業務を行った上場有価証券発行者等（同条第一項に規定する上場有価証券発行者等をいう。）の総数が百以上である場合における当会計年度における当該監査法人とする。

（業務管理体制の整備）
第二十五条　法第三十四条の十三第一項の規定により監査法人が整備しなければならない業務管理体制は、次に掲げる要件を満たさなければならない。
　一　業務の執行の適正を確保するための措置（経営の基本方針及び経営管理に関する措置並びに法令遵守に関する措置を含む。第二十七条第一号及び第三十九条第一号ホにおいて同じ。）がとられていること。
　二　業務の品質の管理の方針の策定及びその実施に関する措置（次に掲げるものを

含む。）がとられていること。
- イ　業務の品質の管理の監視に関する措置
- ロ　業務の品質の管理の方針の策定及びその実施に関する責任者の選任その他の責任の所在の明確化に関する措置
- 三　公認会計士である社員以外の者が公認会計士である社員の監査証明業務の執行に不当な影響を及ぼすことを排除するための措置がとられていること。
- 四　特定社員が協会の会員となり、協会の会則を遵守するための措置がとられていること。
- 五　社員の総数の過半数が、公認会計士の登録を受けた後、三年以上監査証明業務に従事している者であること。
- 六　監査証明業務を適切に行うために必要な施設及び財産的基礎を有すること。
- 七　従たる事務所を設ける場合には、当該事務所に社員が常駐していること。

（品質の管理）
第二十六条　法第三十四条の十三第三項に規定する内閣府令で定める業務の遂行に関する事項は、次に掲げる事項とする。
- 一　業務に関する職業倫理の遵守及び独立性の確保
- 二　業務に係る契約の締結及び更新
- 三　業務を担当する社員その他の者の採用、教育、訓練、評価及び選任
- 四　業務の実施及びその審査（次に掲げる事項を含む。）
- イ　専門的な見解の問い合わせ（業務に関して専門的な知識及び経験等を有する者から専門的な事項に係る見解を得ることをいう。）
- ロ　監査上の判断の相違（監査証明業務を実施する者の間又はこれらの者と監査証明業務に係る審査を行う者との間の判断の相違をいう。）の解決
- ハ　監査証明業務に係る審査

（監査法人の活動に係る重要な事項）
第二十七条　法第三十四条の十三第四項に規定する内閣府令で定めるものは、次に掲げる事項とする。
- 一　業務の執行の適正を確保するための措置
- 二　業務の品質の管理の方針の策定
- 三　公認会計士である社員以外の者が公認会計士である社員の監査証明業務の執行に不当な影響を及ぼすことを排除するための措置

(合議体を構成する社員のうち公認会計士である社員の占める割合)
第二十八条　法第三十四条の十三第四項に規定する内閣府令で定める割合は、百分の七十五とする。

(会計帳簿)
第二十九条　法第三十四条の十五の三第一項の規定により監査法人が作成すべき会計帳簿については、この条の定めるところによる。
2　会計帳簿は、書面又は電磁的記録をもって作成及び保存をしなければならない。
3　監査法人の会計帳簿に計上すべき資産については、この府令に別段の定めがある場合を除き、その取得価額を付さなければならない。ただし、取得価額を付すことが適切でない資産については、会計年度の末日における時価又は適正な価格を付すことができる。
4　償却すべき資産については、会計年度の末日(会計年度の末日以外の日において評価すべき場合にあっては、その日。以下この条において同じ。)において、相当の償却をしなければならない。
5　次の各号に掲げる資産については、会計年度の末日において当該各号に定める価格を付すべき場合には、当該各号に定める価格を付さなければならない。
　一　会計年度の末日における時価がその時の取得原価より著しく低い資産(当該資産の時価がその時の取得原価まで回復すると認められるものを除く。)　会計年度の末日における時価
　二　会計年度の末日において予測することができない減損が生じた資産又は減損損失を認識すべき資産　その時の取得原価から相当の減額をした額
6　取立不能のおそれのある債権については、会計年度の末日においてその時に取り立てることができないと見込まれる額を控除しなければならない。
7　監査法人の会計帳簿に計上すべき負債については、この府令に別段の定めがある場合を除き、債務額を付さなければならない。ただし、債務額を付すことが適切でない負債については、時価又は適正な価格を付すことができる。
8　のれんは、有償で譲り受け、又は合併により取得した場合に限り、資産又は負債として計上することができる。

(貸借対照表)
第三十条　法第三十四条の十六第一項及び第二項の規定により作成すべき貸借対照表については、この条の定めるところによる。
2　貸借対照表に係る事項の金額は、一円単位、千円単位又は百万円単位をもって表

示するものとする。
3　貸借対照表は、日本語をもって表示するものとする。ただし、その他の言語をもって表示することが不当でない場合は、この限りでない。
4　法第三十四条の十六第一項の規定により作成すべき貸借対照表は、成立の日における会計帳簿に基づき作成しなければならない。
5　法第三十四条の十六第二項の規定により作成すべき各会計年度に係る貸借対照表は、当該会計年度に係る会計帳簿に基づき作成しなければならない。
6　各会計年度に係る貸借対照表の作成に係る期間は、当該会計年度の前会計年度の末日の翌日（当該会計年度の前会計年度がない場合にあっては、成立の日）から当該会計年度の末日までの期間とする。この場合において、当該期間は、一年（会計年度の末日を変更する場合における変更後の最初の会計年度については、一年六月）を超えることができない。
7　貸借対照表は、次に掲げる部に区分して表示しなければならない。
　一　資産
　二　負債
　三　純資産
8　前項第一号及び第二号に掲げる部は、適当な項目に細分することができる。この場合において、当該各項目については、資産又は負債を示す適当な名称を付さなければならない。
9　純資産の部は、次に掲げる項目に区分しなければならない。
　一　社員資本
　二　評価・換算差額等
10　社員資本に係る項目は、次に掲げる項目に区分しなければならない。
　一　資本金
　二　出資金申込証拠金
　三　資本剰余金
　四　利益剰余金
11　次に掲げるものその他資産、負債又は社員資本以外のものであっても、純資産の部の項目として計上することが適当であると認められるものは、評価・換算差額等として純資産に計上することができる。
　一　資産又は負債（デリバティブ取引により生じる正味の資産又は負債を含む。以下この号において同じ。）につき時価を付すものとする場合における当該資産又は負債の評価差額（利益又は損失に計上するもの並びに次号及び第三号に掲げる評価差額を除く。）

二　ヘッジ会計（会社計算規則（平成十八年法務省令第十三号）第二条第三項第二十六号に規定するヘッジ会計をいう。）を適用する場合におけるヘッジ手段（同号に規定するヘッジ手段をいう。）に係る損益又は評価差額
三　土地の再評価に関する法律（平成十年法律第三十四号）第七条第二項に規定する再評価差額

（計算書類）
第三十一条　法第三十四条の十六第二項に規定する内閣府令で定めるものは、次に掲げるものとする。
　一　社員資本等変動計算書
　二　注記表
　三　附属明細書

（社員資本等変動計算書）
第三十二条　社員資本等変動計算書については、この条に定めるところによる。
2　社員資本等変動計算書は、次に掲げる項目に区分して表示しなければならない。
　一　社員資本
　二　評価・換算差額等
3　社員資本に係る項目は、次に掲げるものについて明らかにしなければならない。この場合において、第二号に掲げるものは、各変動事由ごとに当期変動額及び変動事由を明らかにしなければならない。
　一　前期末残高
　二　当期変動額
　三　当期末残高
4　評価・換算差額等に係る項目は、前期末残高及び当期末残高並びにその差額について明らかにしなければならない。この場合において、主要な当期変動額について、その変動事由とともに明らかにすることを妨げない。

（注記表）
第三十三条　注記表は、次に掲げる項目に区分して表示しなければならない。
　一　重要な会計方針に係る事項に関する注記
　二　貸借対照表に関する注記
　三　その他の注記

(重要な会計方針に係る事項に関する注記)
第三十四条　重要な会計方針に係る事項に関する注記は、計算書類（法第三十四条の十六第二項に規定する計算書類をいう。以下同じ。）の作成のために採用している会計処理の原則及び手続並びに表示方法その他計算書類作成のための基本となる事項（次項において「会計方針」という。）であって、次に掲げる事項（重要性の乏しいものを除く。）とする。
　一　資産の評価基準及び評価方法
　二　固定資産の減価償却の方法
　三　引当金の計上基準
　四　収益及び費用の計上基準
　五　その他計算書類の作成のための基本となる重要な事項
2　会計方針を変更した場合には、次に掲げる事項（重要性の乏しいものを除く。）も重要な会計方針に関する注記とする。
　一　会計処理の原則又は手続を変更したときは、その旨、変更の理由及び当該変更が計算書類に与えている影響の内容
　二　表示方法を変更したときは、その内容

(貸借対照表に関する注記)
第三十五条　貸借対照表に関する注記は、重要な係争事件に係る損害賠償債務その他これに準ずる債務（負債の部に計上したものを除く。）があるときは、当該債務の内容及び金額とする。

(その他の注記)
第三十六条　その他の注記は、前二条に定めるもののほか、貸借対照表、損益計算書及び社員資本等変動計算書により監査法人の財産又は損益の状態を正確に判断するために必要な事項とする。

(附属明細書)
第三十七条　附属明細書には、次に掲げる事項のほか、監査法人の貸借対照表、損益計算書、社員資本等変動計算書及び注記表の内容を補足する重要な事項を表示しなければならない。
　一　有形固定資産及び無形固定資産の明細
　二　引当金の明細
　三　販売費及び一般管理費の明細

(業務報告書に記載すべき事項等)
第三十八条　法第三十四条の十六第二項に規定する業務報告書には、業務の概況のほか、社員、使用人等の概況、事務所の概況及び被監査会社等の内訳等を記載しなければならない。
2　前項の業務報告書は、別紙様式第二号により作成するものとする。

(説明書類に記載する業務及び財産の状況に関する事項)
第三十九条　法第三十四条の十六の三第一項に規定する内閣府令で定めるものは、次に掲げる事項（無限責任監査法人（法第一条の三第五項に規定する無限責任監査法人をいう。以下この条及び第六十条において同じ。）にあっては第五号ロからホに掲げる事項を除く。）とする。
一　業務の概況に関する次に掲げる事項
イ　監査法人の目的及び沿革
ロ　無限責任監査法人又は有限責任監査法人（法第一条の三第四項に規定する有限責任監査法人をいう。以下同じ。）のいずれであるかの別
ハ　業務の概要に関する次に掲げる事項
(1)　ニ(1)及び(2)に記載されている業務の内容の概要
(2)　当該会計年度において新たに開始した業務その他の説明書類に記載すべき重要な事項がある場合には、当該事項
ニ　業務の内容に関する次に掲げる事項
(1)　監査証明業務の状況（被監査会社等の数（監査証明業務の根拠となる法令の区分ごとの当該会計年度末現在における被監査会社等の内訳及び大会社等の内訳）を含む。）
(2)　非監査証明業務（法第二条第二項に規定する業務をいう。以下同じ。）の状況（大会社等に対して行う業務の状況及び大会社等以外の者に対して行う業務の状況を含む。）
ホ　業務管理体制の整備及び業務の運営の状況に関する次に掲げる事項
(1)　業務の執行の適正を確保するための措置
(2)　業務の品質の管理の方針の策定及びその実施に関する措置（独立性の保持のための方針の策定、社員の報酬決定に関する事項並びに社員及び使用人その他の従事者の研修に関する事項を含む。(5)において同じ。）
(3)　公認会計士である社員以外の者が公認会計士である社員の監査証明業務の執行に不当な影響を及ぼすことを排除するための措置

(4) 直近において法第四十六条の九の二第一項の規定による協会の調査を受けた年月
(5) 業務の品質の管理の方針の策定及びその実施に関する措置について監査法人を代表して責任を有する社員一名による当該措置が適正であることの確認
ヘ　他の公認会計士（大会社等の財務書類について監査証明業務を行ったものに限る。）又は監査法人との業務上の提携に関する次に掲げる事項
(1) 提携を行う当該他の公認会計士の氏名又は監査法人の名称
(2) 提携を開始した年月
(3) 業務上の提携の内容
ト　外国監査事務所等（外国の法令に準拠し、外国において、他人の求めに応じ報酬を得て、財務書類の監査又は証明をすることを業とする者をいう。以下この号において同じ。）との業務上の提携に関する次に掲げる事項
(1) 提携を行う当該外国監査事務所等の商号又は名称
(2) 提携を開始した年月
(3) 業務上の提携の内容
(4) 共通の名称を用いるなどして二以上の国においてその業務を行う外国監査事務所等によって構成される組織に属する場合には、当該組織及び当該組織における取決めの概要
二　社員の概況に関する次に掲げる事項
イ　社員の数（公認会計士である社員及び特定社員の区分ごとの内訳を含む。）
ロ　監査法人の活動に係る重要な事項に関する意思決定を社員の一部をもって構成される合議体で行う場合には、当該合議体の構成（当該合議体を構成する社員の数（公認会計士である社員及び特定社員の区分ごとの内訳を含む。）を含む。）
三　事務所の概況に関する次に掲げる事項（事務所が二以上あるときは、各事務所ごとの次に掲げる事項を含む。）
イ　名称
ロ　所在地
ハ　当該事務所に勤務する社員の数（公認会計士である社員及び特定社員の区分ごとの内訳を含む。）及び公認会計士である使用人の数
四　監査法人の組織の概要
五　財産の概況に関する次に掲げる事項
イ　直近の二会計年度（直近会計年度の前会計年度の計算書類を作成していない場合は、直近の会計年度。ロにおいて同じ。）の売上高（役務収益を含む。）の総額（監査証明業務及び非監査証明業務の区分ごとの内訳を含む。）

ロ　直近の二会計年度の計算書類
　　ハ　ロに掲げる書類に係る監査報告書（法第三十四条の三十二第一項の規定により監査報告書の添付を要する場合に限る。）
　　ニ　供託金等の額（令第二十五条に規定する供託金の額、供託所へ供託した供託金の額、保証委託契約の契約金額及び有限責任監査法人責任保険契約（法第三十四条の三十四第一項に規定する有限責任監査法人責任保険契約をいう。以下「責任保険契約」という。）のてん補限度額を含む。）
　　ホ　責任保険契約をもって供託に代える場合には、その旨及び当該責任保険契約の内容（保険の種類、保険金の額、当該責任保険契約を締結した日及び引受けを行う者の商号又は名称を含む。）
　六　被監査会社等（大会社等に限る。）の名称

（解散の届出）
第四十条　法第三十四条の十八第三項の規定による解散の届出は、次に掲げる事項を記載した届出書を提出してしなければならない。
　一　解散した監査法人の名称、主たる事務所の所在地及び電話番号
　二　解散の理由及び年月日

（合併の届出）
第四十一条　法第三十四条の十九第三項の規定による合併の届出は、次に掲げる事項を記載した届出書を提出してしなければならない。
　一　合併後存続する監査法人又は合併により設立する監査法人の名称、主たる事務所の所在地及び電話番号
　二　合併の年月日
2　前項の届出書には、次に掲げる書類を添付しなければならない。
　一　第二十条第二項第一号から第六号までに掲げる書類
　二　合併の日の属する会計年度における監査証明業務の対象となる会社その他の者の名称を記載した業務計画書
　三　合併契約書を作成している場合には、その写し

（計算書類等の提出）
第四十二条　監査法人は、法第三十四条の十六第二項並びに第二十条、第二十一条、第四十条及び前条の規定により書類を提出しようとするとき（法第三十四条の十六第三項の規定により電磁的記録を提出しようとする場合を含む。）は、それぞれそ

の写し（法第三十四条の十六第三項の規定により電磁的記録を提出する場合にあっては、当該電磁的記録を複写したもの。次項において同じ。）を添付し、当該監査法人の主たる事務所の所在地を管轄する財務局長（当該所在地が福岡財務支局の管轄区域内にある場合には、福岡財務支局長）に提出しなければならない。
2　前項に規定する写しについては、次の各号に掲げる区分に従い、当該各号に定める通数を添付するものとする。
　一　法第三十四条の十六第二項に規定する書類（同条第三項に規定する電磁的記録を含む。）　一通
　二　第二十条、第四十条及び前条の届出書及びその添付書類　一通（当該監査法人が二以上の財務局又は福岡財務支局（以下この条において「財務局等」という。）の管轄区域に事務所を設けようとするとき、又は設けているときは、その財務局等の数に相当する通数）
　三　第二十一条の届出書及びその添付書類　一通（定款変更が、主たる事務所を管轄する財務局等の管轄区域外の事務所の新設、移転又は廃止に係るものであるときは、当該事務所を管轄する財務局等の数を加えた通数）

（電磁的記録に記録された事項を表示する方法）
第四十三条　法第三十四条の二十二第一項において準用する会社法第六百十八条第一項第二号に規定する内閣府令で定める方法は、電磁的記録に記録された事項を紙面又は映像面に表示する方法とする。

（清算開始時の財産目録）
第四十四条　法第三十四条の二十二第二項において準用する会社法第六百五十八条第一項の規定により作成すべき財産目録については、この条の定めるところによる。
2　前項の財産目録に計上すべき財産については、その処分価格を付すことが困難な場合を除き、法第三十四条の十八第一項各号に掲げる場合又は同条第二項に規定する場合に該当することとなった日における処分価格を付さなければならない。この場合において、監査法人の会計帳簿については、財産目録に付された価格を取得価額とみなす。
3　第一項の財産目録は、次に掲げる部に区分して表示しなければならない。この場合において、第一号及び第二号に掲げる部は、その内容を示す適当な名称を付した項目に細分することができる。
　一　資産
　二　負債

三　正味資産

(清算開始時の貸借対照表)
第四十五条　法第三十四条の二十二第二項において準用する会社法第六百五十八条第一項又は法第三十四条の二十二第三項において準用する会社法第六百六十九条第一項若しくは第二項の規定により作成すべき貸借対照表については、この条の定めるところによる。
2　前項の貸借対照表は、財産目録に基づき作成しなければならない。
3　第一項の貸借対照表は、次に掲げる部に区分して表示しなければならない。この場合において、第一号及び第二号に掲げる部は、その内容を示す適当な名称を付した項目に細分することができる。
　一　資産
　二　負債
　三　純資産
4　処分価格を付すことが困難な資産がある場合には、第一項の貸借対照表には、当該資産に係る財産評価の方針を注記しなければならない。

(検査役が提供する電磁的記録)
第四十六条　次に掲げる規定に規定する内閣府令で定めるものは、商業登記規則(昭和三十九年法務省令第二十三号)第三十六条第一項各号のいずれかに該当する構造の電磁的記録としての磁気ディスク及び次に掲げる規定により電磁的記録の提供を受ける者が定める電磁的記録とする。
　一　法第三十四条の二十三第一項において準用する会社法第二百七条第四項
　二　法第三十四条の二十三第二項において準用する会社法第三十三条第四項

(検査役による電磁的記録に記録された事項の提供)
第四十七条　次に掲げる規定(以下この条において「検査役提供規定」という。)に規定する内閣府令で定める方法は、電磁的方法のうち、検査役提供規定により当該検査役提供規定の電磁的記録に記録された事項の提供を受ける者が定めるものとする。
　一　法第三十四条の二十三第一項において準用する会社法第二百七条第六項
　二　法第三十四条の二十三第二項において準用する会社法第三十三条第六項

(検査役の調査を要しない市場価格のある有価証券)
第四十八条　法第三十四条の二十三第一項において準用する会社法第二百七条第九項

第三号に規定する内閣府令で定める方法は、次に掲げる額のうちいずれか高い額をもって同号に規定する有価証券の価格とする方法とする。
一　金銭以外の財産を出資の目的とする定款の変更をした日（以下この条において「変更日」という。）における当該有価証券を取引する市場における最終の価格（当該変更日に売買取引がない場合又は当該変更日が当該市場の休業日に当たる場合にあっては、その後最初になされた売買取引の成立価格）
二　変更日において当該有価証券が公開買付け等（会社計算規則第二条第三項第三十号に規定する公開買付け等をいう。以下同じ。）の対象であるときは、当該決定日における当該公開買付け等に係る契約における当該有価証券の価格

（資本金の額）
第四十九条　有限責任監査法人の資本金の額は、次の各号に掲げる場合に限り、当該各号に定める額の範囲内で有限責任監査法人が資本金の額に計上するものと定めた額が増加するものとする。ただし、合併による場合は、この限りでない。
一　社員が出資の履行をした場合　イに掲げる額の合計額からロに掲げる額の合計額を減じて得た額（零未満である場合にあっては、零）
イ　当該社員が履行した出資により有限責任監査法人に対し払込み又は給付がされた財産の価額
ロ　当該出資の履行の受領に係る費用の額のうち、有限責任監査法人が資本金又は資本剰余金から減ずるべき額と定めた額
二　有限責任監査法人が資本剰余金の額の全部又は一部を資本金の額とするものと定めた場合　当該資本剰余金の額
2　有限責任監査法人の資本金の額は、次の各号に掲げる場合に限り、当該各号に定める額が減少するものとする。
一　有限責任監査法人が法第三十四条の二十三第一項において準用する会社法第六百二十七条の規定による手続を経て退社する社員に対して持分の払戻しをする場合　当該退社する社員の出資につき資本金の額に計上されていた額
二　有限責任監査法人が法第三十四条の二十三第一項において準用する会社法第六百二十七条の規定による手続を経て社員に対して出資の払戻しをする場合　当該出資の払戻しにより払戻しをする出資の価額の範囲内で、資本金の額から減ずるべき額と定めた額（当該社員の出資につき資本金の額に計上されていた額以下の額に限る。）
三　法第三十四条の二十三第一項において準用する会社法第六百二十七条の規定による手続を経て損失のてん補に充てる場合　有限責任監査法人が資本金の額の範

囲内で損失のてん補に充てるものとして定めた額

(資本剰余金の額)
第五十条　有限責任監査法人の資本剰余金の額は、次の各号に掲げる場合に限り、当該各号に定める額が増加するものとする。
　一　社員が出資の履行をした場合　イに掲げる額からロに掲げる額を減じて得た額
　　イ　前条第一項第一号イに掲げる額の合計額から同号ロに掲げる額の合計額を減じて得た額
　　ロ　当該出資の履行に際して資本金の額に計上した額
　二　法第三十四条の二十三第一項において準用する会社法第六百二十七条の規定による手続を経て損失のてん補に充てる場合　有限責任監査法人が資本金の額の範囲内で損失のてん補に充てるものとして定めた額
　三　その他資本剰余金の額を増加させることが適切な場合　適切な額
2　有限責任監査法人の資本剰余金の額は、次の各号に掲げる場合に限り、当該各号に定める額が減少するものとする。ただし、利益の配当により払い戻した財産の帳簿価額に相当する額は、資本剰余金の額からは控除しないものとする。
　一　有限責任監査法人が退社する社員に対して持分の払戻しをする場合　当該退社する社員の出資につき資本剰余金の額に計上されていた額
　二　有限責任監査法人が社員に対して出資の払戻しをする場合　当該出資の払戻しにより払戻しをする出資の価額から当該出資の払戻しをする場合において前条第二項の規定により資本金の額を減少する額を減じて得た額
　三　有限責任監査法人が資本剰余金の額の全部又は一部を資本金の額とするものと定めた場合　当該資本金の額とするものと定めた額に相当する額
　四　その他資本剰余金の額を減少させることが適切な場合　適切な額

(利益剰余金の額)
第五十一条　有限責任監査法人の利益剰余金の額は、次の各号に掲げる場合に限り、当該各号に定める額が増加するものとする。
　一　当期純利益金額が生じた場合　当該当期純利益金額
　二　有限責任監査法人が退社する社員に対して持分の払戻しをする場合　イに掲げる額からロに掲げる額を減じて得た額（零未満である場合には、零）
　　イ　当該持分の払戻しを受けた社員の出資につき資本金及び資本剰余金の額に計上されていた額の合計額
　　ロ　当該持分の払戻しにより払い戻した財産の帳簿価額

三　その他利益剰余金の額を増加させることが適切な場合　適切な額
2　有限責任監査法人の利益剰余金の額は、次の各号に掲げる場合に限り、当該各号に定める額が減少するものとする。ただし、出資の払戻しにより払い戻した財産の帳簿価額に相当する額は、利益剰余金の額からは控除しないものとする。
一　当期純損失金額が生じた場合　当該当期純損失金額
二　有限責任監査法人が退社する社員に対して持分の払戻しをする場合　イに掲げる額からロに掲げる額を減じて得た額（零未満である場合には、零）
　イ　当該持分の払戻しにより払い戻した財産の帳簿価額
　ロ　当該持分の払戻しを受けた社員の出資につき資本金及び資本剰余金の額に計上されていた額の合計額
三　その他利益剰余金の額を減少させることが適切な場合　適切な額

（損失の額）
第五十二条　法第三十四条の二十三第一項において準用する会社法第六百二十条第二項に規定する内閣府令で定める方法は、同項の規定により算定される額を次に掲げる額のうちいずれか少ない額とする方法とする。
一　零から法第三十四条の二十三第一項において準用する会社法第六百二十条第一項の規定により資本金の額を減少する日における資本剰余金の額及び利益剰余金の額の合計額を減じて得た額（零未満であるときは、零）
二　法第三十四条の二十三第一項において準用する会社法第六百二十条第一項の規定により資本金の額を減少する日における資本金の額

（利益額）
第五十三条　法第三十四条の二十三第一項において準用する会社法第六百二十三条第一項に規定する内閣府令で定める方法は、有限責任監査法人の利益額を次に掲げる額のうちいずれか少ない額（同法第六百二十九条第二項ただし書に規定する利益額にあっては、第一号に掲げる額）とする方法とする。
一　法第三十四条の二十二第一項において準用する会社法第六百二十一条第一項の規定による請求に応じて利益の配当をした日における利益剰余金の額
二　イに掲げる額からロ及びハに掲げる額の合計額を減じて得た額
　イ　法第三十四条の二十二第一項において準用する会社法第六百二十二条の規定により当該請求をした社員に対して既に分配された利益の額（第五十一条第一項第三号に定める額がある場合にあっては、当該額を含む。）
　ロ　法第三十四条の二十二第一項において準用する会社法第六百二十二条の規定に

より当該請求をした社員に対して既に分配された損失の額（第五十一条第二項第三号に定める額がある場合にあっては、当該額を含む。）
　ハ　当該請求をした社員に対して既に利益の配当により交付された金銭等の帳簿価額

（剰余金額）
第五十四条　法第三十四条の二十三第一項において準用する会社法第六百二十六条第四項第四号に規定する内閣府令で定める合計額は、第一号に掲げる額から第二号及び第三号に掲げる額の合計額を減じて得た額とする。
　一　法第三十四条の二十三第一項において準用する会社法第六百二十六条第四項第一号に掲げる額
　二　法第三十四条の二十三第一項において準用する会社法第六百二十六条第四項第二号及び第三号に掲げる額の合計額
　三　次のイからホまでに掲げる場合における当該イからホまでに定める額
　イ　法第三十四条の二十三第一項において準用する会社法第六百二十六条第二項に規定する剰余金額を算定する場合　当該社員の出資につき資本剰余金に計上されている額
　ロ　法第三十四条の二十三第一項において準用する会社法第六百二十六条第三項に規定する剰余金額を算定する場合　次に掲げる額の合計額
　(1)　当該社員の出資につき資本剰余金に計上されている額
　(2)　第五十一条第二項第二号イに掲げる額から同号ロに掲げる額を減じて得た額
　ハ　法第三十四条の二十三第一項において準用する会社法第六百三十二条第二項及び第六百三十四条第一項に規定する剰余金額を算定する場合　次に掲げる額のうちいずれか少ない額
　(1)　法第三十四条の二十二第一項において準用する会社法第六百二十四条第一項の規定による請求に応じて出資の払戻しをした日における利益剰余金の額及び資本剰余金の額の合計額
　(2)　当該社員の出資につき資本剰余金に計上されている額
　ニ　法第三十四条の二十三第一項において準用する会社法第六百三十三条第二項ただし書に規定する場合　ハ(1)に掲げる額
　ホ　法第三十四条の二十三第一項において準用する会社法第六百三十五条第一項及び第二項第一号並びに第六百三十六条第二項ただし書に規定する剰余金額を算定する場合　資本剰余金の額及び利益剰余金の額の合計額

(欠損額)
第五十五条　法第三十四条の二十三第一項において準用する会社法第六百三十一条第一項に規定する内閣府令で定める方法は、第一号に掲げる額から第二号及び第三号に掲げる額の合計額を減じて得た額（零未満であるときは、零）を有限責任監査法人の欠損額とする方法とする。
　一　零から法第三十四条の二十三第一項において準用する会社法第六百三十一条第一項の会計年度の末日における資本剰余金の額及び利益剰余金の額の合計額を減じて得た額
　二　法第三十四条の二十三第一項において準用する会社法第六百三十一条第一項の会計年度に係る当期純損失金額
　三　当該会計年度において持分の払戻しがあった場合におけるイに掲げる額からロに掲げる額を減じて得た額（零未満である場合にあっては、零）
　　イ　当該持分の払戻しに係る持分払戻額
　　ロ　当該持分の払戻しをした日における利益剰余金の額及び資本剰余金の額の合計額

(純資産額)
第五十六条　法第三十四条の二十三第一項において準用する会社法第六百三十五条第二項、第三項及び第五項に規定する内閣府令で定める方法は、次に掲げる額の合計額をもって有限責任監査法人の純資産額とする方法とする。
　一　資本金の額
　二　資本剰余金の額
　三　利益剰余金の額
　四　最終会計年度の末日（最終会計年度がない場合にあっては、有限責任監査法人の成立の日）における評価・換算差額等に係る額

(検査役の調査を要しない市場価格のある有価証券)
第五十七条　法第三十四条の二十三第二項において準用する会社法第三十三条第十項第二号に規定する内閣府令で定める方法は、次に掲げる額のうちいずれか高い額をもって同号に規定する有価証券の価格とする方法とする。
　一　法第三十四条の七第二項において準用する会社法第三十条第一項の認証の日における当該有価証券を取引する市場における最終の価格（当該日に売買取引がない場合又は当該日が当該市場の休業日に当たる場合にあっては、その後最初になされた売買取引の成立価格）

二　法第三十四条の七第二項において準用する会社法第三十条第一項の認証の日において当該有価証券が公開買付け等の対象であるときは、当該日における当該公開買付け等に係る契約における当該有価証券の価格

(出資された財産等の価額が不足する場合に責任をとるべき者)
第五十八条　法第三十四条の二十三第三項において準用する会社法第二百十三条第一項第一号に規定する内閣府令で定めるものは、金銭以外の財産の価額の決定に関する職務を行った社員とする。

(会計慣行のしん酌)
第五十九条　第二十九条から第三十九条まで、第四十四条及び第四十五条並びに第四十九条から第五十六条までの用語の解釈及び規定の適用に関しては、一般に公正妥当と認められる企業会計の基準その他の会計の慣行をしん酌しなければならない。

第四章　有限責任監査法人の登録に関する特則

(登録の申請)
第六十条　法第三十四条の二十四の規定による登録を受けようとする有限責任監査法人（法第三十四条の二十二第十項の規定による定款の変更をしようとする無限責任監査法人を含む。）は、別紙様式第三号により作成した法第三十四条の二十五第一項の申請書に、同条第二項の規定による書類を添付して、金融庁長官に提出しなければならない。

(登録申請書の記載事項)
第六十一条　法第三十四条の二十五第一項第五号に規定する内閣府令で定める事項は、次に掲げるものとする。
　一　社員の総数
　二　公認会計士である社員の数

(登録申請書の添付書類)
第六十二条　法第三十四条の二十五第二項に規定する内閣府令で定める事項は、次に掲げるものとする。
　一　定款記載事項
　二　登記事項

三　社員のうちに法第三十四条の二十七第一項第二号イ又はロに該当する者がいないことの誓約に係る事項
　四　社員による出資の履行があったことを証する事項
　五　社員のうちに公認会計士である社員の占める割合が法第三十四条の二十七第一項第四号に規定する内閣府令で定める割合を下回らないことを証する事項

（有限責任監査法人登録簿の備置き）
第六十三条　金融庁長官は、その登録をした登録有限責任監査法人（法第三十四条の二十七第一項第二号ロに規定する登録有限責任監査法人をいう。以下同じ。）に係る有限責任監査法人登録簿を、金融庁に備え置き、公衆の縦覧に供するものとする。

（有限責任監査法人の社員のうち公認会計士である社員の占める割合）
第六十四条　法第三十四条の二十七第一項第四号に規定する内閣府令で定める割合は、百分の七十五とする。

（変更登録申請書等）
第六十五条　登録有限責任監査法人は、法第三十四条の二十八第一項の規定による変更の登録を申請しようとするときは、別紙様式第四号により作成した変更登録申請書を金融庁長官に提出しなければならない。
2　前項の変更登録申請書には、変更の事実を証する書類を添付しなければならない。

（変更登録の手続）
第六十六条　金融庁長官は、前条第一項の変更登録申請書の提出があったときは、審査の上、当該申請に係る事項を有限責任監査法人登録簿に登録するものとする。
2　金融庁長官は、前項の登録を行ったときは、その旨を同項の変更登録申請書を提出した登録有限責任監査法人に通知するものとする。

（登録の抹消）
第六十七条　金融庁長官は、法第三十四条の二十八第二項の規定により登録有限責任監査法人の登録が効力を失ったときは、当該登録有限責任監査法人を有限責任監査法人登録簿から抹消するものとする。

（監査証明の手続）
第六十八条　法第三十四条の三十二第一項の監査報告書は、一般に公正妥当と認めら

れる監査に関する基準及び慣行に従って実施された監査の結果に基づいて作成されなければならない。

(監査報告書の記載事項)
第六十九条　前条の監査報告書には、次に定める事項を簡潔明瞭に記載し、かつ、公認会計士又は監査法人の代表者が作成の年月日を付して自署し、かつ、自己の印を押さなければならない。この場合において、当該監査報告書が監査法人の作成するものであるときは、当該監査法人の代表者のほか、当該監査証明に係る業務を執行した社員（以下「業務執行社員」という。）が、自署し、かつ、自己の印を押さなければならない。ただし、指定証明（法第三十四条の十の四第二項に規定する指定証明をいう。）又は特定証明（法第三十四条の十の五第二項に規定する特定証明をいう。）であるときは、当該監査法人の代表者に代えて、当該指定証明に係る指定社員（法第三十四条の十の四第二項に規定する指定社員をいう。）又は当該特定証明に係る指定有限責任社員（法第三十四条の十の五第二項に規定する指定有限責任社員をいう。）である業務執行社員が作成の年月日を付して自署し、かつ、自己の印を押さなければならない。
一　監査の対象
二　実施した監査の概要
三　監査の対象となった計算書類が、一般に公正妥当と認められる企業会計の基準に準拠して、当該計算書類に係る会計年度の財政状態及び経営成績をすべての重要な点において適正に表示しているかどうかについての意見
四　追記情報
五　法第二十五条第二項（法第十六条の二第六項及び第三十四条の十二第三項において準用する場合を含む。）の規定により明示すべき利害関係
2　前項第一号に定める監査の対象は、次に掲げる事項について記載するものとする。
一　監査の対象となった計算書類の範囲
二　計算書類の作成責任は監査の対象となる有限責任監査法人の社員にあること。
三　監査を実施した公認会計士又は監査法人の責任は独立の立場から計算書類に対する意見を表明することにあること。
3　第一項第二号に定める監査の概要は、次に掲げる事項について記載するものとする。ただし、重要な監査手続が実施できなかった場合には、当該実施できなかった監査手続を記載するものとする。
一　監査が一般に公正妥当と認められる監査の基準に準拠して行われた旨
二　監査の基準は監査を実施した公認会計士又は監査法人に計算書類に重要な虚偽

の表示がないかどうかの合理的な保証を得ることを求めていること。
　三　監査は試査を基礎として行われていること。
　四　監査は有限責任監査法人の社員が採用した会計方針及びその適用方法並びに有限責任監査法人の社員によって行われた見積りの評価も含め全体としての計算書類の表示を検討していること。
　五　監査の結果として意見表明のための合理的な基礎を得たこと。
4　第一項第三号に定める意見は、次の各号に掲げる意見の区分に応じ、当該各号に定める事項を記載するものとする。
　一　無限定適正意見　監査の対象となった計算書類が、一般に公正妥当と認められる企業会計の基準に準拠して、当該計算書類に係る会計年度の財政状態及び経営成績をすべての重要な点において適正に表示していると認められる旨
　二　除外事項を付した限定付適正意見　監査の対象となった計算書類が、除外事項を除き一般に公正妥当と認められる企業会計の基準に準拠して、当該計算書類に係る会計年度の財政状態及び経営成績をすべての重要な点において適正に表示していると認められる旨並びに除外事項及び当該除外事項が当該計算書類に与えている影響又は重要な監査手続が実施できなかった事実が影響する事項
　三　不適正意見　監査の対象となった計算書類が不適正である旨及びその理由
5　第一項第四号に定める事項は、正当な理由による会計方針の変更、重要な偶発事象、重要な後発事象等で、監査を実施した公認会計士又は監査法人が説明又は強調することが適当と判断した事項について記載するものとする。
6　公認会計士又は監査法人は、重要な監査手続が実施されなかったこと等により、第一項第三号に定める意見を表明するための合理的な基礎を得られなかった場合には、同項の規定にかかわらず、同号の意見の表明をしない旨及びその理由を監査報告書に記載しなければならない。

（特別の利害関係）
第七十条　令第二十三条第四号に規定する公認会計士に係る内閣府令で定める関係は、次のいずれかに該当する場合における関係とする。
　一　法第二十四条第一項第二号若しくは第三号又は第三項（これらの規定を法第十六条の二第六項において準用する場合を含む。以下この条において同じ。）に規定する関係を有する場合
　二　監査証明を受けようとする登録有限責任監査法人について行う監査に補助者として従事する者（次項において「補助者」という。）が、当該登録有限責任監査法人の社員である場合若しくは過去一年以内に社員であった場合又は法第二十四

条第一項第二号若しくは第三号若しくは令第七条第一項第一号、第四号から第六号まで、第八号若しくは第九号に掲げる関係を有する場合
　三　公認会計士の二親等以内の親族が、監査証明を受けようとする登録有限責任監査法人の社員である場合若しくは過去一年以内に社員であった場合又は令第七条第一項第一号に掲げる関係を有する場合
2　令第二十三条第四号に規定する監査法人に係る内閣府令で定める関係は、次のいずれかに該当する場合における関係とする。
　一　法第三十四条の十一第一項第三号又は第四号に規定する関係を有する場合
　二　監査証明を受けようとする登録有限責任監査法人についての監査証明に係る業務を執行する監査法人の社員又はその配偶者が、法第二十四条第一項第二号若しくは第三号又は第三項に規定する関係を有する場合
　三　補助者が、監査証明を受けようとする登録有限責任監査法人の社員である場合若しくは過去一年以内に社員であった場合又は法第二十四条第一項第二号若しくは第三項又は令第七条第一項第一号、第四号から第六号まで、第八号若しくは第九号に掲げる関係を有する場合
　四　監査証明を受けようとする登録有限責任監査法人についての監査証明に係る業務を執行する社員の二親等以内の親族が、当該登録有限責任監査法人の社員である場合若しくは過去一年以内に社員であった場合又は令第七条第一項第一号に掲げる関係を有する場合

（供託に係る届出等）
第七十一条　保証委託契約を登録有限責任監査法人と締結した者は、法第三十四条の三十三第四項の規定による命令に基づき供託を行う場合においては、当該登録有限責任監査法人の主たる事務所の最寄りの供託所に供託しなければならない。
2　法第三十四条の三十三第一項、第二項、第四項若しくは第八項又は有限責任監査法人供託金規則（平成十九年内閣府・法務省令第八号）第十三条第六項の規定により供託をした者（次項において「供託者」という。）は、別紙様式第五号により作成した供託届出書に、当該供託に係る供託書正本を添付して、金融庁長官に提出しなければならない。
3　供託者が既に供託している供託物の差替えを行う場合は、差替えのために新たに供託をした後、差替え後の供託書正本を金融庁長官に届け出なければならない。
4　前二項の場合にあっては、登録有限責任監査法人は、別紙様式第六号により作成した供託金等内訳書（以下「供託金等内訳書」という。）を金融庁長官に提出しなければならない。

5 金融庁長官は、第二項及び第三項の供託書正本を受理したときは、保管証書をその供託者に交付しなければならない。

（供託金の全部又は一部に代わる契約の締結の届出等）
第七十二条 登録有限責任監査法人は、保証委託契約を締結したときは、別紙様式第七号により作成した保証委託契約締結届出書に契約書の写し及び供託金等内訳書を添付して金融庁長官に届け出るとともに、契約書正本を提示しなければならない。
2 登録有限責任監査法人は、令第二十六条第三号の規定による承認（以下この条並びに第七十四条第二号及び第三号において「承認」という。）を受けようとするときは、当該承認に係る保証委託契約を解除しようとする日又はその内容を変更しようとする日の一月前までに、別紙様式第八号により作成した保証委託契約解除承認申請書又は別紙様式第九号により作成した保証委託契約変更承認申請書に理由書その他の参考となるべき事項を記載した書類を添付して、金融庁長官に提出しなければならない。
3 金融庁長官は、承認の申請があったときは、当該承認の申請をした登録有限責任監査法人が保証委託契約を解除し、又はその内容を変更することが優先還付対象債権者（法第三十四条の三十三第一項に規定する優先還付対象債権者をいう。第七十八条及び第八十条第二項において同じ。）の保護に欠けるおそれのないものであるかどうかを審査するものとする。
4 登録有限責任監査法人は、承認を受けて保証委託契約を解除し、又はその内容を変更したときは、別紙様式第十号により作成した保証委託契約解除届出書に契約を解除した事実を証する書面及び供託金等内訳書を添付し、又は別紙様式第十一号により作成した保証委託契約変更届出書に当該契約書の写し及び供託金等内訳書を添付して、金融庁長官に届け出るとともに、契約の変更の場合には契約書正本を提示しなければならない。

（供託金の全部又は一部に代わる契約の相手方）
第七十三条 令第二十六条に規定する内閣府令で定める金融機関は、次に掲げるものとする。
一 生命保険会社（保険業法（平成七年法律第百五号）第二条第三項に規定する生命保険会社をいい、外国生命保険会社等（同条第八項に規定する外国生命保険会社等をいう。）及び同法第二百十九条第四項の特定生命保険業免許を受けた者の引受社員を含む。）
二 損害保険会社（保険業法第二条第四項に規定する損害保険会社をいい、外国損

害保険会社等（同条第九項に規定する外国損害保険会社等をいう。）及び同法第二百十九条第五項の特定損害保険業免許を受けた者の引受社員を含む。）
三　長期信用銀行法第二条に規定する長期信用銀行
四　協同組織金融機関の優先出資に関する法律（平成五年法律第四十四号）第二条第一項に規定する協同組織金融機関
五　株式会社商工組合中央金庫

（供託金の追加供託の起算日）
第七十四条　法第三十四条の三十三第八項に規定する内閣府令で定める日は、次の各号に掲げる区分に応じ、それぞれ当該各号に定める日とする。
一　登録有限責任監査法人の社員の総数が増加したことにより、法第三十四条の三十三第十項に規定する供託金の額（同条第三項に規定する契約金額を含む。次号において同じ。）が令第二十五条に定める額に不足した場合　当該社員の総数が増加した日
二　登録有限責任監査法人が承認を受けて保証委託契約の内容を変更したことにより、法第三十四条の三十三第十項に規定する供託金の額が令第二十五条に定める額に不足した場合　当該契約の内容を変更した日
三　登録有限責任監査法人が承認を受けて保証委託契約を解除した場合　当該契約を解除した日
四　令第二十七条の権利の実行の手続が行われた場合　登録有限責任監査法人が有限責任監査法人供託金規則第十一条第二項の支払委託書の写しの送付を受けた日
五　令第二十七条の権利の実行の手続を行うため金融庁長官が供託されている有価証券（社債、株式等の振替に関する法律（平成十三年法律第七十五号）第二百七十八条第一項に規定する振替債を含む。）の換価を行い、換価代金から換価の費用を控除した額を供託した場合　登録有限責任監査法人が有限責任監査法人供託金規則第十五条第四項の通知を受けた日

（供託金に代わる有価証券の種類等）
第七十五条　法第三十四条の三十三第九項に規定する内閣府令で定める有価証券は、次に掲げるもの（外貨建てのものを除く。）とする。
一　国債証券（その権利の帰属が社債、株式等の振替に関する法律の規定による振替口座簿の記載又は記録により定まるものとされるものを含む。次条において同じ。）
二　地方債証券

三　政府保証債証券（政府が元本の償還及び利息の支払について保証している社債その他の債券をいう。次条において同じ。）
四　金融庁長官が告示をもって定める社債券その他の債券

（供託金に代わる有価証券の価額）
第七十六条　法第三十四条の三十三第九項の規定により有価証券を供託金に充てる場合における当該有価証券の価額は、次の各号に掲げる有価証券の区分に応じ、当該各号に掲げる額とする。
　一　国債証券　額面金額（その権利の帰属が社債、株式等の振替に関する法律の規定による振替口座簿の記載又は記録により定まるものとされるものにあっては、振替口座簿に記載又は記録された金額。以下この条において同じ。）
　二　地方債証券　額面金額百円につき九十円として計算した額
　三　政府保証債証券　額面金額百円につき九十五円として計算した額
　四　前条第四号に掲げる債券　額面金額百円につき八十円として計算した額
2　割引の方法により発行した有価証券については、その発行価額に次の算式により算出した額を加えた額を額面金額とみなして、前項の規定を適用する。
　　（額面金額－発行価額）÷発行の日から償還の日までの年数×（発行の日から供託の日までの年数）
3　前項の算式による計算において、発行の日から償還の日までの年数及び発行の日から供託の日までの年数について生じた一年未満の端数並びに額面金額と発行価額との差額を発行の日から償還の日までの年数で除した金額について生じた一円未満の端数は切り捨てる。

（責任保険契約の締結に係る承認の申請等）
第七十七条　登録有限責任監査法人は、法第三十四条の三十四第一項の規定による承認を受けようとするときは、当該承認に係る責任保険契約により当該契約の効力を生じさせようとする日の一月前までに、別紙様式第十二号により作成した責任保険契約承認申請書に理由書その他の参考となるべき事項を記載した書類を添付して、金融庁長官に提出しなければならない。ただし、やむを得ない理由により当該期限までに責任保険契約承認申請書を提出できない場合には、当該期限を経過した後であっても、当該やむを得ない理由を記載した書面を添付して金融庁長官に提出することができる。
2　金融庁長官は、前項の承認の申請があったときは、当該承認の申請をした登録有限責任監査法人が締結する責任保険契約の内容が令第二十九条第一項各号に掲げる

要件に適合するものであるかどうかを審査するものとする。
3　登録有限責任監査法人は、責任保険契約を締結したときは、別紙様式第十三号により作成した責任保険契約締結届出書に契約書の写し及び供託金等内訳書を添付して、金融庁長官に提出するとともに、契約書正本を提示しなければならない。

(責任保険契約の内容)
第七十八条　令第二十九条第一項第四号に規定する内閣府令で定める要件は、次に掲げるものとする。
　一　責任保険契約の内容が、優先還付対象債権者の保護に欠けるおそれのないものであること。
　二　責任保険契約の保険期間の満了後における五年を下らない一定の期間の期間延長特約(責任保険契約の保険期間中に生じた一定の事由による損失が、当該保険期間の満了後も延長しててん補される特約をいう。)が付されていること。
　三　責任保険契約の保険期間開始前三年を下らない一定の期間の先行行為担保特約(責任保険契約の開始前の一定の期間中に生じた一定の事由による損失がてん補される特約をいう。)が付されていること。ただし、優先還付対象債権者の保護に欠けるおそれがないと認められる場合は、この限りでない。

(供託金の全部の供託に代わる責任保険契約)
第七十九条　登録有限責任監査法人は、令第二十九条第二項ただし書の規定による承認を受けようとするときは、当該承認に係る責任保険契約により当該契約の効力を生じさせようとする日の一月前までに、別紙様式第十四号により作成した特殊責任保険契約承認申請書に理由書その他の参考となるべき事項を記載した書類を添付して、第七十七条第一項の責任保険契約承認申請書と併せて、金融庁長官に提出しなければならない。ただし、やむを得ない理由により当該期限までに特殊責任保険契約承認申請書を提出できない場合には、当該期限を経過した後であっても、当該やむを得ない理由を記載した書面を添付して金融庁長官に提出することができる。
2　金融庁長官は、前項の承認の申請があったときは、当該承認の申請をした登録有限責任監査法人が締結する責任保険契約の内容がてん補対象損害(令第二十九条第一項第一号に規定するてん補対象損害をいう。)を賠償することにより生ずる損失の全部をてん補するものであるかどうかを審査するものとする。

(責任保険契約の解除又は変更等)
第八十条　登録有限責任監査法人は、令第二十九条第一項第三号の規定による承認を

受けようとするときは、当該承認に係る責任保険契約を解除しようとする日又はその内容を変更しようとする日の一月前までに、別紙様式第十五号により作成した責任保険契約解除承認申請書又は別紙様式第十六号により作成した責任保険契約変更承認申請書に理由書その他の参考となるべき事項を記載した書類を添付して、金融庁長官に提出しなければならない。
2　金融庁長官は、前項の承認の申請があったときは、当該承認の申請をした登録有限責任監査法人が責任保険契約を解除し、又はその内容を変更することが優先還付対象債権者の保護に欠けるおそれのないものであるかどうかを審査するものとする。
3　登録有限責任監査法人は、第一項の承認を受けて責任保険契約を解除し、又はその内容を変更したときは、別紙様式第十七号により作成した責任保険契約解除届出書に契約を解除した事実を証する書面及び供託金等内訳書を添付し、又は別紙様式第十八号により作成した責任保険契約変更届出書に当該契約書の写し及び供託金等内訳書を添付して、金融庁長官に届け出るとともに、契約の変更の場合には当該契約書正本を提示しなければならない。

（責任保険契約を締結した登録有限責任監査法人による供託に係る届出等）
第八十一条　法第三十四条の三十四第二項により供託をした者（次項及び第四項において「供託者」という。）は、別紙様式第五号により作成した供託届出書に、当該供託に係る供託書正本を添付して、金融庁長官に提出しなければならない。
2　供託者が既に供託している供託物の差替えを行う場合は、差替えのために新たに供託をした後、差替え後の供託書正本を金融庁長官に届け出なければならない。
3　前二項の場合にあっては、登録有限責任監査法人は、供託金等内訳書を金融庁長官に提出しなければならない。
4　金融庁長官は、第二項及び第三項の供託書正本を受理したときは、保管証書をその供託者に交付しなければならない。

（供託金に代わる有価証券の種類等）
第八十二条　登録有限責任監査法人が法第三十四条の三十四第二項の規定により供託する供託金は、第七十五条各号に掲げる有価証券をもってこれに充てることができる。
2　第七十六条の規定は、前項の規定により有価証券を供託金に充てる場合における当該有価証券の価額について準用する。

第五章　雑則

(法第四十九条の四第二項第二号に規定する内閣府令で定める事由)
第八十三条　法第四十九条の四第二項第二号に規定する内閣府令で定める事由は、次に掲げる事由とする。
　一　法第四十六条の九の二第一項の規定による協会の調査を受けていないこと。
　二　前号の調査に協力することを拒否していること。

○財務諸表等の監査証明に関する内閣府令

平成二〇年六月六日時点

(監査証明を受けなければならない財務計算に関する書類の範囲)

第一条　金融商品取引法(昭和二十三年法律第二十五号。以下「法」という。)第百九十三条の二第一項に規定する内閣府令で定める書類は、次の各号に掲げるもの(財務諸表等の用語、様式及び作成方法に関する規則(昭和三十八年大蔵省令第五十九号。以下「財務諸表等規則」という。)第八条の十七第一項第十三号(中間財務諸表等の用語、様式及び作成方法に関する規則(昭和五十二年大蔵省令第三十八号。以下「中間財務諸表等規則」という。)第五条の十において準用する場合を含む。)、四半期財務諸表等の用語、様式及び作成方法に関する規則(平成十九年内閣府令第六十三号。以下「四半期財務諸表等規則」という。)第十五条第一項第九号、連結財務諸表の用語、様式及び作成方法に関する規則(昭和五十一年大蔵省令第二十八号。以下「連結財務諸表規則」という。)第十五条の十二第一項第十二号(中間連結財務諸表の用語、様式及び作成方法に関する規則(平成十一年大蔵省令第二十四号。以下「中間連結財務諸表規則」という。)第十七条の四において準用する場合を含む。)及び四半期連結財務諸表の用語、様式及び作成方法に関する規則(平成十九年内閣府令第六十四号。以下「四半期連結財務諸表規則」という。)第二十条第一項第八号に掲げる事項の注記を除く。)とする。

一　法第五条第一項の規定により提出される届出書に含まれる財務諸表(財務諸表等規則第一条第一項に規定する財務諸表のうち同項に規定する指定法人(以下「指定法人」という。)が提出する財務諸表以外のものをいう。以下この条において同じ。)又は財務書類(財務諸表等規則第百二十七条の規定により外国会社が提出する財務書類をいう。以下同じ。)のうち、特定有価証券(法第五条第一項に規定する特定有価証券をいう。以下この号において同じ。)以外の有価証券に係るものにあつては最近事業年度及びその直前事業年度、特定有価証券に係るものにあつては最近特定期間(法第二十四条第五項において準用する同条第一項に規定する特定期間をいう。以下この号において同じ。)及びその直前特定期間に係るもの(届出書に含まれる最近事業年度又は特定期間(以下この条において「事業年度等」という。)及びその直前事業年度等に係る財務諸表又は財務書類(以下この号において「書類」という。)のうち、従前において、法第五条第一項又は第二十四条第一項若しくは第三項(これらの規定を同条第五項において準用する場合を含む。以下この条において同じ。)の規定により提出された届出書又は有価証券報告書に含まれた書類と同一の内容のものを除く。)

二　法第五条第一項の規定により提出される届出書に含まれる四半期財務諸表（四半期財務諸表等規則第一条第一項に規定する四半期財務諸表のうち指定法人が提出する四半期財務諸表以外のものをいう。以下この条において同じ。）（届出書に含まれる四半期財務諸表のうち、従前において、法第五条第一項又は第二十四条の四の七第一項若しくは第二項（これらの規定を同条第三項において準用する場合を含む。以下この条において同じ。）の規定により提出された届出書又は四半期報告書（企業内容等の開示に関する内閣府令（昭和四十八年大蔵省令第五号。以下「開示府令」という。）第十七条の十五第二項各号に掲げる事業を行う会社（以下「特定事業会社」という。）により提出された四半期報告書のうち当該事業年度の最初の四半期会計期間（四半期財務諸表等規則第三条第四号に規定する四半期会計期間をいう。以下同じ。）の翌四半期会計期間に係るもの（以下「第二・四半期報告書」という。）を除く。）に含まれた四半期財務諸表と同一の内容のものを除く。）

三　法第五条第一項の規定により提出される届出書に含まれる中間財務諸表（中間財務諸表等規則第一条第一項に規定する中間財務諸表のうち指定法人が提出する中間財務諸表以外のものをいう。以下この条において同じ。）（届出書に含まれる中間財務諸表のうち、従前において、法第五条第一項、法第二十四条の四の七第一項若しくは第二項又は第二十四条の五第一項（同条第三項において準用する場合を含む。以下この条において同じ。）の規定により提出された届出書、四半期報告書（特定事業会社により提出された第二・四半期報告書に限る。）又は半期報告書に含まれた中間財務諸表と同一の内容のものを除く。）

四　法第五条第一項の規定により提出される届出書に含まれる連結財務諸表（開示府令第一条第二十一号に規定する連結財務諸表のうち指定法人が提出する連結財務諸表以外のものをいう。以下この条において同じ。）（届出書に含まれる連結財務諸表のうち、従前において、法第五条第一項又は第二十四条第一項若しくは第三項の規定により提出された届出書又は有価証券報告書に含まれた連結財務諸表と同一の内容のものを除く。）

五　法第五条第一項の規定により提出される届出書に含まれる四半期連結財務諸表（四半期連結財務諸表規則第一条第一項に規定する四半期連結財務諸表のうち、指定法人が提出する四半期連結財務諸表以外のものをいう。以下この条において同じ。）（届出書に含まれる四半期連結財務諸表のうち、従前において、法第五条第一項又は第二十四条の四の七第一項若しくは第二項の規定により提出された届出書又は四半期報告書（特定事業会社により提出された第二・四半期報告書を除く。）に含まれた四半期連結財務諸表と同一の内容のものを除く。）

六　法第五条第一項の規定により提出される届出書に含まれる中間連結財務諸表（中間連結財務諸表規則第一条第一項に規定する中間連結財務諸表のうち、指定法人が提出する中間連結財務諸表以外のものをいう。以下この条において同じ。）（届出書に含まれる中間連結財務諸表のうち、従前において、法第五条第一項、第二十四条の四の七第一項若しくは第二項又は第二十四条の五第一項の規定により提出された届出書、四半期報告書（特定事業会社により提出された第二・四半期報告書に限る。）又は半期報告書に含まれた中間連結財務諸表と同一の内容のものを除く。）

七　法第二十四条第一項又は第三項の規定により提出される有価証券報告書に含まれる財務諸表又は財務書類（以下この号において「書類」という。）のうち、最近事業年度等及びその直前事業年度等に係るもの（同条第一項の規定により提出される有価証券報告書に含まれる当該直前事業年度等に係る書類のうち、従前において、法第五条第一項又は第二十四条第一項若しくは第三項の規定により提出された届出書又は有価証券報告書に含まれた書類と同一の内容のものを除く。）

八　法第二十四条第一項又は第三項の規定により提出される有価証券報告書に含まれる連結財務諸表（同条第一項の規定により提出される有価証券報告書に含まれる最近の連結会計年度（連結財務諸表規則第三条第二項に規定する連結会計年度をいう。以下同じ。）の直前連結会計年度に係る連結財務諸表のうち、従前において、法第五条第一項又は第二十四条第一項若しくは第三項の規定により提出された届出書又は有価証券報告書に含まれた連結財務諸表と同一の内容のものを除く。）

九　法第二十四条の四の七第一項又は第二項の規定により提出される四半期報告書（特定事業会社により提出された第二・四半期報告書を除く。）に含まれる四半期財務諸表（四半期報告書に含まれる当該事業年度の直前事業年度に係る四半期財務諸表のうち、従前において、法第五条第一項又は第二十四条の四の七第一項若しくは第二項の規定により提出された届出書又は四半期報告書に含まれた四半期財務諸表と同一の内容のものを除く。）

十　法第二十四条の四の七第一項又は第二項の規定により提出される四半期報告書（特定事業会社により提出された第二・四半期報告書に限る。）に含まれる中間財務諸表（四半期報告書に含まれる当該事業年度の直前事業年度に係る中間財務諸表のうち、従前において、法第五条第一項又は第二十四条の四の七第一項若しくは第二項の規定により提出された届出書又は四半期報告書に含まれた中間財務諸表と同一の内容のものを除く。）

十一　法第二十四条の四の七第一項又は第二項の規定により提出される四半期報告

書（特定事業会社により提出された第二・四半期報告書を除く。）に含まれる四半期連結財務諸表（四半期報告書に含まれる当該連結会計年度の直前連結会計年度に係る四半期連結財務諸表のうち、従前において、法第五条第一項又は第二十四条の四の七第一項若しくは第二項の規定により提出された届出書又は四半期報告書に含まれた四半期連結財務諸表と同一の内容のものを除く。）

十二　法第二十四条の四の七第一項又は第二項の規定により提出される四半期報告書（特定事業会社により提出された第二・四半期報告書に限る。）に含まれる中間連結財務諸表（四半期報告書に含まれる当該連結会計年度の直前連結会計年度に係る中間連結財務諸表のうち、従前において、法第五条第一項又は第二十四条の四の七第一項若しくは第二項の規定により提出された届出書又は四半期報告書に含まれた中間連結財務諸表と同一の内容のものを除く。）

十三　法第二十四条の五第一項の規定により提出される半期報告書に含まれる中間財務諸表（半期報告書に含まれる当該事業年度等の直前事業年度等に係る中間財務諸表のうち、従前において、法第五条第一項又は第二十四条の五第一項の規定により提出された届出書又は半期報告書に含まれた中間財務諸表と同一の内容のものを除く。）

十四　法第二十四条の五第一項の規定により提出される半期報告書に含まれる中間連結財務諸表（半期報告書に含まれる当該連結会計年度の直前連結会計年度に係る中間連結財務諸表のうち、従前において、法第五条第一項又は第二十四条の五第一項の規定により提出された届出書又は半期報告書に含まれた中間連結財務諸表と同一の内容のものを除く。）

十五　法第七条、第九条第一項又は第十条第一項（これらの規定を第二十四条の二第一項、第二十四条の四の七第四項及び第二十四条の五第五項において準用する場合を含む。）の規定により提出される訂正届出書又は訂正報告書において、前各号の書類を訂正する書類

十六　法第二十七条において準用する法第五条第一項の規定により提出される届出書、法第二十七条において準用する法第二十四条第一項又は第三項（これらの規定を法第二十七条において準用する法第二十四条第五項において準用する場合を含む。）の規定により提出される有価証券報告書、法第二十七条において準用する法第二十四条の四の七第一項又は第二項（これらの規定を法第二十七条において準用する法第二十四条の四の七第三項において準用する場合を含む。）の規定により提出される四半期報告書及び法第二十七条において準用する法第二十四条の五第一項（法第二十七条において準用する法第二十四条の五第三項において準用する場合を含む。）の規定により提出される半期報告書に含まれる第一号から

第十四号までに定める書類又はこれらに相当する書類

十七　法第二十七条において準用する法第七条（法第二十七条において準用する法第二十四条の二第一項、法第二十七条において準用する法第二十四条の四の七第四項及び法第二十七条において準用する法第二十四条の五第五項において準用する場合を含む。）、法第二十七条において準用する法第九条第一項（法第二十七条において準用する法第二十四条の二第一項、法第二十七条において準用する法第二十四条の四の七第四項及び法第二十七条において準用する法第二十四条の五第五項において準用する場合を含む。）又は法第二十七条において準用する法第十条第一項（法第二十七条において準用する法第二十四条の二第一項、法第二十七条において準用する法第二十四条の四の七第四項及び法第二十七条において準用する法第二十四条の五第五項において準用する場合を含む。）の規定により提出される訂正届出書又は訂正報告書において、前号の書類を訂正する書類

（監査証明に相当すると認められる証明）
第一条の二　法第百九十三条の二第一項第一号に規定する内閣府令で定めるところにより監査証明に相当すると認められる証明を受けた場合は、外国監査法人等（公認会計士法（昭和二十三年法律第百三号）第一条の三第七項に規定する外国監査法人等をいう。）から外国会社等財務書類（同法第三十四条の三十五第一項に規定する外国会社等財務書類をいう。）について同法第二条第一項の業務に相当すると認められる業務の提供を受けることにより、監査証明に相当すると認められる証明を受けた場合とする。

（監査証明を受けることを要しない旨の承認）
第一条の三　第一条各号に規定する書類を提出する会社（指定法人を含む。以下同じ。）が法第百九十三条の二第一項第三号に規定する承認を受けようとする場合には、当該書類に係る承認申請書を当該書類を提出すべき財務局長等（開示府令第二十条（第三項を除く。）又は特定有価証券の内容等の開示に関する内閣府令（平成五年大蔵省令第二十二号）第三十条の規定により当該書類を提出すべき財務局長又は福岡財務支局長をいう。第五条において同じ。）に提出しなければならない。

（公認会計士又は監査法人と被監査会社との特別の利害関係）
第二条　法第百九十三条の二第四項に規定する公認会計士（公認会計士法第十六条の二第五項に規定する外国公認会計士を含む。以下同じ。）に係る内閣府令で定めるものは、次のいずれかに該当する場合における関係とする。ただし、第六号につい

ては、連結財務諸表等（連結財務諸表（開示府令第一条第二十一号に規定する連結財務諸表をいう。以下同じ。）、中間連結財務諸表（中間連結財務諸表規則第一条第一項に規定する中間連結財務諸表をいう。以下同じ。）及び四半期連結財務諸表（四半期連結財務諸表規則第一条第一項に規定する四半期連結財務諸表をいう。以下同じ。）をいう。以下同じ。）法第百九十三条の二第一項の監査証明（以下「監査証明」という。）に関する場合に限る。
一　公認会計士法第二十四条第一項又は第三項（これらの規定を同法第十六条の二第六項において準用する場合を含む。）に規定する関係を有する場合
二　公認会計士法第二十四条の二（同法第十六条の二第六項において準用する場合を含む。）の規定により同法第二条第一項の業務を行つてはならない場合
三　公認会計士法第二十四条の三第一項（同法第十六条の二第六項において準用する場合を含む。）の規定により同法第二十四条の三第三項に規定する監査関連業務を行つてはならない場合
四　監査証明を受けようとする会社（以下「被監査会社」という。）について行う監査に補助者として従事する者（以下「補助者」という。）が、公認会計士法第二十四条第一項第一号若しくは第二号若しくは第三項又は公認会計士法施行令（昭和二十七年政令第三百四十三号）第七条第一項第一号、第四号から第六号まで、第八号若しくは第九号に掲げる関係を有する場合
五　公認会計士の二親等以内の親族が、公認会計士法第二十四条第一項第一号又は公認会計士法施行令第七条第一項第一号に掲げる関係を有する場合
六　公認会計士、その配偶者又は補助者が、被監査会社の連結子会社（被監査会社が、内国会社（開示府令第一条第二十号の三に規定する内国会社をいう。以下同じ。）である場合には、連結財務諸表規則第二条第四号、中間連結財務諸表規則第二条第三号及び四半期連結財務諸表規則第二条第七号に規定する連結子会社をいい、被監査会社が、外国会社（開示府令第一条第二十号の四に規定する外国会社をいう。以下同じ。）である場合には、連結財務諸表規則第二条第四号、中間連結財務諸表規則第二条第三号及び四半期連結財務諸表規則第二条第七号に規定する連結子会社に相当する会社をいう。以下同じ。）又は持分法適用会社（被監査会社が、内国会社である場合には、連結財務諸表規則第二条第八号、中間連結財務諸表規則第二条第七号及び四半期連結財務諸表規則第二条第十一号に規定する持分法が適用される非連結子会社（連結財務諸表規則第二条第六号、中間連結財務諸表規則第二条第五号及び四半期連結財務諸表規則第二条第九号に規定する非連結子会社をいう。以下同じ。）及び関連会社（連結財務諸表規則第二条第七号、中間連結財務諸表規則第二条第六号及び四半期連結財務諸表規則第二条第十号に規定す

る関連会社をいう。以下同じ。）をいい、被監査会社が、外国会社である場合には、連結財務諸表規則第二条第八号、中間連結財務諸表規則第二条第七号及び四半期連結財務諸表規則第二条第十一号に規定する持分法が適用される非連結子会社及び関連会社に相当する会社をいう。以下同じ。）との間に、公認会計士法第二十四条第一項第一号若しくは第二号若しくは第三項又は公認会計士法施行令第七条第一項第一号若しくは第四号から第七号までに掲げる関係（補助者については同項第七号に掲げる関係を除く。）を有する場合

2　法第百九十三条の二第四項に規定する監査法人に係る内閣府令で定めるものは、次のいずれかに該当する場合における関係とする。ただし、第六号から第九号までについては、連結財務諸表等の監査証明に関する場合に限る。

一　公認会計士法第三十四条の十一第一項に規定する関係を有する場合
二　公認会計士法第三十四条の十一の二の規定により同法第二条第一項の業務を行つてはならない場合
三　被監査会社についての監査証明に係る業務を執行する監査法人の社員又はその配偶者が、公認会計士法第三十四条の十一第三項に規定する関係を有する場合
四　補助者が、公認会計士法第二十四条第一項第一号若しくは第二号若しくは第三項又は公認会計士法施行令第七条第一項第一号、第四号から第六号まで、第八号若しくは第九号に掲げる関係を有する場合
五　被監査会社についての監査証明に係る業務を執行する社員の二親等以内の親族が、公認会計士法第二十四条第一項第一号又は公認会計士法施行令第七条第一項第一号に掲げる関係を有する場合
六　監査法人が、被監査会社の連結子会社又は持分法適用会社との間に、公認会計士法第三十四条の十一第一項第一号又は公認会計士法施行令第十五条第一号から第三号までに掲げる関係を有する場合
七　被監査会社についての監査証明に係る業務を執行する監査法人の社員、その配偶者又は補助者が、被監査会社の連結子会社又は持分法適用会社との間に、公認会計士法第二十四条第一項第一号若しくは第二号若しくは第三項又は公認会計士法施行令第七条第一項第一号若しくは第四号から第七号までに掲げる関係（補助者については同項第七号に掲げる関係を除く。）を有する場合
八　監査法人の社員のうちに、被監査会社の持分法適用会社の取締役、執行役、監査役若しくは使用人である者がある場合又は被監査会社の連結子会社若しくは持分法適用会社との間に、公認会計士法施行令第十五条第五号に掲げる関係を有する者がある場合
九　監査法人の社員の半数以上の者が、本人又は配偶者につき、被監査会社との間

の公認会計士法施行令第十五条第七号に規定する関係又は被監査会社の連結子会社若しくは持分法適用会社との間の公認会計士法第二十四条第一項第一号若しくは第二号若しくは第三項又は公認会計士法施行令第七条第一項第一号若しくは第四号から第七号までに掲げる関係を有する場合

(監査証明の手続)
第三条　財務諸表(財務諸表等規則第一条第一項に規定する財務諸表をいう。以下同じ。)、財務書類又は連結財務諸表(以下「財務諸表等」という。)の監査証明は、財務諸表等の監査を実施した公認会計士又は監査法人が作成する監査報告書により、中間財務諸表(中間財務諸表等規則第一条第一項に規定する中間財務諸表をいう。以下同じ。)又は中間連結財務諸表(以下「中間財務諸表等」という。)の監査証明は、中間財務諸表等の監査(以下「中間監査」という。)を実施した公認会計士又は監査法人が作成する中間監査報告書により、四半期財務諸表（四半期財務諸表等規則第一条第一項に規定する四半期財務諸表をいう。以下同じ。）又は四半期連結財務諸表（以下「四半期財務諸表等」という。）の監査証明は、四半期財務諸表等の監査（以下「四半期レビュー」という。）を実施した公認会計士又は監査法人が作成する四半期レビュー報告書により行うものとする。
2　前項の監査報告書、中間監査報告書又は四半期レビュー報告書は、一般に公正妥当と認められる監査に関する基準及び慣行に従つて実施された監査、中間監査又は四半期レビューの結果に基いて作成されなければならない。
3　金融庁組織令（平成十年政令第三百九十二号）第二十四条第一項に規定する企業会計審議会により公表された監査に関する基準は、前項に規定する一般に公正妥当と認められる監査に関する基準に該当するものとする。

(監査報告書等の記載事項)
第四条　前条第一項の監査報告書、中間監査報告書又は四半期レビュー報告書には、次の各号に掲げる区分に応じ、当該各号に定める事項を簡潔明瞭に記載し、かつ、公認会計士又は監査法人の代表者が作成の年月日を付して自署し、かつ、自己の印を押さなければならない。この場合において、当該監査報告書、中間監査報告書又は四半期レビュー報告書が監査法人の作成するものであるときは、当該監査法人の代表者のほか、当該監査証明に係る業務を執行した社員（以下「業務執行社員」という。）が、自署し、かつ、自己の印を押さなければならない。ただし、指定証明（公認会計士法第三十四条の十の四第二項に規定する指定証明をいう。）又は特定証明（同法第三十四条の十の五第二項に規定する特定証明をいう。）であるときは、当該

指定証明に係る指定社員（同法第三十四条の十の四第二項に規定する指定社員をいう。以下同じ。）又は当該特定証明に係る指定有限責任社員（同法第三十四条の十の五第二項に規定する指定有限責任社員をいう。以下同じ。）である業務執行社員が作成の年月日を付して自署し、かつ、自己の印を押さなければならない。

一　監査報告書　次に掲げる事項
イ　監査の対象
ロ　実施した監査の概要
ハ　監査の対象となつた財務諸表等が、一般に公正妥当と認められる企業会計の基準に準拠して、当該財務諸表等に係る事業年度（連結財務諸表の場合には、連結会計年度。以下同じ。）の財政状態、経営成績及びキャッシュ・フローの状況をすべての重要な点において適正に表示しているかどうかについての意見
ニ　追記情報
ホ　公認会計士法第二十五条第二項（同法第十六条の二第六項及び第三十四条の十二第三項において準用する場合を含む。以下同じ。）の規定により明示すべき利害関係

二　中間監査報告書　次に掲げる事項
イ　中間監査の対象
ロ　実施した中間監査の概要
ハ　中間監査の対象となつた中間財務諸表等が、一般に公正妥当と認められる中間財務諸表等の作成基準に準拠して、当該中間財務諸表等に係る中間会計期間（中間連結財務諸表の場合には、中間連結会計期間（中間連結財務諸表規則第三条第二項に規定する中間連結会計期間をいう。）。以下同じ。）の財政状態、経営成績及びキャッシュ・フローの状況に関する有用な情報を表示しているかどうかについての意見
ニ　追記情報
ホ　公認会計士法第二十五条第二項の規定により明示すべき利害関係

三　四半期レビュー報告書　次に掲げる事項
イ　四半期レビューの対象
ロ　実施した四半期レビューの概要
ハ　四半期レビューの対象となつた四半期財務諸表等が、一般に公正妥当と認められる四半期財務諸表等の作成基準に準拠して、当該四半期財務諸表等に係る四半期会計期間等（四半期会計期間及び四半期財務諸表等規則第三条第六号に規定する四半期累計期間をいう。）（四半期連結財務諸表の場合には、四半期連結会計期間等（四半期財務諸表等規則第三条第五号に規定する四半期連結会計期間及び同

条第七号に規定する四半期連結累計期間をいう。）。以下同じ。）の財政状態、経営成績及びキャッシュ・フローの状況を適正に表示していないと信じさせる事項がすべての重要な点において認められなかつたかどうかについての結論
　ニ　追記情報
　ホ　公認会計士法第二十五条第二項の規定により明示すべき利害関係
2　前項第一号イに定める監査の対象は、次に掲げる事項について記載するものとする。
　一　監査の対象となつた財務諸表等の範囲
　二　財務諸表等の作成責任は経営者にあること。
　三　監査を実施した公認会計士又は監査法人の責任は独立の立場から財務諸表等に対する意見を表明することにあること。
3　第一項第一号ロに定める監査の概要は、次に掲げる事項について記載するものとする。ただし、重要な監査手続が実施できなかつた場合には、当該実施できなかつた監査手続を記載するものとする。
　一　監査が一般に公正妥当と認められる監査の基準に準拠して行われた旨
　二　監査の基準は監査を実施した公認会計士又は監査法人に財務諸表等に重要な虚偽の表示がないかどうかの合理的な保証を得ることを求めていること。
　三　監査は試査を基礎として行われていること。
　四　監査は経営者が採用した会計方針及びその適用方法並びに経営者によつて行われた見積りの評価も含め全体としての財務諸表等の表示を検討していること。
　五　監査の結果として意見表明のための合理的な基礎を得たこと。
4　第一項第一号ハに定める意見は、次の各号に掲げる意見の区分に応じ、当該各号に定める事項を記載するものとする。
　一　無限定適正意見　監査の対象となつた財務諸表等が、一般に公正妥当と認められる企業会計の基準に準拠して、当該財務諸表等に係る事業年度の財政状態、経営成績及びキャッシュ・フローの状況をすべての重要な点において適正に表示していると認められる旨
　二　除外事項を付した限定付適正意見　監査の対象となつた財務諸表等が、除外事項を除き一般に公正妥当と認められる企業会計の基準に準拠して、当該財務諸表等に係る事業年度の財政状態、経営成績及びキャッシュ・フローの状況をすべての重要な点において適正に表示していると認められる旨並びに除外事項及び当該除外事項が当該財務諸表等に与えている影響又は重要な監査手続が実施できなかつた事実が影響する事項
　三　不適正意見　監査の対象となつた財務諸表等が不適正である旨及びその理由

5 第一項第一号ニに定める事項は、財務諸表等規則第八条の二十七又は連結財務諸表規則第十五条の二十二の規定による注記に係る事項及び正当な理由による会計方針の変更、重要な偶発事象、重要な後発事象等で、監査を実施した公認会計士又は監査法人が説明又は強調することが適当と判断した事項について記載するものとする。
6 第一項第二号イに定める中間監査の対象は、次に掲げる事項について記載するものとする。
　一　中間監査の対象となつた中間財務諸表等の範囲
　二　中間財務諸表等の作成責任は経営者にあること。
　三　中間監査を実施した公認会計士又は監査法人の責任は独立の立場から中間財務諸表等に対する意見を表明することにあること。
7 第一項第二号ロに定める中間監査の概要は、次に掲げる事項について記載するものとする。ただし、重要な監査手続が実施できなかつた場合には、当該実施できなかつた監査手続を記載するものとする。
　一　中間監査が中間監査の基準に準拠して行われた旨
　二　中間監査の基準は中間監査を実施した公認会計士又は監査法人に中間財務諸表等には全体として中間財務諸表等の有用な表示に関して投資者の判断を損なうような重要な虚偽の表示がないかどうかの合理的な保証を得ることを求めていること。
　三　中間監査は分析的手続等を中心とした監査手続に必要に応じて追加の監査手続を適用して行われていること。
　四　中間監査の結果として意見表明のための合理的な基礎を得たこと。
8 第一項第二号ハに定める意見は、次の各号に掲げる意見の区分に応じ、当該各号に定める事項を記載するものとする。
　一　中間財務諸表等が有用な情報を表示している旨の意見　中間監査の対象となつた中間財務諸表等が、一般に公正妥当と認められる中間財務諸表等の作成基準に準拠して、当該中間財務諸表等に係る中間会計期間の財政状態、経営成績及びキャッシュ・フローの状況に関する有用な情報を表示している旨
　二　除外事項を付した限定付意見　中間監査の対象となつた中間財務諸表等が、除外事項を除き一般に公正妥当と認められる中間財務諸表等の作成基準に準拠して、当該中間財務諸表等に係る中間会計期間の財政状態、経営成績及びキャッシュ・フローの状況に関する有用な情報を表示している旨並びに除外事項及び当該除外事項が当該中間財務諸表等に与えている影響又は重要な監査手続を実施できなかつた事実が影響する事項

三　中間財務諸表等が有用な情報を表示していない旨の意見　中間監査の対象となつた中間財務諸表等が有用な情報を表示していない旨及びその理由

9　第一項第二号ニに定める事項は、中間財務諸表等規則第五条の十八又は中間連結財務諸表規則第十七条の十四の規定による注記に係る事項及び正当な理由による会計方針の変更、重要な偶発事象、重要な後発事象等で、中間監査を実施した公認会計士又は監査法人が説明又は強調することが適当と判断した事項について記載するものとする。

10　第一項第三号イに定める四半期レビューの対象は、次に掲げる事項について記載するものとする。

一　四半期レビューの対象となつた四半期財務諸表等の範囲
二　四半期財務諸表等の作成責任は経営者にあること。
三　四半期レビューを実施した公認会計士又は監査法人の責任は独立の立場から四半期財務諸表等に対する結論を表明することにあること。

11　第一項第三号ロに定める四半期レビューの概要は、次に掲げる事項について記載するものとする。ただし、重要な四半期レビュー手続が実施できなかつた場合には、当該実施できなかつた四半期レビュー手続を記載するものとする。

一　四半期レビューが一般に公正妥当と認められる四半期レビューの基準に準拠して行われた旨
二　四半期レビューは質問、分析的手続その他の四半期レビュー手続により行われ、財務諸表等の監査に比べ限定された手続により行われた旨

12　第一項第三号ハに定める結論は、次の各号に掲げる結論の区分に応じ、当該各号に定める事項を記載するものとする。

一　無限定の結論　四半期レビューの対象となつた四半期財務諸表等が、一般に公正妥当と認められる四半期財務諸表等の作成基準に準拠して、当該四半期財務諸表等に係る四半期会計期間等の財政状態、経営成績及びキャッシュ・フローの状況を適正に表示していないと信じさせる事項がすべての重要な点において認められなかつた旨
二　除外事項を付した限定付結論　四半期レビューの対象となつた四半期財務諸表等が、除外事項を除き一般に公正妥当と認められる四半期財務諸表等の作成基準に準拠して、当該四半期財務諸表等に係る四半期会計期間等の財政状態、経営成績及びキャッシュ・フローの状況を重要な点において適正に表示していないと信じさせる事項が認められなかつた旨並びに除外事項及び当該除外事項が当該四半期財務諸表等に与えている影響（当該影響を記載することができる場合に限る。）又は重要な四半期レビュー手続を実施できなかつた事実が影響する事項

三　否定的結論　四半期レビューの対象となつた四半期財務諸表等が、一般に公正妥当と認められる四半期財務諸表等の作成基準に準拠して、当該四半期財務諸表等に係る四半期会計期間等の財政状態、経営成績及びキャッシュ・フローの状況を重要な点において適正に表示していないと信じさせる事項が認められた旨及びその理由
13　第一項第三号ニに定める事項は、四半期財務諸表等規則第二十一条又は四半期連結財務諸表規則第二十七条の規定による注記に係る事項及び正当な理由による会計方針の変更、重要な偶発事象、重要な後発事象等で、四半期レビューを実施した公認会計士又は監査法人が説明又は強調することが適当であると判断した事項について記載するものとする。
14　公認会計士又は監査法人は、重要な監査手続又は四半期レビュー手続が実施されなかつたこと等により、第一項第一号ハ若しくは第二号ハに定める意見を表明するための合理的な基礎を得られなかつた場合又は第三号ハに定める結論の表明ができない場合には、同項の規定にかかわらず、同項第一号ハ若しくは第二号ハの意見又は第三号ハの結論の表明をしない旨及びその理由を監査報告書若しくは中間監査報告書又は四半期レビュー報告書に記載しなければならない。

（監査概要書等の提出）
第五条　公認会計士又は監査法人は、法第百九十三条の二第六項の規定により提出すべき報告又は資料の一部として、監査、中間監査又は四半期レビュー（以下「監査等」という。）の従事者、監査日数その他当該監査等に関する事項の概要を記載した概要書を、当該監査等の終了後当該監査等に係る第一条各号に規定する書類を提出すべき財務局長等に提出しなければならない。
2　前項に規定する概要書は、次の各号に掲げる監査等の区分に応じ、当該各号に定める様式により作成しなければならない。
　　一　財務諸表等（特定有価証券の内容等の開示に関する内閣府令第一条第九号に規定するファンド及び同条第九号の四に規定する信託財産（以下この項において「ファンド及び信託財産」という。）に係る財務諸表等を除く。）の監査に係る概要書　第一号様式
　　二　中間財務諸表等（ファンド及び信託財産に係る中間財務諸表等を除く。）の中間監査に係る概要書　第二号様式
　　三　ファンド及び信託財産に係る財務諸表等の監査及び中間財務諸表等の中間監査に係る概要書　第三号様式
　　四　四半期レビューに係る概要書　第四号様式

3 　第一項に規定する概要書は、次の各号に掲げる概要書の区分に応じ、当該各号に定める日までに提出しなければならない。
　一　前項第一号、第二号及び第四号に掲げる概要書　当該概要書に係る監査報告書、中間監査報告書又は四半期レビュー報告書の作成日の翌月の末日
　二　前項第三号に掲げる概要書　当該概要書に係る監査報告書又は中間監査報告書の作成日から三月を経過する日の属する月の末日

(監査証明に関する書類の財務局長等の受理)
第五条の二　金融商品取引法施行令(昭和四十年政令第三百二十一号)第三十九条第二項第一号に規定する内閣府令で定めるものは、前条第一項に規定する監査概要書、中間監査概要書又は四半期レビュー概要書とする。

(監査調書の作成及び備置)
第六条　公認会計士又は監査法人は、監査等の終了後遅滞なく、当該監査等に係る記録又は資料を当該監査等に係る監査調書として整理し、これをその事務所に備えておかなければならない。

(法令違反等事実の通知)
第七条　監査証明を行うに当たり特定発行者(法第百九十三条の二第一項に規定する特定発行者をいう。次条において同じ。)における法令違反等事実(法第百九十三条の三第一項に規定する法令違反等事実をいう。)を発見した公認会計士又は監査法人は、当該事実の内容及び当該事実に係る法令違反の是正その他の適切な措置をとるべき旨を記載した書面により、当該特定発行者の監査役又は監事その他これらに準ずる者(法第百九十三条の三第一項に規定する適切な措置をとることについて他に適切な者がある場合には、当該者)に対して通知しなければならない。

(意見の申出の手続)
第八条　法第百九十三条の三第二項の申出をしようとする公認会計士又は監査法人は、次に掲げる事項を記載した書面を、金融庁長官に提出しなければならない。
　一　公認会計士又は監査法人の氏名又は名称及び住所又は主たる事務所の所在地
　二　特定発行者の商号又は名称
　三　法第百九十三条の三第一項の規定による通知を行つた日
　四　意見の要旨
　五　意見の内容(法第百九十三条の三第二項第一号の事項及び同項第二号の事項の別に記載すること。)

索 引

〔あ 行〕

委員会設置会社 …………………………103
著しい利害関係 ……………93, 94, 190, 255
一括合格制 …………………………………163
1項業務 ……………………………………67
一般基準 …………………………………48, 52
一般に公正妥当と認められる監査に関する基準
 …………………………………………46, 49
一般に公正妥当と認められる企業会計の基準
 ………………………………………44, 45, 62
一般の懲戒 ………………………………212
一般の懲戒処分 …………………………216
インターバル ………………100, 110, 111, 113, 129

親会社等・子会社等 ………………………96-99

〔か 行〕

会員権の停止 ……………………………205
懐疑心 ……………………………………51
開業の登録 …………………166, 169, 170, 175
会計学 ………………………154, 156, 157, 163, 186
会計監査 …………………………………3, 39
会計監査人 ……………………………12, 222
会計監査人監査 …………………13, 21, 74, 90
会計業務 ………………………………67, 82-84
会計士管理委員会 ………………………314
会計士補 ………………………8, 144, 185, 186

会計年度 …………………………………252
会計の専門家 ………………………25, 27, 28
会計ビッグバン …………………………13, 14
会計分野に関する専門職大学院
 ………………………………………157-159, 164
外見的独立性 ……………………………50
戒告 …………………192, 205, 210, 211, 215, 223
外国監査法人等 ……………177, 180-183, 308
外国公認会計士 ……………177-180, 182, 183
外国公認会計士名簿 ……………………168, 180
解散 ………………………………………281, 283
解散命令 …………………………………214, 271
会則 ……………188, 189, 194, 199, 206, 322, 323
外部監査 …………………………………40
過失 ……………………………207, 215, 222, 223
課徴金 ……………………………220, 224, 267, 272
課徴金の国庫納付 ………………………273
合併 ………………………………………281, 282
科目合格制 ………………………………163
関係会社等 ………………………………96
勧告 …………………………218, 299, 303, 307, 308
監査意見 …………………………………58, 60
監査及び会計の専門家 …………28, 34, 126, 212
監査関係期間 ……………………………95, 124
監査関連業務 ……………………………111
監査基準 ………………………8, 13, 47-49, 63
監査基準委員会報告 ……………………49
監査禁止期間 ……………………112, 113, 116

471

監査実施準則⋯⋯⋯⋯⋯⋯⋯8, 13, 47, 48
監査証明⋯⋯⋯⋯⋯⋯⋯⋯⋯⋯⋯⋯⋯35
監査証明業務
　⋯⋯⋯⋯⋯35, 67, 73, 79, 100, 106, 107, 290
監査証明の範囲⋯⋯⋯⋯⋯⋯⋯⋯⋯191
監査証明府令⋯⋯⋯⋯⋯⋯46, 57, 94, 202
監査調書⋯⋯⋯⋯⋯⋯⋯⋯54, 55, 65, 222
監査人⋯⋯⋯⋯⋯⋯⋯⋯⋯⋯⋯⋯⋯49
監査人としての適格性⋯⋯⋯⋯⋯⋯189
監査の概念⋯⋯⋯⋯⋯⋯⋯⋯⋯⋯35-37
監査の専門家⋯⋯⋯⋯⋯⋯⋯⋯⋯25-28
監査の目的⋯⋯⋯⋯⋯⋯⋯⋯⋯⋯43, 48
監査の要素⋯⋯⋯⋯⋯⋯⋯⋯⋯⋯⋯38
監査報告準則⋯⋯⋯⋯⋯⋯⋯⋯⋯13, 48
監査報告書⋯⋯⋯⋯⋯52, 56, 125, 128, 222
監査論⋯⋯⋯⋯151, 152, 154, 157, 162, 164, 186
鑑定⋯⋯⋯⋯⋯⋯⋯⋯⋯⋯⋯⋯217, 223
管理会計論⋯⋯⋯151, 152, 154, 159, 162, 164
関連会社等⋯⋯⋯⋯⋯⋯⋯⋯⋯⋯⋯108

企業改革法（Sarbanes-Oxley Act of 2002）
　⋯⋯⋯⋯⋯⋯14-16, 101, 113, 126, 129, 315
企業会計基準委員会⋯⋯⋯⋯⋯⋯45, 62
企業会計基準審査会⋯⋯⋯⋯⋯⋯⋯47
企業会計審議会⋯⋯⋯⋯⋯⋯⋯⋯8, 45
企業会計制度対策調査会⋯⋯⋯⋯⋯47
企業法⋯⋯⋯⋯⋯⋯151, 152, 154, 156, 186
業⋯⋯⋯⋯⋯⋯⋯⋯⋯⋯⋯⋯⋯69, 89
競業の禁止⋯⋯⋯⋯⋯⋯⋯⋯⋯⋯279
強制監査⋯⋯⋯⋯⋯⋯⋯⋯⋯⋯⋯42
共同監査⋯⋯⋯⋯⋯⋯21, 100, 117, 283
業務及び財産の状況⋯⋯⋯⋯⋯⋯260

業務監査⋯⋯⋯⋯⋯⋯⋯⋯⋯3, 39, 61
業務管理⋯⋯⋯⋯⋯⋯⋯⋯⋯⋯⋯258
業務管理体制
　⋯⋯⋯⋯⋯⋯56, 254, 257, 264, 268, 285, 287
業務管理体制の整備⋯⋯⋯⋯⋯⋯257
業務の停止⋯⋯⋯⋯⋯192, 206, 211, 212, 215
業務補助等⋯⋯⋯⋯⋯8, 133, 138, 142, 186
虚偽又は不当のある証明
　⋯⋯⋯⋯⋯⋯⋯213, 215, 223, 266, 270, 271
紀律規則⋯⋯⋯⋯⋯⋯⋯⋯⋯⋯⋯201
記録の保持⋯⋯⋯⋯⋯⋯⋯⋯⋯⋯37

クーリング・オフ⋯⋯⋯⋯⋯⋯⋯119

経営学⋯⋯⋯⋯⋯⋯⋯⋯⋯⋯154-156
警句（Legend）⋯⋯⋯⋯⋯⋯13, 14, 21
経済学⋯⋯⋯⋯⋯⋯⋯⋯⋯154, 155, 157
計算書類⋯⋯⋯⋯⋯⋯⋯⋯⋯⋯⋯70
継続監査期間⋯⋯⋯⋯⋯⋯⋯⋯114, 116
継続監査基準⋯⋯⋯⋯⋯⋯⋯⋯112, 113
継続企業の前提⋯⋯⋯⋯⋯⋯48, 59, 60
継続的監査の制限⋯⋯⋯⋯⋯⋯100, 110
継続的専門研修制度（CPE）
　⋯⋯⋯⋯⋯⋯⋯⋯15, 32, 50, 199, 203, 204
継続的な報酬⋯⋯⋯⋯96, 97, 108, 124, 252
計理士⋯⋯⋯⋯⋯⋯⋯⋯⋯⋯⋯⋯4-9
欠格事由⋯⋯⋯⋯⋯⋯135-137, 165, 172, 173,
　　　　　　　　　　177, 178, 180, 223
研修の受講⋯⋯⋯⋯⋯⋯⋯⋯⋯⋯199
限定意見⋯⋯⋯⋯⋯⋯⋯⋯⋯⋯⋯59
限定付適正意見⋯⋯⋯⋯⋯⋯⋯58, 59

故意‥‥‥‥‥‥‥‥‥‥‥207, 213, 215, 222
公開会社会計監視委員会（PCAPB）‥‥‥‥315
公監査‥‥‥‥‥‥‥‥‥‥‥‥‥‥‥‥‥41
公共の利益の保護‥‥‥‥‥‥‥‥‥‥‥‥30
公告‥‥‥‥‥‥‥‥‥‥‥‥‥‥‥‥81, 219
広告事項の制限‥‥‥‥‥‥‥‥‥‥‥‥‥252
更新制度‥‥‥‥‥‥‥‥‥‥‥‥175, 203, 204
公正な事業活動‥‥‥‥‥‥‥‥‥‥‥‥‥29
公認会計士・監査審査会
　‥‥‥‥141, 147-151, 154, 157, 161, 178, 209, 218,
　258, 268, 291, 292, 297-303, 307-312, 315-318
公認会計士管理委員会‥‥‥‥‥‥6, 182, 314
公認会計士試験規則‥‥‥‥‥‥‥‥‥‥148
公認会計士審査会‥‥‥14, 307, 308, 310, 311, 314
公認会計士名簿‥‥‥‥‥168-170, 172, 173, 211
公表‥‥‥‥‥‥‥‥‥‥‥‥‥‥‥‥‥‥81
ゴーイング・コンサーン問題
　‥‥‥‥‥‥‥‥‥‥‥「継続企業の前提」参照
綱領‥‥‥‥‥‥‥‥‥‥‥‥‥‥‥‥‥25
コーポレート・ガバナンス‥‥‥‥30, 102, 128
国際会計士連盟（IFAC）
　‥‥‥‥‥‥51, 64, 91, 101, 143, 159, 190, 201, 325
国会同意人事‥‥‥‥‥‥‥‥‥‥‥‥‥309

〔さ 行〕

財産的基盤の充実‥‥‥‥‥‥‥‥‥‥‥278
財務‥‥‥‥‥‥‥‥‥‥‥‥‥‥‥‥69, 83
財務会計基準機構‥‥‥‥‥‥‥‥‥‥45, 62
財務会計論‥‥‥‥‥‥‥‥151, 153, 159, 162, 164
財務諸表‥‥‥‥‥‥‥‥‥‥‥‥‥‥‥70
財務諸表監査‥‥‥‥‥‥‥‥‥39, 74, 90, 263
財務諸表等監査‥‥‥‥‥‥‥‥‥‥‥‥62

財務諸表等規則‥‥‥‥‥‥‥‥‥‥‥‥44
財務諸表論‥‥‥‥‥‥‥‥‥‥‥‥151, 162
財務書類‥‥‥‥‥‥‥‥‥‥‥‥‥‥29, 69
債務不履行‥‥‥‥‥‥‥‥‥‥‥‥206, 266
錯誤‥‥‥‥‥‥‥‥‥‥‥‥‥‥‥‥‥213
3条機関‥‥‥‥‥‥‥‥‥‥‥‥‥‥‥316
資格審査会‥‥‥‥‥‥‥‥170, 173, 323, 324
私監査‥‥‥‥‥‥‥‥‥‥‥‥‥‥‥‥41
試験委員‥‥‥‥‥‥‥‥‥‥‥‥‥150, 310
試験規則‥‥‥‥‥‥‥‥‥‥‥‥‥‥‥148
自己監査‥‥‥‥‥‥‥‥‥93, 100, 102, 106, 107
指示‥‥‥‥‥208-210, 265, 269, 292, 299, 302, 303
実施基準‥‥‥‥‥‥‥‥‥‥‥‥‥‥‥48
実質影響力基準‥‥‥‥‥‥‥‥‥96, 108, 125
実質支配力基準‥‥‥‥‥‥‥‥‥‥96, 125
実質的独立性‥‥‥‥‥‥‥‥‥‥‥‥‥50
実務経験‥‥‥‥‥‥‥‥‥‥‥‥‥‥‥49
実務従事‥‥‥‥‥‥‥‥‥‥‥‥‥‥138
実務修習‥‥‥‥‥‥‥‥‥8, 137, 138, 142-144, 164
実務補習‥‥‥‥‥‥‥8, 133, 138-140, 142, 186, 251
実務補習団体‥‥‥‥‥‥‥‥‥‥‥‥139
指定社員‥‥‥‥‥‥‥‥‥‥228, 245-247, 274
指定社員制度‥‥‥‥‥‥‥‥‥‥‥248, 266
指定証明‥‥‥‥‥‥‥‥‥‥‥‥‥246-248
指定有限責任社員‥‥‥‥‥‥‥‥‥‥275
次年度監査‥‥‥‥‥‥‥‥‥‥‥‥‥‥9
四半期レビュー‥‥‥‥‥‥‥‥‥46, 49, 86
使命‥‥‥‥‥‥‥‥‥‥‥‥‥‥‥25-27
就任先への監査の制限‥‥‥‥‥‥‥‥119
就任の制限‥‥‥‥‥‥‥119, 121, 123, 197, 262
受験資格‥‥‥‥‥‥‥‥‥‥‥‥‥‥148

473

受託者の責任……………………………37
守秘義務……………56, 189, 192-194, 202, 236,
　　　　　　　　　237, 254, 263, 310, 316
準則主義……………………230, 231, 257, 285
消極的保証………………………………85
証券監督者国際機構（IOSCO）
　　　　　　　　　………15, 22, 101, 306
証券取引委員会（SEC）………39, 92, 128, 315
証券取引法……………………………6-8
上場会社監査事務所登録制度…………295, 326
使用人………………………194, 198, 263, 264
商法監査特例法………………………11, 74
職業会計士教育国際基準（IES）……143, 160
職業会計士の倫理規程…………………101, 190
職業倫理……………………31, 51, 187-190, 193,
　　　　　　　　　200, 213, 215, 253, 264
職責…………………………………25, 31
初年度監査…………………………9, 21
審問……………………………………217, 218
信用失墜行為………………32, 192, 193, 202, 212

正規の監査…………………………7-9, 20, 62
精査監査………………………………39
清算……………………………………281, 283
精神的独立性……………………………50
正当な注意………………………189, 190, 201
正当な理由………………56, 193, 194, 237, 264
制度監査……………………………9, 42
成年被後見人…………………………135
精密監査………………………………39
税理士………………………153, 162, 164, 173
税理士業務……………………84, 90, 94, 211, 251

絶対的記載事項……………………………232
専属業務…………………………………79
全部監査…………………………………41
専門能力…………………………………189

相当の注意……………………………51, 213, 215
組織規律…………………………………266
組織的監査………………116-118, 126, 227, 230,
　　　　　　　　　231, 242, 251, 268, 285
租税法……………………154, 155, 157, 164, 186

〔た　行〕

大会社………………………………12, 103, 105
大会社等………100-102, 107, 110, 114, 117, 118,
　　　　　　120, 122, 127, 191, 238, 254-256
第五次監査……………………………9, 20
第三次監査……………………………9, 20
貸借対照表監査…………………………39
代表権……………………………………280
代表社員………………………………239-241
代表社員の権限280
time out period…………「インターバル」参照
第四次監査…………………………………9
立入検査………292, 297, 300, 301, 306, 308, 328
脱退……………………………………248
脱漏……………………………………213
短答式による試験の試験科目の一部免除
　　……………………………………153
短答式による試験の免除………………153

注意義務…………………………………51
中核的な職能……………………………26

索　引

中間監査基準················13, 48
懲戒事由················292
懲戒処分········118, 123, 169, 172, 173, 192, 193,
　　　　　　202, 205, 206, 208-213, 216, 218,
　　　　　　219, 223, 263-266, 268, 269, 282,
　　　　　　299, 301, 303, 308
懲戒処分の手続················216
懲戒責任················52, 208, 210, 216
調査················216-219, 223
調書················219
調製（compilation）················83, 91, 106
聴聞················212, 218, 224

追記情報················60

適正意見················58
適正な運営の確保········268, 269, 292, 299, 302
電磁的記録················55, 71

統一考査················133, 137, 139, 140, 142, 164
統計学················154, 156
投資者の保護················30
同時提供の禁止················100, 106, 256
登録拒否事由················170, 173, 324
登録審査会················168
登録制················275
登録の拒否················173, 324
登録の抹消········165, 166, 171, 172, 175,
　　　　　　192, 205, 206, 211, 215
登録名簿················168
独占業務················72, 80
特定社員················228, 231, 235-244, 275

特定社員名簿················231, 242
特定証明················275
特定の利害関係········95, 96, 100, 190, 191, 255
独立性········50, 68, 83, 87, 101, 102, 106,
　　　　　　117, 126, 190, 191, 201, 254, 284
特記事項················60
届出制················230, 257, 285, 328

〔な　行〕

内閣総理大臣················273
内部監査················40
内部統制········41, 49, 55, 94, 102, 103, 287
内部統制監査················49

2項業務················67, 83
二重責任の原則················43, 47, 58
日本公認会計士協会
　········11, 94, 124, 126, 139, 140, 168, 170-174,
　　　188-190, 195, 205, 206, 253, 254, 266,
　　　292, 296, 298-301, 303, 304, 319-328
任意監査················42, 73, 78
認可制················230, 257, 282, 285, 328

〔は　行〕

8条機関················308, 316
罰則················304

非監査証明業務········67, 82, 83, 100,
　　　　　　106-110, 250, 290
筆頭業務執行社員等················116
被保佐人················135
表示の制限················80

品位 31, 32, 134, 168, 192, 206, 320
品質管理 55, 56, 292
品質管理委員会 295
品質管理レビュー
　15, 56, 129, 194, 209, 258, 269, 291-299,
　301-303, 306-312, 315, 317, 326, 328
品質の管理 258

附帯決議 16, 18
不適正意見 59, 60
部分監査 41
不法行為 206, 207, 266
紛議調停委員会 326

米国会計学会（AAA） 61
米国公認会計士協会（AICPA） 91, 201
変更の登録 166, 169, 171, 180, 212
弁済資力 286

報告基準 48
報酬 68, 87, 189
法定解散事由 281
法定監査 42, 73
法定監査に準ずる監査 42, 78
法令違反等事実 52, 53, 195, 259
簿記 151, 162
保証業務 73, 85
補助者 118, 256

〔ま 行〕

未成年者 135

無限責任監査法人 246, 261, 278
無限定適正意見 58

命令 302, 303, 328

モニタリング 56, 209, 258, 269, 291, 292,
　296-303, 306-312, 315, 317, 326

〔や 行〕

役員 95-100, 323

有限責任監査法人 228, 232, 236, 246,
　261, 274-277, 290

要綱 12

〔ら 行〕

利害関係の明示 107, 191
リスク・アプローチ 48
リミテッド・パートナーシップ 23
倫理規則 31, 94, 106, 188-190,
　194, 199, 201, 202

legend 「警句」参照
レビュー(review) 85, 86, 92
連続会計期間 113, 114

ローテーション 100, 110, 111
論文式による試験の試験科目の一部免除
　156

《著者紹介》

羽藤　秀雄（はとう　ひでお）

元　金融庁総務企画局参事官兼企業開示参事官

1957年	神奈川県生まれ
1981年	東京大学法学部卒業
同　年	通商産業省（経済産業省）入省
	フランス国立行政学院（ENA）外国人学生課程修了
	通商産業省の各局等を経て、
2002年	金融庁総務企画局参事官兼企業開示参事官
2004年	経済産業省情報政策課長
2007年	経済産業省大臣官房審議官（製造産業局担当）
	兼通商交渉官（APEC）
2008年	資源エネルギー庁省エネルギー・新エネルギー部長（現職）

平成16年3月30日　初版発行　　　　（検印省略）
平成21年6月5日　新版発行　　　略称：会計士法（新）

新版　公認会計士法
日本の公認会計士監査制度

著　者　ⓒ　羽藤秀雄
発行者　　　中島治久

発行所　同文舘出版株式会社
東京都千代田区神田神保町1-41　〒101-0051
営業（03）3294-1801　編集（03）3294-1803
振替00100-8-42935　http://www.dobunkan.co.jp

Printed in Japan 2009　　製版　ダーツ
印刷・製本　KMS

ISBN978-4-495-18172-7